विवेकी राय : आंचलिकता और लोक जीवन

विवेकी राय : आंचलिकता और लोक जीवन

विनम्र सेन सिंह

हिन्दी विभाग

बुन्देलखण्ड विश्वविद्यालय, झाँसी

लोकभारती प्रकाशन

लोकभारती प्रकाशन
पहली मंजिल, दरबारी बिल्डिंग, महात्मा गाँधी मार्ग
इलाहाबाद-211 001

वेबसाइट : www.lokbhartiprakashan.com
ईमेल : info@lokbhartiprakashan.com

शाखाएँ : 1-बी, नेताजी सुभाष मार्ग, दरियागंज
नई दिल्ली-110 002
अशोक राजपथ, साइंस कॉलेज के सामने
पटना-800 006 (बिहार)
36-ए, शेक्सपियर सरणी
कोलकाता-700 017

प्रथम संस्करण : 2017

मूल्य : ₹ 500

आस्था पेपर कनवर्टर
इलाहाबाद द्वारा मुद्रित

VIVEKI RAI : ANCHLIKTA AUR LOK JIVAN
by Vinamra Sen Singh

ISBN : 978-93-86863-58-4

गुरुवर प्रो. सुरेन्द्र दुबे
कुलपति
बुन्देलखण्ड विश्वविद्यालय, झाँसी
को

अनुक्रम

प्राक्कथन

विवेकी राय की धमक हिन्दी साहित्य में एक निबंधकार के रूप में हुई। अपने ललित निबंधों, रेखाचित्रों, रिपोर्ताजों और संस्मरणों से उनकी पहचान बनी। बाद में उन्होंने कहानी और उपन्यासों में भी अपनी लेखनी की चमक दिखाई। उनके संपूर्ण लेखन का केंद्रबिंदु गाँव, किसान और ग्रामजीवन एवं प्रकृति है। अपने ललित निबंधों में उन्होंने एक नया आयाम जोड़ा है, वह है- गाँव और गाँव का जीवन। कथात्मक रचनाओं में भी गाँव जावर और विशेषतः उनके अपने अंचल के गाँव हैं जिस अंचल को 'करइल' कहते हैं, जो भागीरथी गंगा के किनारे बसे गाजीपुर – बलिया के एक भूक्षेत्र में स्थित है और इसी में इनका जन्म ग्राम भोरौली (बलिया) और पितृग्राम सोनवानी (गाजीपुर) है। स्वातंत्रोत्तर गाँव की दशा और दिशा के चितेरे विवेकी राय को कथा-क्षेत्र में स्वतन्त्र भारत का प्रेमचंद कहते हैं। इनके कथा साहित्य में 'करइल' भी आंचलिकता के साथ ही व्यापक लोक-जीवन की विवृत्ति है।

ललित निबंध आदि रचनाओं में उन्होंने भाषा से लेकर भाव-भंगी तक एक नया मुहावरा गधा है, जो गाँव की भाषा और गाँव के जीवन का है। हजारी प्रसाद द्विवेदी, विद्यानिवास मिश्र, कुबेर नाथ राय से इनकी पहचान इसी रूप में भिन्न है की अन्य अभिजात्य के साथ लोकोन्मुख हैं, परन्तु विवेकी राय केवल लोक के साथ हैं। विशेष बात यह कि अन्यों से इतर इनका आधा से अधिक जीवन धुर पिछड़े गांवों में बीता और उसे स्वयं उन्होंने भोग और जिया है। अतः उनके लेखन में गाँव स्वयं बोलता है और जीवंत दीखता है।

इस पुस्तक के लिए विवेकी राय की इन्ही विशेषताओं के कारण इस विषय को चुना गया। उनके कथा साहित्य में आंचलिकता और लोकजीवन पर प्रभूत्कार्य हो चुका है। अतः इस पुस्तक में उनकी कथेतर गद्य रचनाओं में आंचलिकता और लोकजीवन के अनुशीलन का निर्णय हुआ।

इस ग्रन्थ के पहले दो अध्याय एक प्रकार से भूमिका के रूप में हैं जिसमे उपलब्ध सामग्री का समुचित उपयोग किया गया है। पर तीसरा अध्याय 'विवेकी राय का ग्रामंचालिक जीवन' अपने आप में एक महत्वपूर्ण शोध का दस्तावेज़ है। इसमें उनके पूर्वजों से लेकर उनके जन्म से प्रारंभ हुए संघर्षी के जीवन, मिडिल पास कर प्राइमरी में एक गाँव से दूसरे

गाँव की अध्यापकी और उसका लोकानुभव तथा वहां से हैस्चूल में शिक्षण और क्रमशः एम.ए., पी-एचडी. तक की व्यक्तिगत छात्र के रूप में उपाधि, सभी प्रथम और योग्यता में भी सर्वप्रथम। इस जीवंत जीवन की अनेक संस्मृतियाँ इस अध्याय में संगुम्फित हैं।

चौथे अध्याय में उनके निबंधादि रचनाओं में आंचलिकता और पांचवें में उनके द्वारा चित्रित लोकजीवन की विवृति उनकी रचनाओं के उद्धरणों के साथ निरूपित है। छठा अध्याय 'लोकभाषा की ठसक और महक' में उनके द्वारा प्रयुक्त खड़ीबोली में देशज और ठेठ शब्दों के बहुतायत प्रयोग, भोजपुरी रचनाओं में लोकभाषा का सहज, सरल, ललित रूप मुहावरे और लोकोक्तियां आदि का विस्तृत अध्ययन करके यह दिखाया गया है की उपन्यास – कहानियों की भांति ही इनकी इन कथेतर गद्य रचनाओं में भी उनका अंचल भास्वर रूप में मुखर है तथा लोकजीवन अपने प्राकृत रूप में उपस्थित है। विवेकी राय कुछ ही दिन पहले संसार से चले गया। आज यह नैवेद्य उनकी स्मृति को समर्पित है।

यह पुस्तक मेरा शोध प्रबंध है। इस शोध प्रबंध को दी.द..उपा. गोरखपुर विश्वविद्यालय, गोरखपुर की शोध समिति में माननीय डॉ. चितरंजन मिश्र वर्तमान आचार्य एवं अध्यक्ष ने स्वीकृत कराया और हर कदम पर मेरा सहयोग किया। अवरोधों को हटा कर मेरा मार्ग उन्मुक्त करते रहे। मैं उनके प्रति अति कृतज्ञ हूँ। साथ ही विभाग के सभी अध्यापकों का आभारी हूँ उनके सहयोग के लिए विशेष कर आचार्य रामदरस राय जी, आचार्य अनिल राय जी, आचार्य दीपक प्रकाश त्यागी जी और डॉ. बिमलेश कुमार मिश्र जी का। मेरे निदेशक डॉ. सूर्यनाथ पाण्डेय जी ने अत्यंत उदारता पूर्वक मेरा मार्गदर्शन किया और उनके साथ ही डॉ. प्रत्युष दुबे जी ने भी अपने शोध छात्र की भांति ही मेरा सदैव मार्गदर्शन किया, मेरी सभी प्रकार की बाधाओं को दूर करने में मेरा सहयोग एक अभिभावक रूप में किया। उन्होंने अपना आत्मीय स्नेह अप्लावित करते हुए मुझे सदैव प्रोत्साहित किया। प्राचार्य डॉ. अजय पाण्डेय ने नियमों की कठोरता और व्यवहार की मधुरता से मुझे सदैव कर्त्तव्य के प्रति जागरूक रखा। मैं उन सभी के प्रति कृतज्ञ हूँ। पितामह डॉ. कन्हैया सिंह जी का विवेकी राय के साहित्य का अध्ययन भी मेरा पते रहा। सामग्री संकलन करने में विवेकी राय, उनके परिजन तथा डॉ. गजाधर प्रसाद गंगेश ने जो सहायता की वह अविस्मरनीय है। इस ग्रन्थ में यदि कोई कमी है तो उसे सुधि जनों के सुझाव से आगे दूर किया जा सकता है। अपने प्रकाशक अशोक महेश्वरी, आमोद महेश्वरी तथा संसथान के संरक्षक श्रीमान रमेश चन्द्र ग्रोवर का कितना आभारी हूँ इसे अनुभव कर सकता हूँ, व्यक्त नहीं।

—विनम्र सेन सिंह

अश्विन शुक्ल पंचमी
नवरात्र, सं. 2074
25 सितम्बर 2017

आंचलिकता की परिभाषा

अंचल शब्द का सामान्य प्रयोग किसी एक क्षेत्र-विशेष के लिए होता है जो किसी देश या प्रदेश का एक भाग होता है जिसकी अपनी कुछ विशेषताएँ होती हैं जो उस क्षेत्र या अंचल को देश या प्रदेश के अन्य भागों से अलग करती हैं। विशिष्ट क्षेत्रों के लिए अंचल शब्द का प्रयोग सामान्य व्यवहार में होता है जैसे ग्राम्यांचल, कुर्मांचल, पर्वतांचल, वनांचल, उत्तरांचल तथा पूर्वांचल आदि। ऐसे प्रयोगों में 'अंचल' शब्द का प्रयोग प्रायः सीमा संकेतक क्षेत्रों अथवा विशेष भू-प्राकृतिक बनावट के भागों के लिए होता है। ग्राम्यांचल में 'अंचल' शब्द के प्रयोग में अतिव्याप्ति का दोष है। इसमें किसी देश के समस्त गाँवों का बोध होता है जो शहर नहीं है और शहरीय संस्कृति से बहुत दूर रहे हैं और आज आधुनिक समय में भी गाँव शहर से अलग अपनी पहचान रखते हैं पर इन गाँवों की भी संस्कृति और प्रकृति विभिन्न भू-भागों में अलग ढंग की होती है।

प्रस्तुत सन्दर्भ में अंचल शब्द अपने इसी सीमित अर्थ में ही अधिक सार्थक है, जहाँ स्वतः प्रकृति ने उसे अन्य क्षेत्रों से अलग पर्यावरण और प्राकृतिक वातावरण दिया है और जिसमें रहते हुए वहाँ का समुदाय अपनी अलग जीवनशैली, लोकरीति और पारिवारिक-सामाजिक परम्पराएँ विकसित करता है। डॉ. शिवप्रसाद सिंह ने अंचल को परिभाषित करते हुए लिखा है—"अंचल उस भौगोलिक खण्ड को कहते हैं जो सामाजिक और सांस्कृतिक रूप से सुगठित और विशिष्ट एक ऐसी इकाई हो जिसके निवासियों के रहन-सहन, प्रथाएँ, उत्सवादि, आदर्श और आस्थाएँ, मौलिक मान्यताएँ तथा मनोवैज्ञानिक विशेषताएँ परस्पर समान और दूसरे क्षेत्र के निवासियों से इतनी भिन्न हों कि इनके आधार पर यह क्षेत्र या अंचल-विशेष इस प्रकार के दूसरे क्षेत्रों से एकदम अलग प्रतीत हो।"[1] इसी से मिलते-जुलते अर्थ में अन्य कई विद्वानों ने अंचल की परिभाषा की है। अँग्रेजी के आक्सफोर्ड शब्दकोश में लिखा है—"अंचल से अभिप्राय एक भूमिखण्ड, देश या किसी सीमा तक परिभाषित भाग से है, जो कुछ प्राकृतिक आकारों, जलवायु सम्बन्धी दशाओं, विशेष जीवन या वनस्पति के कारण

भिन्न रहता है।"[2] भारत में स्वतन्त्रता-प्राप्ति के बाद लोकतान्त्रिक व्यवस्था के चलते इन सुदूर पिछड़े और अलग-थलग पड़े अंचलों की तरफ अध्येताओं का ध्यान गया और वहाँ के भू-प्राकृतिक संरचना पर शोध कार्य के साथ उनके जन-जीवन का समाजशास्त्रीय अध्ययन प्रारम्भ हुआ। इसी के साथ साहित्यकारों का ध्यान भी वहाँ के लोकसाहित्य और लोककलाओं की तरफ गया, जिनके आधार पर कहानी, उपन्यास से लेकर निबन्धों, आलेखों तथा संस्मरणों आदि में वहाँ के सजीव चित्र उकेरे गये। व्यापक रूप से सामान्य गाँव, नगरीय जीवन से भिन्न हैं, पर जिसे अंचल कहा गया है वह सामान्य गाँवों से अलग अपनी पहचान बनाता है। इस दृष्टि से आंचलिक उपन्यासों पर कार्य करनेवाले डॉ. आदर्श सक्सेना ने लिखा है कि—'अंचलों की अपनी एक विशिष्ट सृष्टि होती है, जिनमें भूत-प्रेत होते हैं, ईर्ष्या-प्रतिहिंसा होती है, कसक होती है और पीड़ा होती है परन्तु कहीं पर मीठापन अवश्य छिपा होता है।' अंचल की पहचान के लिए भी डॉ. सक्सेना ने बहुत ही सार्थक और तर्कपूर्ण विवेचना की है—"अंचल शब्द का जो अर्थ अपने विशिष्ट प्रयोजन में रूढ़ हो गया है वह वस्त्र या प्रान्त के भाग के आधार पर लाक्षणिक अर्थ ही है, परन्तु लक्षणा का चमत्कार व्यंजना से खिलता है। इस दृष्टि से अंचल का लाक्षणिक अर्थ भी नये रूप में व्यंजित होता है और हम देश के छोटे-छोटे अंचलों की बात करने लगते हैं, जिनकी अपनी सभ्यता व अपनी संस्कृति होती है। इनका अपना व्यक्तित्त्व व अस्तित्त्व होता है, इसीलिए उन्हें एक विशिष्ट इकाई के रूप में चित्रित किया जा सकता है। किसी पर्वतशृंखला के सहारे बसे किसी नदी कूल पर स्थित, किसी सागर-तट पर ऐसे ग्रामों को जिनकी बोली, उत्सव, त्योहार, रहन-सहन, संस्कार, लोककथाएँ और लोकगीत आदि एक-से होते हैं, जो एक-सी समस्याओं से ग्रस्त होते हैं तथा एक-सी जीवन-व्यवस्था से बँधे होते हैं, अंचल की संज्ञा से अभिहित किये जा सकते हैं।"[3]

आंचलिकता :

किसी विशेष अंचल की विशेषताओं को रूपायित करता हुआ जो साहित्य रचा जाय उसे आंचलिक साहित्य कहते हैं। आंचलिक साहित्य का लेखन सभी देशों की विकसित भाषाओं में किसी-न-किसी रूप में मिलता है, विशेष रूप से आंचलिकता का पूर्ण परिदृश्य कथा-साहित्य (उपन्यास और कहानी) में अपने पूरे विस्तार के साथ उभरता है, किन्तु काव्य से लेकर कथेतर गद्य साहित्य में जहाँ भी आंचलिक जीवन की छवियाँ झलक मारती हैं, उन्हें आंचलिक साहित्य कहा जा सकता है। आंचलिक साहित्य की खास बात होती है आंचलिकता के उस अन्तःसूत्र की पहचान, जो उसे अभिजात साहित्य, नगरीय साहित्य या आधुनिक साहित्य से अलग करती है। डॉ. विवेकी राय के कथेतर गद्य साहित्य पर विचार करते समय

अंचल और आंचलिकता पर उनके विचार जानना समीचीन होगा। अपने शोध प्रबन्ध में वे लिखते हैं–

"आंचलिकता और आधुनिकता नये कथा-साहित्य के दो छोर हैं। स्वातन्त्र्योत्तर कथा-साहित्य में ग्रामजीवन का अवतरण प्रायः आंचलिकता के ही सन्दर्भ में समझा जाता है, किन्तु आंचलिकता ग्रामांकन की एक शैली मात्र या ग्रामभित्तिक नये कथा-साहित्य की एक प्रवृत्ति मात्र है तथा मुख्यतः बहिर्वृत्ति है।"[4] इसे और स्पष्ट करते हुए एक साक्षात्कार में वह कहते हैं कि–"अंचल वह है जो एक विस्तृत भू-भाग की एक प्रकार की खास संस्कृति को ठोस ढंग से अपने वृत्त के भीतर समेटता हो। जैसे यह पूर्वी उत्तर प्रदेश है। पूरे पूर्वी उत्तर प्रदेश ही को हम एक अंचल मानें क्योंकि यह पूरे देश से एक प्रकार से कई अर्थों में पृथक् हो जाता है। यहाँ की शिक्षा-दीक्षा, यहाँ की गरीबी, यहाँ का व्यवसाय, यहाँ का पिछड़ापन, यहाँ के गाँवों की हीन स्थिति, यहाँ सड़कों का अभाव, यहाँ नदियों की बाढ़, बरसात और यहाँ के जीवन की दुर्गमता, बीहड़ता और इतनी-इतनी बीहड़ता तथा गरीबों के बीच यहाँ के लोगों का कुछ आस्थावादी, सांस्कृतिक सभ्य जीवन। सुसंस्कृत इस अर्थ में कहें कि वे आस्थावादी हैं घोर आस्थावादी हैं और अपनी पूरी परम्पराओं के साथ वे लिपटे हुए हैं। इसी बीच में परिस्थितियों के दबाव से कुछ उबर रहे हैं, कुछ विकस रहे हैं, कुछ हाथ-पैर चला रहे हैं। लेकिन पूरे विकास का प्रकाश जैसा पश्चिमी जिलों में है, वैसा यहाँ नहीं है। आंचलिकता की यह बहिरंग पहचान प्रस्तुत करते हुए वे उसके कुछ अन्तरंग तत्त्वों पर बल देकर उनकी उपस्थिति आंचलिक लेखन में आवश्यक समझते हैं, वे कहते हैं (साहित्य में) उस अंचल को एक समग्र रूप, एक बिम्ब के रूप में हम रखते हैं लेकिन उसका आशय, उस अंचल को ही रखना या उसकी प्रदर्शनी करना नहीं होता है। उसके भीतर उद्देश्य कुछ और होता है। उद्देश्य होता है कि उस जीवन के भीतर जो संघर्ष के तत्त्व हैं उनको विकसित करना या उनके कोणों को उठाना और इस दृष्टि से पाठकों को कुछ इस दिशा में सोचने के लिए या आगे बढ़ने के लिए प्रेरित करना कि कुछ सार्थकता की उपलब्धि हो सके यह उद्देश्य होता है।"[5]

आंचलिक लेखन में एक आन्तरिक उद्देश्य के साथ ही जीवन-संघर्ष और कुछ सोचने के लिए बाध्य करनेवाले तत्त्वों को जो डॉ. राय ने उपर्युक्त कथन में रेखांकित किया है उसके साथ ऐसे लेखन में कलात्मक निपुणता और पढ़नेवाले को रसमग्न करने की क्षमता भी होनी चाहिए। इस सन्दर्भ में नवगीत के प्रमुख हस्ताक्षर डॉ. शम्भुनाथ सिंह ने लिखा–"स्थानीय रंग या आंचलिक उपन्यासों में लेखक किसी विशिष्ट स्थान या अंचल के जीवन का चित्रण उसकी विशिष्टता में करता है। यह इसलिए कि वे विश्वस्त होते हैं कि क्षेत्रीय या स्थानीय जीवन के दृश्यों का अंकन करते हुए भी वे अपनी कला में इतनी गहराई और मार्मिकता उत्पन्न कर सकेंगे कि

पाठक चाहे किसी भी क्षेत्र या स्थान का क्यों न हो, उसमें रसमग्न हो सकेगा।"[6] इस प्रकार हम देखते हैं कि आंचलिकता का न कोई एक ही रूप है न उसको परिभाषित करना ही सरल है, परन्तु लेखन में आंचलिकता की पहचान आसानी से हो जाती है, जब अंचल अपनी बोली-बानी, के मिजाज के साथ अपनी विशेषताओं को भास्वर रूप में प्रकट करने लगता है तो इसी को डॉ. विवेकी राय कहते हैं, 'अंचल अपने-आप ही बोलने लगता है।

आंचलिकता के विविध रूप :

डॉ. विवेकी राय ने अपने शोध प्रबन्ध में आंचलिकता के निम्नलिखित रूपों का उल्लेख किया है, यद्यपि इनके अतिरिक्त भी आंचलिकता के नये रूप भी विकसित होते रहे हैं।

डॉ. राय द्वारा उल्लिखित रूप निम्नवत् हैं[7]

क-अविकसित जंगली आदिवासी क्षेत्र :

आदिवासी क्षेत्रों की संरचना से लेकर उनकी जीवन-पद्धति, खान-पान, लोकरीति सब अपने ढंग का होता है। भारतवर्ष में छत्तीसगढ़ के आदिवासी क्षेत्र झारखण्ड के छोटा नागपुर से लेकर देवघर तक के सन्थाल परगने और उत्तर प्रदेश में सोनभद्र के वनवासी क्षेत्र जिसमें उराँव आदि वनवासी जातियों का बाहुल्य है, ऐसे ही क्षेत्रों में आते हैं, बुन्देलखण्ड की अलग अपनी पहचान है। राजस्थान के मालवा, जैसलमेर-जैसे क्षेत्र भी इसी में आते हैं। लेकिन इन्हें वनवासी क्षेत्र न कहकर मरूअंचल कहना ज्यादा उपयुक्त होगा। वैसे इन क्षेत्रों का विवरण यात्रा-वृत्तों, संस्मरणों और लेखों में भी पर्याप्त रूप से आया तो है, किन्तु अधिक संवेदनशील रूप में इनका उभार उपन्यास साहित्य में देखने को मिलता है।

ख-अलग रूपाभावाले प्रादेशिक क्षेत्र :

किसी प्रदेश के अलग-अलग क्षेत्रों में अलग-अलग प्रकार के जीवन और उनके विविध संस्कार और उनकी लोकरीति इतनी अलग-अलग मिलती है कि उन्हें भी आंचलिकता की परिधि में लिया जा सकता है। बशर्ते लेखन में उस क्षेत्र की अपनी अलग पहचान उभरकर प्रकट होती हो। पंजाब, बिहार, पूर्वी उत्तर प्रदेश, मणिपुर, पूर्णिया, बुन्देलखण्ड, छत्तीसगढ़, कश्मीर, राजस्थान, महाराष्ट्र, अवध, नेपाल, अण्डमान, तिब्बत, अफ्रीका, मॉरीशस, मिथिला, दरभंगा से लेकर, बाबर जौनसार आदि तक की प्रादेशिक इकाई का उसकी मौलिक पृथक्ताओं की अन्तरंग-बहिरंग झलकियों की धूप-छाँही चित्रावलियाँ अपनी अलग पहचान रखती हैं। हिन्दी तथा विभिन्न भारतीय भाषाओं में इन क्षेत्रों की आंचलिकता को उपन्यासों तथा अन्य विधाओं में लेखकों ने निरूपित किया है।

ग-पर्वतीय अंचल :

पर्वतीय क्षेत्रों में वहाँ की सर्द जलवायु और खाड़ियों, खण्डकों की प्राकृतिक संरचना ने वहाँ के निवासियों के रूप, रहन-सहन तथा रीति-रिवाजों में भी एक अलग प्रकार का अन्तर कर दिया है। उत्तर में कुमायूँ, गढ़वाल, अल्मोड़ा के साथ ही हिमांचल प्रदेश और नेपाल, भूटान के सीमावर्ती प्रदेश नागालैण्ड, मिजोरम, अरुणांचल तथा कश्मीर आदि के विस्तृत हिमालयी क्षेत्र अनेक विविधताओं से भरे हुए हैं, इनमें हर क्षेत्र की अपनी अलग-अलग पहचान है और अलग-अलग आंचलिकता है। उपन्यासों में जो इनका वर्णन हुआ है, यात्रा-वृत्तान्तों में भी इनकी आंचलिकता को प्रभूत रूप में उतारा गया है। विशेष रूप से महापण्डित राहुल सांकृत्यायन ने अपनी 'जीवन-यात्रा' में तथा 'किन्नर देश में', 'मेरी तिब्बत यात्रा' तथा 'हिमालय' आदि रचनाओं में इन क्षेत्रों के आंचलिक वैशिष्ट्य को बड़ी ही बारीकी से उभारा है। उपन्यास साहित्य में भी हिन्दी साहित्य के अतिरिक्त अन्य भाषाओं में भी इन क्षेत्रों की आंचलिकता को विषय बनाकर रचना की गयी है।

घ- सरितांचल :

नदियों के किनारें रहनेवाले निवासियों की अपनी अलग जीवन-पद्धति होती है। बड़ी नदियों के कछार दूर-दूर तक वीरान से पड़े रहते हैं, जिनमें दो-दो, चार-चार घरों की बस्तियाँ छिट-फुट एवं इधर-उधर रहती हैं, जो खेती-बारी और मछलियों वगैरह के कारोबार में लगी रहती हैं। बरसात में ये कछार पानी से भर जाते हैं, तो ये झोंपड़ीवाले नदी के किनारे बाँधों या अन्य स्थलीय भागों में अपने जानवरों के साथ बसते हैं और बरसात समाप्त होने के बाद पुनः कछार में अपनी झोंपड़ियाँ बना लेते हैं। बड़ी कठिन और रोमांचक जिन्दगी होती है, सरितांचल के निवासियों की। इनकी अपनी लोक-रीति, लोकगीत और अपने उत्सव-त्योहार होते हैं। जिनमें नदियों के अर्चन और पूजन की प्रमुखता रहती है, विदेशों में भी बड़ी-बड़ी नदियों के किनारें रहनेवाले मछुआरों के जीवन को लेकर रचनाएँ लिखी गयी हैं और भारत में भी गंगा, सिन्धु, ब्रह्मपुत्र, सरयू तथा नर्मदा आदि तमाम नदियों के किनारों की और वहाँ के निवासियों को लक्ष्य में रखकर विविध प्रकार की रचनाएँ हुई हैं, किन्तु सरितांचल के जीवन का पूर्ण प्रस्फुटन और विकास उपन्यासों में ही उभरकर आ सका है। भारतीय भाषाओं में इस प्रकार के पर्याप्त उपन्यास लिखे गये हैं।

ङ.- भौगोलिक ग्राम इकाई का अंचल :

एक गाँव भी अपने परिवेश के चित्रण द्वारा समूचे अंचल का प्रतिलिपि रूप प्रस्तुत कर सकता है। इस दृष्टि से राही मासूम रज़ा ने अपने उपन्यास 'आधा गाँव'

में एक नया प्रयोग किया है। गाजीपुर जिले के गंगा के किनारे गंगोली गाँव 'राही' की जन्म-भूमि है। उसी गाँव को उन्होंने आधा गाँव बनाकर पूरे उपन्यास की रचना की है। उन्होंने गाँव में बसनेवाले हिन्दू और मुसलमान दोनों की मिली-जुली आबादी के बीच चलनेवाली कहानी को सत्य स्मृतियों के आधार पर आगे बढ़ाया है। आगे चलकर इस प्रवृत्ति को लेकर और भी कुछ प्रयोग किसी क्षेत्र-विशेष की ग्राम इकाई को लेकर किये गये हैं।

च-समुद्रतटीय अंचल :

समुद्रतट पर बसनेवाली मछुआरा जाति समुद्र में मछली मारने के अलावा, कछुओं एवं केकड़ों आदि को भी फँसाती है और वे व्यापारियों को बेचकर अपनी आजीविका चलाते हैं। नाव से लेकर छोटे स्टीमरों तक इनका ज्यादातर जीवन समुद्र में व्यतीत होता है और किनारे के इनके आवास कभी-कभी तेज ज्वार-भाटों में ध्वस्त होकर बिखर जाते हैं। ऐसी कठिन जिन्दगी जीनेवाले इन समुद्रतटीय निवासियों के जीवन को लेकर-विश्व के अन्य देशों में औपन्यासिक कृतियों की रचना हुई है। अमरीका के प्रसिद्ध उपन्यासकार हेमिंगवे का उपन्यास 'द ओल्ड मैन एण्ड दी सी' इस प्रकार की प्रतिनिधि रचना मानी जाती है। हिन्दी तथा अन्य भारतीय भाषाओं में भी इस प्रकार की रचनाएँ हुई हैं, क्योंकि भारत में उड़ीसा से लेकर तमिलनाडु और कन्याकुमारी से लेकर केरल तक की समुद्रीय तट भूमि और वहाँ के समुद्रजीवी, आजीविकावाले मछुआरों और नाविकों के जीवन का आंचलिक परिवेश इसके लिए पर्याप्त सामग्री उपलब्ध कराता है।

छ-शरणार्थी-कॉलोनी की आंचलिकता :

भारत-विभाजन के बाद पंजाब और बंगाल के जो हिस्से कटकर पाकिस्तान में चले गये उनसे भारी संख्या में हिन्दुओं का पलायन भारतीय भू-भाग में हुआ। इनमें कुछ तो स्वयं वहाँ की स्थिति से भयाक्रान्त होकर इधर पलायन कर गये और कुछ को वहाँ के गुण्डों ने मार भगाया था। इनकी कॉलोनियाँ कुछ भारतीय क्षेत्र में बसायी गयीं, जो धीरे-धीरे एक गाँव का रूप धारण कर लीं। इसी प्रकार कुछ शरणार्थी भागकर दिल्ली या उत्तर भारत के कानपुर जैसे औद्योगिक नगरों में आकर बस गये। कई स्थानों पर इनके अलग मुहल्ले बन गये। दिल्ली में दरियागंज में एक ऐसी ही कॉलोनी सड़क के किनारे बस गयी जो आज भी उसी प्रकार विद्यमान है। इन कॉलोनियों में अपने मूल स्थान के सामाजिक और सांस्कृतिक अवशेष यहाँ के निवासियों में देखे जाते हैं जिससे इनके जीवन की एक विशेष पहचान बनती है। वस्तुतः ये कॉलोनियाँ कोई अंचल तो नहीं हैं पर किसी अंचल से विस्थापित लोगों की बस्ती हैं, जो एक प्रकार की रीति-नीति और जीवनशैली जीते हैं इनको लक्ष्य

करके भी साहित्य-रचनाएँ हुई हैं और कई नामचीन कथाकारों ने इनको केन्द्र में रखकर उपन्यास-कहानियों की रचना की है।

स्वतन्त्रता के पश्चात् बँगलादेश के बनने के बाद और मुजीबुर्रहमान की हत्या के पश्चात् वहाँ की स्थिति भी निरन्तर बिगड़ती गयी और हिन्दुओं के ऊपर वहाँ भी अत्याचार होने लगे तो हिन्दू वहाँ से भागकर भारत आये और वहाँ की बिगड़ती आर्थिक और सामाजिक स्थिति के कारण मुसलमान भी भारी संख्या में पलायित होकर भारतीय सीमा में असम और बंगाल में आ बसे। इनका जीवन यायावर वन्य जातियों के जीवन-जैसा है और इनकी भी एक अलग पहचान है जो अलग किस्म की आंचलिकता का आभास देती है। इसी प्रकार जम्मू-कश्मीर प्रान्त में वहाँ के उग्रवादियों और अलगाववादियों द्वारा वहाँ के मूल निवासी 'कश्मीरी पण्डितों' को वहाँ से मार भगाया गया। वे भारतीय सीमा में कई शिविर-कॉलोनियों में बसाये गये हैं। दिल्ली में भी इस प्रकार की कॉलोनियाँ हैं। इन कॉलोनियों में रहनेवालों का जीवन और उनका आर्थिक संकट और उससे जूझने के लिए शरीर-व्यापार की स्थितियाँ कई लेखकों की इस दिशा में साहित्य-सृजन को प्रेरित करती हैं। ऐसे लेखन भी इस विशेष रूप से व्यापक आंचलिकता के नये रूप हैं।

ज-श्रमिक कॉलोनी तथा झुग्गी-झोंपड़ी की आंचलिकता :

हर महानगर तथा बड़े नगर कहीं व्यवस्थानुसार श्रम-संकुल बनाये गये हैं, कहीं स्वयं खाली जगहों पर धीरे-धीरे अवैध रूप से बसकर श्रमजातियों ने अपनी एक उपनगरी बसा ली है। जहाँ ऐसी व्यवस्था नहीं कर सके वहाँ रेल की पटरियों के किनारे खाली जगह पर या नदियों के कछारों के भीतर अस्थायी दीवारों के ऊपर टीन या प्लास्टिक, त्रिपाल आदि की छाजन बनाकर आठ वर्गफीट तक आवास में पूरा एक परिवार बस जाता है। ऐसे परिवारों की संख्या एक संकुल में सैकड़ों तक की है। ये श्रमिक उत्तर प्रदेश तथा बिहार आदि के पिछड़े इलाकों से अधिकतर आते हैं और अपनी लोकरीति, पूजा-पद्धति और संस्कार व सामाजिकता के साथ जीते हैं। इनके जीवन का अध्ययन भी रोचक और एक क्षेत्रीय है।

दिल्ली में अखिल भारतीय कृषि अनुसन्धान संस्थान (पूसा) में श्रमिकों की एक कॉलोनी संस्थान द्वारा बनायी गयी है, इसे चिरई कॉलोनी कहते हैं। इसमें अधिकांश बिहार के ग्रामीण अंचलों के लोग रहते हैं जो संस्थान के विभिन्न विभागों में श्रमिक का काम करते हैं। इस कॉलोनी की पूरी संस्कृति ऐसी है जैसे बिहार का ही कोई विशेष अंचल यहाँ आकर बस गया हो। इसी प्रकार रेलगाड़ी से जमुना ब्रिज स्टेशन की ओर से गुजरें तो आपको झुग्गी-झोंपड़ियों का विशाल नगर यमुना नदी के पाटों के खाली स्थानों पर देखने को मिलेगा। बहुत-से

रचनाकार इसके भीतर झाँककर इनके जीवन की झाँकी अपनी कथा कृतियों तथा आलेखों, संस्मरणों में करते हैं।

झ-यायावर जातियाँ :

कुछ जातियाँ ऐसी हैं जो एक स्थान पर न रहकर देश के विभिन्न भागों में घूम-फिरकर अपनी आजीविका के लिए कुछ विशेष कार्य करती हैं। ये अपने टेण्ट के साथ बर्तन-भाँड़े लेकर एक स्थान से दूसरे स्थान पर जाते रहते हैं और कहीं भी सड़क के किनारे या बाग-बगीचों में अपना शिविर डाल लेते हैं और कोई प्लास्टर ऑफ पेरिस की मूर्तियाँ बनाते और बेचते हैं, कोई पर्वतीय क्षेत्रों के लोग जड़ी-बूटियाँ बेचते हैं। कुछ नट जैसी जातियाँ नाना प्रकार के जोखिम भरे करतब दिखाते या उनमें कुछ पहलवान अखाड़े बाँधकर लोगों को मल्लयुद्ध सिखाते हैं। ये भी एकदेशीय और सीमित अर्थ में यायावर आंचलिक कहे जा सकते हैं। शिवप्रसाद सिंह का उपन्यास 'शैलूष' नट जाति के ही आदिम जीवन को केन्द्र में रखकर लिखा गया है।

इसी प्रकार उत्तर प्रदेश के ईंट भट्ठों पर काम करनेवाले मजदूर प्रायः बिहार या झारखण्ड जैसे क्षेत्रों से आते हैं और वहीं भट्ठों के पास ईंट जोड़कर दीवार और उसके ऊपर टीन आदि छाजन डालकर रहते है। इनकी बोली-बानी और वेश-भूषा से लेकर रहनी-करनी तक अपने ढंग की निराली ही होती है। इनमें श्रम करने की अपार शक्ति तो होती ही है, ये बड़े ही ईमानदार और कर्त्तव्यनिष्ठ होते हैं। इनकी महिलाएँ भी पुरुषों के साथ बराबर कार्य करती रहती हैं, पर ये बहुत ही चरित्रवान् होती हैं। इनकी इन छोटी-छोटी कॉलोनियों में कोई दरवाजे ताले नहीं लगते पर कभी कोई किसी का सामान नहीं चुराता है और न कोई किसी दूसरे की स्त्री के प्रति कुदृष्टि रखता है। यह इस बात को सिद्ध करता है कि सभ्यता और आधुनिकता के साथ चोरी और व्यभिचार भी बढ़ता आया है और आज भी सभ्यता से दूर ये जनजातियाँ अपनी अस्मिता और ईमानदारी के साथ जी रही हैं।

ञ-नगरीय आंचलिकता :

कुछ ऐसे नगर होते हैं जिनकी अन्य नगरों से अलग पहचान होती है। वह पुराने ढ़ंग के रीति-रिवाजों, विश्वासों और रहन-सहन में औरों से अलग होते है। पूर्वी उत्तर प्रदेश के नगरों में वाराणसी इसी प्रकार का एक नगर है, जहाँ के आदमी अपने फक्कड़पन, मस्ती और पूर्वजों से चली आयी हुई आस्था और परम्पराओं में जीते हैं। काशी के लोग ग्रामीण, पर्वतीय और सागरीय आंचलिकतावाले व्यक्तियों की तरह "कम खाय काशी बसै" या काशी की पहचान बताते हुए "भंग को रंग व गंग तरंग" को ही रेखांकित करते हैं। बड़े-बड़े ओहदेवाले भी जो मूल काशीवासी हैं, एक लाल

गमछा पहनकर और दूसरा लाल गमछा ओढ़कर मस्ती से गंगा स्नान को जाते हैं और चन्दन चर्चित ललाट के साथ हर-हर महादेव कहते हुए आते हैं। वैसे तो काशी एक अन्तरप्रान्तीय और अन्तरदेशीय नगर है, जो सब-कुछ को पचाकर एक समावेशी नगर के रूप में प्रतिष्ठित है। इस नगर की संरचना भी गलियों, सीढ़ियों और घाटों से और नगरों से अलग तरह की है। राँड़, साँड़, सीढ़ी, संन्यासी इसकी पहचान का एक सरल मुहावरा है। पड़ोस का शहर मिर्ज़ापुर भी करीब-करीब, इसी संस्कृति में ढला-पला है। यहाँ की बोली-बानी भी 'वाह गुरु', 'का गुरु', 'हाय रजा' जैसा फक्कड़ाना है। अतः ऐसे नगरों पर केन्द्रित रचनाएँ आंचलिकता की प्रकृति परिधि में आती हैं।

इस प्रकार आंचलिकता का कोई निश्चित निर्धारित क्षेत्र या मानक नहीं है, बल्कि जिस क्षेत्र की अपनी पहचान अलग छाप बनती है, वह उस क्षेत्र की आंचलिक प्रकृति की द्योतक होती है। उपर्युक्त सभी प्रकार की आंचलिक प्रवृत्तियों का अंकन विश्व के अन्य देशों के साहित्य में तथा हिन्दी भाषा के कथा-साहित्य तथा अन्य विधाओं में भी हुआ है।

आंचलिकता : पश्चिमी और पूर्वी परिप्रेक्ष्य :

आंचलिक लेखन का जो स्वरूप पश्चिमी जगत् में रहा, वह वहाँ के अंचल-विशेष के अनुरूप था और पूर्वी अर्थात् भारतीय भाषाओं में उन-उन क्षेत्रों की विशेषता से युक्त था। इस दृष्टि से अँग्रेजी और भारतीय भाषाओं में आंचलिक लेखन का अध्ययन भी उपयोगी है।

अँग्रेजी साहित्य में आंचलिकता :

अँग्रेजी में आंचलिक लेखन को 'रीजनल' लेखन कहते हैं। अधिकतर उपन्यास ही इस ढंग के लिखे गये हैं, जिन्हें रीजनल नावेल कहते हैं। एक बात हमें शुरू में ही ध्यान रखनी चाहिए कि अँग्रेजी में आंचलिकता का स्वरूप वह नहीं है, जो हिन्दी या अन्य भारतीय भाषाओं में है। वहाँ ग्राम परिवेश में लिखे गये कथा-साहित्य को रीजनल या आंचलिक कहते हैं, किन्तु अपवादस्वरूप कुछ ऐसे भी लेखक हैं जिन्होंने सही ढंग का आंचलिक लेखन किया है। अँग्रेजी में 1800 ई. से ही आंचलिक उपन्यासों की रचना प्रारम्भ हुई। जबकि हिन्दी में शुद्ध आंचलिक उपन्यास 1954 में लिखा गया है। वैसे तो अँग्रेजी के रोमैण्टिक एज में ही वर्ड्सवर्थ ने अपनी कविताओं में पर्वतीय क्षेत्रों, झीलों और जंगली पशु-पक्षियों पर भावपूर्ण कविताएँ लिखकर झीलों का कवि (लेक पोएट) की संज्ञा प्राप्त की। उसने नगरीय भीड़-भाड़, शोर-शराबे और घुटन के विरुद्ध 'प्रकृति की ओर-लौटो' का नारा दिया था, जिसके दबाव में ही आगे चलकर आंचलिक रचनाओं की शुरूआत हुई।

आंचलिक उपन्यासों का प्रारम्भ 'मेरिया एज वर्थ' के उपन्यासों से 1800 ई. के आस-पास माना जाता है। 'मेरिया एज वर्थ' ने ही अपने उपन्यास को सर्वप्रथम रीजनल या क्षेत्रीय उपन्यास कहा। उसका प्रसिद्ध उपन्यास 'कैस्टिल रेकरेण्ट' आयरलैण्ड के कृषकों और मजदूरों को रेखांकित करने का एक सफल प्रयास है। उस क्षेत्र के रहनेवाले लोगों के सरल, सहज, समरस, कुण्ठारहित एवं परस्पर सहयोग का जीवन जीने के लिए नयी सभ्यता से दूर बसे ग्रामीणों का प्रथम चित्रण होते हुए भी 'वाल्टर एलन' ने अपने 'दी इंगलिश नावेल' (पृ. 98) पर कैस्टिल रेकरेण्ट को एक अत्यन्त महत्त्वपूर्ण क्षेत्रीय औपन्यासिक रचना मानते हैं।[8]

उसके बाद 'सर वाल्टर स्काट' इस विधा के महत्त्वपूर्ण हस्ताक्षर के रूप में उभरते हैं, जिनका काल भी 19वीं शताब्दी के प्रारम्भिक चरण में माना जाता है। उनका उपन्यास 'वैवरले' 1814 ई. में प्रकाशित हुआ। उन्हें जीवन का अद्भुत चितेरा माना जाता है, स्काटलैण्ड के जीवन पर आधारित। लुइस कजामियाँ ने लिखा है—'Scott was intimately acquainted with the past of Scotland, which he had explored in documents history, and legend, he had lived through it again by calling it up in its original setting, and had given it the reality of concrete form by discovering its talent present in the manners, traditions and language in all the existing originality of a people.[9]

'जार्ज इलिएट' एक यथार्थवादी उपन्यास लेखक हैं, उनके उपन्यासों को यथार्थवादी उपन्यास कहते हैं, जिसमें जीवन की वास्तविकता की झलक मिलती है, किन्तु उन्हें आंचलिक उपन्यास या क्षेत्रीय उपन्यास लेखक नहीं कहा जा सकता। इसके बाद अँग्रेजी क्षेत्रीय उपन्यास लेखकों में सबसे प्रसिद्ध और महत्त्वपूर्ण नाम 'टामस हार्डी' का आता है।

'जार्ज इलिएट' के उपन्यास 'ऐडम वीड' में ग्रामीण आंचलिकता का सहज चित्र उकेरा गया है। जैसा कहा जा चुका है कि वह एक यथार्थवादी लेखक हैं। अतः उनमें आंचलिकता की छाया का दर्शन किया जा सकता है। 'ऐडम वीड' की तरह अपने दूसरे उपन्यास 'सायलस मानेर' में भी उसने जीवन की यथार्थता का अंकन किया है तथा ग्रामीण जीवन की तमाम अच्छाइयों और बुराइयों को समाविष्ट न करके पात्रों के चरित्र के द्वारा यथार्थता की अनुभूति करायी है।

टामस हार्डी :

हार्डी का जन्म 1840 ई. में 'डारचेस्टर' के निकट 'डार्कनशायर' नामक ग्रामीण क्षेत्र में हुआ था, जिसका प्राचीन नाम वेसेक्स था, इसी अंचल के जीवन को उभारने का कार्य उनकी रचनाओं में हुआ है, इसलिए उन्हें 'वेसेक्स नावेल' भी कहा जाता

है। इनके प्रसिद्ध उपन्यास 'फार फ्राम दी मैडिम क्राउड', 'दी रिटर्न ऑफ नेटिव', 'दी मेयर ऑफ कैस्टर ब्रिज', 'दी उड लैम्डर्स', 'टेस ऑफ दी अरवेरविलर' तथा 'ज्यूडिरेस्को' हैं। इनमें वेसेक्स के ग्रामांचलिक जीवन के आदिम तौर-तरीकों, क्षेत्र की प्राकृतिक स्वाभाविकता और आकृति में सौन्दर्य का चित्रण हुआ है। इनके उपन्यासों की पृष्ठभूमि पहाड़ियों, झाड़ियों के साथ खुले मन मस्तिष्क के सामान्य और आधुनिक सभ्यता से अछूते, अपनी अपरिवर्तनीय यथार्थता से बनती है। इसमें वह इस भूमण्डलीय प्रकृति और मानव के सम्बन्धों को तलाशने की कोशिश करता है। हार्डी का यह गृहक्षेत्र आक्सफोर्ड विश्वविद्यालय के बगल में है जबकि आक्सफोर्ड विश्वविद्यालय के गगनचुम्बी टावर और वहाँ का वातावरण आधुनिकता और यान्त्रिकता का उन्मुक्त क्षेत्र है। 'डार्कनशायर' का यह ग्रामीण इलाका सभ्यता और यान्त्रिकता से दूर सरल और सहज जीवन का क्षेत्र है। हार्डी ने उपन्यासों की रचना दूर-दूर से सुनी-सुनायी या काल्पनिक कहानियों से नहीं गढ़ा है, बल्कि उसने अपना बचपन भी यहाँ बिताया है और अवकाश ग्रहण करने के बाद यहीं आकर लम्बे समय तक रहने लगा था।

हार्डी आधुनिकता के साथ बढ़ती हुई भीड़-भाड़, शोर-शराबे और यान्त्रिकता के खिलाफ था। यान्त्रिकता के खिलाफ विद्रोह का स्वर 'जेम्स थामसन' और 'गिसिंग' के साथ 'टामस हार्डी' ने अपने लेखन में बहुत ही जाहिर तरीके से किया था। वह विज्ञान की तार्किकता और उसकी उपलब्धियों को स्वीकार करता है, पर उसे दुःख इस बात का है कि इस वैज्ञानिकता में वास्तविक मनुष्य की मृत्यु हो रही है। 'वाल्टर एलेन' ने हार्डी को आदिम मनुष्य (प्रिमिटीव मैन) कहा है और इसके स्पष्टीकरण में उसने लिखा है कि ''टामस हार्डी'' एक ग्रामीण आत्मा का सच्चा प्रतिनिधि था। यद्यपि वह विद्वान्, दर्शन और विज्ञान की धाराओं से पूर्ण परिचित था, पर वह मनुष्य की आत्मिक स्वतन्त्रता का पक्षधर था और आधुनिकतावादी यान्त्रिकता उसी का हनन कर रही थी। हार्डी सही माने में अँग्रेजी का आंचलिक उपन्यासकार था, और इस रूप में अँग्रेजी उपन्यास सहित्य में उसे उचित स्थान भी प्राप्त था।

20वीं शताब्दी के उपन्यासकार 'एच.ई. बेट्स' का नाम भी उन प्रमुख कथा-लेखकों में आता है, जो एक जमीनी लेखक है और ग्रामीण लेखक माना जाता है। उसके दो प्रसिद्ध उपन्यास युद्ध पर केन्द्रित हैं, पर कहानियों में वह गाँव और ग्राम्यांचल के चित्रण के लिए प्रसिद्ध है। वह 'चेखब', 'तुर्कनेव', और टाल्स्टाय—जैसे रूसी लेखकों का प्रशंसक है पर उसमें जो यथार्थता है, वह ओढ़ी हुई लगती है, अनुभूति नहीं है।[10]

अमरीका के अँग्रेजी उपन्यासों में भी आंचलिकता की एक लहर 'मेरिया एजवर्थ' के उपन्यासों के बाद प्रारम्भ हुई। एजवर्थ के उपन्यास 'कैरिटल रेकरेण्ट'

से प्रभावित होकर उसके आठ दशक बाद अपने उपन्यास 'हक लेबरीफिन' की रचना की। आगे चलकर 'मार्कट्वेन' के उपन्यास 'लाइफ ऑफ दी मिसीसिपी' (1983) में मिसीसिपी नदी की घाटी के दृश्यों का यथार्थ अंकन है। नाविक जीवन पर आधारित यह उपन्यास तत्कालीन प्रतिनिधि उपन्यासों की कोटि का प्रमुख आंचलिक उपन्यास है। आंचलिकता को प्रमुख रूप देनेवाले कथाकारों में 'आर्नाल्ड बेनेट' का नाम भी उल्लेखनीय है। इसी क्रम में आगे चलकर नाविक जीवन पर आधारित अमरीकन लेखक 'हेमिंगवे' का उपन्यास 'दी ओल्डमैन एण्ड दी सी' प्रकाशित हुआ, जो अत्यन्त प्रतिष्ठित और पुरस्कृत उपन्यास है।

आंचलिक उपन्यासकारों की कोटि में 'आर्नाल्ड बेनेट' का नाम भी प्रमुखता से आता है। उसके उपन्यास 1910 ई. से 1916 ई. तक प्रकाशित हुए। 'अन्ना ऑफ दी फाइव टाउन्स', 'दी ओल्ड वाइब्स टे एण्ड दी क्ले नावेल', 'क्ले हैंगल' 1910 में प्रकाशित हुए। हिल्डा लेसवेज 1911 ई. में और डीज क्वेन 1916 ई. में प्रकाशित हुए।[11] इस प्रकार अँग्रेजी के आंचलक और ग्रामभित्तिक उपन्यासों ने एक ऐसी जमीन बनायी, जिससे 20वीं शताब्दी के मध्य हिन्दी में आंचलिक लेखन का प्रारम्भ हुआ।

आंचलिकता का भारतीय परिपार्श्व :

भारत की विभिन्न प्रान्तीय भाषाओं में आंचलिक लेखन की प्रवृत्ति साधारणतया 20वीं शताब्दी के मध्य से दिखायी देती है। वास्तव में अँग्रेजी में आंचलिक उपन्यासों का लेखन तो 19वीं शताब्दी में ही प्रारम्भ हो गया था, किन्तु भारत में लोकतन्त्र की स्थापना के बाद जब रचनाकारों की लोकदृष्टि का विकास हुआ तो उनका ध्यान सतह पर से उभरे हुए लोगों के साथ जो भीतर गहराई में छिपे हुए थे, ऐसे लोगों और ऐसे अविकसित अंचलों और वन्य जातियों आदि की तरफ स्वाभाविक रूप से गया। वैसे तो क्षेत्रीय आंचलिक लेखन का मुख्य आधार आंचलिक विशेषताएँ हैं, जो वर्णनों, निबन्धों, रेखाचित्रों, संस्मरणों में भी प्रकट होती हैं, पर उनका पूर्ण और सही विस्तार कथा-साहित्य में देखने को मिलता है। इसलिए आंचलिक उपन्यासों और कहानियों की परम्पराएँ विशेष रूप से सभी भाषाओं में चलीं।

बँगला :

भारतीय भाषाओं में बँगला भाषा एक ऐसी समर्थ भाषा है, जिसमें सभी विधाओं की महत्त्वपूर्ण रचनाओं की सृष्टि हुई है। यूरोप के किसी भी सहित्यिक आन्दोलन का प्रभाव सबसे पहले बँगला भाषा और साहित्य पर पड़ता है। अँग्रेजी में जो रोमैण्टिक काव्य की धारा बही तो सबसे पहले भारत में बँगला भाषा में उस प्रकार की रचनाएँ हुईं। वैसे ही आंचलिक उपन्यासों की रचना में भी बँगला भाषा ने अगुवाई

की। 'शरच्चन्द्र' ने 1916 ई. में एक उपन्यास 'पल्ली समाज' की रचना की, जिसमें आंशिक आंचलिकता दिखायी देती है क्योंकि आंचलिकता क्षेत्र के अतिरिक्त किसी जाति-विशेष या समाज-विशेष की विशिष्ट प्रकृति के अन्दर भी होती है। 'सत्यजीत रे' का उपन्यास 'पाथेर पंचाली' जो तीन खण्डों में लिखा गया है–1-'पाथेर पाँचाली' (1929) 2- 'अपराजिता' (1932) 3-'अरण्यक' (1938) है। इसमें निम्नमध्यवर्गीय ग्रामीण प्रकृति का सुन्दर चित्रण मिलता है। अरण्यक पूर्ण रूप से आदिवासियों के जीवन पर आधारित है और बड़े ही मार्मिक ढ़ंग से इसमें आदिवासियों के जीवन को उकेरा गया है। इस उपन्यास को पढ़कर नगरीय संस्कृति से ग्रामीण और आदिवासी संस्कृति की गहरी फाँकों को देखा जा सकता है। 'ताराशंकर बंद्योपाध्याय' ने भी आदिवासी उपन्यासों की रचना में योगदान किया है, और उनके उपन्यास 'जनपद', 'आरोग्य निकेतन' और 'गणदेवता' इस दिशा के महत्त्वपूर्ण उपन्यास हैं। उन्होंने 'राढ़ि' क्षेत्र के ग्रामीण जीवन का बड़ा ही मर्मस्पर्शी और प्रभावपूर्ण चित्रण किया है। यह क्षेत्र बंगाल के वीरभूमि जिले में पड़ता है। 'मानिकचन्द्र बंद्योपाध्याय' के उपन्यास 'जननी' 1935, 'पद्मानजीर' 1936, 'हलुद्मादी' 1943ए, 'सबबन' 1956, और 'पुतुल-नावेर इति कथा' 1956 तथा 'सतीनाथ भादुड़ी' का 'ढोढायचरित मानस' आंचलिक उपन्यास के क्षेत्र की अति महत्त्वपूर्ण कृतियाँ हैं। कहा जाता है फणीश्वर नाथ 'रेणु' इस कृति से प्रभावित हुए थे। इसके अतिरिक्त प्रफुल्ल राय, मनोज राय, अद्वैत मल्लिकार्जुन, अमिय मजूमदार इस क्षेत्र के महत्त्वपूर्ण हस्ताक्षर हैं। वर्तमान प्रसिद्ध और पुरस्कृत लेखिका महाश्वेता देवी का उपन्यास 'विरसा मुण्डा' बड़ा ही रोचक और शत-प्रतिशत आंचलिक उपन्यास है। जिसमें छोटा नागपुर के मुण्डा जाति के बहादुर नायक 'विरसा मुण्डा' के आदिवासियों की स्वतन्त्रता की लड़ाई के बहाने सम्पूर्ण आदिवासियों के जीवन और वहाँ की भू-क्षेत्रीय बनावट का सुन्दर चित्रण हुआ। इसका हिन्दी अनुवाद 'जंगल के दावेदार' के नाम से हुआ है।

असमिया :

असम पर्वतीय और जनजातीय क्षेत्र की दृष्टि से अत्यन्त महत्त्वपूर्ण प्रदेश है। यहाँ स्वाभाविक रूप से रचनाकारों ने आंचलिक उपन्यासों की सृष्टि की। 19वीं सदी में ही यहाँ आंचलिक उपन्यास लिखने का श्रीगणेश हो गया। 'रजनी बरदले' का उपन्यास 'मिरि जीयरी' (1890) इस दिशा का महत्त्वपूर्ण और मार्गदर्शक उपन्यास है। इसमें सोवड़ा नदी के तटीय क्षेत्र का अंचल लिया गया है और एक प्रकार से पूरा अंचल ही इस उपन्यास का नायक है। इसमें लोकनृत्य, लोकगीत तथा लोककथा आदि का यथार्थ निरूपण किया गया है। मिरियों का सम्पूर्ण आंचलिक जीवन इसमें

समाहित है। 'लक्ष्मीकान्त बैजबरुआ' की रचना ''सउजी पातार-कोहिनी'' में चाय बागानों और उनमें कार्यरत मुण्डा तथा उराँव आदि वन्य जातियों के जीवन की अन्तरंगता का बड़ी बारीकी से चित्रण किया गया है और इसमें आंचलिकता की सारी विशेषताएँ आ गयी हैं।

इस परम्परा में 'धनकान्ता' लिखित 'सानेर नांगल', 'जोगेश दास' कृत 'दाबर अरूवाई' तथा 'दीनानाथ शर्मा' की 'नदई' महत्त्वपूर्ण कृतियाँ हैं। आंचलिक परिवेश के आधार पर 'नवलकान्त बरुआ' की कृति 'कपीली पारीय साधु' की रचना, कपली नदी के तटवर्ती तथा उसके बेसिन के निवासियों को केन्द्र में रखकर लिखी गयी है।

उड़िया :

उड़िया भाषा भारत की एक समृद्ध भाषा है। 'गोपीनाथ महान्ती' को साहित्य आकादमी पुरस्कार जिस महिमा के साथ दिया गया वैसा कम लोगों को प्राप्त हुआ। उड़िया में लेखकों की एक लम्बी कतार है। उड़ीसा का प्राचीन नाम उत्कल है जिसकी एक समृद्ध सांस्कृतिक पहचान भी है। अशोक की विजय और फिर युद्ध से विरत हो जाने की घोषणा का साक्षी यही प्रदेश है। कोणार्क का सूर्य मन्दिर और पुरी का जगन्नाथ जी का मन्दिर तथा अन्य सांस्कृतिक धरोहरों से यह प्रदेश समृद्ध है। इस अंचल की अपनी बहुत-सी विशेषताएँ हैं। जहाँ एक तरफ सांस्कृतिक धरोहरों को समेटे हुए सांस्कृतिक अवशेष और उदयगिरि आदि गुफाओं के उत्कीर्ण प्राचीन चित्र हैं, तो दूसरी ओर घोर जंगल, आदिम जीवन व्यतीत करती जनजातियाँ और समुद्रतटीय निवासियों के विशिष्ट आंचलिक जीवन हैं। 'गोपीनाथ महान्ती' का उपन्यास 'अमृतर-सन्तान' में यहाँ के जंगली जीवन जीनेवाले आदिवासियों के जीवन्त स्वरूप को उजागर किया गया है। लगता है कि इस उपन्यास का नायक यह अंचल ही है, जिसमें यहाँ की रूढ़ियाँ, अन्धविश्वास, रीतियों और प्रवृत्तियों तथा धार्मिक अनुष्ठान सब जीवन्त हो उठे हैं। जिन उड़िया रचनाकारों में आंचलिकता का संस्पर्श और ग्राम्य जीवन की महक हमें आकर्षित करती है उनमें 'कालिंदी चरण पाणीग्रही' की 'माहिर मणिण', 'फकीर मोहन' की 'लक्क्षम', 'नन्द किशोर बल' की 'कनकलता' और 'नित्यानन्द महापात्र' की कृतियाँ विशेष महत्त्वपूर्ण हैं। गोपीनाथ महान्ती और उनके भाई कन्ह चरण महान्ती का उड़िया आंचलिक लेखकों में अधिक महत्त्वपूर्ण स्थान है। इन लोगों ने आदिम जातियों के लोकजीवन का जीवन्त चित्रण करके आंचलिकता के क्षेत्र में अपनी रचनाधर्मिता को प्रतिष्ठित स्थान दिया है। कुंजबिहारी दास ने महान्ती की ग्रामीण एवं विराट् आंचलिक रचनाधर्मिता की चर्चा करते हुए कहा है—

"हमारे प्रदेश में नागरिक जीवन का सर्वथा अभाव है। इसीलिए हमारी सबसे महत्त्वपूर्ण पृष्ठभूमि ग्रामीण दृश्यावली ही रही है, और उनके पात्र भी अधिकांश ग्रामीण व्यक्ति ही हैं। उड़ीसा की आबादी में से एक बहुत बड़ा अंश स्वयं सीमित आदिवासी जातियों का है, जिनके चित्रण को उपन्यासकार अपनी औपन्यासिक कृतियों में प्रयुक्त करके उन्हें समृद्ध बना सकते हैं और उनको ही साहित्य अकादमी ने उनकी महान् पथप्रदर्शक औपन्यासिक कृतियों के लिए पुरस्कृत भी किया है।"[12]

मराठी :

मराठी में उपन्यास के लिए 'कादम्बरी' संज्ञा का प्रयोग होता है। हिन्दी कथा-साहित्य पर मराठी के कादम्बरी लेखन का भी पर्याप्त प्रभाव पड़ा है। मराठी में कथा-साहित्य के अतिरिक्त नाटक के पात्रों के वार्त्तालाप में मराठी सन्तों के गीतों और भजनों में, बदेरकर और खाण्डेकर की रचनाओं में प्रयुक्त गीतों में प्रादेशिकता और आंचलिकता खूब उभरकर आयी है। मराठी के कथाकारों ने अपने कथा-साहित्य का स्वतन्त्र विकास किया है। भारतीय स्वतन्त्रता-आन्दोलन, सामाजिक समता और दलित साहित्य की रचना में महाराष्ट्र का योगदान बहुत अधिक है और इन दोनों ही प्रकार के आन्दोलनों ने रचनाकारों को गाँवों की तरफ उन्मुख किया। मराठी के श्रेष्ठ आंचलिक रचनाकारों में 'विभावरी शिरूणकर' की 'बली' एक बड़ी ही नये ढंग की कृति है। इस कृति में नर जाति और बेड़ियों की जाति के जीवन को बड़े ही आत्मीय ढंग से निरूपित किया गया है। 'व्यंकटेश माडगूलकर' की रचना 'अनगर बाड़ी' महाराष्ट्र के एक क्षेत्र-विशेष के गड़ेरियों के जीवन और उनके ग्रामीण परिवेश के साथ ही उनके पिछड़ेपन की पूर्ण साक्षी है। 'गोपाल नीलकण्ठ दाण्डेकर' की रचना 'जैत रे जैत' में ग्रामीण अंचल की सोंधी गन्ध का अनुभव होता है। 'ऊधौ शेड़के' का नाम आंचलिक लेखन में एक महत्त्वपूर्ण नाम है। 'धग' तथा 'बायी बिना धुवाँ' उनकी चर्चित कृतियाँ हैं। कोल्हापुर अंचल की छाप लिये हुए 'शंकर पाटील' की रचना 'टारफुला' महत्त्वपूर्ण है। 'टारफुला' एक विशैली बल्लरी का नाम है जो खेत की पकी हुई फसलों को नष्ट कर देती है। इस प्रतीक के सहारे पाटील ने गाँवों में क्रूरता, हत्या, उत्पीड़न, आतंक और भय का वातावरण बनाकर शोषण करनेवाले लोगों के चरित्र को इस उपन्यास में निरूपित किया है। इस उपन्यास में कोल्हापुर अंचल की वह पूरी कथा उभरकर आयी है, जिसमें दबंग लोग गाँवों के जीवन को नरक बना देते है।

इधर बहुत-से नये लेखकों ने भी आंचलिक लेखन में अपनी सशक्त उपस्थिति दर्ज की है जिनमें 'पाण्डुरंग सदाशिव साने' की 'श्याम ची आई', 'सदाशिव नरहरि गेण्डसे' की 'कोंकण' या 'दरियावरडी', 'राघव विनायक दीघे' की 'पदरेपव्य'

महत्त्वपूर्ण रचनाएँ हैं। दीघे की रचना में लोकजीवन, लोकविश्वास, भाग्यवाद की ग्राम्यांचलों की प्रचलित प्रकृतियों का चित्रण और झोपड़पट्टी में रहनेवाले महानगरीय अंचल के लोगों की जिन्दगी को चित्रित किया गया है। इनके साथ ही मराठा अंचल का प्रतिनिधि उपन्यास माना जानेवाला 'रार विरेडा' की ''पाचोला'' एक महत्त्वपूर्ण रचना है, जिसमें गाँवों की परम्परा से बँधे जीवन और परस्पर के स्नेह सौहार्द का चित्रण हुआ है। 'आनन्द यादव' के उपन्यास 'गोताब' में मनुष्यों के साथ ही मानवेतर प्राणियों से उसके संवेदनात्मक जुड़ाव को निरूपित करके आंचलिक लेखन को एक नयी आधारभूमि प्रदान की गयी है। लेखक ने पशु-पक्षियों की मनुष्यों के साथ संवेदनात्मक सहृदयता को मुखर किया है। इस प्रकार मराठी उपन्यास साहित्य भारतीय आंचलिक लेखन में अपना महत्त्वपूर्ण स्थान रखता है।

गुजराती :

गुजराती में आंचलिक कथा-साहित्य के लिए 'नवल कथा' शब्द का प्रयोग किया गया है। हिन्दी की तरह गुजराती का भी कथा-साहित्य अँग्रेजी और बँगला के प्रभाव से हुआ। गुजराती में अँग्रेजी, हिन्दी, बँगला और मराठी के उपन्यासों का भी पर्याप्त अनुवाद हुआ। गुजराती में 'नन्दशंकर' के उपन्यास 'करन थेला' से आंचलिक उपन्यासों की शुरूआत हुई और उसका विकास भी सशक्त ढंग से हुआ। गुजराती में 'ईश्वरचन्द्र पतलीकर' और 'चुन्नीलाल मठिया' के उपन्यासों में ग्रामीण जीवन के चित्रों की एक नयी प्रवृत्ति देखी जा सकती है। 'झबेरचन्द्र मेघाड़ी' ने अंचल को जिस गहराई से स्पर्श किया है उसे उनके उपन्यास 'सोरठ तारों बहता पानी' में देखा जा सकता है। इसमें सौराष्ट्र के ग्राम्य जीवन का जीवन्त चित्रण किया गया है। इनके साथ ही 'पन्नालाल पटेल' की रचना 'सलेला जीव' का स्मरण करना भी प्रासंगिक है, जो लोकवार्त्ता पर आधारित ग्रामीण जीवन की झाँकी को अपने परिवेश में समेटे हुए है, और खेती किसानी के रंग-ढंग को सहेजते हुए पर्वों, त्योहारों, लोकगीत, लोकनृत्य, लोककथा मेलों और उत्सवों से भरपूर है और एक सम्पूर्ण गाँव की सशक्त अभिव्यक्ति करता है। उनकी दूसरी रचना 'मानवीनी मवाई' है। इसमें गुजरात के उनके प्राकृतिक अंचल, वनों, घाटियों आदि को मुखरित करनेवाली 'जीवी' है जो सशक्त आंचलिक उपन्यास है। 'शंकर मेहता' की 'धरती नी पछेड़ो' गुजराती को सशक्त आंचलिक कृति मानी जाती है। इसमें सौराष्ट्र के ग्राम्य लोकगीतों को आधार बनाकर कथानक का ताना-बाना बुना गया है। एक प्रकार से यह ग्रामीण लोकगीतों की कथा है, जो आंचलिक ढं-ग से भरपूर है। संक्षेप में हम कह सकते हैं कि झाबेरचन्द्र मेधाड़ी के बाद चुन्नीलाल मड़िया, पन्नालाल पटेल, ईश्वरचन्द, पतलीकर, पीताम्बर पटेल, पुष्करचन्द वाकर तथा कृष्णप्रसाद भट्ट आदि

लेखकों ने गुजरात के विविध अंचलों की प्रकृति, भौगोलिक वैशिष्ट्य और जातीय जीवन को स्वर देने में सफलता प्राप्त की है।

कन्नड़ :

कन्नड़ भाषा कर्नाटक प्रदेश की भाषा है। यहाँ उपन्यासों की परम्परा 12वीं सदी से ही प्रारम्भ हो जाती है। पहले तो ऐसी रचनाएँ पद्यबद्ध होती थीं लेकिन धीरे-धीरे वे गद्य-पद्य मिश्रित लिखी जाने लगी और अन्ततः उन्होंने गद्य का रूप धारण किया। ये सभी उपन्यास या कादम्बरी ग्रन्थ अति मानवीय प्रसंगो से बोझिल हैं। पुरानी लोककथाओं में और हिन्दी के सूफी प्रेमाख्यानों में जिस प्रकार स्वप्न दर्शन से प्रेम का स्फुरण और पशु-पक्षियों के रूप में मनुष्य का परिवर्तित हो जाना और इच्छानुसार पुनः मानव रूप धारण कर लेना इस प्रकार के अपौरुषेय कथानक से इनकी रचनाएँ भरी पड़ी है। कन्नड़ के आंचलिक उपन्यासों की कोटि में शिवराम कारन्त की रचना 'मरलि मर्णिमेय' को आंशिक रूप से माना जा सकता है, जो कर्नाटक के कृषक जीवन पर आधारित है। यह रचना ग्राम संस्कृति को उसी प्रकार रेखांकित करती है, जैसे प्रेमचन्द का गोदान है। इनकी 'कड़ियर-कुसु', आदिवासियों के जीवन पर आधारित है और इसमें जनजातीय जीवन में प्रचलित तन्त्र-मन्त्र और पूजा आदि के धार्मिक विश्वासों के समावेश से आंचलिकता का स्वरूप इसमें उभरता है। तीसरी रचना 'बेहद जीवा' प्रादेशिक और स्थानीय रंग से आपूरित है और इसमें वन्य जीवन का विश्वसनीय चित्र अंकित है।

मलयालम :

मलयालम केरल प्रदेश की भाषा है, जिसमें उपन्यास-लेखन का प्रारम्भ 19वीं शताब्दी के अन्तिम चरण में प्रारम्भ हुआ पर कई दशकों के बाद मलयालम के सशक्त रचनाकार 'ताकाशि शिवशंकर' ने उपन्यास-लेखन के क्षेत्र में काफी प्रतिष्ठा प्राप्त की। इनके उपन्यासों में प्रायः ग्रामभित्तिक कथानक के साथ ही अंचल-विशेष की आदिम प्रवृत्तियों का बड़ा ही प्रभावपूर्ण एवं सशक्त चित्रण हुआ है। इनकी रचना 'रन्ति तंगाशि' (दो सेर धान) आंचलिक प्रवृत्ति की प्रथम रचना मानी जाती है। इस रचना में किसानों और मजदूरों के जीवन का बड़े ही सजग और जागरूक कथाकार के रूप में रचनाकार ने चित्रण किया है। इसमें किसानों का धरती के प्रति आत्मीय लगाव, उनमें प्रचलित परम्पराओं और रूढ़ियों, अन्धविश्वास आदि का ऐसा चित्रण किया गया है कि इस रचना से 'ताकाशि शिवशंकर' भारतीय कथा-साहित्य के साथ विश्व कथा-साहित्य के रचनाकारों में गिने जाने लगे। उनकी दूसरी कृति 'चैम्पियन' (सागर की सन्तानें) भी अपने ढंग की एक प्रतिष्ठित आंचलिक रचना है। यह केरल-तट के मछुआरों की जीवनशैली और उनकी संस्कृति को चित्रित करती है,

मछुआरों की कष्टपूर्ण जीवनशैली के साथ ही उनके अन्धविश्वास आचार-विचार, पूजा-उपासना की पद्धतियों का चित्रण किया गया है, जो जनजातीय जीवन की एक झाँकी प्रस्तुत करता है। समुद्र-तट के मनोरम दृश्यों, मछलियों की जातियों और मछुआरों के जीवन में प्रचलित विश्वासों आदि का मूल्यांकन इनकी कृतियों में मिलता है। 'ताकाशि शिवशंकर' की रचना 'रण्णिहड़री' भी उनकी एक महत्त्वपूर्ण रचना है जिसमें तटीय अंचलों के दलदले भू-भाग और उसमें रहनेवाले लोगों के जीवन, रीति-रिवाज, धार्मिक विश्वास, पूजा, अनुष्ठान का बड़ा सहज स्वभाविक वर्णन मिलता है। इनकी रचनाएँ 'हेमिंगवे' की 'दी मैन एण्ड दी सी', 'प्रेमचन्द' के 'गोदान', 'रेणु' के 'मैला आंचल' जैसी ही हैं।

तेलुगु :

दक्षिण भारतीय भाषाओं में कन्नड़ और मलयालम की अपेक्षा तेलुगु साहित्यिक उत्कर्ष की दृष्टि से अधिक महत्त्वपूर्ण भाषा है। तेलुगु में भी औपन्यासिक रचनाओं का प्रारम्भ उन्नीसवीं शताब्दी के उत्तरार्द्ध में ही हुआ। 'कन्दुकरि' का 'राजशेखर चरितम्' इस भाषा का प्रथम उपन्यास माना जाता है। 'विश्वनाथ सत्यनारायण' तेलुगु के एक बहुमुखी प्रतिभा के लेखक थे और एक श्रेष्ठ उपन्यासकार के रूप में भी यही प्रतिष्ठा है। उपन्यास 'नैचि पड़मलु', 'सहस्र फण', इनकी सबसे अधिक महत्त्वपूर्ण रचना मानी जाती हैं, जिसमें आंचलिक संस्कृति का विश्लेषण मिलता है। इनकी कृतियाँ 'वीर वल्लड', 'वछन सेनानी', 'स्वर्गि निकि निच्ये', 'चेल्ले मलिक' तथा 'एक वीरा' प्रसिद्ध हैं। 'एक वीरा' में उस समय की आम-जन की वेश-भूषा, मन्दिरों के स्वरूप, उनकी उपासना-पद्धति, लोकविश्वासों, अन्धविश्वासों में अटूट आस्था के रूप में स्थानीय ग्रामीण जनजीवन का यथार्थ चित्रण मिलता है। इस लोकभित्तिक रचना को पूर्ण आंचलिक रचना तो नहीं कहा जा सकता पर इसमें आंचलिकता की झलक अवश्य है। 'लक्ष्मीनारायण' की 'मालिपल्ली' एक ऐसी औपन्यासिक कृति है, जिसमें दलितों, अछूतों की बड़ी ही कारुणिक गाथा पिरोयी गयी है। लोकविश्वासों और अन्धविश्वासों से परिपुष्ट इन कहे जानेवाले अछूत वर्ग की विशेष जीवन-पद्धति के चित्रण द्वारा इसमें आंचलिकता का प्रवाह मिलता है।

तमिल :

तमिलनाडु की भाषा तमिल है जो न केवल दक्षिण भारतीय भाषाओं में बल्कि समस्त भारतीय भाषाओं में एक महत्त्वपूर्ण भाषा मानी जाती है। तमिल एक शास्त्रीय भाषा है और उसमें काव्य और शास्त्र का उत्कर्ष तो चरम कोटि का है, पर उपन्यासों और विशेष रूप से आंचलिक उपन्यासों की दृष्टि से उसकी परम्परा उतनी सशक्त नहीं दिखायी देती। 'यशः वदनायकम पिल्लै' की 1879 ई. में प्रकाशित रचना

'प्रताप मोदालयार चरितम्' में पुतलियों की कहानी है। इस उपन्यास में उस कहानी में भूत, प्रेत, पिशाच, पहेलियाँ, लोकोक्तियाँ ऐसी निरूपित हुई हैं जो उपन्यास को आंचलिकता का संस्पर्श प्रदान करती हैं। इनमें पर्वतीय तथा अन्य आंचलिक भूखण्डों का चित्रण भी यथार्थ रूप में मिलता है। 'कल' की रचना 'पन्निणी काल्लन' द्वीप, जंगल आदि के चित्रण के साथ-ही-साथ वहाँ के आदिम निवासियों से व्याप्त जादू, टोना, मन्त्र-तन्त्र, शकुन-अपशकुन, पर्वोत्सवों त्योहारों आदि के यथार्थ एवं सचित्र चित्रण द्वारा आंचलिकता उभरकर आयी है। तमिल में प्रकाशित 'कुरवर्तन रामकृष्णन' की रचना में जनजातियों के जीवन का सफल चित्रण हुआ है और इस दृष्टि से इसे एक सफल आंचलिक रचना मानी जाती है। इस प्रकार हम देखते हैं कि 19वीं शताब्दी के अन्तिम चरण से लेकर 20वीं शताब्दी के मध्य तक सम्पूर्ण भारतवर्ष में ग्राम भित्तिक रचनाओं का प्रणयन हुआ, जिनमें कुछ आंचलिक रचनाएँ हैं, और कुछ में आंचलिक संस्पर्श मात्र है।

हिन्दी :

आंचलिक उपन्यासों के क्रम में हिन्दी में 'फणीश्वरनाथ रेणु' के उपन्यास 'मैला आँचल' का महत्त्वपूर्ण योगदान है। वैसे हिन्दी के प्रथम उपन्यास माने जानेवाले 'परीक्षा गुरु' में भी आंचलिकता के तत्त्व मिलते हैं। 'शिवपूजन सहाय' के 'देहाती दुनिया', 'नागार्जुन' के 'बलचनमा' तथा 'निराला' के 'बिल्लेसुर बकरिहा' में भी आंचलिकता के कुछ तत्त्व मिलते हैं। वास्तव में जब 1954 में फणीश्वर नाथ 'रेणु' का 'मैला आँचल' प्रकाश में आया, तो आंचलिकता की चर्चा हिन्दी साहित्य में शुरू हुई। उन्होंने बिहार के पूर्णिया जिले के उन सुदूर गाँवों को अपने उपन्यास का विषय बनाया, जो सबसे अधिक पिछड़े गाँवों का प्रतिनिधित्व करते थे। उसमें भाषा से लेकर और अत्यन्त पिछड़े अंचल की जीवन-विधि और उसी क्षेत्र में प्रचलित 'दत्ता राक्षस' की कथा को अपने उपन्यास का आधार बनाया और अपने इसी उपन्यास से वह हिन्दी की एक नयी धारा के प्रवर्तक के रूप में स्थापित हो गये। उनकी आंचलिक भाषा और नये शिल्प और एक आंचलिक लोकजीवन की अनुभूतियों के साथ उसके आंचलिक लोकविश्वासों, कथाओं आदि के नाते अत्यन्त चर्चित हुए और आगे के ऐसे क्षेत्रीय उपन्यासकारों के ऊपर उनका प्रभाव भी हुआ।

बिहार के ही नागार्जुन ने भी आंचलिक उपन्यासों के क्षेत्र में महत्त्वपूर्ण योगदान दिया। मिथिला की सामाजिक दृष्टि, आर्थिक गतिविधियों एवं धार्मिक जीवन का जो चित्र उन्होंने हिन्दी-जगत् को समर्पित किया है, वह अक्षुण्ण और अक्षय है। पूर्ववर्ती उपन्यासों की तुलना में नागार्जुन ने बड़े सशक्त रूप में आंचलिक तकनीक का उपयोग किया है। उन्होंने जनजीवन की असंगति को बड़े कलात्मक ढंग से

उभारा है। व्यक्ति के परवशता बोध की करुण कहानी उनकी कृतियों में विशेष रूप से अंकित हुई है। अंचल की लोकभाषा, लोकभूषा, लोकसंस्कृति और लोकगाथा से उनका निकट का लगाव है। इसलिए इस तरह के चित्रण सार्थक सजीवता से मण्डित हैं। उनकी प्रमुख कृतियाँ 'रतिनाथ की चाची' (1948) 'बलचनमा' (1952) 'नयी पौध' (1953) 'बाबा बटेसरनाथ' (1954) 'दुःखमोचन' (1957) 'वरुण के बेटे' (1966) हैं। 'बलचनमा' में दरभंगा का चित्र, 'दुःखमोचन' में सर्वोदय को बल, 'वरुण के बेटे' में जमींदारों की धाँधली और 'नयी पौध' में कन्या बेचने की कहानी स्थानीय बोली के पुट से गुम्फित है।[13]

क्षेत्रीय आंचलिकता पर लिखे हुए उपन्यास विविध प्रकार के हैं, क्योंकि भारत जैसे विशाल देश में उत्तर से दक्षिण तक इतने विविध क्षेत्र हैं, उन सभी अंचलों को केन्द्र में रखकर उपन्यासों की सृष्टि हुई है। स्वयं डॉ. विवेकी राय ने आदिवासी क्षेत्रों पर लिखे हुए उपन्यासों के सम्बन्ध में लिखा है–''मध्य प्रदेश के बस्तर आदिवासी क्षेत्र बुन्देलखण्ड क्षेत्र का चित्रण हुआ है। इसके अतिरिक्त सन्थाल परगना, मालवा और राजस्थान के आदिवासी क्षेत्र को पृष्ठभूमि बनाकर कथा-साहित्य में जनजीवन उपस्थित किया गया है। इसमें विशेष दाय उपन्यास-साहित्य का है। इस क्षेत्र में बस्तर क्षेत्र से सम्बन्धित साहनी के उपन्यास, बुन्देलखण्ड से सम्बन्धित वृन्दावनलाल वर्मा के उपन्यास और राजेन्द्र अवस्थी के उपन्यास, 'जयसिंह' के उपन्यास 'कलावे में' मालवा के दक्षिण क्षेत्रीय भील जाति के 'रांगेय राघव' के 'कब तक पुकारूँ' में राजस्थान के करनट जाति, 'देवेन्द्र सत्यार्थी' के 'रथ के पहिये' में बनवासी गोंड जाति आदि उपन्यासों की गणना की जाती है। इस दिशा में प्रसिद्ध उपन्यासकार 'शिवप्रसाद सिंह' का 'शैलूष' उपन्यास मिर्जापुर के यायावर नट जाति के क्रिया-कलापों पर केन्द्रित है। 'बबूल' करईल क्षेत्र की चमार जाति के कथानक पर लिखी गयी है। 'रामदरश मिश्र' के उपन्यास 'पानी की प्राचीर', 'टूटता हुआ जल', 'सुखता हुआ तालाब' आदि पूर्वी उत्तर प्रदेश के देवरिया के पिछड़े क्षेत्रों पर आधारित आंचलिक उपन्यास हैं। दक्षिण भारत के 'बाल शौरि रेड्डी' और मॉरीशस के 'अभिमन्यु अनन्त' के उपन्यास अपने-अपने क्षेत्रों की दशा-दिशा पर आधारित है। डॉ. विवेकी राय का उपन्यास उपेक्षित अंचल को पहचानना, उनकी अस्मिता को परखना, मूक अंचल को वाणी देकर राष्ट्र की मुख्य धारा से जोड़ना है। भूस्वामित्व की समस्या का समाधान कर 'घोटुल जैसी' संस्था में जीवनयापन कर रहे आदिवासियों को अद्यावधि परिस्थितियों से परिचित कराते हुए सामान्य जनजीवन के समानान्तर खड़ा करना, स्त्रियों की समस्या का समाधान कर पराश्रयता से मुक्ति दिलाना 'राजेन्द्र अवस्थी' के उपन्यासों का इष्ट है। 'जंगल के फूल' में आदिवासी अंचल के सुलक और महुआ की कहानी है। घोटुल उस वर्ग का प्रतिनिधित्व करते हैं जिनकी संगठन शक्ति 'लाल

मिर्च' और 'आम की डाल' घर-घर भेजकर अधिकार के हनन और शोषण के विरुद्ध उठकर खड़ी होती है, यह जमीन हमारी है। यह जंगल हमारे हैं। अन्धविश्वासों, परम्पराओं, जादुई करिश्माओं, लोकनृत्य, लोककथाओं और टोना-टोटका को अपने कलेवर में समेटता हुआ 'जंगल का फूल' वास्तव में उस कुंज का कुसुम है, जिसकी गन्ध से हिन्दी-जगत् सुगन्धित है। यायावरी-वृत्ति में आस्था के प्रतीक 'देवन्द्र सत्यार्थी' की रचनाओं में पंजाबी, उर्दू, अँग्रेजी, हिन्दी और उसकी कई-कई बोलियों और विभाषाओं के घनेरों शब्द प्रयुक्त होकर औपन्यासिक शिल्प और लोकतन्त्र को अर्थवक्ता प्रदान करते हैं। ढेर-सारे दिनों तक उन्होंने ब्रह्मपुत्र (1956) के साथ यात्रा करते हुए घाटियों, कछारों से उसके उतार-चढ़ाव तरंगों को झेला, जीया और भोगा है।[14]

इस दिशा में शहर होते हुए भी एक अंचल की तरह अपनी विशेषताएँ समेटे हुए बनारस (वाराणसी) शहर पर भी आंचलिक उपन्यासों की रचना हुई है। 'शिवप्रसाद मिश्र' 'रुद्रकाशिकेय' का उपन्यास 'बहती गंगा' एक महत्त्वपूर्ण रचना है। 'रुद्र' जी खाँटी बनारसी जीवन के प्रतीक थे, भोजपुरी की 'काशिका' बोली के बड़े सिद्धहस्त लेखक थे। इसमें गंगा नदी भी है और गंगा एक अत्यन्त सुन्दर तरुणी का भी नाम है। इन दोनों को ही एक साथ समेटे हुए काशी के इतिहास को भी रूपायित करता है। काशी की मौज-मस्ती, फक्कड़पन, बेपरवाह मस्त जीवन आदि जिसे काशी की संस्कृति भी कहा जा सकता है, को उन्होंने इस उपन्यास में उभारा है। इसी प्रकार 'शिवप्रसाद सिंह' का उपन्यास 'गली आगे मुड़ती है' में भी काशी के सांस्कृतिक इतिहास की झलक देते हुए काशी की वर्तमान स्थितियों का बेबाक आत्मीय चित्र प्रस्तुत किया है। 'डॉ. काशीनाथ सिंह' का उपन्यास 'काशी का अस्सी' और 'रेहन पर रग्घू' में काशी और काशी क्षेत्र के ग्रामांचलिक जीवन पर सशक्त उपन्यास है। बनारस की संस्कृति के लघु रूप गाजीपुर के प्रसिद्ध रचनाकार 'राही मासूम रजा' का 'आधा गाँव' भी अपने आंचलिक संस्पर्श से भोजपुरी शब्दों के बहुल प्रयोग के साथ इस क्षेत्र में प्रचलित फूहड़ गालियों और अपने क्षेत्र-विशेष की कहावतों से युक्त होकर, आलोचकों द्वारा आंचलिक संस्पर्श से युक्त उपन्यास माना जाता है।

नदियों के जीवन पर भी हिन्दी में कई उपन्यासों की रचना हुई है। (उदय शंकर भट्ट) 'सागर लहरें और मनुष्य' में बम्बई के पास 'बरसोवा' के गँवई मछुआरों का जीवन-संघर्ष ही इस कृति की पीठिका है। ग्रामबाला रत्ना की नगरोन्मुखता और गाँव के यशवन्त को छोड़कर धनपति माणिक के प्रेमपाश में आबद्ध हो जाने की कहानी को जिस भाषा और भावभूमि पर चित्रांकित किया है, वह लेखक की अपनी विशिष्टता है। समुद्रतटीय ग्राम-जीवन को कथाकार ने सघन आंचलिक शिल्प और

अर्थवत्ता प्रदान की है। संघर्षरत मछुआरों के सागर-सहचर जीवन को आंचलिक वाणी देना ही कथाकार का इष्ट है।[15] 'देवेन्द्र सत्यार्थी' के प्रसिद्ध उपन्यास 'ब्रह्मपुत्र' में घाटियों, कछारों, तरंगों, और ऊँची-नीची चढ़ाइयों को पार करती हुई और उसकी तरंगों को झेलते हुए अपने यायावारी जीवन के एक विशेष परिवेश को प्रस्तुत करता है और किनारे के बसे हुए गाँव और स्टीमर घाट के चहल-पहल को चित्रित करते हुए एक आंचलिक उपन्यास है। राप्ती नदी की कछार के अंचल को रामदरश मिश्र ने अपने उपन्यासों में उतारा है। आंचलिक कथा-साहित्य में सबसे चटक चित्र कोशी नदी और उसके अंचल का आया है। 'रेणु' के 'परती परिकथा', 'मधुकर गंगाधर' की 'सुबह से पहले' और 'मायानन्द मिश्र' की 'माटी के लोग सोने की नैया' में काशी अंचल को उकेरा गया है। इस उपन्यास में बाढ़ की विभीषिका, उसके विध्वंसक स्वरूप के साथ ही लोककथाओं और लोकगीतों के माध्यम से पुष्ट करते हुए इन रचनाकारों ने नदी जीवन से सन्दर्भित एक विशेष अंचल को उभारने में सफलता पायी है।

पर्वतीय अंचल के परिप्रेक्ष्य में बहुत-कुछ लिखा गया है, उसमें प्रसिद्ध उपन्यासकार, कहानीकार का नाम 'शैलेश मटियानी' का आता है। उनके कथा-साहित्य का मुख्य क्षेत्र उत्तरांचल का कुमायूँ जिला है। मटियानी इसी क्षेत्र के रहनेवाले थे, जिससे कि वहाँ के पर्वतीय सौन्दर्य से और वहाँ के प्राकृतिक सुषमा से प्रत्यक्ष रूप से जुड़े हुए थे। इसके अलावा अल्मोड़ा क्षेत्र भी इनके लेखन में आता है। इस क्षेत्र से मटियानी का रागात्मक सम्बन्ध है, और यहाँ के जीवन और प्रकृति को उन्होंने महज देखा नहीं है बल्कि स्वयं उसे भोगा और झेला है। उनकी रचना 'चिट्ठी रसैन' में आंचलिक अपनापन और सहजता सरलता रेखांकित है। उनकी दूसरी रचना 'चौथी टुट्ठी' में अल्मोड़ा की पहाड़ियों पर पर्वतीय लोगों के जीवन की कहानी है, इसमें गाँवों के शोषण और अत्याचार तथा पहाड़ी लोगों के रहन-सहन पर सम्यक् प्रकाश डाला गया है। तीसरी कृति 'हवलदार' एक पर्वतीय गाँव के निवासियों के समग्र जीवन की एक कथा है। लोककथाओं पर आधारित 'मुख-सरोवर के हंस' कुमायूँ के एक वंश-विशेष की युद्ध-विषयक कथा है। 'एक मूठ सरसो' नामक उनका पाँचवाँ उपन्यास, इसमें एक माँ जिसने किसी की हबस का शिकार होना झेला है और उसकी बेटी को भी वही दुर्गति झेलनी पड़ती है। यह उपन्यास बड़ा ही मार्मिक और करुणा विगलित है। इसी कड़ी में 'बलभद्र ठाकुर' की कृति 'देवता के देश में' और 'आदित्यनाथ' पर्वतीय जीवन से जुड़ी हुई है। इसमें हिमाचल प्रदेश के कुल्लू के निवासियों के जीवन को उकेरा गया है। 'गोविन्द वल्लभ पन्त' के उपन्यास भी कोमांचल क्षेत्र पर भी आधारित हैं। उनके प्रमुख उपन्यास 'प्रगति की राह', 'जल समाधि' और 'फारगेट मी नाट' भी कोमांचल के पर्वतीय जीवन पर आधारित है और इसी क्षेत्र को लेकर

हिमांशु जोशी ने 'पुरुष कुल्टे' नामक उपन्यास की सृष्टि की है और 'जगदीश चन्द्र पाण्डेय' ने 'गगा के तट पर' नामक उपन्यास लिखा है।

वाराणसी पर लिखे गये उपन्यास से अन्य नगरों की भीतरी आंचलिकता कुछ भिन्न प्रकार की है। इसमें 'अमृतलाल नागर' की कृति 'बूँद और समुद्र' को डॉ. विवेकी राय ने आंचलिक उपन्यास माना है। डॉ. जनार्दन राय इसे आंचलिक उपन्यास नहीं मानते है।[16] वस्तुस्थिति यह है कि इसमें रईसों की कोठी में महिलाओं के सन्त्रास को झेलना पड़ा है और इसे कथानायिका के जीवन में दर्शाये गये टोना-टोटका और अन्धविश्वास को क्या कहा जायेगा। लखनऊ-जैसे विस्तृत महानगर और उसके बहुरंगी जीवन के समुद्र में बुढ़िया बूँद के रूप में आंचलिकता देखती है।

आजादी के बाद दोनों पाकिस्तान से आकर बसे शरणार्थी की कॉलोनी जो बनी, उनका जीवन ही अलग शैली का होगा। इसी के साथ कश्मीर घाटी के ब्राह्मणों की शरणार्थी कॉलोनी थी। कॉलोनियाँ दिल्ली और आस-पास बसायी गयी हैं। 'मधुकर गंगाधर' का उपन्यास 'मोतियों वाले हाथ' में यशवन्तनगर के एक कॉलोनी का जीवन चित्रित है यद्यपि यह शरणार्थी कॉलोनी नहीं है। 'फणीश्वरनाथ रेणु' का उपन्यास 'जलूस' में पूर्वी बंगाल द्वारा बनायी गयी 'नोवी नगर' कॉलोनी का जीवन चित्रित है। कश्मीर के शरणार्थी कॉलोनी और व्यथा को बड़ी ही जीवन्तता के साथ चित्रित किया है।

डॉ. विवेकी राय एक महत्त्वपूर्ण व्यक्ति हैं, जिनके आंचलिक उपन्यासों, कहानियों, निबन्धों, डायरी और संस्मरणों सभी में गाजीपुर जिले के करईल क्षेत्र के आंचलिक जीवन को भरपूर चित्रित किया गया है। डॉ. विवेकी राय ही एक ऐसे लेखक हैं जिनकी सम्पूर्ण रचनाओं में आंचलिकता है। शिल्प और प्रमाण की दृष्टि से 'फणीश्वर नाथ रेणु' भले ही हिन्दी के सर्वश्रेष्ठ लेखक माने जायँ पर डॉ. विवेकी राय करईल क्षेत्र के कोने-कोने को झाँकनेवाले एक समग्र लेखक हैं। हिन्दी में इधर नये-नये ढंग के आंचलिक उपन्यास लिखे गये है। 'रामकुमार भ्रमर' की उपन्यास 'तीसरा पत्थर'। चम्बल घाटी की दस्यु समस्या और उनके हृदय परिवर्तन की कथा पर आधारित है। इसी प्रकार तथाकथित अछूत जाति डोम के जीवन पर भी बड़ी ही सशक्त रचना 'फिरकी वाली' है।

आंचलिक उपन्यासों का शिल्प-विमर्श :

हिन्दी में आंचलिक लेखन की शुरूआत में ही आंचलिक लेखन के शिल्प में क्रान्तिकारी परिवर्तन हुआ। 'फणीश्वर नाथ रेणु' ने ही इस शिल्प की अगुवाई की। वैसे तो गोदान के बाद अज्ञेय ने 'शेखर : एक जीवनी' में पारम्परिक औपन्यासिक

शिल्प में परिवर्तन कर दिया। इस उपन्यास में शेखर स्मृति के आधार पर पूर्व में घटित हुई घटनाओं को कहता है और किसी संगठित कथानक से अलग वह अपनी कुण्ठाओं को व्यक्त करता हुआ चलता है। पात्रों की बहुलता के बजाय एक ही पात्र की स्मृतिजन्य कुण्ठाओं के चित्रण से एक ही प्रकार का ढाँचा खड़ा हो गया। इस परिवर्तन को आंचलिक लेखकों ने नया आयाम दिया। प्रेमचन्दोत्तर साहित्य के बाद आधुनिक उपन्यासों में एक कृत्रिम संस्कृति या पश्चिम से उधार ली हुई एक ओढ़ी हुई अपसंस्कृति आयी। आंचलिक उपन्यासों ने एक सरल स्वाभाविक स्वच्छन्द वन्य, पर्वतीय या किसी अंचल-विशेष के जीवन पर आधारित एक नयी शैली की शुरूआत की। जैसे अँग्रेजी के उपन्यासों में हार्डी ने इंग्लैण्ड के वेसेक्स के अंचल को उभारा उसी प्रकार हिन्दी के आंचलिक लेखन में रेणु ने 'पूर्णिया', रामदरश मिश्र ने गोरखपुर, देवरिया और डॉ. विवेकी राय ने करईल क्षेत्र को उभारा। अँग्रेजी के शिल्प परिवर्तन को हिन्दी कथाकारों ने ग्रहण किया। 'हेमिंग्वे' की तरह उदयशंकर भट्ट ने सामुद्रिक जीवन को भोगते हुए मछुआरों का चित्र खींचा। 'मार्कट्वेन' की 'मिसीसिपी' नदी पर आधारित उपन्यास के प्रभाव में 'रुद्र' ने गंगा नदी, 'मधुकर गंगाधर' ने कोशी नदी, 'देवेन्द्र सत्यार्थी' ने ब्रह्मपुत्र नदी, 'रामदरश मिश्र' ने राप्ती नदी को आधार बनाकर उपन्यास लिखे।

शिल्प विकास ने उपन्यास के तत्त्वों-कथानक, चरित्र-चित्रण, कथोपकथन, वातावरण और चरम बिन्दु आदि को नकार दिया। 'कथा में जीवन का कोई छोर' इस तीव्र गति के साथ आता है कि कथानक, चरित्र-चित्रण आदि की मान्यताएँ उसे पकड़ने में असमर्थ होती हैं। यद्यपि परम्परागत शैली शिल्प को एकदम त्यागा नहीं गया है, लेकिन आंचलिक लेखन में इन सभी तत्त्वों में एक द्रुतगामी बदलाव परिलक्षित होने लगता है।

कथानक :

आंचलिक उपन्यासों के कथानक आदि, मध्य, अन्त में बँटे नहीं होते हैं, बल्कि कथा में कोई भाव-तीव्रता इतनी तेजी से आगे बढ़ती है कि कहीं-कहीं कथानक छूट जाता है या उसकी स्थिति अत्यन्त सूक्ष्म हो जाती है। साथ ही उसमें जो बिखराव होता है, उसके कारण के सम्बन्ध में आंचलिक उपन्यासकार और आलोचक डॉ. रामदरश मिश्र ने लिखा है कि—"आंचलिक उपन्यासों की गति एक दिशा में नहीं चारों दिशाओं में होती है। वह स्थान की अपेक्षा समय में जीता है। लेखक कभी इस कोण पर कभी उस कोण पर खड़ा होता है। कभी ऊँचाई पर, कभी निचाई पर। इसमें अनेक पात्रों की आवश्यकता रहती है। हर पात्र की सत्ता महत्त्व की है। इनमें से कोई पात्र एक-दूसरे के निमित्त नहीं होता। वे अंचल के निमित्त होते हैं।"[17] इधर

वस्तु, शिल्प और कथानक-सम्बन्धी परिवर्तन की जो दृष्टि आंचलिक उपन्यासों में उभरी है, उसकी ओर संकेत करते हुए डॉ. विवेकी राय लिखते हैं—

1- सूक्ष्मता अर्थात् घटना की जगह भाव अथवा विचार से नियन्त्रित।

2- कथानक का ह्रास।

3- अन्तर्सूत्रतापूर्ण बिखराव।

4- दोहरी बुनावट और सपाट सरलता।[18]

आंचलिक उपन्यासों में ग्रामीण जनजातीय और ऐसे ही अन्य पिछड़े वर्ग आते हैं जिसके कारण ऐसे उपन्यासों के कथानक में लोकगीतों, लोकनृत्यों, क्षेत्रीय अन्ध विश्वासों और पारम्परिक लोकाचार आदि की बहुलता रहती है। इस कारण से भी उस कथानक की सूत्रता में थोड़ी बाधा आ जाती है। डॉ. विवेकी राय के उपन्यासों तथा कथेतर गद्य साहित्य में खोरा जैसे लोककवि एवं अन्य लोकगीत और लोकजीवन की छवि देनेवाले कवियों की कविताएँ बीच-बीच में आती हैं। इसके कारण उसके उपन्यासों में भी संगठन की एकसूत्रता और संगठित कथानक न होने का आरोप कुछ आलोचकों ने लगाया है, जबकि यह आंचलिक उपन्यासों की एक विशेषता है। यह स्थिति हिन्दी के प्रसिद्ध लेखकों की आंचलिक रचनाओं में भी दृष्टिगत होती है। 'मैला आँचल', 'आधा गाँव', 'बलचनमा', 'सागर लहरें और मनुष्य', 'ब्रह्मपुत्र' जैसे उपन्यास भी इसी प्रकार के हैं।

पात्र :

आंचलिक उपन्यासों में पात्र और उनका चरित्र-चित्रण किसी अंचल की एक प्रतिनिधि छाया के रूप में होता है। वह एक पात्र 'लोक' होकर किसी अंचल का प्रतिनिधि बन जाता है और उस पात्र में उस अंचल की बहुत-सी विशेषताएँ झलकती रहती है। आंचलिक उपन्यासों में उच्च और मध्यवर्गीय पात्रों की अपेक्षा निम्नवर्गीय पात्रों में उस अंचल की छवि दर्पण में पड़े प्रतिबिम्ब की तरह दिखायी देती है। आंचलिक उपन्यासों में दो वर्ग साफ-साफ दिखायी देते है—शोषक वर्ग और शोषित वर्ग। इनमें शोषित वर्ग विशेष रूप से अंचल का प्रतिनिधि होता है और शोषक की प्रवृत्ति एक ही जैसी सर्वत्र होती है। इस प्रकार हम देखते हैं कि आंचलिक उपन्यासों में पात्रों की बहुलता रहती है और उनकी सोच भी एक सिरे से दूसरे तक अलग-अलग दिशाओं में चलती है। शोषक वर्ग लालची, रूपलोभी, अंहकारी, झुट्ठा, चालाक और तिकड़मी भी होता है और अपने फरेब से किन्हीं दो लोगों को लड़ाता रहता है, जबकि शोषित वर्ग या निम्न तबका सीधा, सरल, सच्चा, ईमानदार, और भोला-भाला होता है। उसके कपड़े-लत्ते, भोजन-पानी, बर्तन-भाँड़े सभी बड़े ही दयनीय प्रकार के होते हैं। यही स्थिति प्रायः सभी ग्राम्य

जीवन आश्रित उपन्यासों में मिलती है पर आंचलिक उपन्यासों में इनका विशेष रूप से दर्शन किया जा सकता है।

संवाद :

जैसा ऊपर कथानक और पात्र के सम्बन्ध में बताया गया है कि कथानक बहुरंगी और पात्र वर्गगत विशेषता से युक्त होते हैं। वैसी ही उनके संवाद की शैली और उसकी भाषा भी होती है। 'डॉ. रामदरश मिश्र' के उपन्यास 'बिना दरवाजे का मकान' की नायिका दीपा है, जो घरेलू काम-काज की नौकरानी है। उसके संवाद में उसकी सरलता और स्पष्टता के साथ उसकी भाषा का रूप देखें—"खबरदार अगर आपने एक भी गन्दा लफ्ज मुँह से निकाला। हम गरीब हैं तो क्या हुआ। हमारी भी इज्जत है। आप लोगों के घरों को देखा है। देखा क्या-क्या होता है। कोई अपनी बहू जलाकर मार रहा है। किसी की बेटी किसी के साथ भागती है। किसी की बेटी पति को छोड़कर मायके में पड़ी होती है। किसी का पति उसे रस्सी में बाँधकर मारता है। किसी का लड़का चोरी में पकड़ा जाता है और क्या-क्या नहीं होता।"[19]

इसी क्रम में डॉ. विवेकी राय के उपन्यास को देखें-

'ना भाई' तुम रहने दो।...मगर इन पनियारी में पुलिस-पतुकी का यहाँ कहाँ पड़सार होगा?...आगे-आगे आप चलेंगे तो पीछे-पीछे हम। गाँधी-जवाहरलाल-जैसे बड़े-बड़े लोग जेल जा रहे हैं, तो हमारे जाने में कौन तौहीन होगी? सुनाइये। बैठो भाईयों, तुम लोग भी सुनों करताली रामायन।

"हम गँवार मनयी का मूढ मगज में का ढुकी।" 'एकत्र लोगों में से एक ने कहा' ।...ताँगेवाले ने त्रिवेदी को श्रोता से पार्टनर बना दिया। उसने कहा, बच्चा, राम आसरे से हम साधु मनयी को वह काहे धरेगा, बाकी ऐसा मौका आया तो साधु पहला पाठ पढ़ता है कि शरीर नाशमान है।'[20]

एक संवाद के साथ कविता की भाषा को देखें-

गाजीपुर में रेल से पइठल नेदरसोल,
टीसन औंडिहार पास टूटल रहे पूल
बिगड़ल बम गोला भइल, हूकि गइल गाँव में
लूट-फूँक मार-मार मचल ठाँव-ठाँव में।[21]

'रेणु' की 'परती परिकथा' का एक संवाद-"बडे--बडे- खोपड़ीवाला जरमनिया जीनियर तक ने, अमेरीका, चीन, जापान भेजकर इस पारमिन किया है। सभी देश का बड़ा-बड़ा माथावाला, माटी परखनेवाला, माथा लड़ाकर हार गया।"[22]

इस प्रकार आंचलिक उपन्यासों के पात्रों के संवाद में अस्त-व्यस्त बेलौस कथन के साथ ही खण्डित वाक्य और उनकी जुझारू मनोवृत्ति ने ऐसे उपन्यासों के संवाद

को एक नया आयाम दे दिया। अधूरे वाक्यों और विरामविहीन संवाद शृंखला डॉ. विवेकी राय के 'बबूल' और 'सोना माटी' में भी विद्यमान है। संवादों के माध्यम से पात्रों की चरित्रगत विशेषता और सहज सरल जीवनशैली का भी पता चलता है।

परिवेश :

इन उपन्यासों के भौतिक परिवेश में, पुरानेपन में जी रहे, प्राकृतिक और अविकसित क्षेत्रों के वातावरण समाहित होते हैं। नदियों के कछार, समुद्री नाविकों, मछुआरों के परिवेश, पर्वतीय अंचल की जातियों की क्षेत्रीय विशेषताएँ समाहित हैं। 'नागार्जुन' के 'वरुण के बेटे' उपन्यास में मछुआरों का जीवन है। जिनके परिवेश में सागर की उत्ताल तरंगों के बीच में संकटपूर्ण चुनौतियों को झेलने का साहस और मछलियों के पकड़ने के साथ जलीय खतरनाक जीव-जन्तुओं से संघर्ष करने की ऊर्जा हमें नये वातावरण में ले जाती है। डॉ. विवेकी राय के अधिकतर उपन्यासों की बनावट गाजीपुर के पूर्वी छोर पर बिहार और पूर्वी उत्तर प्रदेश की सीमा पर स्थित गंगा नदी के विस्तृत पाटों के पास एक लम्बे काली और चिपचिपी मिट्टी के प्राकृतिक वातावरण से हुई है। एक संवाद में इस क्षेत्र के भौगोलिक वातावरण को उकेरतें हुए एक किसान कहता है—'वो हमारे देश के प्रधानमन्त्री जी, मैं जनता हूँ किस प्रकार कीचड़ में फँसा हूँ। हमारे यह मटिहर खेत सोना उगलते हैं। फागुन, चैत में छाती भर लगे गेहूँ, चना के उस विस्तृत सुनहरे प्रसाद को काटने के लिए लोहे के हँसुए बहुत हीन जैसे लगते हैं। तब किसान अघा-अघाकर होली गाता है। फिर यह खेत का सोना खलिहान के रास्ते आपकी मण्डी में चला जाता है।"[23]

प्राकृतिक भौगोलिक परिवेश के साथ ही सामाजिक परिवेश भी इन उपन्यासों में उभरा है। आंचलिक जीवन का सामाजिक परिवेश एक ओर भाई-चारा और सामाजिक सद्भावना है तो दूसरी ओर चहल-पहल और तरह-तरह के त्योहार और उत्सवों से भरा पर उस पर नेता, नेताओं के एजेण्ट, चापलूस, सरकारी तन्त्र की भ्रष्टता ने उसे तार-तार कर दिया है। लोभी व्यक्ति से समाज स्वार्थी हो गया है और गला-घोंट प्रतियोगिता और समर्थों-दबंगों द्वारा लोगों का गला घोंटने के दृश्य सामने आ रहे हैं। इन उपन्यासों के लेखकों ने इन सारे प्रश्नों को उठाया है। सड़क की समस्या है, दहेज की समस्या, शोषण की समस्या का बड़ा ही घिनौना रूप ऐसी रचनाओं में देखने को मिलता है। आजादी के पहले प्राण हथेली पर लेकर ऐसे अंचलों के लोग सुराज, स्वराज्य और रामराज्य के लिए लड़ते हैं पर आजादी आने के बाद उनके सपने टूटने को हैं। 'डॉ. विवेकी राय' के उपन्यास 'श्वेत-पत्र', 'समरशेष है', 'लोकऋण' आदि में ये समस्याएँ आयी हैं। 'डॉ. शिवप्रसाद सिंह' के उपन्यास 'अलग-अलग वैतरणी' में आज के पिछड़े गाँवों का चित्र खींचा गया है, वह बड़ा ही

घिनौना और विकृत है। उसमें चुनाव की तिकड़मबाजी, आदमी का टूटते जाना, गाँव का गन्दापन, बाढ़ बनाती नालियाँ यह सब इस साफ-सुथरे और छलहीन गाँवो में घुस आये हैं। आज लोग लाजहया तो जैसे घोलकर पी गये हैं। इस उपन्यास में खलील मियाँ चौधरी के यहाँ अपना खेत रेहन पर रखता है, पर जब वह रेहन छुड़ाने जाता है तो चौधरी समाज के सामने कह देता है–'काहे का रुपया, काहे का खेती।' मतलब यह कि न मैंने रुपया लिया, न खेत लिया। लाज के मारे समाज के सामने खड़ी मछली निगल जाते हैं चौधरी। समाजिक ताने-बाने के बिगड़े हुए स्वरूप को सभी आंचलिक लेखकों ने अपने कथा-साहित्य, निबन्ध, रेखाचित्रों आदि में उठाया है। 'फणीश्वर नाथ रेणु' के 'जुलूस' उपन्यास का एक चित्र है–देश के बड़े-बड़े काम हो रहे हैं प्रत्येक खद्दरधारी उम्मीदवार हैं और टिकट की पैरवी के लिए देश के कोने-कोने से पैंतरे बाँधे जा रहे हैं। समय पर वर्षा नहीं होती। असमय में बाढ़ आती है–कोई कहता है देश आगे बढ़ रहा है। कोई इसे योजन भर पीछे खिसका हुआ देखता है–तीर के वेग से एक तारा चल रहा है और आसमान में रूस का स्पुतनिक।[24]

इस प्रकार आंचलिक उपन्यासों में वर्तमान समाजिक परिवेश के विद्रूप, विखण्डित और मूल्यहीन स्वरूप को भास्वर रूप मिला है।

भाषा का नया मुहावरा :

आंचलिक उपन्यासों में भाषा और स्थानीय ग्रामीण बोली का एक ऐसा समायोजन मिलता है, जो भाषा के नये मुहावरे को गढ़ता है। ज्यादातर उपन्यासकारों ने खड़ीबोली में रचनाएँ लिखी हैं और उसमें अंचल-विशेष की बोली-बानी का प्रयोग स्थानीय लोगों के संवादों में किया है। लेकिन यह भाषा और बोली का मेल कथा-प्रवाह में ऐसा एकरस रहता है कि यह किसी भी प्रकार से कृत्रिम और चिपकाया हुआ नहीं लगता। डॉ. विवेकी राय एक ऐसे लेखक हैं, जिन्होंने अपनी खड़ीबोली की रचनाओं में भाषा का यह रासायनिक प्रयोग किया है, किन्तु उपन्यास से लेकर निबन्ध आदि विभिन्न गद्य विधाओं में अपने अंचल की भोजपुरी बोली में भी लिखी है। भोजपुरी के रचनाकारों ने इनके ऐसे लेखों की भूरि-भूरि प्रशंसा भी की है।

'डॉ. विवेकी राय' के उपन्यास 'नमामि ग्रामम्' में एक प्रसंग पर गाँव अपनी दशा-दिशा बखानते हुए कहता है–'ग्राम स्वयं की ऋण लेकर जलसा करना, वाहवाही लूटने के लिए सर्वस्व बाजी लगाना, बिगडै-ल बैल की तरह दूसरों की दीवार को डाहते चलना, एक-दूसरे से बोलने में हेठी समझना, ये सब ग्रामीण ऐंठ के नमूने हैं। काम न करना और उपवास करना, तनिक में लक्खू साहब बनकर रुपया फूँकना और तनिक में भिक्खूराम बनकर हाथ फैलाना। ऐंठ गरीबों को ऐंठ (मरोड़) देती है।

वे पसर या पनप नहीं पाते।[25] ये लेखक ग्रामभाषा के लोकगीतों का भी उपयोग कथा-पुराण में करते हैं। ''परती परिकथा' का एक गीत है–

''गंगा रे जमुनवा के निर्मल पनिया।
काहे छाड़ि गईला हंसा रे।
पोखरी में फूले पुरईन फुलवा।
आ रे हंसा हमरे पोखरिया।
पोखरी भरायब दूध।''[26]

बनारसी कथाकार 'शिवप्रसाद 'रुद' 'बहती गंगा' में भोजपुरी लहजे में बोलते हैं–''ऊनी कनटोप पर चारखाने का अंगोछा कसते और शरीर पर पड़ा कम्बल और भी कसकर लपेटते हुए ननकू घाटिये ने पूछा। मलसाही कान में खाँसते हुए जीतू ने परम असन्तुष्ट स्वर में उत्तर दिया 'न जाने केकर मुँह देखकर उठल रहली गुरु। आज दमड़ी कइ डौल नाहीं देखत। जाड़ा-पाला में घण्टा भर तड़ पानी में ऐंठन बीत गयल। एहर पेट में अइसन चण्डाल है कि मानत नाही।''[27]

भाषा, बोली का एक सहज परिपाक 'राही मासूम रजा' के 'आधा गाँव' में बड़े ही संशक्त ढंग से हुआ है। उनका एक मुसलमान पात्र मुसलमानी भोजपुरी में कहता है–''न इज्जत आबरू हीयाँ है। गंगौली से हमें मतलब न हुई है, त का किसन को हुई है। जो लोग कलकत्ता में रुपया कमाये हम रोयना रहे, बकी... हिजरत करना तो मुसलमानों की तकदीर है। आखिर रसूले खुदा ने भी मक्के से मदीने की तरफ हिजरत की थी कि नहीं ? अम्मू ने बीच में लुकमा दिया। कहो न किहिन रहा। कबीरवा ने कहा, जरूर किहिन रहा, बाकी हम रसूले खुदा ना न हैं।''[28]

यह स्पष्ट है कि आंचलिक लेखन के भाषा का एक अलग मुहावरा रचनाकारों ने बनाया है। यह मुहावरा भाषा, उपभाषा, लोकभाषा, बोली से लेकर संस्कृत के बिगड़े हुए शब्द-प्रयोग, उर्दू-अँग्रेजी आदि के भी अपभ्रंश शब्दों को मिलाकर बनाया गया है। डॉ. विवेकी राय की अपनी मातृभाषा भोजपुरी है–काशिका भोजपुरी। जो काशी से लेकर गोरखपुर-बस्ती तक बोली जाती है। पर उसके शब्दों में स्थानीय ढंग से उच्चारणभेद के साथ विभिन्न क्षेत्रों के अपने-अपने शब्द भी हैं। डॉ. विवेकी राय की रचनाओं में चाहे वे उपन्यास हों या विविध प्रकार के निबन्ध, सभी में स्थानीय या आंचलिक शब्दों की भरमार है। छवर, सरेह, दूंगे (इधर) डाँगुर, लोन जैसे हजारों आंचलिक शब्दों की भरमार डॉ. विवेकी राय के लेखन में है। संस्कृत के शब्द जब क्षेत्रीय जन बोलते हैं तो प्रेम-पिरेम हो जाता है। ऐसे ही बहुत-से शब्द प्रयुक्त हैं। मुसलमान पात्र उर्दू शब्दों का अधिक प्रयोग करते हैं। अँग्रेजी के शब्दों का काफी बिगड़ा हुआ रूप ग्रामीण बोलते हैं। शब्दों के अतिरिक्त मुहावरे और लोकोक्तियाँ आंचलिक भाषा में तैरती रहती हैं। डॉ. राय ने इनका खूब उपयोग किया है। इस

विषय का विस्तार हम नहीं दे रहे हैं क्योंकि आगे पूरा एक अध्याय भाषा पर स्वतन्त्र रूप से दिया जा रहा है।

आंचलिकता एक ऐसी स्वाभाविक प्रवृत्ति है कि किसी भी भाषा के लेखन में इसका अभाव नहीं मिलता। माटी से प्यार यह मानव की स्वाभाविक प्रवृत्ति होती है। जायसी ने ठीक ही कहा है–

"माटी मोल ने किछु लहै, और माटी सब मोल।
दिष्टि जो माटी सो करै, माटी होय अमोल।'।"

अपनी माटी, अपनी मट्टी की बोली और उसमें बसी अपनी मटिही संस्कृति प्रत्येक संवेदनशील रचनाकार को प्यारी होती है। मातृभूमि और माता मातृभाषा राहुल सांकृत्यायन-जैसे अनेक भाषाओं के पण्डित और विश्वप्रसिद्ध विचारक को भी प्रिय है। वे अपनी मातृभाषा भोजपुरी पर गर्व करते थे और उसमें उन्होंने कहानियाँ भी लिखीं। डॉ. विवेकी राय पूर्णतया अपनी धरती करइल की धरती के ही रचनाकार हैं और उनकी आंचलिकता स्वभावगत है, अन्तःप्रेरणा से प्रसूत है–आरोपित नहीं है। इसीलिए जितना उन्होंने खड़ीबोली में लिखा उतना ही भोजपुरी में भी लिखा। वह खड़ीबोली और भोजपुरी दोनों के समर्थ आंचलिक लेखक हैं।

सन्दर्भ

1. आंचलिकता की अवधारण और डॉ. विवेकी राय : डॉ. जनार्दन राय, पृ. 04
2. आक्सफोर्ड डिक्शनरी, टिप्पणी, पृ. 371
3. आंचलिकता की अवधारण और डॉ. विवेकी राय : डॉ. जनार्दन राय, पृ. 04
4. स्वातन्त्र्योत्तर हिन्दी कथा-साहित्य और ग्रामजीवन : डॉ. विवेकी राय, पृ. 119
5. माटी की महक : डॉ. सत्यकाम, पृ. 35, 36
6. 'आज' साहित्यिक विशेषांक, 1954, पृ. 43
7. स्वातन्त्र्योत्तर हिन्दी साहित्य और ग्राम जीवन : डॉ. विवेकी राय, पृ. 120-122
8. आंचलिकता की अवधारणा और डॉ. विवेकी राय (डॉ. जनार्दन राय, पृ. 8)
9. हिस्ट्री ऑफ इंग्लिश लिटरेचर : लुइस कजामियाँ, पृ. 1798
10. हिस्ट्री ऑफ इंगलिश लिटरेचर : लुइस कजामियाँ, पृ. 193, संस्करण 1998
11. 1- दी इंग्लिश नावेल : वाल्टर एलेन, पृ. 98
12. आंचलिकता की अवधारणा और डॉ. विवेकी राय : जनार्दन राय, पृ. 16
13. आंचलिकता की अवधारणा और डॉ. विवेकी राय : डॉ. जनार्दन राय, पृ. 22
14. आंचलिकता की अवधारणा और डॉ. विवेकी राय : डॉ. जनार्दन राय, पृ. 23
15. आंचलिकता की अवधारणा और डॉ. विवेकी राय : डॉ. जनार्दन राय, पृ. 22, 23
16. आंचलिकता की अवधारणा और डॉ. विवेकी राय : डॉ. जनार्दन राम पृ. 27
17. आंचलिकता की अवधारण और डॉ. विवेकी राय : डॉ. जनार्दन राय, पृ. 37

18. स्वतन्त्रोत्तरहिन्दी कथा साहित्य और ग्रामजीवन : डॉ. विवेकी राय, पृ. 180
19. रामदरश मिश्र के उपन्यासों में मूल्य संक्रमण सामाजिक संदर्भ : डॉ. विनीता राय, पृ. 95
20. श्वेत-पत्र : डॉ. विवेकी राय, पृ. 78
21. श्वेत-पत्र : डॉ. विवेकी राय, पृ. 78
22. फणीश्वर नाथ 'रेणु' : परती परिकथा, पृ. 85
23. सोना माटी : डॉ. विवेकी राय, पृ. 193
24. जुलूस : फणीश्वर नाथ 'रेणु', पृ. 101
25. नमामि ग्रामम् : डॉ. विवेकी राय : पृ. 103
26. परती परिकथा : फणीश्वर नाथ 'रेणु' : पृ. 174
27. बहती गंगा : रूद्र 'काशिकेय', पृ. 76
28. आधा गाँव : राही मासूम रज़ा, पृ. 53

लोक जीवन का तात्पर्य

'लोक' शब्द बहुआयामी है। बहुत सीमित अर्थ में 'लोक' का आर्थ आदिम अवस्था में रह रहे जनसमूह का बोधक है। वास्तव में यह शब्द अँग्रेजी भाषा के 'फोक' (FOLK) का अनुवाद है। लोकवार्त्ता और लोकतत्त्व के अध्ययन में इस शब्द का प्रयोग किया जाता है। विस्तृत अर्थ में लोक पूरे भूमण्डल के मनुष्यों का बोधक है। लोकतन्त्र, लोकसभा-जैसे शब्द उसी विस्तृत अर्थ में प्रयुक्त हैं। किन्तु आज साहित्यिक व्यवहार में लोक शब्द का प्रयोग सामान्य ग्रामीण समाज के लोगों के लिए प्रयुक्त होता है। शहरी और सुसंस्कृत लोग इस लोक की परिभाषा में नहीं आते। शहरी और सुसंस्कृत लोगों के लिए भद्रलोक का प्रयोग करना समीचीन है। किन्तु लोक की अभिव्यक्ति सामान्य ग्रामीण या शहर में रहनेवाले श्रमिक बस्तियों के लोग और झुग्गी-झोंपड़ियों के लोगों के लिए प्रयोग किया जा सकता है। गोस्वामी तुलसीदास ने रामचरितमानस में अनेक स्थलों पर लोक और वेद शब्द का प्रयोग किया है। वहाँ भी लोक सामान्य जनसमूह के लिए और वेद सभ्य और सुसंस्कृत लोगों के लिए प्रयुक्त हुआ है। हिन्दी साहित्य में गोस्वामी तुलसीदास ने भगवान् राम को लोकनायक के रूप में उपस्थित किया है, और आचार्य रामचन्द्र शुक्ल ने गोस्वामी तुलसीदास जी को लोकमंगल विधायक कवि इसी अर्थ में कहा है।

जब हम लोक के विस्तृत अर्थ-सन्दर्भ में विचार करते हैं तो इसका प्रयोग वेदों में भी मिलता है। ऋग्वेद के पुरुष सूक्त के 10वें मण्डल के 90वें मन्त्र में कहा गया है—"सहस्रशीर्षा पुरुषः सहस्राक्षः सहस्रपाद!"

अर्थात् वह लोक विराट् पुरुष हैं, जिसके हजारों सिर, हजारों आँखें एवं हजारों चरण हैं। अतः लोक पद का अभिप्रेत अर्थ साधारण जन समाज ही है, इसी में यह विराट् कल्पना समाहित हो सकती है। भूत, भविष्य, वर्तमान में प्राप्त मानवसमाज की नैसर्गिक प्रवृत्तियाँ जिनमें उनके आचार, व्यवहार, मान्यताएँ, धार्मिक आस्थाएँ तथा भारतीय द्वन्द्वों के आधार पर उत्पन्न प्रतिक्रिया आदि सभी सम्मिलित हैं, इसी 'लोक' शब्द में अन्तर्निहित है। चूँकि इन नैसर्गिक प्रवृत्तियों का सम्बन्ध अभिव्यक्ति

से है और अभिव्यक्ति का साहित्य से, अतः जब लोकाभिव्यक्ति अपने कलात्मक गुणों के साथ अभिव्यक्त होती है, तब उसे लोकसाहित्य की संज्ञा दी जाती है।

महाकवि भवभूति ने श्रीराम के मुख से लोक के आराधन की बात इसी अर्थ में कहलायी है–

"स्नेहं दया च सौख्यं च यदि वा जानकीमपि।
आराधनाय लोकस्य मुञ्चतो नास्ति में व्यथा।।"

अर्थात् स्नेह, दया, सौख्य और यहाँ तक कि जानकी को भी लोक की आराधना के लिए छोड़ने में मुझे कोई कष्ट नहीं होता। राम का सम्पूर्ण जीवन लोकाराधन में ही व्यतीत हुआ। जब उन्हें वनवास जानें की स्थिति आयी तो उन्होंने कहा–

"पिता दीन्ह मोहि कानन राजू।
तँह सब भाँति मोर बड़ काजू।।"

अर्थात् पिता जी ने मुझे जंगल का राज्य दिया है। जहाँ सब प्रकार से मुझे बड़ा कार्य करना है और वह बड़ा काम जनसमाज की सेवा का ही काम था।

समकालीन समाज की एक बडी ही जटिल समस्या है, वनवासी जातियों के दारुण जीवन और वहाँ उनका उत्पीड़न करनेवाली शोषक और विध्वंसक शक्तियों से उन्हें सुरक्षित करने की। उसे राम ने भी महसूस किया था। अपने अरण्य जीवन में राम और लक्ष्मण ने वनवासी जातियों को संगठित किया और उन्हें सामन्ती आतंक, शोषण, दमन से बचाकर स्वाभिमानपूर्ण जीवन जीने की दिशा प्रदान की। दण्डक वन में घूमते हुए वनवासियों के जीवन-सुरक्षा का निश्चय करते हैं। हमें इन राक्षसों को यमलोक पहुँचाना है। कोल, भील, मुण्डा और उराँव आदि आदिवासियों को परस्पर मैत्रीभाव और एकता से रहना है। एक रहेंगे तो सबकी एक शक्ति राक्षसों के दमन में सहायक होगी। इसी के साथ आर्य-अनार्य की एकता का मन्त्र भी ऋषियों द्वारा इन भ्राताद्वय को मिला। तात्पर्य यह कि आज उत्तरी भारत और दक्षिणी भारत के साथ वनवासी, गिरिवासी आदि की परस्पर एकता से जिस शक्तिशाली और सामर्थ्ययुक्त भारत की कल्पना यहाँ की राष्ट्रवादी शक्तियों में है उसे राम का जीवन भली-भाँति अभिव्यक्त करने में समर्थ सिद्ध होता है।

रामकथा को वानर, भालू, गिद्ध आदि पात्रों को वनवासी जातियों के अंगरूप में निरूपित किया जाता है। रामकथा का यह जनपक्ष बन्दर और भालू जाति के सुग्रीव, अंगद, हनुमान और जामवन्त जैसे अपने कबीलों के प्रधानों से तथा गुह निषाद जैसे ग्राम्य जन से मैत्री करने से स्पष्ट रूप से उजागर होता है। भिलनी के बेर खानेवाले प्रसंग से भी वनवासियों के प्रति उनकी लोकसंवेदना प्रकट होती है। वे इन वनवासी और श्रमजीवी जातियों का अत्याचारियों से सरंक्षण करते हैं और उन्हें समानता का दर्जा देकर भावी समाज को एक सन्देश भी देते हैं। लोकसेवक राम

के इसी रूप को वाल्मीकि, भवभूति से लेकर तुलसीदास और कम्बन-जैसे विविध भाषाओं के कवियों ने निरुपित किया है। साथ ही सहस्रों लोकगीतों में राम के इस पक्ष को उजागर किया गया है।

लोक और लोकभाषा की महत्ता को इस बात से भी पकड़ा जा सकता है कि हिन्दी के भक्तिकालीन कवि कबीर, सूरदास, जायसी और तुलसीदास सभी ने लोकभाषा में रचनाएँ की और समग्र लोक को अर्थात् सामान्य जन को तथा उनके रीति-रिवाज, परम्पराओं, लोकविश्वासों को अपने काव्य में पिरोया। जायसी की पदुमावति तो लोकमानस की अभिव्यक्ति का बहुत बड़ा ख़जाना है। उनका बारहमासा जिसकी आचार्य रामचन्द्र शुक्ल ने भूरि-भूरि प्रशंसा की है, वह लोकपरम्परा से जायसी को प्राप्त हुआ था। लोक से जुड़े रहने के कारण छह शताब्दियों से अधिक व्यतीत हो जाने के बाद भी इन कवियों का आसन सामान्य लोक और भद्रलोक दोनों के हृदय में आज तक प्रतिष्ठित है।

"लोक की भूमिका हमारे प्राचीन संस्कारों, परम्पराओं, नियमों-निषेधों से लेकर भविष्य की दृष्टि एवं आगामी मानकों तक विस्तृत है। 'लोक' के साहित्य का आधार मौखिकता है। इसके चिन्तन की स्थिति उस नदी के समान है, जो युगों से उसी प्रकार प्रवाहित होती जा रही है परन्तु उसमें नित्यशः परिवर्तन भी होता रहता है। लोक के अनुशीलन में उसे गँवार, भदेस या पुरातन से ही जोड़ना उचित नहीं है। लोक वस्तुतः सामूहिक भाव है, जिसमें व्यक्ति नहीं युग अभिव्यक्त होता है। इसमें युग की पूरी पहचान छिपी होती है। बिना किसी प्रकार की औपचारिकता के जहाँ कुछ भी दिखावटी नहीं होता, धोखा नहीं होता। इसी अर्थ में यथार्थ की पूरी सटीक अभिव्यक्ति लोक में दिखायी पड़ती है, परन्तु लोक के इस स्वस्थ एवं अत्यन्त ऊर्जावान् पक्ष की उपेक्षा के कारण एक नकली, बनावटी संस्कृति पसरती जा रही है। हमारे चारों ओर लोक एक फैशन बन गया है। वह लोक से फोक हो गया है और अनगढ़ भद्दापन, ऊल-जलूल इसकी खास पहचान बन गये हैं।[1]

डॉ. विवेकी राय ने अपने शोध प्रबन्ध में ग्रामलोक की कथा-साहित्य में प्रतिष्ठा के मूल कारणों पर दृष्टि निक्षेप करते हुए लिखा है–

"सन् 1947 के बाद के समकालीन विकासाश्रित ग्राम-संस्कार व्यंग्य के उपादान रूप में विशेषकर गृहीत हुए। इस मर्म का स्पर्श करते ही ऐसा प्रतीत होता है कि कथाकार की सृजनात्मकता की आन्तरिक मनोभूमि छूट जाती है और वह विक्षुब्ध स्थिति में पक्ष अथवा विपक्ष की बाह्य प्रचारधर्मिता के निकट आ जाता है। समकालीन ग्राम-जीवन की स्थितियों के अंकन-सन्दर्भ में कथाकार राजनीतिक प्रभावों से अछूता रह जाय, यह असम्भव है। किन्तु आलोच्य पृष्ठभूमि पर सशक्त राजनीतिक अभिव्यक्ति का अभाव-अनुभव ही हाथ लगता है।"[2]

विवेकी राय का कहना है कि–"ग्रामलोक की ओर कथाकारों के लौटनें से कथा के रूप और शिल्प में भी परिवर्तन आया लेकिन यह स्वर विरल है। मूल्य, प्रतिमान, परिप्रेक्ष्य, बोध और सन्दर्भों की क्षिप्रगतिक परिवर्तनशीलता अनेक स्तरों पर कथा को ऐसा मोड़ देकर प्रस्तुत करती है, जिससे वह जिये जा रहे जीवन से जुड़ा हुआ प्रतीत होता रहे। इसीलिए वस्तु के साथ शिल्प में स्पष्ट परिवर्तन आया है। भारत में लोकतन्त्र की स्थापना होने के कारण लेखक स्वाभाविक परम्परागत शिल्पों का बन्धन तोड़कर नये उपन्यासों ने जो नया रूप ग्रहण किया है, मुख्यतः वह 'बिखराव' वाला रूप है तथा ग्राम जीवनाधारित उपन्यासों में यह बिखराव बहुत स्पष्ट रूप से दृष्टिगोचर होता है। 'मैला-आँचल', 'अलग-अलग वैतरणी', 'आधा-गाँव', 'बलचमना', 'पानी के प्राचीर', 'राग-दरबारी', 'सागर लहरे और मनुष्य', 'जाने कितनी आँखे' और 'रीछ' आदि ऐसे उपन्यास हैं, जिसमें किसी केन्द्रीय पात्र या पात्री की कहानी नहीं, बल्कि समग्र गाँव या अंचल की कहानी पूरे बिखराव के साथ चलती है। भारत में लोकतन्त्र की स्थापना होने के कारण लेखक स्वाभाविक रूप से लोकजीवन, लोकभाषा और लोकसाहित्य की ओर उन्मुख हुआ।"[3].

लोक शब्द का तात्पर्य :

लोक शब्द कई अर्थों में प्रयुक्त होता है। जब हम लोकवार्त्ता या लोकतत्त्व शब्द का शास्त्रीय प्रयोग करते हैं तो वह अँग्रेजी के 'फोक' शब्द का समानार्थी होता है। जिसमें आदिम और अत्यन्त पिछड़ी हुई जातियों के गीतों, उनमें प्रचलित नृत्यों, परम्पराओं रस्मों, रिवाजों और उनके विश्वासों आदि का अध्ययन किया जाता है।

लोकवार्त्ता के विशेषज्ञ डॉ. सत्येन्द्र के अनुसार--"चेतना-समर्पित" अवचेतन मानस की ऊपरी पर्त मानते हैं। यह ऐतिहासिक या उपार्जित अवचेतन है और मनोविश्लेषण का क्षेत्र यही स्तर रहा है। इस अवचेतन का निचला स्तर उत्तराधिकारावतरित सहज मानस है और यह मानस ही मूलतः लोकतत्त्व का निर्धारक है। वह मनुष्य की प्रत्येक अभिव्यक्ति में किसी-न-किसी रूप में विद्यमान रहता है।"[4] इस दृष्टि से लोक मनुष्य-समाज का वह वर्ग माना जा सकता है जो अपने सम्पूर्ण जीवन की अभिव्यक्ति इसी मानस के स्तर पर करता है–"जो आभिजात्य संस्कार, शास्त्रीयता और पाण्डित्य की चेतना और अहंकार से शून्य है और जो एक परम्परा के प्रवाह में जीवित रहता है।"[5] लोक शब्द का विस्तृत अर्थ सम्पूर्ण समाज से है। चाहे वह नगरीय हो, ग्रामीण हो या आदिवासी हो। आज साहित्य और समाज में लोक शब्द ग्रामलोक के सन्दर्भ में प्रयुक्त होता है। नगरीय जीवन सुसंस्कृत होने से ग्रामीण सभ्यता और संस्कृति से दूर हो जाता है। वास्तव में वास्तविक भारत गाँवों में ही बसता है और उसकी लोकरीति ही वास्तविक भारतीय

संस्कृति की मूल स्रोतस्विनी है। उस ग्रामलोक में आस्तिकता, प्रेम, सौहार्द और ईमानदारी आदि गुण विद्यमान हैं, जो नागर जीवन में नास्तिकता, अनास्था, छल, कपट और निजी स्वार्थवृत्ति के रूप में परिवर्तित देखे जाते हैं। इस ग्रामलोक के अन्तर्गत धर्म, दर्शन, विश्वास, साहित्य, संस्कार, नदी-स्नान, तीर्थ, शिक्षा-दीक्षा, वर्ण, जीविका, त्योहार, विवाह, संस्कार, रीति, पोशाक, पूजा, गीत, कला, कृषि, भोजन, वाद्य और नृत्यादि आते हैं।

हिन्दी साहित्य में सन्त और भक्त कवियों दोनों ने 'लोक' और 'वेद' शब्द का बार-बार प्रयोग किया है। जैसे तुलसीदास ने लिखा है—

"लोकहु वेद सुसाहिब रीती।
करत सदा सेवक परप्रीती।।"

इनका तात्पर्य वेद से अभिजात वर्ग और शास्त्रों की पाण्डित्य परम्परा के साथ जीनेवाले समाज से है और लोक से तात्पर्य सामान्य समाज विशेषतः ग्राम्य समाज के जीवन सन्दर्भों से है।

कर्मकाण्ड और लोकजीवन :

कर्मकाण्ड धार्मिक भावनात्मक साधना का बाह्य प्रतीकवाद माना जा सकता है। कर्मकाण्ड वस्तुतः धार्मिक अन्धविश्वास पर आधारित नहीं होता है, वरन् किसी धर्म या भावमूलक साधना-पद्धति तथा सैद्धान्तिक पीठिका की बाह्य-स्थूल प्रतीकात्मक योजना है, पर इसका उपयोग लोक के साधारण मानसिक स्तर के लिए किया जाता है। अतः इसमें विश्वास अन्धविश्वास अपने आप घुल-मिल जाते हैं। ज्यों-ज्यों किसी धर्म की भावमूलक प्रेरणाएँ कम होती जाती हैं, साधारण लोक, कर्मकाण्ड को केवल विश्वास अर्थात् अन्धविश्वास के आधार पर ग्रहण कर लेता है। उसके लिए कर्मकाण्ड मात्र करने की वस्तु रह जाता है। सन्तों ने कर्मकाण्ड को इसी लोक-मानस के स्तर पर ग्रहण किया है। सन्तों ने अपनी वाणियों में लोक में प्रचलित जो विभिन्न कर्मकाण्डों की व्यवस्थाएँ चल रही थी, उनका स्थान-स्थान पर विरोध किया है। उन पर व्यंग्य तथा कटाक्ष किया है। वस्तुतः उन्होंने इस बात का प्रत्यक्ष अनुभव किया था कि ये कर्मकाण्ड लोकजीवन को किसी प्रकार की भावात्मक प्रेरणा नहीं देते हैं, उनमें अब वह शक्ति शेष नहीं रह गयी है। अब वे केवल रूढ़ियाँ हैं, बाह्याडम्बर हैं, जिनको लोक अन्धविश्वास के कारण ढोता आ रहा है। इसी कारण सन्तों ने अपने साहित्य में प्रचलित कर्मकाण्डों का तीखा विरोध किया है। उन्होंने लोकजीवन के बीच में रहकर उसकी बुराइयों को पैनी दृष्टि से देखा है और उसकी अवहेलना की है। उन्होंने इस बात का अनुभव किया कि लोक की दृष्टि में टोना-टोटका, भूत-प्रेत, पीर-पैगम्बर, मन्दिर-मस्जिद, पूजा-नमाज, तीर्थ-व्रत तथा रोजा, आदि में तात्त्विक

अन्तर नहीं है। अतः उन्होंने इस सबका समान रूप से खण्डन किया है। परन्तु इस प्रकार खण्डन करने के माध्यम से उनका तत्कालीन समाज में जो स्थान था उसका स्वरूप भी आ गया है, पर इनमें बहुत-से कर्मकाण्ड ऐसे हैं जिनमें सामान्य लोकजीवन में सामूहिकता और उनमें एक सांस्कृतिक मनोरंजन की भावना भी मिलती है।

लोक का प्राकृतिक वातावरण :

लोक अर्थात् ग्रामलोक का प्राकृतिक वातावरण सहज, स्वाभाविक और बिना किसी बनावट या अलंकरण के होता है। यह वातावरण क्षेत्र-विशेष की भौगोलिक स्थिति के अनुरूप अलग-अलग होता है। पर्वतीय क्षेत्र में सुरम्य पर्वत की शृंखला, उस पर उगी वनस्पतियाँ और विविध प्रकार के वन्यजीव उस वातावरण को आकर्षक बनाते हैं। साथ ही वहाँ का जीवन भी वहाँ की भू-प्राकृतिक संरचना के अनुसार होता है। इसी प्रकार समुद्रतटीय भाग के सौन्दर्य, हरीतिमा, लहराती तरंगें हमारे मन को मोह लेती हैं पर वहाँ रहनेवाले मछुआरों और गोताखोरों की जिन्दगी भी बड़ी ही संकटपूर्ण और जोखिम से भरी होती है।

मैदानी भागों में प्रकृति की शोभा दूसरे ही प्रकार की होती है। पर्वतों पर चीड़, देवदार की मनभावन वृक्षावलियों तथा समुद्रतटीय भाग में नारियल जैसे वृक्षों की शोभा दिखती है, तो मैदानी भागों में आम, महुआ, जामुन जैसे फलों के बाग-बगीचे, आम्र मंजरी की सुगन्धित वायु, भौरों की गुंजार, महुआबारी में मदन के रस-गन्ध से सराबोर महुए के फूलों का आनन्द, जामुन के काले-काले फलों से लदे वृक्ष तथा अन्य भी अनेक फलदार वृक्षों के साथ ही बरगद, पीपल तथा नीम आदि के पर्यावरण शोधक छायादार वृक्षों की सुखद छाया, छिटपुट शीशम, सागौन के बाग भी ग्रामवासियों के जीवन में रस-घोलने का काम करते हैं। इनकी शोभा और रस-गन्ध से गाँव के लोक कवियों ने कितने ही लोकगीतों को रच डाला। ''आइल महुआ बारी में बहार सजनी'' या ''अमवा की डारिया पै बोल ले कोइलिया कि रस बरसे ना।'' ''आइल फागुन क महिनवाँ कि रसबरसे ना।'' जैसे हजारों गीतों में मस्त ग्रामलोक अपने इस नैसर्गिक सुख के सामने स्वर्ग को भी तुच्छ समझता है।

गाँव में जब फसलें खेतों में लहलहाती हैं तो उनको देखकर किसान का मन मयूर की तरह नाचने लगता है। वह अपनी अच्छी फसल और उससे अपनी आगे की योजना में सुखी होता है तो कोई प्रकृति-प्रेमी खेतों की पीली-पीली सरसों के नयनाभिराम सौन्दर्य पर मुग्ध होता है। मटर, अरहर, चना, तीसी के फूल जैसे प्रकृति-देवता ने खेतों को इन फूलों की रँगोली से सजा दिया है। यह तो सारे ग्रामलोक की प्राकृतिक सुषमा है, पर विशेष क्षेत्रों में जो पर्वतों और नदियों के बीहड़

हैं, उनकी तो शोभा निराली ही है। बुन्देलखण्ड, चम्बल, बेतवा और विन्ध्य शृंखलाओं का दृश्य कुछ ऐसा ही है। बुन्देलखण्ड है कहाँ—

"इत जमना उत नर्मदा, इत चम्बल उत टौंस।
क्षत्रसाल सोलख की, रही न काबू हौंस।।
उत्तर समतल भूमि गंगजमुना-सी बहती है।
प्राची दिसि कैमूर सोन कासी सुललित है।।
देखत रेवा विन्ध्याचल तन शीतल करनी।
पच्छिम चम्बल चंचल सोहित मनहरनी।।[6]

डॉ. विवेकी राय ने अपने शोध प्रबन्ध में गाँव के इस अलौकिक प्राकृतिक सौन्दर्य के सम्बन्ध में लिखा है—

"कृषि क्षेत्रों की प्राकृतिक सुषमा जिस पर देश-काल का कोई प्रभाव नहीं है, जो अपने अक्षय नैसर्गिक कंचन-विलास में अखण्ड सनातन सत्य-सी गाँव में विराजमान उसकी सारी उदासी और मलिनता को एक स्तर पर उत्फुल्ल मुक्ताभा में रँगती रहती है। यदि इसे ही गाँव की वास्तविक संस्कृति के रूप में रेखांकित किया जाय तो असंगत नहीं होगा। खेतों में असीम भाव से विलसित यह सौन्दर्य-प्रसार उत्तर-दक्षिण, पूरब-पश्चिम सर्वत्र समान है। यह ग्रामात्मा का अलौकिक शृंगार है, जो ग्रामश्री के विशाल शस्य-श्यामल मण्डप में सुख-दुःख और संघर्ष-शान्ति के लौकिक प्रपंचों से अप्रभावित किसी अचिन्त्य पराशक्ति के हाथों स्वयमेव होता रहता है।"[7]

ग्रामलोक का चित्रण करते हुए डॉ. विवेकी राय ने एक जगह लिखा है—कि "पिछली रात से नयी बरसात शुरू हो गयी थी। आकाश फटकर जैसे पानी पड़ा हो। चारों ओर पानी-ही-पानी हो गया। जोरों की उस बारिश में किसान माथे पर चटाई की छतरी-सी डाले काम में जुट पड़े थे। टूटी मेंड़ों का मुँह बन्द कर रहे थे, चूहों के बिल बन्द कर रहे थे, पानी को रोककर जो रखना है। पाँव के नीचे की मिट्टी मक्खन-सी मुलायम हो गयी थी। उससे सोंधी सुगन्ध आ रही थी। बदली के दिन की जोत के पड़ने से पानी-भरे खेत चक-चक कर रहे थे। बीच-बीच में बीजधान के पौधे घने होकर सब्ज गबीचे से लग रहे थे। हवा में हिल रहे थे धान के पौधे, मानो अदृश्य लक्ष्मी देवी मेघ-लोक से उतरकर कोमल चरणों से धरती पर आकर विराजेंगी, इस भावना से ग्रामीण किसानों ने आसन बिछा रखे हैं।"[8]

आज गाँव हमारी स्मृति में जीवित है जो पुराना गाँव था, वही असली गाँव था। अब स्वतन्त्रता के बाद गाँव के गाँवपन को भी आघात लगा है। उसकी प्रकृति विकृति में बदल रही है और वह नैसर्गिक सुगन्धि से हटकर कंकरीट का जंगल बन रहा है। स्वतन्त्रता के पूर्व प्रत्येक गाँव के पास एक जंगल होता था। उन जंगलों में

पलाश, सेंमर, सिहोर, बरगद, पीपल, पाकड़, नीम तथा नाना प्रकार की झाड़ियाँ होती थीं। इनका सौन्दर्य अपना ही था। पलाश का फूल और सेमल के लाल-लाल फूलों से लदे ये वृक्ष कितने सुहावने लगते थे। एक बनैला वृक्ष जिसे पूर्वांचल में 'आछी' कहते थे, उसमें सफेद बेला के जैसे फूल खिलते थे और दूर से ही अपनी सुगन्धि से आकर्षित कर लेते थे। इन्हीं वनों में गोपालक लोग अपनी गाय, भैंस, भेंड और बकरी ले जाते और शाम को 'खोर' में गोधूलि उड़ते इन्हें घरों तक पहुँचाते। इन जंगलों में अहिंसक जानवर खरगोश, साही, शृंगाल के साथ ही मोर, कोकिल, महोख, बाज, काग, चील्ह, तोता, मैना अपने रंग-बिरंगे रूपों में विराजमान रहते थे। इनमें किसी बरगद की छाया में बैठकर इनकी शीतलता और इनके आकर्षण में कोई रसिक साहित्यकार डूब सकता था।

पुराने गाँवों में डॉक्टर और डिग्रीधारी वैद्य नहीं थे। कुछ गाँव के ही अनुभवी लोग या तो अपने बाप-दादों से वैद्यगिरी सीखकर या कुछ पुरानी वैद्यक की किताबें पढ़कर लोगों का उपचार करते थे। गाँव के ही जंगलों की जड़ी-बूटियाँ भी होती थीं और उन्हीं से ये बड़ी-बड़ी बीमारियों से मुक्ति दिला देते थे। चिरैता, उड़स और गिलोय (गुरुचि) से सन्निपात जैसे ज्वर को ये ठीक कर देते थे। गदहपूरना की जड़ को पीसकर पिलाने से पाण्डुरोग (पीलिया) ठीक हो जाता था। बहुत-सी घासें ऐसी थीं कि उनमें इत्र जैसी सुगन्धि थी। यहाँ की नैसर्गिक प्राकृतिक सम्पदा से कभी सम्पूर्ण विश्व के लोग प्रभावित थे और इस दिव्य देवभूमि का दर्शन करने फाह्यान, ह्वेनसांग जैसे अनेक यात्री आते और इस ग्राम प्रकृति की प्रशंसा करते थे।

डॉ. सैयद सुलेमान नदवी ने लिखा है—''सन् 14 हि0 में एक अरब यात्री यहाँ (भारत) आया था। उसने भारत की व्यापारिक वस्तुओं के सम्बन्ध में हज़रत उमर से कहा कि भारत का समुद्र मोती है (मोती-जैसे रत्नों का भण्डार) उसका पर्वत लाल (कीमती पत्थरोंवाला) है और उसके वृक्ष इत्र हैं।''[9]

ग्रामलोक का सांस्कृतिक वातावरण :

गाँव की प्रकृति जितनी मोहक थी, उसकी संस्कृति भी उतनी ही आह्लादकारी रही है। वहाँ परस्पर स्नेह और सहयोग की सुरसरिता प्रवाहित होती रहती रही है। गाँव में भात-भोज हो या जीवन-मरण पूरा गाँव एक साथ खड़ा हो जाता था। स्वयं खाना-पकाना, स्वयं उसे परोसना और यह स्वयं के साथ सब मिल-जुलकर कर लेते थे। एक के घर की शादी पूरे गाँव की प्रतिष्ठा होती थी। कोई त्रुटि हो गयी तो गाँव की नाक कट जायेगी, इस प्रकार का भाव सब में था। इस प्रकार गाँव एक वहाँ के निवासियों की सामूहिक अभिधा थी और इसी रूप में एक जीवन्त सत्ता थी। गाँव का यह स्वरूप हमें स्वातन्त्र्योत्तर साहित्य में मिलता है। उसकी इस सामूहिकता और

पारस्परिक सहयोग में 'नयी रोशनी' के आने से क्षरण हुआ है, पर अभी उस संजीवनी की जड़ पूरी-पूरी सूखी नहीं है, उसे बचाया जा सकता है।

ग्रामलोक की संस्कृति का दूसरा पहलू है, सन्तोष। 'तुलसीदास' के शब्दों में "यथा लाभ सन्तोष सदा, काहू से कुछ न चाहौंगो" यह पूरे ग्रामलोक की सोच की अभिव्यक्ति है। गाँव का किसान, कारीगर, मजदूर सभी थोड़े ही वस्त्र शरीर पर धारण करते थे। रूखा-सूखा खाकर सन्तुष्ट रहते थे और निश्चिन्त भी रहते थे। लोककवि घाघ ने एक किसान के सन्तोषपूर्ण प्रसन्न परिवार का चित्र खींचते हुए लिखा है–

"अरहर क दाल और साठी क भात।
गलगल निबुआ औ घिउ तात।।
तिरछे नैन परोसै जोइ।
घाघ कहै सरगहु झूठ होइ।।"[10]

इस साधारण भोजन में स्वर्ग के सुख का एक कारक और भी है, कि पत्नी और पति में प्रेम की अमृतधारा भी प्रवाहित हो। गाँव में पति-पत्नी का समरस जीवन ही प्रायः होता था। अपवाद बहुत ही कम होते थे। आचार्य रामचन्द्र शुक्ल ने इस प्रसंग पर लिखा है–"कितना भी अभाव हो पति-पत्नी साथ हों और दूसरे के सुख-दुःख में सहभागी हों तो सुख-ही-सुख है। एक पत्नी कहती है–

"आगि लगी घर जरिगा बड़ सुख कीन।
पिउके संग घरिलवा भरि भरि दीन।।[11]

इसीलिए पिय विदेश-गमन पर उसकी पत्नी विरह में तड़पती रहती है और लोकगीतों में ऐसी तड़प के बहुत ही सुन्दर चित्र मिलते हैं।

गाँव का जीवन सादा और सन्तोष से परिपूर्ण था। किसान भी एक प्रकार का साधक और सिद्ध था। उसकी साधना उसकी कृषि या कृषि से सम्बन्धित सहयोगी श्रम और शिल्प था और यही उसकी सिद्धि थी। जो है वह प्रभु का दिया है जो नहीं है उसकी चिन्ता नहीं, यह स्थिति किसी सिद्ध साधक की ही होती है। एक बौद्ध जातक में धन्नी अहीर की कथा आती है–उसमें भगवान् बुद्ध उसके घर पधारते हैं, तो वह उनकी सेवा-सत्कार करता है। भगवान् बुद्ध कहते हैं–'धन्नी, मुझे किसी चीज की अपेक्षा नहीं है। मैं पूर्ण मनोरथ हो चुका हूँ और आप्तकाम हूँ।' इस पर धन्नी अहीर कहता है–'भन्ते, मेरे कोठार में अन्न भरा है।' साठी धान का भात और अरहर की दाल मिल जाती है, ऊपर से पत्नी तिरछे नयनों से मुस्कराती हुई थाल आगे रखती है, तो मेरे सुख का पारावार छलक पड़ता है। प्रभु! मैं पूर्ण सन्तुष्ट हूँ और मुझे किसी चीज की अपेक्षा नहीं है। इस कथा का तात्पर्य ही यह है कि किसान अपने जीवन से इतना सन्तुष्ट होता है कि उसकी समता किसी सिद्ध महात्मा से की जा सकती है।

गाँव का वह चित्र अब सुलभ नहीं है, जो पुराने गाँवों का था। अब अल सुबह न जाँता चलता है और न जाँते के गीत ही सुनायी पड़ते हैं, न ढेंकी चलती है और न गले की घण्टियाँ झनकार करती बैलों की जोड़ी और कन्धे पर हल लिये किसान ही निकलते हैं। अब आटा की चक्की है, राइस मिलें हैं और ट्रैक्टर हैं—बैलगाड़ियाँ नमूने की बची हैं, नहीं तो ट्रैक्टर की टाली से काम होता है। अब बोआई और कटाई की मशीनें हैं। हाथ के काम छिन गये और मशीनी युग आ गया है, पर खेतों की शस्य-श्यामलता, फूलों की बहार, किसान की मस्ती और रूप-रंग, वेश-परिधान और भाषा-बोली, अलग होते हुए भी पूरे देश की एक संस्कृति है, किसान-संस्कृति। इस किसान-संस्कृति का मूल मन्त्र है, सन्तोष, अतिथि-सत्कार, आत्मीयता और सहयोग, सादगी और थोड़े में निर्वाह करने की प्रवृत्ति। यह गाँव अब आधुनिक बनने की होड़ में हैं, तो यह संस्कृति भी संकट में है तो गाँव का गाँवपन भी खतरे में है।

गाँव में भले ही छल-छद्मवाली भीतरघाती प्रवृत्तियाँ सड़क, ट्यूबेल, ट्रैक्टर, बिजली के साथ आ गयी हैं, पर अभी भी गाँव का अस्तित्त्व बचा है। जो कुम्भ के मेलों में उमड़ती आस्था, गाँव के आम आदमी में ईमानदारी की स्थिति, टूटते हुए परिवारों में भी अभी पारिवारिक एकसूत्रता, रिश्तों का सम्मान और पति-पत्नी का आजीवन साथ रहने की भावना आदि अभी भी शहरों की अपेक्षा गाँव को अधिक सुखद बनाये हुए हैं। गाँव ही भारत है और इस गाँव की संस्कृति को बचाना आज की सबसे बड़ी चुनौती है।

ग्रामलोक का कौटुम्बिक जीवन :

गाँव स्वयं अपने में एक परिवार-जैसा होता है। जहाँ हर व्यक्ति एक-दूसरे को जानता है और एक-दूसरे के सुख-दुःख में सम्मिलित होता है। नगरों में विशेषतः महानगरों में एक ही भवन के विभिन्न हिस्सों में रहनेवाले एक-दूसरे को नहीं जानते। गाँव परिवारों की एक सामूहिक अभिधा है, जो स्वयं एक परिवार-जैसा होता है।

परिवार माता-पिता, भाई-बन्धु, पत्नी, पुत्र, पुत्रवधू, नाती, पोते तक एक साथ रहने की एक प्रथा गाँवों में प्रचलित थी। इसे सम्मिलित परिवार कहते थे। गाँव की कृषक संस्कृति के लिए ऐसे सामूहिक परिवार आवश्यकता भी होते थे और वरदानस्वरूप होते थे। जितनी बड़ी खेती-बारी होती थी उतना ही बड़ा यह सामूहिक परिवार भी होता था जिसमें कई भाईयों का परिवार एक साथ रहता था। इस परिवार का एक मुखिया होता था। उसकी आज्ञा से पूरा परिवार चलता था। परिवार का मालिक या मुखिया सबके साथ रामान व्यवहार करता था। और त्याग

की दृष्टि से वह अपने स्वार्थ और सुख का सर्वाधिक त्याग करता था। सभी परिवार के वयस्क सदस्य मिलकर खेतों में काम करते थे और परिवार की दैनिक आवश्यकताओं से लेकर शादी-ब्याह तक की सारी चिन्ताएँ परिवार के मुखिया की होती थी। परिवार के पुरुषों में तो एका होता था लेकिन स्त्रियाँ ब्याह कर दूसरे-दूसरे जगहों से आती थीं और अलग-अलग स्वभाव और संस्कृति के संस्कार लेकर अपने मायके से आती थीं। इसलिए उनमें कभी-कभी झगड़े भी होते थे। एक से अधिक विवाह की प्रथा भी पहले प्रचलित थी तो सपत्नियों में प्रायः कलह और झगड़े हुआ करते थे। इसलिए यह कहावत ही प्रचलित थी कि 'लकड़ी ऐसे जले जैसे दो स्त्रियों का पुरुष जलता है।' गाँव के कौटुम्बिक नारी समाज में सासु-पतोह और ननद-भाभी के झगड़े प्रायः होते थे जिनका लोक साहित्य में प्रचुर वर्णन मिलता है। एक लोकगीत में एक बहू अपनी दारुण व्यथा व्यक्त करते हुए कहती है–

"सासु मोर दारुण, ननद बहुरहिया।
ससुर मोर भोला, निकाल दिये डोला रे।।"

यह प्रायः होता था कि सास-पतोह और ननद-भाभी के झगड़े से ऊबकर सीधे-साधे किसान ससुर को बहू को उसके मायके भेज देना पड़ता था। ऐसी परिस्थितियाँ कभी-कभी सामने आती हैं, वैसे सामान्तया पारिवारिक जीवन गाँव में सुखी और प्रसन्न रहता था। ज्यादातर परिवारों में सुमति थी, अपवाद स्वरूप किसी-किसी परिवार में कुमति भी रहती थी। तुलसीदास ने इसीलिए लिखा था-

"जहाँ सुमति तहँ सम्पत्ति नाना।
जहाँ कुमति तहाँ बिपति निधाना।।"

परिवार में माता-पिता के प्रति बड़ा आदर का भाव था और उनकी सन्ताने उनकी सेवा भी करती थीं और उन्हें पूरा सम्मान देती थीं और इस प्रकार की सेवा भावना पीढ़ी-दर-पीढ़ी चलती थी। ये भी मान्यता थी कि पुत्र का अर्थ ही है पिता को तारनेवाला। विवाह के बाद जब लड़कियाँ अपनें मातृगृह से विदा होती थीं तो अपने माता-पिता के प्रेम में उनकी बड़ी विषम स्थिति हो जाती थी, लड़के और लड़कियों में शुरू से ही माता-पिता के प्रति श्रद्धा, पूज्य भाव और उनकी सेवा का संस्कार दिया जाता था। एक लोकभाषा के कवि ने माता पिता के महत्त्व को बताते हुए ये लिखा है—-

"पिता मात हैं काबा कासी। पिता मात ईश्वर अबिनासी।
पिता मात हैं जनम के दाता। पिता मात सबहीं कुसलाता।
पिता मात बैकुण्ठ देवइया। उनसे विमुख नरक है भइया।"[12]

दाम्पत्य जीवन :

भारतीय गाँवों में बालविवाह की प्रथा प्रचलित थी। यह प्रथा मध्यकाल में प्रचलित हुई थी। जब बाहर से आयी हुई आक्रामक जातियाँ शासक थीं, तो वे सुन्दर युवतियों को अपहरण कर ले जाते थे इसलिए आपद्धर्म के रूप में ब्राह्मणों ने यह व्यवस्था बनायी कि 10 वर्ष तक कन्या का विवाह कर देना चाहिए। इस बालविवाह से बचपन से ही पति-पत्नी साथ-साथ रहते-रहते उनके अन्दर प्रगाढ़ प्रेम उत्पन्न हो जाता था और उनका दाम्पत्य जीवन अत्यन्त सुखमय बीतता था। यही दाम्पत्य जीवन परिवार की धुरी होता था और सुखी दाम्पत्य जीवन पारिवारिक सुख और उल्लास का कारण बनता था। हिन्दू-जीवन में विवाह एक संस्कार के रूप में होता था, जिसे एक जीवन का नहीं बल्कि जन्म-जन्मान्तर का सम्बन्ध माना जाता था। पति का धर्म होता था कि वह पत्नी का जीवन भर भरण-पोषण और निर्वाह करे। पाणिग्रहण का अर्थ है हाथ पकड़ना, जिसका भावार्थ है कि उसके जीवन का उत्तरदायित्व अपने ऊपर लेना। इसे कवियों ने अपनी कविताओं में बार-बार व्यक्त किया है। सूफी कवि नूर मोहम्मद लिखते हैं—

"जा संग ब्याह होत जग माहाँ। पन्थ निबाहत सो धरि बाहाँ।
जनम संघाती होत सो, जाके संग बियाह।
जैसे परै तस अंगवै, धनि को करै निबाह।।"[13]

लोकगीतों में पति-पत्नी के पारस्परिक प्रगाढ़ प्रेम और विरह को व्यक्त करनेवाले अनेक गीत मिलते हैं। परदेश जाकर रोजी-रोटी के लिए बस जाने वाले अपने पति के प्रति एक भोजपुरी लोकगीत में कहती है—

'रेलिया न बैरी, जहजिया न बैरी,
ई पईसवा बैरी हो
देसवा-देसवा भरमावे'

एक-दूसरे भोजपुरी लोकगीत में विरहणी नायिका पति को उलाहना देते हुए कहती है—

'गवना करायी सैयाँ घर बइठवले से
अपने बसे परदेश रे बिदेसिया
चढ़ली जवनियाँ बैरिन भइली हमरा से
के मोर हरिहैं कलेस रे बिदेसिया।'

इस प्रकार के गीतों में उनके परस्पर प्रेम की और अलग हो जाने के कारण विरह की जो अभिव्यक्ति हुई है उसमें छोटे किसानों और कृषक मजदूरों की आर्थिक तिपन्नता का भी एक चित्र हगें मिलता है, जिसके कारण पुरुष वर्ग को देश के बड़े

भौगोलिक नगरों में अथवा विदेशों में जाकर घर के लिए पैसा मुहैया करने हेतु हाड़तोड़ परिश्रम करना पड़ता है। दूसरे देश जानेवाले पुरुषों के अन्दर भी अपने गाँव पुर अपने घर-घरिनी और अपने देश की तड़पन बनी रहती है, जिसे आजकल के कई सिनेमा गीतों में भी बहुत ही अभिप्राय के साथ अभिव्यक्त किया गया है जैसे-

1- हम तो बसे परदेश, देश में निकला होगा चाँद।

2- चिट्ठी आयी है वतन से चिट्ठी आयी है।

इस प्रकार वे भी पत्नी, परिवार और देश से अलग होने से व्यथित रहते हैं, पर उनकी आर्थिक कठिनाइयाँ उन्हें यह सब सहने के लिए विवश करती हैं।

ग्रामलोक में वर्ण और जाति-व्यवस्था :

भारत में समाजव्यवस्था को सुचारु रूप देने में ब्रह्मचर्य आदि चार आश्रमों के साथ ही समाज को कर्मानुसार चार वर्णों में विभाजित किया गया था- ब्राह्मण, क्षत्रिय, वैश्य और शूद्र। यह व्यवस्था कर्म के अनुसार थी। आगे चलकर धीरे-धीरे यह व्यवस्था जन्म के आधार पर मानी जाने लगी तथा साथ ही अनेक विभिन्न कर्म करनेवाली छोटी-छोटी जातियों का निर्माण हुआ। चार वर्णों के साथ 36 जातियों का उल्लेख साहित्य में बराबर मिलता है। 'जायसी' ने 'पदुमावति' में श्री पंचमी के दिन पूजा के लिए 36 जातियों के जाने का उल्लेख किया है। 'बनारसीदास जैन' के 'अर्द्धकथानक' में इन 36 जातियों की सूची इस प्रकार है—"उसमें सीसदर, दरजी, तमोली, रंगवाल, ग्वाल, बढ़ही, संगतरास, तेली, धोबी, धुनिया, कन्दोई, कहार, काछी, कलाल, कुलाल, माली, कुन्दीगर, कागदी, किसान, पटबुनिया, चितेरा, बिंधेरा, बारी, लखेरा, उठेरा, राज पटुआ, छपरबंध, नाई, भारभुनिया, सुनार, लुहार, सिकलीगर, धींबरा, चवाँर और येई और छत्तीस पौनिया" का उल्लेख है।[14]

अन्य सूफी प्रेमाख्यानों में भी छत्तीसों जातियाँ कहकर एक रूढ़ि का पालन किया गया है। मधुमालती में कहा गया है—

"चली छत्तीसौ पौनि कुँवर संघ चित्रसेनि कै आन।"[15]

इसी प्रकार 'भाषा प्रेमरस' में कहा गया है—

"बसहिं नगर छत्तीसौ जाती। घर-घर सुख बरसै दिन राती।"[16]

ये छत्तीस जातियाँ पौनियाँ थीं, जो विवाह आदि अवसरों पर नेग पाती थीं।

'गोस्वामी तुलसीदास' जी ने भी 'रामलला नहछू' में ऐसी जातियों में मालिनि, लोहारिन, दरजिन, मोचिन, आहिरिन, तमोलिन, बारिनि और नाइनि आदि का उल्लेख किया है। 'रामचरितमानस' में भी रामराज्य में कुछ मानवेतर जातियाँ, दुनज, नर, किन्नर, बानर, ऋच्छ, यक्ष, गन्धर्व तथा नाग आदि के उल्लेख के साथ ही कुछ आदिम जातियों का भी गोस्वामी जी ने उल्लेख किया है—'स्वपच, सबर, खस, जमन,

जड़, पाँवर, कोल, किरात।' साथ ही उन्होंने एक अर्द्धाली में वर्ण और आश्रम की दृष्टि से अधम जातियों में कलवार तेली कुम्हार आदि को भी गिनाया है'स्वपच, किरात, कोल, कलवारा। जे बरनाधम तेलि, कुम्हारा।'[17]

सम्पूर्ण मध्यकालीन काव्य में इन जातियों का प्रायः उललेख मिलता है और आज के ग्रामलोक में भी प्रजा वर्ग की तथा विभिन्न व्यवसाय और सेवा करनेवाली जातियों की उपस्थिति देखी जाती है। लोकोक्तियों और मुहावरों में भी जातियों का उल्लेख हुआ है। जैसे धोबी का कुत्ता, बढ़ई-बढ़ई खूँटा चीरा, कहाँ राजा भोज कहाँ गंगू तेली, सौ सोनार क न एक लोहार क, ठाकुर भगत न मूसर धनुहीं, बाभन सो मरि जाय, हाथ लै मदिरा पीवै आदि।

छूआछूत :

जैसा बताया गया है कि पहले वर्ण-व्यवस्था जन्म आधारित नहीं थी बल्कि कर्म आधारित थी। उन्हें विद्याध्ययन, भगवद्भक्ति और मन्दिर में जाने का पूरा-पूरा अधिकार था। नारद भक्ति सूत्र में स्पष्ट लिखा है–

''नास्ति तेषु जाति विद्या रूप कुल धन क्रिया भेदादि। (भक्तों में जाति, विद्या, रूप, कुल, धन तथा क्रिया आदि का भेदभाव नहीं होता।)''[18] इसी प्रकार मनुस्मृति में भी कहा गया है कि सभी वर्णों में शूद्र वही है जो भगवान् के भक्त नहीं हैं

''न शूद्रा भगवद्भक्ता विप्रा भागवता स्मृता
सर्व वर्णेषु ते शूद्रा ये हय भक्ता जनार्दने।''

वैसे भी वाल्मीकि, अगस्त्य ऋषि, देवर्षि नारद और महात्मा विदुर ये सब शूद्र ही थे और इनका समाज में बड़ा ऊँचा स्थान था।

किन्तु कालान्तर में धीरे-धीरे इस स्थिति में बदलाव आता गया और अछूत जातियों का एक लम्बा वर्ग तैयार हो गया, जिनमें चमार, पासी, निषाद, डोम, मेहतर और मुसहर आदि बहुत-सी जातियाँ सम्मिलित की गयी। खान-पान में ही नही बल्कि ठाकुर-ब्राह्मण के कुएँ पर ये अछूत जातियाँ पानी भी नहीं ले सकती थीं। इससे हिन्दू समाज में एक व्यापक बिखराव आ गया। इसका भी चित्रण निराला, प्रेमचन्द, रेणु, शिवप्रसाद सिंह तथा डॉ. विवेकी राय आदि ने अपने काव्य, कथा तथा निबन्धों आदि में किया है। इस समाज के कोढ़ को समाप्त करने के लिए संकेत के रूप में एक अलख भी जगाने का प्रयास किया है, जो प्रयास कबीर और रैदास आदि अनेक शाखाओं के सन्तों ने छुआछूत के इस रोग को समाप्त करने के लिए प्रारम्भ किया था। उसे आधुनिक युग में स्वामी दयानन्द सरस्वती, विवेकानन्द, राजा राममोहन राय, गाँधी, विनोबा आदि ने एक लोकव्यापी आन्दोलन का रूप दिया जिसका परिणाम यह है कि अब छुआछूत की भावना केवल नाम मात्र की रह गयी

है। साहित्य में छुआछूत की स्थिति के अध्ययन हेतु ग्रामलोक में पुराने गाँव में जहाँ छुआछूत की जड़ता मिलती हैं वहीं आज के नये विकसित गाँवों में छुआछूत वास्तविक स्थिति में मर चुका है। केवल कुछ ढोंगी, परम्परावादी और जड़ किस्म के लोग गाँवों में आज भी इस बुराई के शिकार हैं। अछूत कहे जानेवाले वर्ग की आर्थिक स्थिति में भी सुधार हुआ है और राजनैतिक चेतना तथा सभी नागरिकों के मताधिकार ने भी छुआछूत को हटाने में सहयोग किया है।

संस्कार और समारोह :

वैसे तो भारतीय संस्कृति और शास्त्रों में सोलह संस्कार माने गये हैं, पर आज के लोक व्यवहार में उनमें से केवल नौ ही प्रचलित रह गये है। ये हैं -

जन्मोत्सव तथा जात कर्म :

संस्कार के रूप में पुत्र के जन्म के अवसर पर नान्दी मुख श्राद्ध करके ब्राह्मणों और गरीबों को दान दिया जाता था, किन्तु अब लोकजीवन में इस अवसर पर केवल मांगलिक उत्सव मनाने की प्रथा शेष है। कहीं-कहीं थाली बजाकर या नगाड़े बजाकर पुत्र-जन्म की सूचना पास-पड़ोस को दी जाती थी, पर अधिकतर घर की औरतें गाँव भर बधावा देने जाती हैं कि उनके घर पुत्र का जन्म हुआ है और स्त्रियाँ एकत्र होकर इस अवसर पर सोहर या सोहिला गाती थीं। ज्ञातव्य है कि ऐसा उत्सव केवल पुत्र के जन्म पर होता था। पुत्री के जन्म पर नहीं किन्तु अब आधुनिकता के प्रभाव से लोगों के दृष्टिकोण में परिवर्तन हो रहा है और अब किसी भी सन्तान के जन्म पर ऐसे उत्सव मनाये जाते हैं।

छठी :

पुत्र जन्म के छठे दिन छठी का उत्सव मनाया जाता है। लोकजीवन में यह उत्सव अत्यन्त प्रचलित है तथा इसे बड़े उत्साह के साथ सम्पन्न किया जाता है। इस उत्सव का सम्बन्ध प्रसूतिगृह की स्वच्छता से प्रतीत होता है। इस दिन प्रसूता और नवजात शिशु को स्नान कराया जाता है। छठी की रात्रि का विशेष महत्त्व है। ऐसा विश्वास किया जाता है कि इसी रात्रि में ब्रह्मा नवजात शिशु की भाग्य रेखाओं को लिखते हैं। अतः घृत-दीप जलाकर स्त्रियाँ रातभर जागती रहती हैं और नृत्य-गान तथा आमोद-प्रमोद में समय बिताती हैं। यह भी विश्वास किया जाता है कि छठी की रात्रि निर्विघ्न बीत जाने के उपरान्त शिशु संकट से मुक्त हो जाता है।

नामकरण संस्कार तथा बरही :

पुत्र-जन्म के बारहवें दिन आज भी नामकरण संस्कार प्रचलित है। इस दिन प्रसूता गृह से बाहर आती है। इस अवसर पर पूर्वोक्त उत्सवों की ही भाँति तोरण,

ध्वजा, चँदोवा, कलश तथा चँवर आदि के वर्णन हैं तथा चन्दन तुलसी आदि पत्र मांगलिक फल तथा नवग्रह की मणियाँ आदि पूजन सामग्री के निर्देश भी आये हैं। यह सब हो चुकने के बाद चौकों में रानियाँ पुत्रों को गोद में लेकर बैठती हैं तथा दान-पुण्य करने के उपरान्त वेद-मन्त्रों के साथ चारों बालकों के नाम रखे जाते हैं। कहना न होगा कि लोक-जीवन में आज भी यह संस्कार बरही के रूप में प्रचलित है।

विवाह :

विवाह के लिए सर्वप्रथम वर की खोज की जाती है। ब्राह्मण बराबरी के कुल में योग्य वर ढूँढ़ने के लिए मंगल की प्रतीक सुपारी साथ में लेकर जाते थे और कन्या के लिए उत्तम वर ढूँढ़ते थे। प्रारम्भिक वार्ता तय हो जाने पर कन्यापक्ष की ओर से कुछ मुद्राओं के साथ पूगीफ़ल वरपक्ष को दिया जाता है, जिसे बरच्छा, बरोक, मँगनी या फलदान कहते हैं। विवाह तय हो जाने के उपरान्त ज्योतिषी और पण्डितगण कुण्डली देखकर शुभलग्न और घड़ी में विवाह का मुहूर्त्त तय करते हैं। विवाह के लिए जाते समय अपनी शक्ति और सामर्थ्य के अनुसार लोग बारात सजा-बजाकर जाते हैं। बारात को विदा करते समय स्त्रियाँ वर की सवारी के साथ मंगल गीत गाती हुई, गाँव के बाहर तक जाती हैं, आरती उतारती हैं, परछन करती हैं, न्योछावर तथा दान आदि देकर वापस लौटती हैं और बारात प्रस्थान कर जाती है। बारात वधूपक्ष के यहाँ पहुँचने पर द्वारपूजा होती है। समस्त ग्रामवासी बारात के स्वागत में गाँव के बाहर आकर बारात को लिवा जाते हैं। रात्रि .में विवाह मण्डप या माँड़ो में वैदिक मन्त्रों द्वारा विवाह सम्पन्न होता है। पवित्र अग्नि के चारों ओर सात फेरा वर-वधू साथ-साथ करते हैं और सातवाँ फेरा पूरा होने पर विवाह सम्पन्न माना जाता है। इसे सप्तपदी कहते हैं।

गवना :

बड़ी जातियों में विवाह के बाद ही वधू विदा होकर पति गृह जाती है और अन्य जातियों में अल्पायु में विवाह होने के कारण उसे विदा नहीं करते हैं और वयस्क होने पर उसका गवना दिया जाता है और वह भी बारात की तरह से ही लोग सज-धज कर जाते हैं और बहू को विदा करा कर लाते हैं।

अन्त्येष्टि तथा मृतकर्म :

व्यक्ति मर जाने के बाद हिन्दुओं में किसी नदी के किनारे या मुर्दा जलाने के निर्धारित स्थान पर उसका दाह संस्कार किया जाता है। अन्त्येष्टि के बाद दसवें दिन मुण्डन और पिण्डदान आदि करके गृह शुद्धि की जाती है और बारहवें दिन ब्रह्मभोज करके ब्राह्मणों, गरीबों और पुरजनों को भोजन कराया जाता है।

पर्वोत्सव :

भारतवर्ष के ग्रामलोक की संस्कृति का एक बहुत बड़ा रूप उनके द्वारा मनाये जानेवाले पर्वों और त्योहारों के उत्सव में देखा जा सकता है।

नवरात्रि तथा रामनौमी :

चैत्रमास की शुक्ल पक्ष की प्रतिपदा को भारतीय संवत्सर का प्रारम्भ माना जाता है। इस दिन से 9 दिन तक कलश स्थापना द्वारा महाशक्ति का पूजन और आराधना होती है इसे नवरात्रि कहते हैं। नवें दिन रामनौमी पड़ती है जो राम का जन्मदिन है। रामनौमी को राम के भजन, पूजन, रामलीला, रामायण पाठ और विभिन्न स्थानों पर आयोजित होनेवाले मेलों में मनाया जाता है।

गुरु पूर्णिमा :

आषाढ़ शुक्ल पक्ष की पूर्णिमा के दिन गुरु की पूजा का विधान किया गया है। इसमें बड़े-बड़े मठों, मन्दिरों, आश्रमों में लोग अपने गुरुओं के पूजन के लिए एकत्र होते हैं और उनकी पूजा-अर्चना करते हैं तथा गुरु के आश्रम के लिए दान-दक्षिणा देते हैं। ज्ञातव्य है कि आषाढ़ शुक्ल एकादशी जिसे हरिशयनी एकादशी कहते हैं, इस दिन से चार महीने तक साधू-सन्यासी चार्तुमास तक एक स्थान पर रहते हैं और जहाँ रहते हैं वहीं पर यह गुरु पूजा का कार्यक्रम होता है। चार्तुमास का काल कार्तिक मास के शुक्ल पक्ष की एकादशी तक चलता है, जिसे देवोत्थानी एकादशी कहते हैं।

नागपंचमी :

श्रावण मास के शुक्ल पक्ष को नागपंचमी गाँव-गाँव में मनायी जाती है। इसमें नाग या सूर्य को देवता मानकर उनकी पूजा की जाती है और धान का लावा और गाय का दूध किसी एक स्थान पर रख दिया जाता है, जिससे नाग अवसर पाकर आकर पी सकें। अब संस्कार के रूप में केवल घर के कोने-कोने में लावा और दूध छिड़ककर लोग अपना कर्त्तव्य पूरा पर लेते हैं। श्रावण का महीना वर्षा का महीना होता है। नाग पंचमी के दिन गाँव-गाँव में कबड्डी और कुश्ती की प्रतियोगिता होती है और कहीं-कहीं बड़े-बड़े दंगलों का आयोजन होता है।

सावन झूला :

सावन के महीने में गाँव-गाँव में पेड़ों की डालों पर झूला डालकर रंग-बिरंगे परिधानों में स्त्रियाँ और पुरुष झूला झूलते हैं इसे हिण्डोलोत्सव भी कहते हैं। सावन झूले का यह कार्यक्रम मन्दिरों और तीर्थ स्थानों पर भी बड़े धूमधाम से मनाया जाता है। मन्दिरों में झूले डालकर भगवान् के विग्रह को उस पर लिटाया जाता है। फूल

पत्तियाँ और दीपों से मन्दिरों को खूब सजाया जाता है। वैसे तो गाँव-गाँव के मन्दिरों में हिण्डोलोत्सव होता है, किन्तु अयोध्या, काशी, मथुरा और वृन्दावन के मन्दिरों के हिण्डोलोत्सव काफी महत्त्वपूर्ण होते हैं।

जन्माष्टमी :

भादों के कृष्णपक्ष की अष्टमी को कंस के कारागार में कृष्ण का जन्म हुआ था। रात्रि के बारह बजे रोहिणी नक्षत्र में उनका अवतार माना जाता है। अतः इस दिन गाँव-गाँव में जन्माष्टमी का उत्सव मनाया जाता है। मन्दिरों में तथा कुछ घरों में कृष्ण के बालरूप की झाँकी सजायी जाती है। लोग 12 बजे रात तक भजन-कीर्तन करते रहते हैं, और 12 बजे कृष्ण-जन्म होने पर शंख-घण्ट-घडियाल बजाकर उनके जन्म की सूचना दी जाती है और महिलाएँ सोहर गाती हैं, प्रसाद वितरण होता है और कार्यक्रम का समापन हो जाता है।

तीज :

यह स्त्रियों का एक प्रमुख त्योहार है, जो उत्तरी भारत में प्रचलित है। यह भादों मास के शुक्लपक्ष की तृतीया को मनाया जाता है। इस दिन स्त्रियाँ व्रत रहती हैं, और सायंकाल गीत-गाती हुई किसी सरोवर या नदी में जाकर स्नान करती हैं। मध्यकालीन साहित्य में तीज का भी कवियों ने पर्याप्त उल्लेख किया है। नूर मोहम्मद की इन्द्रावती में इस प्रसंग में कवि ने लिखा है—

''इन्द्रावती मन प्रेम पियारा। पहुँचा आइ तीज त्योहारा।
कहेनि सहेलिनि उर भानू। मनतारा चलि करहिं नहानू।''

शारदीय नवरात्रि तथा विजयादशमी :

कुवार मास के शुक्लपक्ष की प्रतिपदा से शारदीय नवरात्रि का प्रारम्भ होता है। नव दिन तक महाशक्ति उपासना के पश्चात् दशमी को दशहरा या विजयादशमी का उत्सव मनाया जाता है। इस उत्सव में दो-दो, चार-चार गाँवों के बीच में किसी धार्मिक स्थान पर राम-रावण की लड़ाई के रूप में एक रामलीला का आयोजन होता है तथा राम की विजय को उल्लासपूर्वक मनाने के लिए मेले का आयोजन होता है, जिसमें खेलकूद, गीत, गवनयी, कठपुतली का नाच, नट-नर्तकों की लीलाएँ तथा विविध प्रकार के आयोजन होते हैं।

दीपावली :

कार्तिक मास की अमावस्या को दीपावली का पर्व मनाया जाता है। इसके पूर्व घरों की खूब सफाई होती है और इस दिन दीपकों से द्वार को सजाया जाता है और रात्रि में लक्ष्मी-गणेश का पूजन होता है। लक्ष्मी-पूजन के कारण इसे वैश्यों का पर्व

कहा जाता है। किन्तु व्यवहार में सभी वर्ग के लोग दीपावली मनाते हैं। दीपावली में कहीं-कहीं लोग जूआ भी खेलना एक आवश्यक धर्म मानते हैं।

डाला-छठ :

दीपावली के पश्चात् कार्तिक के शुक्लपक्ष की शष्ठी को डाला छठ का उत्सव मनाया जाता है। मूलतः पहले यह उत्सव बिहार में प्रचलित था। अब धीरे-धीरे सारे भारत में प्रचलित हो गया है, जिसमें स्त्रियाँ किसी नदी या सरोवर के किनारे जाती हैं और नदी या सरोवर में डूबते हुए सूर्य को दीपक जलाकर नदी में प्रवाहित करती हैं और हाथ जोड़कर सूर्य से अपने सुहाग और सन्तानों के लिए आशीष माँगती हैं और दूसरे दिन प्रातःकाल नदी और सरोवर के उसी घाट पर जाकर स्नान करके उगते हुए सूर्य को अर्घ्य अर्पित करती हैं।

मकर संक्रान्ति :

माघ मास में माघ कृष्ण नवमी को मकर संक्रान्ति पड़ती है, जो प्रायः अँग्रेजी कलेण्डर से 14 जनवरी को ही पड़ती है। इस दिन सूर्य का एक राशि से दूसरी राशि में संक्रमण होता है। इसे लोग खिचड़ी का पर्व भी कहते हैं। खिचड़ी भी दो अन्नों से मिलकर बनती है और तिल-गुड़ मिलाकर उसका भी प्रसाद दिया जाता है।

बसन्त पंचमी :

माघ शुक्ल पंचमी को वसन्तोत्सव मनाया जाता है। यद्यपि वसन्त ऋतु चैत्र और बैसाख में मानायी जाती है परन्तु वसन्त ऋतु को ऋतुराज कहते हैं और इसके आगमन की तैयारी एक माह पूर्व में ही हो जाती है। वसन्त उत्सव मनाने की परम्परा बहुत प्राचीन है। पहले यह कौमुदी महोत्सव या मदनोत्सव के रूप में मनाया जाता था। अब वसन्त पंचमी के दिन पीले वस्त्र धारण करके होली फाग गाते हुए वसन्त ऋतु के आगमन का उत्सव मनाया जाता है साथ ही विद्या और समस्त कलाओं की देवी सरस्वती का जन्म-दिन इसी दिन माना जाता है। इसलिए सरस्वती पूजा का भी विधान जगह-जगह होता है।

महाशिवरात्रि :

महाशिवरात्रि का पर्व भगवान् शंकर की उपासना का पर्व है। इस दिन शिव और पार्वती की युगल मूर्ति की पूजा होती है और मन्दिरों में उनके विग्रह पर बेलपत्र, धतूर तथा मदार आदि को जल के साथ चढ़ाया जाता है।

होली :

फागुन मास की पूर्णिमा को होली जलाना और दूसरे दिन जली हुई राख को उठाना तथा धूम-धाम से रंग-अबीर खेलना इस पर्व का लोकाचार है। होलिका

दहन को संवत् जलाना भी कहते हैं। अर्थात् जो संवत् बीत गया उसके अच्छे-बुरे खट्टे-मीठे अनुभवों को इस संवत् के रूप में जलाकर नये संवत् का स्वागत करना इसका उद्देश्य माना जाता है। हिन्दू पर्वों में होलिकोत्सव सर्वाधिक उल्लास का पर्व माना जाता है। इस दिन लोग ढोल-मजीरा-झाल के साथ फाग और धमाल (झूमर) गाते हैं और प्रत्येक घर के द्वार पर जा-जाकर इस नये संवत् के नये सन्देश यानी प्रेम और भाईचारे से मिलकर एक-दूसरे के साथ बाँटते हैं। होली के अनेक रूप देश भर में प्रचलित हैं। वृन्दावन धाम और उस क्षेत्र में लगभग महीने भर विभिन्न स्थानों पर होली मनायी जाता है। वहाँ की लट्ठमार होली बहुत प्रसिद्ध है।

मेले तथा लीलाएँ :

भारतीय गाँव अपनी सीधी-सादी और फटेहाल जिन्दगी में भी मौजमस्ती से जीते हैं और उत्सवों के साथ अन्य भी राग-रंग के विभिन्न अवसरों में सामूहिक रूप से एकत्र होकर अपना मनोरंजन करते हैं और अपनी आस्थाओं को पूजते हैं।

मेला :

वैसे तो कार्तिक पूर्णिमा, दशहरा, मकरसंक्रान्ति आदि के परम्परित मेले तो साल भर में विभिन्न स्थलों पर मनाये ही जाते हैं किन्तु कुछ बड़े-बड़े मेले भारत की अपनी निजी विशेषता में गिने जाते हैं। मेला का मतलब होता है मिलना और मेल-मिलाप।

भारतवर्ष में कुम्भ का मेला अपना विशेष महत्त्व रखता है। विश्व में इतना बड़ा एकत्रीकरण कहीं भी नहीं होता। प्रयागराज में त्रिवेणी के तट पर प्रतिवर्ष मकर का मेला मकरसंक्रान्ति से लेकर वसन्त पंचमी और माघी अमावस्या तक चलता है। वहाँ छह वर्ष पर अर्द्धकुम्भ और बारह वर्ष पर पूर्ण कुम्भ का मेला लगता है। इसमें सारे भारत के निवासी चाहे वे तमिल, तेलुगु, मलयाली हों, चाहे उड़िया, बंगाली, असमी, चाहे पंजाबी, कश्मीरी, हरियाणवी हों और चाहे बिहार और उत्तर प्रदेश के गाँव-गिराँव के किसान-मजदूर हों सब एक साथ एकत्र होते हैं। विभिन्न रंग-रूप परिधानवाले लोग यहाँ एकत्र होते हैं और एक लघु भारत का दर्शन होता है। भारत की सांस्कृतिक एकता के इस विशाल जन-सैलाब को देखने के लिए सारी दुनिया के लोग आते हैं।

पूर्वी उत्तर प्रदेश में बलिया जिले का ददरी का मेला अपना विशेष स्थान रखता है। यह मेला बलिया शहर के पास से ही गंगा के कछारों में कई मील तक फैला होता है और महीनों चलता है। गंगा-तट पर कोई दादर नाम के ऋषि हुए थे। उन्हीं की स्मृति में ददरी का मेला लगता है। इसमें मनोरंजन के साधनों में सिनेमा, नाटक, नौटंकी के साथ ही पशुओं का भी बाजार लगता है। हर तरह की सामग्रियाँ भी

बिकती हैं। बड़े-बड़े कवि सम्मेलन और मुशायरे भी होते हैं। साधु-सन्तों के प्रवचनों के अलावा साहित्यिक और बुद्धिधर्मा विद्वानों के भाषण भी होते हैं। भारतेन्दु हरिश्चन्द्र का एक ऐतिहासिक भाषण इसी मेले में हुआ था, जिसमें उन्होंने भारतीय जनता को पुनर्जागरण और स्वतन्त्रता का सन्देश दिया था।

आजमगढ़ फैजाबाद की सीमा पर लगनेवाला गोविन्द साहब का मेला भी पूरे महीने भर चलनेवाला एक विशाल मेला है, जिसमें गोविन्द दशमी के दिन विशेष पर्व के रूप में गोविन्द सरोवर में स्नान का विशेष महत्त्व माना जाता है। इसमें अन्य वस्तुओं की बिक्री के साथ घोड़ों, खच्चरों और बैलों के बाजार भी लगते हैं। गोविन्द साहब से कुछ दूर आगे बसखारी के पास किछौछा नामक स्थान पर एक मुसलमानों का मेला लगता है। वहाँ सैयद असरफ जहाँगीर नामक प्रसिद्ध सूफी सन्त की दरगाह है, जिन्हें मकदूम साहब भी कहते हैं। इस मेले में मकदूम साहब के मकबरे और मस्जिद के पास बने सरोवर में भूत-प्रेत बाधा छोड़ानेवाले कुछ मुस्लिम फकीर भी होते हैं, जो चुड़ैल, जिन्न, जिन्नाद तथा प्रेत आदि के लिए तरह-तरह के टोटके करते हैं। मुसलमानों का दूसरा प्रसिद्ध मेला बहराइच नगर में सूरजकुण्ड के पास लगता है, जिसे गाज़ीमियाँ का मेला कहते हैं। गाज़ीमियाँ सैयद सालार मसूद गाज़ी को कहते हैं। जो मन्दिरों को गिराकर मस्जिद और सराय बनाने के लिए मशहूर रहा है। उसे राजा सुहेलदेव ने रोका था और लड़ाई में सूरजकुण्ड के पास दोनों एक साथ एक-दूसरे पर वार करते हुए मारे गये थे। यह अन्धविश्वास जनता में फैलाया गया है कि गाज़ीमियाँ के मजार पर पूजा करने से कुष्ठ रोगी ठीक हो जाते हैं, बाँझों को पुत्र होते हैं, और अन्धे व्यक्ति की आँख में भी रोशनी आ जाती है। यहाँ स्त्रियों के बच्चे पैदा कराने के नाम पर तरह-तरह के व्यभिचार भी सुने जाते हैं। यहाँ के अन्धविश्वास पर एक मुहावरा भी बन गया है—'अँधरै सुझै बहराइच'। तुलसीदास जी ने भी अन्धविश्वासी जनता को आगाह करते हुए दोहावली में लिखा है—

"लही आँख कब आँधरे, बाँझ पूत किन जाय।
कब कुष्टी काया लही, जग बहराइच जाय।।"

हिन्दुओं के अनेक छोटे-छोटे मेलों की तरह ही मुसलमानों के भी ईद आदि के अवसरों पर जगह-जगह मेले लगते हैं। ऐसे ही एक मेले का वर्णन मुन्शी प्रेमचन्द ने अपनी कहानी 'ईदगाह' में किया है।

प्रकृति की पूजा :

गाँवों में परम्परित त्योहारों और उत्सवों के अतिरिक्त प्रकृति की पूजा सम्बन्धी कई ऐसे कार्यक्रम ग्रामलोक में देखे जाते हैं।

नदी की पूजा :

जिन गाँवों से होकर नदियाँ बहती हैं वहाँ कोई-न-कोई तिथि निर्धारित करके उस नदी की पूजा का विधान देखने को मिलता है। उत्तर भारत की सबसे प्रमुख धार्मिक महत्त्व की नदी गंगा है, तो गंगा एक नदी ही नहीं एक देवी की तरह पूजी जाती है। लोग अपनी मनोकामनाओं की पूर्ति के लिए गंगा माता से मनौती करते हैं। इसका उल्लेख बहुत-से लोकगीतों में मिलता है। जैसे–'गंगा मईया तोहे पियरी चढ़ैबो, सँइयाँ से कै दा मिलनवा हो रामा।' ज्येष्ठ मास में पड़नेवाले गंगा दशहरा के दिन जगह-जगह गंगा में दीपदान करके, गंगा की आरती उतार करके, गंगा के किनारे के भवनों पर दीवाली की तरह से दीपक जला करके उसकी पूजा होती है। हरिद्वार में हर की पैड़ी पर प्रतिदिन शाम को बड़ी मोहक गंगा आरती होती है, जिसके शब्द ध्वनि और वाद्य बड़े ही मधुर और आकर्षक होते हैं। काशी आदि धार्मिक नगरों में भी गंगा का विधि-विधान से पूजन होता है। काशी के लोगों का तो नारा ही है–'चना चबेना गंगजल, जो पुरवै करतार।'

इसी प्रकार ब्रज क्षेत्र में गोवर्द्धन पर्वत की पूजा के साथ ही यमुना नदी के पूजन का भी बड़ा महत्त्व माना जाता है। जैसे काशी, कोशल, मगध आदि गणराज्यों की जीवनदायिनी गंगा है, वैसे ही सूरसेन जनपद की जीवनदायिनी यमुना है। इन दो बड़ी नदियों के अतिरिक्त गोमती, सरयू, तमसा, मँगई या बुन्देलखण्ड क्षेत्र की चम्बल, बेतवा आदि नदियों के आरती, दीपदान और पूजन-अर्चन की परम्पराएँ उन क्षेत्रों में प्रचलित हैं। गोमती को तो उसके तटवासी गंगा ही कहते हैं और गंगा के ही तट के समान तीर्थ तथा बड़े-बड़े साधु-संन्यासियों के आश्रम मिलते हैं।

वनस्पति :

भारत एक प्राकृतिक सम्पदा का देश है और 80 : गाँवों में बसनेवाले किसानों का देश है, जिनकी रोजी-रोटी प्रकृति के सहारे चलती है और वे प्रकृति को आराध्या देवी के रूप में पूजते हैं। पीपल, नीम, पाकड़ आदि वृक्षों में साक्षात् देवता का वास माना जाता है। पीपल को वसुदेव या वासुदेव कहा जाता है। नीम पर देवी का वास माना जाता है और पीपल, पाकड़ और बरगद तीनों एक थाले में उगते हैं तो उसे शिवशंकरी कहते हैं और वहाँ शंकर-पार्वती का वास माना जाता है। इन वृक्षों की जड़ों में पानी देना धार्मिक कृत्य माना जाता है। पर्यावरण की दृष्टि से भी इन वृक्षों का विशेष महत्त्व है, क्योंकि ये कार्बनडाई आक्साइड गैस का निषेचन करते हैं और आक्सीजन का उत्सर्जन करते हैं, जिससे वातावरण शुद्ध होता है।

तुलसी चौरा :

छोटे पौधों में तुलसी के पौधे का बड़ा धार्मिक महत्त्व माना जाता है। गाँवों में प्रायः प्रत्येक घर में तुलसी का चौरा होता था और प्रतिदिन नहा-धोकर उस पर जल चढ़ाना और शाम को उसके तले घी का दीपक जलाना यह एक आवश्यक दैनिक कार्यक्रम माना जाता था।

वनस्पति माई :

स्वतन्त्रता के पहले प्रत्येक गाँव से सम्बन्धित कुछ जंगल होते थे, जिनमें बहुतायत से पलाश, सिहोर, आछी आदि के जंगली वृक्ष होते थे और कुछ कँटीली झाड़ियाँ भी होती थीं। ये जंगल पर्यावरणीय दृष्टि से तो उपयोगी होते ही थे, इनमें खरगोश, हिरन, शाही-जैसे जानवर तथा तोता, मैना-जैसे रंग-बिरंगे पक्षी और कौवा, महोख, चील, बाज-जैसे आक्रामक पक्षी भी रहते थे। नेवले, चूहे, गिलहरी इन जंगलों में क्रीड़ा करते मिलते थे। पशु ढेरों को लेकर ग्वाल-बाल इन जंगलों में अपना दिन-भर बिता देते थे। उनके यहाँ उनके पशुओं के लिए छाया और सरोवरों में जल भी सुलभ था। ऐसे मनोरम विभिन्न वनस्पतियों के इस संकुल में किसी नीम के पेड़ के चारों तरफ चबूतरा बनाकर उसे सावन के महीनें में सम्पूर्ण ग्रामवासी जाकर पूजते थे और ग्वाल-बाल अपनी दूध देनेवाली गायों का पहले दिन का दूध उसी वृक्ष को समर्पित करते थे। उसे वनस्पति माता कहते थे। इन जंगलों में वृक्षों और झाड़ियों के अलावा नाना प्रकार की औषधीय जड़ी-बूटियाँ भी होती थीं। पेड़ों पर लता की तरह चढ़ी हुई गिलोय या गुरुच तथा जमीन के नीचे पौधे के रूप में गदहपूर्णा, सेंहुड़, घीकुआर, अणुस और चिरैता के पौधे औषधियों के काम के थे। सम्भवतः इसी कारण हमारे पूर्वजों ने वनस्पति को देवी मानकर प्रतीक रूप में उसकी पूजा का विधान किया था।

खेल-कूद :

पुरानें गाँवों में खेल-कूद के रूप में गुल्ली-डण्डा, सतगाँवाँ, ओल्हापाती, कबड्डी, दंगल, चिक्का आदि का प्रचलन था। अब कबड्डी और दंगल तो रह गये हैं। इनका आयोजन तो यदा-कदा होता है, किन्तु बाकी खेल अब कहीं गाँव में भी देखने को नहीं मिलते। गुल्ली-डण्डा का आधुनिक संस्करण मानो क्रिकेट हो गया है और गाँव-गाँव में अब खेल के नाम पर ज्यादातर क्रिकेट ही होता है। आधुनिक खेल वालीबॉल वगैरह भी गाँव के युवक-मंगलदल द्वारा खेले जाने लगे हैं।

जिन गाँवों में नदी या अच्छे सरोवर की सुविधा है वहाँ गाँव के लड़के और लड़कियाँ अलग-अलग समूहों में स्नान के साथ-साथ, तरह-तरह की जलक्रीड़ाएँ करते थे। तैराकी और उनकी प्रतियोगिताएँ तो होती ही थीं। साँस बन्द करके पानी

में डूबने की प्रतियोगिता होती थी। लड़कियाँ पानी में नहाते समय एक-दूसरे के ऊपर पानी फेंकती और हार-जीत का खेल खेलती थीं। जायसी ने पदुमावति में मानसरोदक खण्ड में पदुमावती और उसकी सखियों द्वारा खेल खेलनें का वर्णन किया है। इसके अलावा, बरसात की बहती हुई नदी में झिरझिरी का खेल भी बालक-बालिकाएँ खेलते थे। अब वे खेल और क्रीड़ाएँ केवल स्मृति की वस्तु रह गयी हैं। पर इन खेलों में जो सहभाव, समरसता तथा आत्मीयता का संस्कार था, वह भी इनके खत्म होने के साथ ही मृतप्राय हो गया।

लोकविश्वास :

ग्रामलोक में कुछ रूढ़ियाँ और परम्पराएँ ऐसी हैं जो आज के वैज्ञानिक युग में और गाँवों में शहरी रोशनी के प्रवेश के बाद भी विद्यमान हैं। इनमें शकुन-विचार, अपशकुन, दिशाशूल, भूत-प्रेत-चुड़ैल-डायन, ब्रह्म (बरम) पूजा तथा कुण्डली-विचार आदि प्रमुख हैं।

शकुन-विचार :

कोई शुभ कार्य प्रारम्भ करने अथवा किसी यात्रा के लिए प्रस्थान करते समय कुछ वस्तुओं के सामने पड़ने का बड़ा महत्त्व माना जाता है। यदि कहीं जाते समय घर से निकलते ही कोई ग्वालिनि दही बेचती हुई सम्मुख पड़ जाय तो यह शुभ-शकुन माना जाता है। इस प्रकार शुभ-शकुन कौन-कौन हैं, इनकी चर्चा लोकभाषा के कवि जायसी ने अपनी रचना 'पदुमावति' में किया है। उनके अनुसार रुपहले बर्तन में दही, मछली, भरा हुआ घड़ा लिये युवती, दही-दही कहकर दही बेचती ग्वालिनि, मालिनी मौर या माला लिये हुए, खंजन पंक्षी और नाग (साँप), दाहिनी ओर मृग और बायीं ओर काग का बोलना, श्यामवर्ण का बैल, दाहिनी-बायीं ओर चमगादड़ का बैठना, बायें चील और सम्मुख लोमड़ी का दर्शन, बायें टिटिहरी और दाहिनें क्रौंच पक्षी मिले तो मनवांछित फल की प्राप्ति होती है।[19]

...

इसी प्रकार शकुन 'रामचरितमानस' में भी बताया गया है—

"दाहिन काग सुखेतु सुहावा। नकुल दरसु सब काहूँ पावा।।
सानुकूल बह त्रिबिध बयारी। सघट सबाल आव बर नारी।।
लोवा फिरि फिरि दरसु देखावा। सुरभी सनमुख सिसुहि पिआवा।।
मृगमाला फिरि दाहिनि आयी। मंगल गन जनु दीन्हि देखाई।।
छेमकारी कह छेम बिसेषी। स्यामा बाम सुतरु पर देखी।।
सनमुख आयउ दधि अरु मीना। कर पुस्तक, दुइ बिप्र प्रबीना।।"[1]

संस्कृत के ग्रन्थ 'वसन्तराज शाकुन' और 'मुहूर्त्त चिन्तामणि' में भी इसी प्रकार से शुभ शकुनों के लक्षण बताये गये हैं। ग्राम्यांचलों में आज भी इसी प्रकार के विश्वास बद्धमूल हैं।

अपशकुन :

शकुन की ही भाँति अपशकुन के भी प्रचलित विश्वास दृष्टिगत होते हैं। अगर चलते समय सूखे वृक्ष पर काग बोले, भस्मावेष्टित योगी दीख पड़ा, दाहिनी ओर हाथ में डमरू बजाता हुआ भररा (एक शैव संन्यासी) दिखायी पड़ा, सूर्योदय के समय श्रृंगाली चिल्लाई और भूमि पर रक्त दीख पड़ा। 'वसन्तराज शाकुन' में शब्दगतिहीन श्रृंगाल अनर्थ का हेतु कहा गया है, और रात्रि में उसका निनाद शुभ कहा गया है। 'मुहूर्त्त चिन्तामणि' में अपशकुनों की लम्बी सूची है, जिनमें जटाधारी संन्यासी, गेरुवावस्त्रधारी साधु और रक्त की भी गणना की गयी है।

दिशाशूल :

विभिन्न दिशाओं में यात्रा के लिए प्रस्थान करने के लिए कुछ तिथियाँ वर्जित बतायी गयी हैं। इन तिथियों को उन विशिष्ट दिशाओं में चलने में दिशाशूल माना जाता है। जायसी ने इसकी भी चर्चा की है। उनके अनुसार रविवार और शुक्रवार का पश्चिम में, बृहस्पतिवार को दक्षिण में, सोमवार और शनिवार को पूरब में तथा मंगल और बुधवार को उत्तर दिशा में जाने पर दिशाशूल होता है। इन तिथियों को उपर्युक्त दिशाओं में यात्रा क्ररनें के लिए दोष निवारण की औषधियाँ भी जायसी द्वारा बतायी गयी है। मंगल को मुख में धनियाँ डालकर, सोमवार को दर्पण देखकर, शुक्रवार को मुख में राई डालकर, बृहस्पतिवार को गुड़ खाकर, रविवार को पान खाकर, शनिवार को बायबिडंग और बुधवार को दही खाकर यात्रा प्रारम्भ करने से दिशाशूल का प्रभाव समाप्त होता है।[20]

दिशाशूल के सम्बन्ध में यही मान्यता लोकजीवन में भी प्रचलित मिलती है। परवर्ती कवि कासिम शाह ने अपनी रचना 'हंस जवाहिर' में भी दिशाशूल का विचार किया है तथा दिशाशूल निवारण के लिए औषधियों का उल्लेख किया है। कासिम शाह का यह विवरण पूर्णरूपेण जायसी के विवरण से मिलता-जुलता है।[21]

दिशाशूल या बारशूल का यह वर्णन 'मुहूर्त्त चिन्तामणि' में भी मिलता है। उसके अनुसार ज्येष्ठा नक्षत्र सोमवार, शनिवार को बुद्धिमान् जन पूर्व दिशा में नहीं जाते। पूर्वाभाद्रपद नक्षत्र और गुरुवार को दक्षिण जाना वर्जित है। इसी प्रकार रविवार, शुक्रवार और रोहिणी नक्षत्र में पश्चिम तथा मंगल, बुध तथा उत्तराफाल्गुनी नक्षत्र में उत्तर दिशा की यात्री अच्छी नहीं होती।

दिग्दोहद और वारदोहद का भी उल्लेख 'मुहूर्त्त चिन्तामणि' में मिलता है। पूर्व की यात्रा में घी, दक्षिण में तिल मिला हुआ भात, पश्चिम में मछली तथा उत्तर में दूध पीकर जाने से दोष दूर होता है। दिन के अनुसार यात्रा में निम्नलिखित वस्तुएँ खाने से दोष निवारण होता है—सोमवार को खीर, रविवार को श्रीखण्ड, मंगल को काँजी, बुध को गरम दूध, गुरुवार को दही, शुक्रवार को कच्चा दूध और शनिवार को तिल मिलाकर अन्न खानें से वारदोहद होता है।[22]

कहने की आवश्यकता नहीं है कि वारदोहद की यह सूची जायसी आदि के दिशाशूल निवारक खाद्यों से नहीं मिलती है। इससे यह निश्चित प्रतीत होता है कि 'मुहूर्त्त चिन्तामणि' और पदुमावति आदि में ये मान्यताएँ अलग-अलग स्रोतों से ग्रहण की गयी है। जायसी आदि का ज्ञान लोक प्रचलित विश्वासों के ऊपर आधृत प्रतीत होता है। मुहूर्त्त सम्बन्धी संस्कृत ग्रन्थों में भी ये बातें लोगों के विश्वास के ही एकत्रीकरण द्वारा आयी होंगी। सम्भव है इस प्रकार के लोकविश्वास विभिन्न क्षेत्रों में विभन्न रूपों में रहे हों, जिनसे अलग-अलग ग्रन्थो ने प्रभाव ग्रहण किया हो।

भूत-प्रेत :

गाँवों में भूत-प्रेत, चुडै-ल और डायन के सम्बन्ध में बड़ा अन्धविश्वास प्रचलित मिलता है। हर गाँव में किसी पेड़ पर भूत होने और किसी कुआँ-बावली में चुडै-ल होने की अनेक दन्त कथाएँ प्रचलित मिलती हैं। कोई भूतों से लड़ जाने की बात करता है और कोई रात में भूतों की बारात देखनें की बात करता है। भूत-प्रेत और जिन-जिन लोगों को पकड़ लेते हैं, उन्हें ओझा, तान्त्रिक आदि तरह-तरह की क्रियाएँ करके उतारते हैं। इस प्रकार की अनेक कथाएँ प्रचलित मिलती हैं। इसी प्रकार किसी ब्राह्मण की हत्या हो जाती है तो वह ब्रह्म हो जाता है और हत्यारे व्यक्ति के परिवार को तरह-तरह से परेशानी में डालता है। प्रायः गाँवों में जहाँ ब्रह्म हत्या हो जाती है, वहाँ चबूतरे पर गुम्मदनुमा ऊँचा पिण्ड बनाकर उन ब्रह्म बाबा को पूजने का रिवाज है। बिहार में हरखू ब्रह्म बहुत प्रसिद्ध ब्रह्म हैं और ब्रह्मदोष से पीड़ित लोग वहाँ जाकर पूजा-पाठ करते और उन्हें प्रसन्न करते हैं, तब उन्हें राहत मिलती है ऐसा विश्वास किया जाता है।

वैसे तो अब परामनोविज्ञान भी मानवेतर अदृश्य आत्माओं के होने की बात स्वीकार करता है और ऐसी आत्माओं के अस्तित्त्व भी कुछ लोग व्यवहारिक जीवन में सप्रमाण प्रस्तुत करते हैं। यह स्थिति कभी-कभी ही होती है, किन्तु ग्राम्यांचल में, खासतौर से पुराने गाँवों में हर पेड़ पर भूत होने और हर कुआँ-बावली में चुडै-ल होने की कथाएँ मनगढ़न्त रहती हैं। ऐसे स्थानों पर जाने से पहले से डरा हुआ आदमी और भयभीत हो जाता है और घर आकर बीमार पड़ जाता है तो ओझा तान्त्रिक अपना

व्यापार चलाने के लिए कहने लगते हैं कि इनको अमुक भूत या चुडै-ल ने पकड़ रखा है। कहावत भी है भय ही भूत होता है। शेक्सपियर ने अपनी एक कविता में लिखा है कि जब आदमी डरा होता है तो उसे हर छोटी झाड़ी भूत ही दिखायी देती है।

साहित्य में भी इस प्रकार की लोकविश्वास की प्रवृत्ति मिलती है। विशेष रूप से सूफी प्रेमाख्यानों में राक्षसों और इस प्रकार की अनेक मानवेतर प्रकृति की योनियों का विवरण मिलता है। आदमी पशु-पक्षियों के रूप में अपने को परिवर्तित करते हुए दिखायी पड़ते हैं और राक्षस पक्षियों के रूप में नायक-नायिकाओं को उठा ले जाते हुए दिखाये गये हैं।

लोकगीत, लोकनृत्य और लोकवाद्य :

लोकगीतों में जीवन के विभिन्न अवसरों पर गाये जानेवाले गीत में जन्म के समय सोहर छन्द में गाये जानेवाले गीत का प्रचलन है। तुलसीदास ने 'रामलला नहछू' में रामजन्म के प्रसंग पर इसी छन्द में अपनी रचना 'रामलला नहछू' को लिखा, जिसका प्रथम छन्द इस प्रकार है—

"आदि सारदा-गनपति-गौरी मनाइय हो। रामलला-कर नहछू गाइ सुनाइय हो।
जेहि गाये सिधि होय, परमनिधि पाइय हो। कोटि जनम-कर पातक दूरि सो जाइय हो।1।

कोटिन बाजन बाजहिं दसरथ के गृह हो। देवलोक सब देखहिं आनन्द अति हिय हो।
नगर सोहावन लागत बरनि न जातै हो। कौसिल्या के हरष न हृदय समातै हो।2।

आलहि बाँस के माँड़व मनिगत-पूरन हो। मोतिन्ह झालरि लागि चहूँ दिखि झूलन हो।
गंगा जल कर कलस तौ तुरित मँगाइय हो। जुवतिन मंगल गाइ राम अन्हवाइय हो।3।"[23]

गाँवों में जन्म के अवसर पर प्रचलित लोकगीतों में कौशिल्या और दशरथ का दूसरा ही रूप चित्रित किया गया है। एक हिरनी अपने हिरन की राजा दशरथ द्वारा शिकार में की गयी हत्या पर विसूरती है और कौशिल्या से मारे गये हिरन का खाल माँगती है। वह कहती है कि उसका मांस तो पकाकर आप लोग खा डालिये लेकिन उसकी खाल मुझे दे दीजिये, उसी को पेड़ पर टाँगकर उसे देखकर मै सन्तोष कर लूँगी, लेकिन कौशिल्या वह देने से भी इनकार कर देती हैं—

"छापर पेड़ छिउलिया तउ पतवन गहबर हो,
'रामा ताही तर ठाढ़ी हिरनिया तउ मन अति अनमन हो,
हरिना आजु राजा के छठिहार तुम्हें मारि डरिहईं हो,
मचियहिं बइठेली कोसिला रानी हरिनी अरज करे हो,

रानी मसुआ त सीझेला रसोइया खलरिया हमें देतू नु हो,
पेड़वा से टाँगबि खलरिया तउ मनवा समुझाइब हो,
हरिनी खलरिया के खँजड़ी मढ़ाइबि, राम मोरा खेलिहिं हो,
जब-जब बाजई खँजड़िया सबद सुनि हरिनि अंहकई हो।'

इसी तरह से विवाह के विभिन्न अवसरों पर लोकगीत प्रचलित हैं। विवाह के अवसर पर हल्दी के समय दुलहा अथवा दुलहिन को आशीर्वादात्मक गीत गाती हैं।

जैसे-'साठी क चाऊर हलरि दूबि रे।
जियसु मोरे-दुलहा-दुलहिन लाखु बरिस।।''

परछन के समय दूसरे प्रकार के गीत गाये जाते हैं। बारात की अगुवानी में द्वारचार के अवसर पर अन्य गीत होते हैं। जब मेहमान भोजन करने बैठते हैं, तो स्त्रियाँ गाली के गीत गाती हैं।

विभिन्न ऋतुओं के लोकगीत :

फागुन के महीनें में फाग गानों का प्रचलन पूरे उत्तर भारत में मिलता है। फाग कई प्रकार के लोकगीतों में गाया जाता है। जैसे चौताल, चहका, झूमर उसके विविध रूप हैं। पूरा चौताल होने के बाद अन्त में चहका गाया जाता है, जो बड़ा ही मर्मस्पर्शी और संवेदनशील होता है। ज्यादातर फाग राम और कृष्ण के जीवन से सम्बन्धित गाये जाते हैं और चहका में भी इस प्रकार के गीत मिलते हैं। गीतों में शंकर-पार्वती के प्रसंग भी आते हैं। जैसे शिवरात्रि पर फाग गाया जाता है–

'बम भोले बाबा कहवाँ रँगवला पागडिया।'
इसके साथ चहका भी चलता है–
'सिया डाली राम गर जैमाला'

ऐसे सांस्कृतिक सन्दर्भ के फागों के अतिरिक्त लोक-सन्दर्भ के भी बड़े महत्त्वपूर्ण फाग मिलते हैं, जिनमें फागुन के मादक महीने में अपने प्रियतम के विरह में उसकी तड़पन व्यक्त हुई है जैसे-एक गीत है–

'पिया निरमोहिया न अइले हो रामा'
फागुन कै रंग बरसन लाग।
कि वहि देस बसन्त न लागै,
फागुन कै रंग बरसन लाग।...'

फागुन के बाद चैत्र का महीना आता है तो उसमें चैता गाते हैं। चैते की ध्वनि इस प्रकार होती है और उसमें चैत्र मास के वृक्षों पर लगनेवाली आम्रमंजरी, महुए के टपकते हुए फूल और कोयल आदि के गानों की चर्चा रहती है–

'आयल चइत मसवा सुहावन हो रामा'
आयल...
अमवा की डरिया पै बोलै ले कोइलिया
कि महुआ मदन-रस बरसै हो रामा।'
आयल ...

सावन के महीने में झूला पड़ता है और झूला झूलते हुए स्त्रियाँ कजरी गाती हैं–

1. आयल सावन मास सुहावन घिरि आयी बदरी।
2. झूला पड़ा कदम की डारी झूलैं राधा प्यारी ना।
झूलैं कृष्ण मुरारी ना।।

पुरानी कजरी के गीतों में ज्यादातर मौसम की रंगीनी और संयोग-वियोग की चुहुल बातें ही होती हैं। जैसे एक कजरी का बोल है–

''कइसे खेलन जइबू सावन में कजरिया, बदरिया घिरी आईल ननदी।
संग में सखी न सहेली कइसे जइबू तू अकेली, गुंडा घेर लीहें तोहरी डगरिया।।''

ऐसी ही कजरी मिर्जापुर-वाराणसी में विशेष प्रचलित हैं। मिर्जापुर में तो कजरी के दंगल भी होते हैं। गोरखपुरिया कजरी अलग ढंग की होती है और उसके आखीर में 'हरे रामा' और 'ए हरि' की टेक रहती है। जैसे एक सुराजी कजरी की पंक्तियाँ हैं–

''लागे सरम लाज घर में बैठ जाहु, मरद से बनिकै लुगइया आये हरि।
पहिरि के साड़ी, चूड़ी मुँहवा छिपायी लेहु, राखी लेइ तोहरी पगरिया आये हरि।। ''

ब्रज क्षेत्र में सावनी गीत दूसरे ढंग के मिलते हैं, जिनमें सावन के महीने में विरहिणी की वेदना विशेष रूप से अभिव्यक्त हुई है। इसके अतिरिक्त सावन महीने में विवाहिता स्त्रियाँ अपने पीहर के भाई, चाचा और पिता की बाट जोहती रहती हैं क्योंकि सावन के महीने में कुछ उपहार लेकर मैकेवाले अपने बेटियों और बहनों के लिए उनके यहाँ जाते हैं। ऐसी ही एक प्रतीक्षारत विवाहिता का चित्र है–

''ऊँची अटारी ससुरजी की तै चढ़ि हेरत बाट,
कहाँ चढ़ि आमै बाबुल रइया, कहा चढ़ि ककुल हमार,
कहाँ चढ़ि आमै बीरन भइया, जिनकी मैं हेरत बाट,
हाथी चढ़ि आमै बाबुल रइया, घोड़ा चढ़ि ककुल हमार,
मझ की पलकियाँ वीरन भइया जिनकी मैं हेरत बाट।''

इन मौसमी और संस्कारजन्य लोकगीतों के अतिरिक्त गाँवों में हर तरह के लोकगीत प्रचलित हैं, जिसे जाँते के गीत, रोपनी के गीत, सोहनी के गीत, मेले के

गीत, देवी पूजन के गीत भी बहुत मात्रा में प्रचलित हैं। ऐसे गीतों का एक विशाल संग्रह पण्डित रामनरेश त्रिपाठी ने तैयार किया है जिनमें ये सभी प्रकार के गीत मिलते है।[24]

उपर्युक्त लोकगीतों के अतिरिक्त बिरहा और आल्हा दो ऐसे लोकगीत हैं जो सारे प्रदेश में बुन्देलखण्ड से लेकर बलिया गाजीपुर तक प्रचलित हैं।

बिरहा :

ग्रामलोक में प्रचलित सामान्य लोकगीतों में बिरहा एक प्रमुख लोकगीत है। इसके नाम से ही स्पष्ट है कि इसमें विरह भावना का विशेष अभिव्यक्तीकरण होता है किन्तु अब बिरहे विभिन्न विषयों को केन्द्र में रखकर लिखे जाने लगे हैं। सामान्य रूप से बिरहे आभीर जाति के लोगों के जातीय गीत माने जाते थे और दोनों हाथ में करताल लेकर गवइया इसे झूम-झूमकर गाता था। करताल लोहे के दो सीधे टुकड़ों से पीटकर बनाया जाता था। बीच में मोटा और उसके दोनों सिरे नोकीले होते थे। बिरहा एक प्रचलित लोकगीत की विधा थी कि दो टोली के गवइयों के बीच में बिरहे का दंगल होता था जो रात-रात-भर चलता था। आजमगढ़ जनपद के एक लोककवि विश्राम जो क्षत्रिय जाति के थे और उनके विवाह के 4 वर्ष के बाद ही उनकी पत्नी का निधन हो गया। उसके विरह में विश्राम ने भोजपुरी में कई बिरहे लिखे जिनका प्रकाशन भोजपुरी संसद् ईश्वरगंगी-वाराणसी ने किया था। विश्राम की पत्नी का दाह-संस्कार तमसा नदी के तट पर हुआ था। वहाँ बैठकर वे अपनी पत्नी की याद में खो जाते और स्वतः स्फूर्त ढंग से उनकी भावनाएँ बिरहे के रूप में अभिव्यक्त हो जाती थीं। उनके एक बिरहे का उदाहरण दिया जा रहा है। नदी के किनारे किसी की जलती हुई चिता को देखकर वे लिखते हैं[25]–

"नदिया किनारे एक ठे चिता धुँधुआले,
लुतिया उड़ि-उड़ि गगनवा में जाय।
लहकि-लहकि चिता लकड़ी जलावै।"
कहे 'बिसराम' लखि के चितवन के काम,
मोर मनवा इ हो जाता बेकाम।
अइसने चिता हो एक दिन हमही जरवली,
वही संग फूँकी दिहली आपन अरमान।"

विश्राम ने अपने बिरहों को लगभग बारहमासे की शैली में प्रस्तुत किया है। उन्होंने जेठ की लू में, कार्तिक के महीने में, वसन्त ऋतु में, इस प्रकार विभिन्न ऋतुओं और महीनों में उन-उन ऋतुओं के उद्दीपन के माध्यम से बिरहों का सृजन किया है।

आल्हा :

आल्हा-ऊदल दो वीर थे, जो महोबा के राजा परमाल के सामन्त थे उन्हीं की वीरता के वर्णन में जगनिक कवि ने आल्हा छन्द में वर्णन किया है। पूरी रचना का नाम परमाल रासो है तथा इसे आल्हखण्ड भी कहते हैं। आल्हा में महोबा की लड़ाई का वर्णन करते हुए कवि मंगलाचरण के रूप में लिखता है—

"सुमिरन करिकै नारायण को, अरू गणपति के चरण मनाय।
देवी गैये आदि भवानी, भूले अक्षर देहु बताय।'
कोट काँगड़े की देवी को, सुमिरौ बार-बार सिर नाय।
जिह्वा बैठो मातु सारदा, जाते काम सिद्ध होइ जाय।।"[26]

जाजमऊ के घाट पर जेठ में गंगा दशहरा के दिन मेला लगता है वहाँ माण्डो गढ़ का राजकुमार कड़िया जाता है और पहली लड़ाई उसी से महोबा में होती है जिसका एक दृश्य इस प्रकार जगनिक ने दर्शाया है—

"जहाँ भीर देखै कड़िया की, तहँ घुस परै बनाफर राय।
मरि सिरोही दहला उठिगौ, सब दल रैन-बैन ह्वै जाय।।
जौन रिसाला ताला बैठे, तेहि धरती में देय गिराय।
ऐसे काटो दल कड़िया को, जैसे काटै खेत किसान।।
बड़े लडै-या बनरसवाले, तहँ पर बीत रहा घमसान।
मुण्डन के तहँ ढेर लागिगै, औ लोथिन पर लोथ दिखाय।।"[1]

आजकल गाँवों में सावन के महीने में नट ढोलक पर आल्हा गाते हैं जिसे सुनने के लिए भारी भीड़ एकत्र होती है। आजकल गाये जानेवाले गीत आल्हइतों में बहुत-सी बातें प्रक्षिप्त जोड़ दी गयी हैं। आल्हा-ऊदल के जमाने में तेग-तलवार की लड़ाई होती थी लेकिन अब अल्हइत बन्दूक और तोप भी उनकी लड़ाई में दिखाने लगे हैं। ग्रामलोक का यह बड़ा ही लोकप्रिय गायन था जिसके अनेक रूप विभिन्न क्षेत्रों में प्रचलित हैं। विभिन्न अल्हइतों को बुलाकर फर्रूखाबाद के कलक्टर इलियट साहब ने 1865 ई. में इसको लिपिबद्ध कराया था। इसके आधार पर अल्हैत पण्डित भोलानाथ जी ने आल्हखण्ड के नाम से एक स्वतन्त्र संस्करण प्रकाशित किया। सुल्तानपुर जिले के एडवोकेट रहे स्व. दानबहादुर सिंह ने भी विभिन्न क्षेत्रों के कई अल्हइतों को बुलाकर उनके अलग-अलग संस्करण की पाण्डुलिपियाँ बनवाकर सुरक्षित की थीं।[27]

विदेसिया :

बिहार के रहनेवाले विदेशी ठाकुर ने विदेसिया नाम से नौटंकी बनायी थी। जिसका प्रचलन बिहार से लेकर पूर्वी उत्तर प्रदेश तक आजादी के पहले और उसके

काफी बाद तक था। इस नौटंकी में बीच-बीच में लोकगीत आते थे और उन्हें विदेसिया के गीत कहते थे। उसके टेक के अन्त में 'रे! विदेसिया' आता था। एक गीत है, जिसका पहले भी उल्लेख हुआ है।

"गवना करायी सैयाँ घर बइठवलेसे
अपने बसे परदेस रे विदेसिया
चढ़ली जवनियाँ बैरिन भइली हमरा से
को मोर हरिहै कलेस रे विदेसिया।"

पूर्वी उत्तर प्रदेश में गरीबी के चलते यहाँ के ग्रामीण किसान और मजदूर नौकरी की तलाश में कलकत्ता, बम्बई जैसे औद्योगिक नगरों से लेकर मॉरिशस, ट्रिनीडॉड, सूरीनाम, आदि के वीरान टापुओं में गिरमिटिया मजदूर होकर जाते थे और उनकी पत्नियाँ घर बैठे-बैठे उनके विरह में तड़पती रहती थीं। ऐसी विरहिणियों की आहों को भी विदेसिया के गीतों में चित्रित किया गया है। इसी प्रकार का एक अत्यन्त प्रचलित विदेसिया का लोकगीत निम्नलिखित है—

"रेलिया न बैरी, जहजिया न बैरी,
ई पईसवा बैरी हो,
देसवा-देसवा भरमावै, रे विदेसिया,
ई पईसवा बैरी हो,
सेर भर गेहुँवाँ बरिस भर खइबों,
पिया के जाये न देबों हो विदेसिया।
आँखिया के हजूरवा
पिया के जाय न देबों हो रे विदेसिया"

आजादी की लहर का भी विदेसिया के गीतों पर काफी प्रभाव पड़ा है। इस क्षेत्र में एक प्रचलित लोकगीत है—

"बाबू दरोगा जी कवने गुनहियाँ बँधला पियवा मोर।"

अपने इस गीत में पत्नी कहती है कि मेरा पति न चोर-चाई है और न किसी से मार-पीट की है। वह आजादी की अलख जगाता है ऐसे में कौन-सा गुनाह किया उसने कि आपने उसे बन्दकर रखा है। इसी प्रकार के एक गीत की दो कड़ी है—

"अपने हाथे चरखवा चलइबै, हमार कोउ का करि है।
गाँधी बाबा से लगन लगइबै, हमार कोई का करि है।।"

डालाछठ के गीत :

त्योहारों में डालाछठ के बारे में बताया गया है कि उस अवसर पर प्रचलित कई लोकगीत हैं। मान्यता है कि साफ-सफाई न होने पर छठी माई रुष्ट हो जाती हैं तो

पूजा के लिए जानेवाली औरतें घर और घाट पर साफ-सफाई करती हैं और उसके गीत भी गाती हैं– ''कोपि-कोपि बोलेलि छठिय मइया, सुना महादेव/मोरा घाटे दुबिया उपरिज गइले, मकड़ी बसेढ़ लेले/हँसि-हँसि बोलेले महादेव, सुना ए छठिय मइया/हम राउर दुबिया छिलाई देबों।'' इसी तरह पोखरे या नदी के घाट पर दीपक जलाने के लिए कोष्ठ बनाते समय भी वे गीत गाती हैं। सूर्य को फल-फूल चढ़ाकर दीपदान करते हुए वह अपने बच्चों और अपने पति के लिए सूर्यदेव से वरदान भी माँगती हैं–''बाँस की बँहगिया लिये खेले बलका बसवाँ लचकत जाय/तोहरे सरनिया हे मोर बलकवा/हे दीनानाथ मोरे ललवा के द लम्बी उमरिया।''[28]

कुँवरसिंह पर लोकगीत :

1857 के स्वतन्त्रता संग्राम में बिहार के बाबू कुँवरसिंह ने आरा से आजमगढ़ तक अँग्रेजी सेना को नाकों चने चबवा दिया था। उनके सम्बन्ध में तरह-तरह के लोकगीत पूर्वी उत्तर प्रदेश में प्रचलित हैं। भोजपुरी के एक गीत में उन्हें साहस देते हुए कहा गया है–

''मति घबरइहा कुँवर अमर भइया,
आजमगढ़ में चललि बा लड़इया
किलवा लुटाई, लुटाई कोतवलिया,
मति घबरइहा कुँवर अमर भइया।''

इस प्रकार के बहुत-से लोकगीतों का संग्रह 'उदयनारायण सिंह' ने अपनी पुस्तक[29] में किया है, जिसके कुछ गीत दिये जा रहे हैं–

1- ''गाँवन-गाँवन में डुग्गी बाजल, बाबू के फिरल छुहाई
लोहा चबावई के नेवता बा, सब साजा आपन दल बादल।
बा जान गवावई के नेवता, चूड़ी फोरवाबई के नेवता।
सिन्दूर पोंछवावई के नेवता, बा राँड़ कहावई के नेवता।
जेइ हो हमार ते माथ देई, जेइ हो हमार ते साथ देई।
बा इहाँ न मौका समझईके, बा इहाँ न मौका बूझईके,
कीतो फेरौं नेवता हमार, कीतो तइयार हो जूझईके।

2- ''बाबू कुँवरसिंह तेगवा बहादुर, कोठवा पर उड़त अबीर-हरे लाल।
कोठवा पर उड़त अबीर।
अहो बाबू, अहो बाबू कुँवरसिंह तेगवा बहादुर
कोठवा पर उड़त अबीर।''

3- ''भर भोजपुर कुँवर बिरजले, रीवाँ रहल सरनिया नू।
हाट बजरिया कुँवर बिसारे, के कहत सब गुनवा नू।

भोजपुर में डुमराव बसेला, ऊहो बाड़े फिरंगिये नू।
सब विसेन मिलि घर में लुकइले, बाबू परेला अकेला नू।''

''सामने पड़त लास, फौज में उमंग जोर,
जैसे छिड़ल रन जीवन मरन में,
कह ले कुँवर 'देस भक्तन के जयकार'
एक बार मौत होला मनुज जीवन में।''

कुँवरसिंह पर विजयमल और पवाँरा लोकगीत में भी बहुत-सी रचनाएँ हुई हैं।

लोकनृत्य :

हमारे देश में नृत्य की बड़ी प्राचीन परम्परा रही है। शंकर के ताण्डव-नृत्य का उल्लेख प्राचीन आख्यानों में हमें प्राप्त होता है। शास्त्रीय परम्परा के नृत्यों में यहाँ भरतनाट्यम्, कथक्कली, मणिपुरी हैं। कत्थक सर्वाधिक प्रचलित नृत्य हैं। इनके अतिरिक्त लोकजीवन में प्रचलित भारत के विभिन्न अंचलों में विशेष प्रकार के नृत्य बिखरे मिलते हैं। जैसे राजस्थान एवं ब्रजमण्डल आदि में प्रचलित रासनृत्य (मण्डली में होनेवाला एक विशेष नृत्य), गुजरात का गरबा नृत्य, सन्थालों में प्रचलित सन्थाली नृत्य, पंजाब का भाँगड़ा नृत्य आदि। भारत में विभिन्न ऋतुओं में होनेवाले चाँचर, झूमर आदि लोकनृत्य भी प्रचलित हैं।

रामचरितमानस में राम जन्मोत्सव पर नृत्य होने का उल्लेख आया है -

''सुमन बरिसि सुर हनहिं निसाना।
नाक नटी, नाचहि कर गाना।।''[30]

लंकाकाण्ड में रावण के दरबार में युद्धकाल में भी नृत्य-अखाड़ा सज्जित होने की बात कही गयी है–

''बाजहि ताल पखाउज बीना। नृत्य करहिं अपछरा प्रबीना।।''[31]

गीतावली में वाद्य और नृत्य का उल्लेख राम के जन्म पर होनेवाले उत्सव के प्रसंग में इस प्रकार आया है -

''घंटा-घंटि-पखाउजआउजझाँझ-बेनु-डफ-तार।
नूपुर-धुनि, मंजीर, मनोहर, कर-कंकन-झनकार।।
नृत्य करहिं नट-नटी, नारि-नर, अपने अपने रंग।
मनहुँ मदन रति विबिध बेष धरि, नटत सुदेस सुढंग।।
उघटहिं छन्द-प्रबन्ध-गीत-पद-राग-तान बन्धान।
सुनि किन्नर गन्धर्व राराहत, बिथके बिबुध विमान।।''[32]

लोक परम्परा में विभिन्न ऋतुओं में अलग-अलग तरह के नृत्यों का प्रचलन है। फागुन के महीनें में चाँचर नृत्य होने का उल्लेख मिलता है। चाँचर नृत्य मण्डली रास की तरह होता है, जिसमें लड़के और लड़कियाँ दो छोटे-छोटे डण्डे हाथ में लेकर उसी पर ताल देते हुए मण्डल में घूमकर नाँचते हैं। इसे लकुट रास भी कहते हैं।

मुल्ला दाऊद नें इसे फागु-नृत्य कहा है–

"मुख तम्बोल चख काजर पूरहिं,
अंग भंग सिर चीर सिंदूरहि।
नाचहिं फागु होइ झनकारा,
तिह रस भई नयी सयंसारा।।"[33]

चाँचर नृत्य वसन्त पंचमी से लेकर फागुन भर विभिन्न अवसरों पर होता है। फागुन के प्रसंग में धमाल भी एक नृत्य के रूप में जायसी द्वारा वर्णित हुआ है जिसमें स्त्रियाँ नाचते हुए एक-दूसरे के ऊपर सिन्दूर और अबीर फेंकते हुए आनन्दोत्सव मनाती हैं–

"नवल वसन्त नवल वै वारी,
सेंदुर बुक्का होई धमारी।"[34]

दीवाली के अवसर पर भी एक नृत्य का उल्लेख बार-बार आया है, जिसे झूमक या झूमर कहते हैं। इसमें अंगों को मोड़-मोड़कर थिरकते हुए स्त्रियाँ नाचती हैं। मुल्ला दाउद के चन्दायन में रास-नृत्य, पँवारा गाना, नर्तकों का ताल पर होनेवाला नृत्य आदि का उल्लेख हुआ है। उदाहरण स्वरूप देखें-

"रासै गावँहि भेइज डुलावँहि, संग मूड़ विष देह चढ़ावँहि।
कीनर गावँहि होइ पँवारा नट नाचहिं और बाजँहि तारा।।"[35]

पुरुष नर्तकों के साथ वेश्याओं के नृत्य का भी प्रचलन मुस्लिम शासनकाल में हो गया था। पदुमावति में आया है -

"जस सिंगार मनमोहन, पातर नाँचहिं चाँच।
पात शाहि' गढ़ छेका, राजा भूला नाँच।।"[36]

मृगावती में पातुरि के सज कर आने के वर्णन के साथ-साथ उसकी सुन्दरता का भी बड़ा मोहक वर्णन किया गया है। वह कमलवदनी तथा मृगनयनी थी। बर्रै के समान उसकी कमर पतली थी। उसके उरोज कुण्ड जैसे विकसित तथा उसकी जाँघ कदली खम्भ के समान सुडौल थी। चम्पा के समान उस सुन्दर तरूणी को जिसने देखा, वह मुग्ध हो गया। आगे उसके वेश-विन्यास का भी वर्णन कवि ने किया है कि दक्षिण देश की साड़ी पहनकर चन्दन का लेप करके सभी आभूषणों को पहनकर तथा घुंघरू बाँधकर वहाँ उतरी। उसकी वेणी ऐसी गुथी हुई थी, मानो उसके शरीररूपी चन्दन के वृक्ष पर सर्प लटक रहा हो।[37]

ग्राम्यांचलों में नर्तकों के नृत्य जो साड़ी पहनकर मुँह पर पाउडर पोतकर स्त्री के वेश में नाचते हैं उनका तथा वेश्याओं के नृत्य का प्रचलन तो मिलता ही है। इसके अतिरिक्त धोबिया का, जाँधिया नृत्य, कहाँरों का डमरू व झाँझ बजाकर होनेवाला मण्डली नृत्य, अहीरों का फर्री नृत्य प्रचलित है। बिहार और पूर्वी उत्तर प्रदेश में विदेशी ठाकुर की नौटंकी में स्त्रीवेशधारी नर्तकों का नाच बहुत लोकप्रिय हुआ है। इसी की तर्ज पर और भी नर्तकों के नाच गाँव-गाँव में होते हैं। पिछले समय में स्त्रियों में पर्दा प्रथा होने के कारण अधिकतर नर्तकों के ही नृत्य शादी-ब्याह या उत्सव के अवसर पर आयोजित होते रहे हैं। कुछ भाँड़ नृत्य का भी प्रचलन गाँवों में रहा है, जिसमें हास्य और भँड़ैती करते हुए बीच-बीच में नर्तकों के नृत्य का प्रदर्शन होता है।

रामलीला और रासलीला :

दशहरा के अवसर पर गाँव-गाँव में रामलीलाओं का प्रचलन है, जिसमें राम के जीवन के विविध प्रसंगों को अभिनय के रूप में दिखाया जाता है और बीच-बीच में उसी प्रसंग के अनुरूप कोई लोकगीत नर्तकों द्वारा प्रस्तुत कराया जाता है अथवा रामचरितमानस की उस प्रसंग की पंक्तियों को सस्वर और वाद्य सहित गाया जाता है। धार्मिक महत्त्व का होने के बावजूद भी यह एक प्रकार का मनोरंजन है, जिसे देखने के लिए हजारों लोग एक स्थान पर एकत्र होते हैं और प्रायः रातभर चलनेवाली रामलीलाओं में सम्मिलित होते हैं।

इसी तरह सावन मास में ब्रजक्षेत्र में रासलीलाओं की रचना होती है। रासलीला में कृष्णचरित की लीलाएँ अधिकतर नृत्य और लोकसंगीत के माध्यम से प्रदर्शित होती हैं। वृन्दावन की रासलीला बहुत प्रसिद्ध होती है और इसमें ब्रजक्षेत्र में प्रसिद्ध लोकगीत रसिया का गायन होता है।

लोकवाद्य :

हमारे देश में वाद्ययन्त्रों का प्रचार बहुत प्राचीनकाल से मिलता है। पुराने देवताओं के हाथों में ऐसे वाद्य यन्त्रों का होना इस बात का प्रमाण है। सरस्वती के हाथों में वीणा और नारद के हाथों भी वीणा रहती है। विष्णु के चार हाथों में से एक में शंख, श्री कृष्ण के हाथों में ब्रज में बाँसुरी और महाभारत में 'पाँचजन्य' नामक शंख रहती थी। अर्जुन, भीम, पाण्डवों तथा दुर्योधन आदि कौरवों के पास भी शंख ही थी। युद्धकाल में और भी धौंसे-दमामे नाम के वाद्यों का उल्लेख इस बात का प्रमाण है कि बाजे-गाजे का रिवाज हमारे देश में युद्ध, विवाह आदि उत्सवों और देव-पूजन आदि के प्रसंगों में भी होता था।

साधारणतः चार प्रकार के वाद्ययन्त्रों का उल्लेख मिलता है—"(1) तत् (तत), तन्त्रीगत वाद्य, (2) तित् (आनद्ध वाद्य), चमड़े के बने हुए वाद्य जैसे ढोल, (3) धीन (घन), दो वस्तुओं के टकराव से स्वर निःसृत करनेवाले वाद्य। (4) सुषिर।

आईन-ए-अकबरी में इन वाद्यों की सूची इस प्रकार ही गयी है—

(1) तत्रीगत वाद्य-यन्त्र या जन्तर, वीणा, किन्नरी वीणा, स्वर वीणा, अविरिती, रबाब, स्वामण्डल, सारंगी, अघौती तथा किंगरी।

(2) आनद्ध वाद्य- पखावज, आवज, ढोल, ढ़ड्डा, अरधावज, डम्फा और खँजरी।

(3) घन वाद्य- करताल, कठताल।

(4) सुषिर वाद्य- शहनाई, मसक, मुरली तथा उपंग।[38]

तन्त्रीगत वाद्य :

आजकल प्रचलित तन्त्रीगत वाद्यों में सारंगी का विशेष रूप से प्रचलन मिलता है। सारंगी नामक वाद्य मुगल काल में बना था। नाथपन्थी योगियों के साथ 'किगरी' नामक बाजे का उल्लेख हुआ है, वह भी सारंगी, जैसा बाजा है। निर्गुनिये साधुओं में भजन के लिए 'एकतारा' का प्रचलन है। इसमें एक ही तार होता है और इसी को बजाते हुए वे भजन गाते हैं। सारंगी नाच-गानेवालों के अतिरिक्त जोगी जाति वालों के हाथ में देखी जाती है जो गेरुआ धारण करके सारंगी पर भरथरी-पिंगला के गीत गाते हुए भीख माँगते रहते हैं।

आनद्ध वाद्य :

ऐसे बाजों में ढोलक, मृदंग, धौंसा, नगाड़ा डग्गा (बड़े नगारे) आदि बाजे आते हैं जिनको चमड़े से मढ़ा जाता है और उसी पर हाथों से या लकड़ी की डाँडी से बजाते हैं। पूर्वी उत्तर प्रदेश में ढोलक विशेष प्रचलित है, जबकि बिहार में मृदंग का प्रचलन आज भी है। मृदंग लम्बे आकार का ढोलक ही होता है। विवाह और देवी-देवताओं के शुभ प्रसंग पर ढोल-नगारे बजाने की प्रथा रही है।

घन वाद्य :

घन वाद्य में घण्टा (मन्दिरों के), घण्ट जो पीतल का गोला चिपटा होता है और उस पर काठ या लोहे की मुँगरी से आघात करके बजाते हैं। 'घरी' कटोरे के आकार की होती है जिस पर लोहे की डण्डी से मारकर बजाते हैं। घरी-घण्ट मन्दिरों में पूजा-आरती आदि के समय बजाये जाते है। घड़ियाल बड़े घण्टे को कहते हैं जो समय की सूचना के लिए प्रति घण्टे की समाप्ति पर बजाये जाते हैं। जायसी ने सिंघलगढ़ के राजद्वार पर घड़ी घड़ी पर घड़ियाल पर मुँगरी की चोट करके बजाने का उल्लेख किया है।[1]

सुषिर वाद्य :

छेदवाली बाँसुरी, शंख तथा तुरुही आदि मुँह से हवा फूँककर बजाये जानेवाले वाद्य हैं। योगियों की शृंगी इसी कोटि की है, जो जानवरों की सींघ में एक ओर छेदकर बनायी जाती है। तूर्य या तुरुही भी इसी प्रकार का वाद्य है। तूर्य युद्ध के समय धौसों, दमामों के साथ बजाया जाता था। इसे गाँव में 'सिंहा' कहते हैं, यह हाथी के ऊपर उठे हुए सूँड के आकार का होता है। मुगलकाल में प्रचलित मसक और शहनाई इसी के अन्तर्गत आते हैं। बैण्ड बाजों में व पुलिस-आवासों में बिगुल नामक एक मुँह से बजाये जानेवाले वाद्य का उपयोग होता है।

ग्राम्यांचल में ग्रामलोक की बहुरंगी छवि को प्रस्तुत करने का प्रयास किया गया है। साहित्यकारों ने अपनी रचनाओं में इनके कुछ रूपों का निदर्शन किया है। इसे हम डॉ. विवेकी राय के कथेतर गद्य के सम्बन्ध में आगे चलकर देखने का प्रयास करेंगे।

सन्दर्भ

1. लोक साहित्य और साहित्य का लोक, मनमीत पत्रिका (1 सितम्बर, 2014) : डॉ. आद्या प्रसाद द्विवेदी
2. स्वातन्त्र्योत्तर हिन्दी कथा-साहित्य और ग्राम जीवन : डॉ. विवेकी राय, पृ. 114
3. स्वातन्त्र्योत्तर हिन्दी कथा-साहित्य और ग्राम जीवन : डॉ. विवेकी राय, पृ. 115
4. लोकतत्व-दर्शन तथा अध्ययन : सत्येन्द्र ; हिन्दी, अनुशीलन ; धीरेन्द्र वर्मा विशेषांक।
5. लोक; सत्येन्द्र; हिन्दी साहित्य कोश
6. मनमीत (पत्रिका) सितम्बर, 2014, पृ. 36
7. स्वातन्त्र्योत्तर हिन्दी कथा-साहित्य और ग्राम जीवन : डॉ. विवेकी राय, पृ. 292
8. तदैव, (गणदेवता) : डॉ. विवेकी राय, पृ. 292
9. अरब और भारत के सम्बन्ध : सैयद सुलेमान नदवी, पृ. 40
10. घाघ की कहावतें : नागरी प्रचारिणी सभा, पृ. 16
11 जायसी ग्रन्थावली : आचार्य रामचन्द्र शुक्ल (भूमिका)
12. भाषा प्रेमरस : उदयशंकर शास्त्री, छन्द 264
13. इन्द्रावती : डॉ श्यामसुन्दरदास, पृ. 94
14. पद्मावत (टिप्पणी) : डॉ. माताप्रसाद गुप्त, छन्द, 185
15 मधुमालती : डॉ. माताप्रसाद गुप्त, छन्द 144
16. भाषा, प्रेमरस : उदयशंकर शास्त्री, छन्द 38
17. रामचरितमानस (उत्तरकाण्ड) 100/3 : तुलसीदास
18. नारद भक्ति सूत्र : स्वामी स्वतन्त्रतानन्द की टीका, सूत्र सं. 72
19. रामचरितमानस : तुलसीदास, बालकाण्ड (103/3-8)

20. पदुमावति : डॉ. कन्हैया सिंह, छन्द 382
21. पदुमावति : डॉ. कन्हैया सिंह, छन्द 382
22. हंस जवाहिर : कासिम शाह, पृ. 189
23. मुहूर्तचिन्तामणि : प्रकरण 11, श्लोक 10
24. तुलसी ग्रंथावली (द्वितीय खण्ड) : पृ. 1, सोहर छन्द-एक, दो, तीन
25. कविता कौमुदी : रामनरेश त्रिपाठी-भाग 16
26. हिन्दी वीरकाव्य : गणेश प्रसाद द्विवेदी, पृ. 57
27. हिन्दी वीरकाव्य : गणेश प्रसाद द्विवेदी, पृ. 61
28. मनमीत (आजमगढ़) : सितम्बर, 2014
29. वीर कुँवरसिंह : उदयनरायण सिंह, परिशिष्ट 14, पृ. 135-139
30. रामचरितमानस : गो. तुलसीदास, बालकाण्ड (दोहा 10)
31. रामचरितमानस : गो. तुलसीदास, लंकाकाण्ड (दोहा 10)
32. रामचरितमानस : गो. तुलसीदास, पद 26/दो0 13, 14, 15
33. चन्दायन : परमेश्वरी लाल गुप्त, छन्द 409
34. पदुमावति : डॉ. कन्हैया सिंह, छन्द 189
35. चन्दायन : परमेश्वरीलाल गुप्त, छन्द 29
36. पदुमावति : डॉ. कन्हैया सिंह, छन्द 527
37. मृगावती : शिवगोपाल मिश्र, छन्द 214, 215
38. आईन-ए-अकबरी : फ्रैंसिस ग्लैडविन, पृ. 732-733
39. पदुमावति : डॉ. कन्हैया सिंह, छन्द 42

लोकधर्मी डॉ. विवेकी राय का आंचलिक जीवन

डॉ. विवेकी राय हिन्दी साहित्य के पांक्तेय साहित्यकार हैं। उनके लेखन का समग्र रूप गाँव, किसान और उनकी दशा-दुर्दशा पर केन्द्रित है। वैसे तो गाँव को केन्द्र में रखकर लिखनेवाले साहित्यकार और भी हैं पर डॉ. विवेकी राय ऐसे रचनाकार हैं जिनका सम्पूर्ण उर्वर और लेखकीय ऊर्जा का कालखण्ड गाँव में बीता। कोई भी लेखक तभी सफल होता है जब वह जो लिखता है वही जीता है अर्थात् जो गाँव में रहा नहीं, गाँव की प्रकृति, उसके सौन्दर्य और खुलेपन को अपनी आँखों से निहारा नहीं, गाँववालों के सीधे सरल व्यवहार के साथ समरस नहीं हुआ, खेती, किसानी, गाय-बैल से जुड़ा नहीं वह गाँव का आत्मीय चित्र प्रस्तुत करने में उतना समर्थ नहीं हो सकता जितना स्वयं गाँव को भोगनेवाला या गाँव को ही जीनेवाला लेखक समर्थ हो सकता है। डॉ. भगवतशरण उपाध्याय ने डॉ. विवेकी राय के लेखन पर बड़ी सार्थक टिप्पणी की है–'कहीं भी लेखक ग्राम्य जीवन को मानस के काल्पनिक प्रक्षेपण द्वारा नहीं देखता, वह उस जीवन का स्वयं अंग है, स्वयं उसका वह स्वस्थ विष जो उसके व्रणों की औषधि भी है। परिस्थितियों का उद्‌घाटन सब्जेक्टिव रूप से हुआ है। दान्ते कहता है किस चित्रकार ने आलेख लिखा, जो उसका अंग न बन सका।''[1]

ग्राम्य परिवेश :

डॉ. विवेकी राय गाँव में ही जन्मे, गाँव में ही पले-बढ़े, गाँव में ही पढ़े और गाँव में ही लम्बे अरसे तक प्राइमरी, मिडिल और हाईस्कूल की अध्यापकी की और एक गाँव से दूसरे गाँव तक स्थानान्तरण होते रहे जिसमें गाजीपुर और बलिया की सीमा पर फैले विस्तृत करइल क्षेत्र को पैरों से नापा, कमर भर पानी में घुसकर नदी नालों को पार किया, स्वयं दर्द झेला, गरीबी झेली और दूसरों के दर्द-गरीबी को देखा, समझा और महसूस किया।

उनका पैतृक गाँव सोनवानी है जो गाजीपुर जिले के पूर्वी सीमान्त पर है जिसके थोड़ी दूर ही आगे उजियार घाट और गंगा नदी है। सोनवानी मँगई नदी के तट पर बसा है जो तीन तरफ से नदी-नालों से घिरा है। बरसात के दिनों में चारों तरफ पानी-ही-पानी रहता है। सोनवानी के लोग आत्मतुश्ट और अपने गाँव पर गर्व करते हैं।

वहाँ एक गाना प्रचलित है—
'सोनवानी गाँव नगीना,
जहाँ बसे लोग परवीना,
एक दिन के आवे पहुना,
रहि जांय छह-सात महीना।

अपने लेखन का आधार इन्हीं अपने तथा आस-पास के गाँवों को ही डॉ. विवेकी राय ने बनाया। इस सम्बन्ध में उनका एक स्वकथन दर्शनीय है—'स्वतन्त्रोत्तर गाँवों के बदलाव और उनकी चुनौतियाँ उसे कुरेद रही हैं। उनका अनकहा-अनछुआ यथार्थ उसके चारों ओर मँडरा रहा है। दिल्ली, कलकत्ता और बम्बई-जैसे महानगरों को नहीं देखा है। मैंने केवल अपने उन गाँवों को ही देखा। मेरे समूचे लेखन के केन्द्र में वे ही हैं। बड़ा हल्ला है गाँवों के विकास का, लेकिन कैसा है वह विकास, कि गाँव मर रहे हैं ? और प्रतिक्षण गाँव को जीता हुआ यह डॉ. विवेकी राय भी क्या कम आहत हैं ? कितनी ठोकर ? कितना अपमान? और कैसी-कैसी मारक उपेक्षाएँ स्वीकार हैं ? उसका एकमात्र अपराध है कि उसका ग्राम्य-भाव नहीं छूटता। उसकी आस्था तनिक भी नहीं खिसकती है। वह सोचता है चलो यह भी एक प्रयोग ही है। देखें, बिना कोई राजनीतिक चेहरा रहकर जी सकता है या नहीं? केवल अपने लेखन के बल पर जी सकता है या नहीं ? परिचय-प्रचार और सपनों की शिविरबाजी के बिना जी सकता है या नहीं?''[2]

गाँव में रहना उनकी नियति भी है और यही उनकी प्रकृति भी रही है। उन्हें गाँव में ही जीना पड़ा और धीरे-धीरे यह गाँव उनको सुहावना लगने लगा। वह गाँव के थे, गाँव से ही उनका निर्माण हुआ था और गाँव के लिए ही उन्होंने अपना जीवन और लेखन समर्पित कर दिया। वे स्वयं लिखते हैं—''समग्र रूप से मेरे लेखन की पृष्ठभूमि ग्राम-जीवन है। वास्तव में वही मेरा जीवन भी है। लगभग आधी उम्र धुर देहात के एक गाँव में गुजारने के बाद एक अत्यन्त पिछड़े और छोटे शहर में आया भी तो मैं शहरी नहीं बन पाया। मेरे लिए ग्रामीण (या गँवार) बने रहने देने के लिए नियति का प्रबन्ध भी बहुत पक्का है। खेती-बारी से लेकर परिवार की कुछ ऐसी स्थिति है कि सप्ताह में एक-दो दिन गाँव जरूर जा लेता हूँ। इस प्रकार एक पैर गाजीपुर में रहता है तो एक पैर गाँव सोनवानी में रहता है।''[3]

इस तरह डॉ. विवेकी राय गाँव के पुराने स्वरूप से भी निकट से परिचित रहे हैं। उनका सीधा सम्पर्क और लगाव अपने गाँव के साथ-साथ गाजीपुर और बलिया के सीमान्त के पचासों गाँवों से रहा है, जहाँ उन्होंने खेती-किसानी से लेकर प्राइमरी-मिडिल की अध्यापकी के साथ-साथ 1942 के भूमिगत स्वतन्त्रता आन्दोलन में गाँव के लम्बे-लम्बे इलाकों और बीहड़ों की खाक छानी है। इस लम्बे सम्पर्क सम्बन्ध ने, गाँव की संस्कृति और रीति-रिवाज ने उन्हें ऐसा विमोहित कर दिया कि गाँव न कभी उनके जीवन से छूटा न कभी मन में बिसरा और न कभी लेखनी से अलग हुआ। गाँव की भावसत्ता से जुड़े होने के कारण गाँव उन्हें देवता का साक्षात् विग्रह लगता है।

पहले गाँव की सादगी, गाँव के लोगों के साफ-सुथरे चरित्र, गाँव की संस्कृति, रीति-रिवाज, पर्व-त्योहार, गीत-गवनयी सब उन्हें रिझाते थे लेकिन आजादी के बाद इन गाँवों की हालत बदलने लगी, उनमें विकृतियों के साथ ऊपरी चमक-दमक भी आने लगी। इन ग्रामीण प्रश्नों को भी उन्होंने अपने स्वातन्त्र्योत्तर लेखन में रूपायित किया। इस जटिलता को पकड़ने में बड़ी कठिनाई होने के बावजूद भी उनसे जूझते हुए उन्होंने उनके स्वरूप को अपनी रचनाओं में उतारने की कोशिश की। वे कहते हैं—"बहुत कठिन है बदलते गाँवों की पकड़। पकड़ते-पकड़ते वह बदल जाता है। उसकी अतिरिक्त जटिलताओं के लिए मैं निबन्ध का सहारा लेता हूँ। ललित निबन्ध, रिपोर्ताज, डायरी, रेखाचित्र, व्यंग्य, संस्मरण और फीचर आदि सबको यथास्थिति प्रयोग में लाता हूँ। कथाकार और निबन्धकार मेरे भीतर वास्तव में एक-दूसरे के पूरक का काम करते हैं। गाँव मेरे लिये एक भावसत्ता का रूप है। उससे जुड़ी विसंगतियों की पीड़ा जब हल्की होती है तो वह निबन्धों या कहानियों को जन्म देती है और जब गहरी होती है तो वह व्यंग्य के रूप में कढ़ जाती है।"[4]

डॉ. विवेकी राय के ये गाँव एक विशेष अंचल के हैं। वह एक आंचलिक लेखक के रूप में प्रतिष्ठित हैं। आंचलिक होना उन्हें सहर्श स्वीकार भी है—'आंचलिकता से मुक्त होने की सफाई देना मेरे लिये बेकार है। आंचलिक होना हीनत्व का द्योतक नहीं है। वास्तव में आंचलिक लेखक होना बहुत कठिन है। गाँव की पकड़ आसान है लेकिन अंचल की पकड़ बहुत कठिन हैं और इससे भी कठिन है आंचलिकता के शिल्प की पकड़। अपना करइल अंचल जब स्वयं ही बोलने लगता है तब मैं क्या करूँ ? अपने अंचल की भाषा, संस्कृति, रहन-सहन और कृषि मानसिकता का मेरे ऊपर भरपूर प्रभाव है।"[5]

ये गाँव जिनके सम्बन्ध में लेखक ने अपने निजी लगाव की बात कही है वह बलिया और गाजीपुर की उस सीमा के गाँव हैं जहाँ उजियार घाट से गंगा पार करने पर बिहार प्रान्त के बक्सर में पहुँच जाते हैं। गंगा के तलेटी के गाँव जिसमें

बीच-बीच में मँगई, टौंस बहुत-से छोटे-बड़े नाले गंगा में आकर मिलते हैं। इसी क्षेत्र के गाँव हैं। सांस्कृतिक दृष्टि, लोक परम्पराओं का प्रचलन, बोली-बानी तक में इसकी अपनी अलग एक पहचान बनाती है। इसे 'करइल' क्षेत्र कहते हैं। लगभग बलिया के चितबड़ा गाँव से लेकर गोड़ऊर, मेहन्द्र, सोनवानी, मोहम्मदाबाद होते हुए रेवतीपुर और शेरपुर तक इसका सांस्कृतिक विस्तार है। इन गाँवों में एक विशेष प्रकार की आंचलिकता मिलती है। भाषा की दृष्टि से यह भोजपुरी के उपरूप काशिका के क्षेत्र में पड़ता है, पर यहाँ की शब्दावली और मुहावरे अलग किस्म के हैं और भू-प्राकृतिक बनावट के कारण करइल के गाँवों के पिछड़ेपन, गरीबी, जड़ता और अन्धविश्वास भी अपने ढंग के हैं। इस आंचलिकता से भी अपने लेखन में डॉ. विवेकी राय कहीं अलग नहीं हो पाते हैं।

लेखक क्रा निर्माण जिस गाँव-घर में हुआ और जिस ग्राम्यांचल के चप्पे-चप्पे पर उसकी पदचाप अंकित है, उसका एक चित्र उनके उस ग्राम्यांचलिक जीवन की कहानी स्वयं प्रकट करता है।

डॉ. राय के पूर्वज :

डॉ. विवेकी राय ने शोधार्थी को एक टिप्पणी भेजी जिसका विवरण इस प्रकार है—

डॉ. विवेकी राय की माता ने उनसे बताया कि सैकड़ों वर्ष पूर्व औरंगजेब नाम के बादशाह की अमलदारी में भूमिहार ब्राह्मणों की दोनवार जाति के तीन व्यक्ति आजमगढ़ जिले (अब मऊ जिले) के रैनी-भीटी गाँव से अत्याचार-पीड़ित हो भागकर आये थे। उनके नाम थे उछाह राय, पीतम राय, बाला राय। तीनों भाई पहले तो नारायणपुर (बलिया) में आये, बाद में सोनवानी (गाजीपुर) में आकर नया गाँव बसाया। इन तीनों से आगे चलकर पाँच वंशावली चलने लगी। इन पाँचों में से दो वंश जो मेरे अपने विशेष सगे थे, अब डूबे गये हैं। इन दो डूबे वंशों में से एक के अन्तिम पुरुष थे चन्द्रशेखर राय। इनके पूर्व पुरुषों के नाम हैं क्रम से भीरुग, चिखुरी, जीअना। इन्हीं में एक दशरथ राय थे, जिनके रामदरस, जगरनाथ और अनिरुद्ध नाम के बेटों में से सभी अविवाहित मर गये। डॉ. राय को कौतूहल हुआ कि खेती-बारी रहते हुए वे अविवाहित कैसे रह गये, तो उनकी माँ ने बताया कि पहले लड़कियों की संख्या कम थी। इसीलिए सभी लड़कों का विवाह नहीं हो पाता था। अनेक लोग अविवाहित जीवन बिताकर चल देते थे।

दूसरे बूड़े वंश के अन्तिम व्यक्ति थे अनरथ राय (=अनर्थ राय : पता नहीं ऐसे नाम लोग क्यों रखते थे ? सम्भवतः दीर्घजीवी होने के लिए)। ये तीन सगे भाईयों दीपन, अनरथ और देवल में से मँझले थे। इनके पिता का नाम राम सरन राय था।

शेष जो दोनवारों के तीन परिवार चल रहे हैं, वे जानकी राय, सीताराम राय और विवेकी राय के हैं। जानकी राय के पूर्व पुरुषों के नाम क्रम से हैं—दीनानाथ, सीबरन, पूरन और जानकी। इनके वंश में एक पुत्र की ही परम्परा रही। सीताराम राय के वंश के आदि पुरुष थे हरखू राय। इनके बाद क्रम से घुरहू, सीसरन, जतन, लखन, उदित और भदेसर राय हुए। इन्हीं भदेसर के पुत्र सीताराम रहे।

राय साहब के वंश के आदि पुरुष थे केवल राय। उनके पुत्र हुए भीखम राय, जिनके तीन बेटों दूधनाथ, अछैवर और लछुमन राय में से अछैवर के पुत्र शिवपाल और उनके पुत्र विवेकी राय हुए। पिता शिवपाल राय सन् 1904 में महामारी के रूप में फैली प्लेग की बीमारी में मात्र अट्ठारह-उन्नीस की आयु में दिवंगत हो गये। इसके डेढ़दो मास बाद विवेकी राय का जन्म हुआ। परिवार में अतिवृद्ध बाबा लछुमन राय के अतिरिक्त कोई चौथा व्यक्ति नहीं था। भोरौली (बलिया) गाँव के मामा बसाऊ राय के अमूल्य सहयोग से श्री राय की माँ ने किस बहादुरी के साथ अपने खेत-बारी और सम्पत्ति की रक्षा करते हुए उनका पालन-पोशण किया, इसका इतिहास जब वह बतातीं तो राय साहब के रोंगटे खड़े हो जाते और उसे स्मरण कर आज भी मन भर जाता है।

ऐसी परिस्थितियों में कि श्री राय की माता जविता देवी जब गर्भस्थ थीं और ससुराल में कोई देख-देख करनेवाला न था तब उनकी माता ने श्री राय के ननिहाल में जाकर रहने का निर्णय किया और वहीं मातृ-कुक्ष से विवेकी राय 19 नवम्बर, 1928 को अवतरित हुए। उस समय मामा के परिवार में मामी और नानी भी जीवित थीं, जिनकी वजह से प्रसव के पश्चात् बालक की देख-रेख के लिए इन महिलाओं का संरक्षण भी मिला। मामा का यह गाँव भोरौली गंगा-तट पर स्थित है। यह बिहार की सीमा पर स्थित पौराणिक नगरी बक्सर के दूसरे तट पर स्थित उजियार गाँव के निकट है। भोरौली और उजियार के सम्बन्ध में यह लोक-श्रुति है कि जब विश्वामित्र, राम और लक्ष्मण को लेकर अपने यज्ञ की रखवाली के लिए जा रहे थे तो भोरौली में ही भोर हो गयी थी किन्तु अभी तक धुँधलका बना हुआ था और उजियार पहुँचते-पहुँचते उजाला हुआ तो इन गाँवों का नाम पड़ा। यहाँ के क्षेत्र में एक कहावत प्रसिद्ध है—

"भोर भोरौली, भयो उजियारा।
बक्सर जाइ, ताड़का मारा।।"[6]

यह ईश्वरीय विधान ही था कि पुण्य सलिला गंगा के तट पर स्थित मर्यादा पुरुषोत्तम श्रीराम की पदधूलि से पावन भोरौली ग्राम में इस बालक का जन्म हुआ। विवेकी राय का जन्म काल बड़ा ही संकटपूर्ण रहा। जन्म पूर्व पिता की मृत्यु, घर

पर एकमात्र साधन खेती-बारी, उसकी भी देख-रेख करनेवाला कोई नहीं और ननिहाल में जन्म लेने की बाध्यता आदि को देखकर उनका नाम मामा ने बिबेखी रखा। जिसका तात्पर्य था बिबेख अर्थात् दुर्दिन लेकर आने के कारण विकृत वेष का व्यंजक यह नाम रखा गया जिसे बाद में विद्यालय के शिक्षकों ने नामांकन करते समय विवेकी कर दिया। थोड़ा-सा बड़े होने के बाद बसाऊ राय उन्हें और उनकी माती जी को लेकर उनके पैतृक गाँव सोनवानी जिला गाजीपुर में आ गये। सोनवानी भी गाजीपुर और बिहार की सीमा पर स्थित है और भोरौली से सोनवानी कुछ ही किलोमीटर है। उजियार घाट से लट्ठूडीह से कोटवानरायणपुर राजमार्ग से जो सड़क गोड़उर गाँव को जाती है, उसी से कुछ किलोमीटर पर पूरब में सोनवानी है।

अपने जन्म के बारे में विवेकी राय ने परिवार के और गाँव के कुछ पुराने लोगों से काफी सुना था। उसी कथा का बयान करते हुए उन्होंने शोधार्थी को बताया कि—"अपने जन्म के बारे में मैंने पुराने लोगों से कुछ सुना था। कहते हैं, मुझसे पहले एक और भाई ने जन्म लिया जो तत्काल चला गया। मेरे बाबा लछुमन राय इससे बहुत चिन्तित रहते थे। उन दिनों गाँव में एक भंगीबाबा नाम के सिद्ध महात्मा थे। बाबा ने उनसे याचना की तो उन्होंने वंश-बेलि की अभिलाषा को लेकर उन्हें खूब फटकार जतायी थी। कहा था, जाओ गया जी में पिण्डदान करो, पितरों को तारों और तब तुम्हारी इच्छा पूर्ण होगी। बाबा ने उनकी आज्ञा का पालन किया था। इतने पर भी वे पूरी तरह चिन्तामुक्त नहीं थे। उन्होंने उन दिनों तक एक सिद्ध महात्मा ब्रह्मचारी जी की गाँव में चर्चा सुनी थी। वे उत्तर में कहीं घाघरा नदी के किनारे उस पार लगभग 15-20 कोस दूर रहते थे। उन्हें वाक् सिद्धि प्राप्त थी। बाबा खलिहान उठने के बाद एक बोरी चना ढोते हुए उनके पास पैदल पहुँचे। मगर जब तक वे आज्ञा न दें, याचना नहीं की जा सकती थी। बाबा ने इस क्रम को आगे जारी रखा। अन्ततः कुछ वर्षों बाद ब्रह्मचारी जी ने बाबा लछुमन राय पर प्रसन्न होकर कहा—"बच्चा तुम्हारी कामना पूर्ण होगी। वंश-बेलि लहलहायेगी।" और इस प्रकार मैं धरती पर आया। बाबा उसके बाद भी जब तक जीवित रहे और शरीर में शक्ति रही, चने की बोरिया लेकर उस घाघरा तट के पावन आश्रम पर पहुँचते रहे।"

उनका वंश वृक्ष इस प्रकार है—-

भीखम राय

अक्षयवर राय

श्रीराम रायलछुमन राय

शिवपाल राय (पत्नी जविता)
विवेकी राय (पत्नी कैलाशी देवी)

ज्ञानेश्वर राय (स्व.) दिनेशचन्द्र जामवन्ती सावित्री सन्तोष
(पुत्र) (पुत्र) (पुत्री) (पुत्री) (पुत्री)
अंकुर आनन्द जयश्री

कैलाशी देवी से उनकी पाँच सन्तानें हुईं। पुत्र ज्ञानेश्वर और दिनेश चन्द्र के अतिरिक्त तीन पुत्रियाँ जामवन्ती, सावित्री और सन्तोष। पुत्र ज्ञानेश्वर एक सुयोग्य अध्यापक थे परन्तु एक हादसे में 36 वर्ष की अवस्था में उनकी मृत्यु हो गयी। उनकी पत्नी डॉ. विनीता राय हिन्दी में एम.ए., पी.एच.डी. हैं, जो केन्द्रीय विद्यालय संगठन में स्नातकोत्तर शिक्षक (पी.जी.टी.) के पद पर नियुक्ति पा गयीं। वर्तमान में डी.एल. डब्लू., वाराणसी के केन्द्रीय विद्यालय में प्रधानाचार्य पद पर कार्यरत हैं।

शिक्षाक्रम :

उनकी प्रारम्भिक शिक्षा सोनवानी में ही हुई। बाद में ननिहाल के पास कथरिया (बलिया) से कक्षा पाँच पास किया। फिर सोनवानी से ही संस्थागत विद्यार्थी के रूप में मिडिल स्कूल की शिक्षा हुई। 1941 ई. में उर्दू मिडिल परीक्षा पास करने के बाद घर की परिस्थितियों ने उन्हें प्रेरित किया कि वे अब आगे की पढ़ाई बन्द करके खेती-बारी के काम में लगें। मिडिल स्कूल की परीक्षा उन्होंने प्रथम श्रेणी में पास की। अपने गाँव के वह पहले व्यक्ति थे जो प्रथम श्रेणी में मिडिल स्कूल पास थे। उस समय कहीं से भी कोई आसानी से प्रथम श्रेणी में उत्तीर्ण नहीं होता था। इनका विवाह भी कैलाशी देवी के साथ 30 मार्च, 1934 ई. को ही हो गया था। उस समय इनकी अवस्था 10 वर्ष की थी। उस जमाने में एक तो बाल विवाह की प्रथा भी थी और घर में अकेली उनकी माता जी थीं। अतः मामा ने शीघ्र उनका विवाह निबटा देने का निर्णय किया। प्रथम श्रेणी में मिडिल पास होने पर भी उनकी आर्थिक स्थिति ऐसी नहीं थी कि कहीं बाहर जाकर वह पढ़ सकें। घर में अकेले माता और पत्नी को छोड़कर जाने की जकड़न भी उसमें बाधक थी। फिर भी स्वाध्याय द्वारा उन्होंने अपने अध्ययन को निरन्तरता प्रदान की। आस-पास के विद्यालयों से पुस्तकें लाकर पढ़ना और उन्हें वापस करना, उनके स्वभाव में था।

अध्ययन और अध्यापन :

अध्ययन और लेखन की प्रतिभा उन्हें नैसर्गिक रूप से ईश्वरप्रदत्त प्रतिभा के रूप में मिली थी। डॉ. राय का एक स्वकथन है जो उनकी इस बीज-रूप में मिली प्रतिभा का प्रमाण प्रस्तुत करता है—"मेरे बचपन की बात है। नहीं जानता था कि

साहित्य क्या होता है। कैसे जानता ? तब अभी दर्जा दो या तीन में पढ़ता था। उसी समय बीमार पड़ा। बुखार था। बुखार ने छोड़ दिया तब भी काफी दिनों तक कमजोरी बनी रही। दिन-भर चारपायी पर पड़े-पड़े 'दान-लीला' नाम की एक छोटी-सी पोथी बाँचा करता था। किताब मँगनी की थी। एक बार मन में आया कि यह अपनी होती तो कितना अच्छा ! चट एक उपाय किया। उतने ही लम्बे चौड़े सादे कागज को सहेजकाट और सीकर किताब जैसा बना लिया। ऊपर चौड़े खत की कलम से अंकित किया-दान-लीला। बहुत खुश फिर उमंग में महीन ख-त से पन्ना-पन्ना उतारने लगा, 'चलो सखी तहाँ जाइये।' कहाँ जाइये ? एक पन्थ दो काज। ज्वर-आना भूल गया। भूल गयी कमजोरी। पूर्ण होते-होते ऐसा लगा कि मैं कुछ हो गया।''[7]

इसके बाद का जीवन क्रम कुछ ऐसा चला कि 1941 ई. में मिडिल करने के बाद उन्हें घर की खेती-बारी सम्हालनी पड़ी। 1941 से 1942 तक अपनी घर-गृहस्थी सम्हालते हुए उन्होंने अपने क्षेत्र के समस्त पुस्तकालयों को छान डाला। सोनवानी से भोरौली तक उनका आना-जाना लगा रहा। उस समय स्वतन्त्रता आन्दोलन की पृष्ठभूमि में ग्राम-सुधार के भी कार्यक्रम चल रहे थे। उसमें गाँव-गाँव में पुस्तकालयों की स्थापना की भी योजना थी। भोरौली में भी एक पुस्तकालय तथा कई पढ़े-लिखे विद्वान् व्यक्ति थे। उसके अलावा उजियार में तथा नरही में अच्छे-अच्छे पुस्तकालय थे।

आगे चलकर 1942 में जब वह 18 वर्ष की अवस्था के थे तो उन्हें प्राइमरी विद्यालय में पढ़ाने की नौकरी मिल गयी। नौकरी मिलने का भी एक बड़ा ही विचित्र किस्सा है कि जब यह प्रथम श्रेणी में उत्तीर्ण किशोर एक दिन खुरपा लेकर खेतों में घास छिल रहा था तो एक किसान ने व्यंग्य किया कि इतना पढ़-लिखकर आपको किसानी ही करना है–'पढ़ैं फारसी बेचैं तेल।' तब से फिर वह घास करने तो नहीं गये परन्तु फावड़ा-कुदाल लेकर खेती तो सम्हालनी ही पड़ती थी। संयोग ही था कि इसी बीच उनके गाँव सोनवानी के ही प्राइमरी स्कूल में एक अध्यापक थे हरितीर्थ पाण्डेय, उन्होंने उनसे पूछा क्यों नहीं कहीं अध्यापकी कर लेते। आश्चर्य से उन्होंने पूछा कि क्या मुझे अध्यापक की नौकरी मिल सकती है ? उनका यह प्रश्न गाँव देहात में जन्मे उन समस्त प्रतिभाशाली बालकों का प्रश्न था जो अपने परिवेश की हीन-ग्रन्थि के कारण कभी ऊँचा सपना नहीं देख पाते हैं और या तो उनकी प्रतिभा कुण्ठित हो जाती है या उनका उतना समुचित विकास नहीं हो पाता जितनी उनमें क्षमता है। इसी हीन ग्रन्थि, पारिवारिक निर्धनता और परिवेश के पिछड़ेपन में विवेकी राय उतना आगे नहीं बढ़ सके जितनी कि उनमें लेखकीय प्रतिभा विद्यमान है। इसे हम आगे चलकर देखेंगे।

उनके इस आश्चर्यजनक उत्तर पर अध्यापक हरितीर्थ पाण्डेय ने इनकी तरफ से स्वयं अपने हाथ से प्रार्थना-पत्र लिखा और उनकी स्वयं पैरवी करके इनकी नियुक्ति अध्यापक के रूप में इनके अपने गाँव में ही करा दी। उस समय वीरेश्वरनाथ राय जिला परिषद्, गाजीपुर के अध्यक्ष थे। पहले उनका स्थानान्तरण गाँव से डेढ़ मील दूर महेन्द्र गाँव में हुआ फिर कुछ दिनों बाद उनका स्थानान्तरण बलिया जिले के रसड़ा बाजार के पास कमसड़ी गाँव में हो गया, जो तमसा नदी के किनारे स्थित है। गाँव से यह लगभग 14-15 किमी. दूर पड़ता था। घर से रोज इतनी दूर पैदल जाना और पढ़ाकर फिर वापस लौटना यह उनकी रोज की नियति बन गयी। इस तीस किमी. की प्रतिदिन की पदयात्रा में वे न घर का काम कर सकते थे और न अपने अध्यापन के प्रति ही न्याय कर सकते थे। परिणाम यह हुआ कि बाध्य होकर उन्हें कमसड़ी में रुकना पड़ा। कमसड़ी में वहाँ के लोगों की बड़ी आत्मीयता उन्हें मिली और वहाँ रामदत्त राय शर्मा से इनका सम्पर्क और सान्निध्य बना, जो कलकत्ता से प्रकाशित होनेवाले 'बंगवासी' पत्र कलकत्ता के सम्पादक थे। श्री शर्मा की ससुराल कमसड़ी में थी और इस नाते उनका वहाँ आना-जाना और रहना हुआ करता था। शर्मा जी के सम्पर्क से भी और उनके प्रोत्साहन से इन्हें साहित्यिक अध्ययन और लेखन की प्रेरणा मिली थी।

कमसड़ी से थोड़े ही दिनों बाद इनका स्थानान्तरण गोड़ी गाँव में हुआ, जहाँ पर रहते हुए इन्होंने आजादी की लड़ाई में भूमिगत कार्यकर्त्ताओं की टोली में रहकर गाँव-गाँव में अलख जगायी और वहीं से उनका चयन नार्मल स्कूल की ट्रेनिंग करने के लिए गोरखपुर में हो गया। उस ट्रेनिंग स्कूल का भी साहित्यिक दृष्टि से एक ऐतिहासिक महत्त्व है क्योंकि वहाँ मुन्शी प्रेमचन्द बहुत वर्षों तक प्रधानाचार्य के रूप में कार्य कर चुके थे। गोरखपुर के प्रवास-काल में इनका सम्पर्क महाराणा प्रताप कॉलेज के अँग्रेजी के प्राध्यापक रामाधार सिंह और मॉडल स्कूल के रामचन्द्र सिंह से हुआ, जो अपने समय के बहुत अच्छे कवि थे। वहीं राम अवतार त्रिपाठी 'जीवन' के साथ भी बैठने का अवसर मिला। उसी गोरखपुर-प्रवास के काल में ही 1948 ई. में गाँधी जी की निर्मम हत्या का समाचार जब उन्हें मिला तो कई रात वह रोते रहे और कई दिनों तक न खाना खाया, न कमरे से बाहर निकले।

एक साक्षात्कार में डॉ. विवेकी राय ने शोधार्थी को यह बताया कि—"उस समय मेरे भीतर नशे की लत बहुत आ गयी थी और ऐसा समझिये कि एक पत्ता सुरती और फिर एक आधा पैकेट सिगरेट और तम्बाकू और बीड़ी एक दो बण्डल- यह सब के सब 24 घण्टे में खत्म हो जाता था। कई-कई बार सुरती खाने के बाद शौच जाते थे और खाँसी होती थी, बहुत परेशान थे। कितनी बार मन्दिर में जाकर शपथ ली कि अब न सुरती खायेंगे, न ही बीड़ी पियेंगे और अचानक होता था कि जब मित्र

मिल जाते, बस तुरन्त फिर खाना शुरू कर दिया। फिर थोड़ी देर बाद याद आया कि मैंने शपथ लिया था कि मैं अब न खाऊँगा अब खाने लगा? फिर शुरू हुआ तो शुरू हो गया। जिस समय महात्मा गाँधी जी की हत्या हुई उस समय मैं सुरती मलते हुए शौचालय की ओर जा रहा था, लोटे में पानी लेकर और नीचे रखकर मैं सुरती बना रहा था। इसी बीच एक छात्र ने आकर कहा कि महात्मा गाँधी जी को गोली मार दी गयी...और रो रहा था वो। इसके बाद वह सुरती मैंने फेंक दी और वापस हॉस्टल में आ गया। मेरे ऊपर पता नहीं क्या झक सवार हुई कि खिड़की के बाहर मल करके जितनी बीड़ियाँ थीं, बण्डल थे, सब फेंक दिये। हुक्के को उठाकर पटक दिया, चुनौटी फेंक दिया, सिगरेट फेंक दिया। कहा जो फेंक दिया सो फेंक दिया, अब नहीं खाऊँगा। फिर रोने लगा कई दिनों तक। मुझे याद है कि एक सप्ताह-डेढ़ सप्ताह हम लोग रात-दिन रोते रहे। बहुत-से लड़के रोते थे। मैं तो बहुत रोया महात्मा गाँधी के लिए। याद है मुझे सब। मैंने अपनी डायरी में लिखा है।"[8]

ध्यातव्य है कि गाँव-गिवार में बचपन से आधी उम्र तक रहनेवाले विवेकी राय में जहाँ ग्राम्यांचलिक सादगी, सरलता, ईमानदारी आदि गुण आये वहीं गाँवों में प्रचलित सुर्ती या खैनी, बीड़ी आदि की लतें भी आ गयी थीं। सौभाग्यवश गाँधी जी की मर्मान्तक हत्या ने उन्हें इन बुराईयों को छोड़ने का संकल्प लेने को मजबूर किया, क्योंकि गाँधी जी सदैव सभी प्रकार नशाबन्दी के मुखर प्रचारक थे। वैसे तो वह जीवन-भर गाँधी मार्ग के अनुयायी और गाँधी मार्ग के पथिक रहे किन्तु अपने अध्यापकीय जीवन के प्रारम्भिक काल से ही उन पर गाँधी जी का बड़ा ही गहरा प्रभाव पड़ा था और गाँधी जी के ऊपर इस क्रूर गोली काण्ड का उनके संवेदनशील हृदय पर गहरा प्रभाव पड़ा।

स्वतन्त्रता आन्दोलन में :

विवेकी राय 1942 ई. में प्राइमरी स्कूल सोनवानी में पाँच रुपये महीने पर अध्यापक बने। अगस्त, 1942 ई. में बम्बई में अखिल भारतीय कांग्रेस कमेटी की बैठक गुप्त रूप में हुई और 'अंग्रेजो भारत छोड़ो' का प्रस्ताव पास हुआ। 9 अगस्त को प्रातः 4 बजे धुँधलके में ही महात्मा गाँधी सहित सभी बड़े नेता बन्दी बना लिये गये। गाँधी ने अपना सन्देश दो शब्दों में दिया- 'करो या मरो'। बचे हुए नेता छिपते-बचते जिले-जिले पहुँचे और गोपनीय ढंग से आजादी की जंग में जन-जागरण करने लगे। गाजीपुर अछूता कैसे रहता। एक बार श्री राय ने सोनवानी विद्यालय में 'लॉग बुक' पर लिखा कि 'भारत छोड़ो आन्दोलन में भाग लेने मैं जा रहा हूँ' और निकल गये पर हवा में कैसे तीर मारते। कुछ दिन बाद सुरेन्द्रनाथ तिवारी (ग्राम-खड़िया) से उनकी भेंट हुई। तब वे खड़िया से गोड़ी गाँव में स्थानान्तरित हो

गये थे। तिवारी के साथ 1942 तक वे भूमिगत आन्दोलन में भाग लेते रहे। प्रायः शाम से रात-भर और सुबह विद्यालय के समय से पूर्व तक वे गाँव-गाँव की खाक छानते और फिर विद्यालय में हाजिरी और पढ़ाना, उन्होंने स्वयं एक साक्षात्कार में बताया है–"सन् 1942 के आन्दोलन में मैं प्रत्यक्ष रूप से सम्मिलित हुआ और फिर विधिवत् आन्दोलन में भाग लेते रहे। मेरा उपन्यास 'श्वेत-पत्र' है और उसके जितने पात्र हैं, सब सही हैं। फिर जिले से सम्पर्क हुआ, क्रान्तिकारियों से सम्पर्क हुआ और यहाँ का जो प्रचार विभाग था, हमारे जिम्मे आ गया। जान पर खेलकर किसी-किसी तरह उस समय की ओरिजिनल बुलेटिन हम छाप करके बाँटते थे...उन बुलेटिनों का पूरा उपयोग मेरे उपन्यास 'श्वेत-पत्र' में हुआ है।"[9]

'श्वेत-पत्र' का प्रकाशन 1980 में हुआ। 1998 में दूसरे संस्करण के 'दो शब्द' में उन्होंने लिखा है– "प्रसन्नता है कि कृति के उपनायक (नायक तो पूरा देश है) सुरेन्द्रनाथ तिवारी अभी भी जीवित हैं, उसी प्रकार अल्हण, मस्त, एकाकी, मनमौजी और विद्रोही। अब वह 'बवण्डर' के नाम से विख्यात भी हो गये हैं। दूसरे वयोवृद्ध सेनानी मानिकचन्द (ग्राम रेवतीपुर) भी अभी जीवित हैं। बालेश्वर राय और जयनरायण शुक्ल आदि और भी अभी जीवित हैं। उन्हीं की पहचान मेरा यह उपन्यास 'श्वेत-पत्र' देता है, पक्की पहचान, शत-प्रतिशत प्रमाणिक।'[10] कहने की आवश्यकता नहीं कि 'श्वेत-पत्र' 1942-43 के करइल क्षेत्र नरहीं (बलिया) से लेकर रेवतीपुर (गाजीपुर) तक के सड़क-रेल-झंखाड़ों और गरीबी की मार झेल रहे लोगों के बीच चल रहे भूमिगत प्रचार और नेताओं (जयप्रकाश, लोहिया) के सन्देश की बुलेटिनों द्वारा लोक को जगाने का एक जन-आन्दोलन का सच्चा दस्तावेज है।

विवेकी राय ने कितनी निष्ठा, कितनी कठिनाईयों, कितने जोखिमों को उठाकर इसमें भाग लिया, यह एक बड़ा ही दिल दहलानेवाला रोचक प्रसंग है। इस अभियान में भी ग्राम्यांचलिक व्यक्तित्त्व के इस महान् लेखक को अपने परिवेश, वहाँ की धरती, प्रकृति-पर्यावरण, वहाँ के सरल-सहज, तिकड़मी, चापलूस, त्यागी-विरागी अनेक प्रकार के लोगों के सम्पर्क और वहाँ की गरीबी, शोषण झेलते लोगों की मस्ती और बेफिक्री को जो देखने-समझने का अवसर मिला, वह भी आगे चलकर उनके उपन्यासों, कहानियों, रेखाचित्रों, संस्मरणों, ललित निबन्धों आदि की सामग्री बना।

1942 के उत्तरार्द्ध में सुरेन्द्रनाथ तिवारी (ग्राम-खड़िया) से राय साहब की भेंट होती है और वे गाँधी द्वारा दिखाये हुए अहिंसक मार्ग से गाँव-गाँव गुप्त रीति से आन्दोलन, जागृति और आजादी की अलख जगाने के लिए निकल पड़े। पहला काम तिवारी ने उन्हें दिया एक बुलेटिन (क्रान्तिकारी) पड़ोस के गाँव में रामचीज के पास पहुँचाने का। अपनी पहचान छिपाकर कैसे काम करना है। तिवारी ने कहा कि

रामचीज तभी तुमसे खुलकर बात करेगा जब तुम नमस्कार की जगह 'स्वस्तिक' कहोगे। 'स्वस्तिक' उनका 'कोड वर्ड' था। वे गये, रामचीज मिला तो पूछने पर उसने कहा, वे बाहर गये हैं। पूछा क्या काम है? कहा कि काम तो उन्हीं को बताना है—कह देना 'स्वस्तिक' साहब आये थे। अब वह खुलकर बोला कि क्या तिवारी ने भेजा है ? और काम आगे बढ़ता है। रामचीज अनपढ़ ग्रामीण किसान हैं। 'दो मैले पुराने वस्त्र खण्ड, इस दिगम्बर देशभक्त के आगे धोती-कुर्ता में अपना अस्तित्त्व व्यंग्य की तरह लगने लगा।[11]

उसने यह जानकर कि मुझे 'क्रान्तिकारी' के लिए भेजा गया है, एक लम्बी चुनौटी दी जिसके दोनों ओर क्रमशः चूना और सुर्ती के खाने थे और बीच में खाली जगह में आठ पेज की क्रान्तिकारी की बुलेटिन थी। यह चुनौटी भी एक कोड ही की तरह थी। उनके गोंडी के विद्यालय पर पण्डित उमाकान्त चतुर्वेदी हेड मास्टर थे। एक दिन एक परिचित उनके यहाँ शरण लेने आया जो क्रान्तिकारी युवक था। पण्डित जी ने जलपान के बहाने उसे बिठाया और पुलिस को सूचना भेजकर बुलवा लिया। पुलिस देख वह फरारी युवक अरहर के खेतों में भागकर घुस गया पर उसका झोला वहीं छूट गया। पण्डित जी ने हिकारत से कहा इस झोला को कहीं टाँग दो-देखना ये लोग बड़े खतरनाक होते हैं— कहीं साँप-बिच्छू झोले में न रखा हो। राय साहब ने देखा झोले में एक फटा गमछा और एक फटा अण्डरवीयर और एक मरम्मत लायक चप्पल थी पर उसी में एक बुलेटिन का बण्डल था उसे राय साहब ने अपने बक्स में छिपा दिया। वह बिहार का निवासी था। नाम शायद नारद था। इलाहाबाद में नौकरी छोड़कर आजादी की जंग में भाग लेने को फरारी जीवन बिता रहा था।

अब रामचीज से मुलाकात नागा बाबा की कुटी पर होने लगी (नागा बाबा की कुटी गंगा-तट पर कोटवा गाँव में थी)। नागा बाबा की खुली झोंपड़ी पर ही वह बिहारवाला आदमी अब साधुवेश में रहता है। यह कुटी क्रान्तिकारियों का अड्डा है। स्वयं नागा बाबा इस काम में सहयोगी थे। वहाँ रामचीज ने बाबा से कहा 'एक हाथी आया है।' बाबा ने कहा अब 'अँजोरिया' का इन्तजाम करना। यह हाथी और अँजोरिया का प्रतीक समझ में नहीं आया। 'हाथी' वह क्रान्तिकारी बुलेटिन है जो चुनौटी में रखा है और अँजोरिया मोमबत्ती का प्रकाश, जिससे कुटी के अँधेरे में उसे पढ़ा जा सके। लेखक श्री राय का यह क्रान्ति की सुगबुगाहट की हवा देने का अभियान बड़ा ही रोमांचक है।

रेवतीपुर के बाबू साहब और उनके एकमात्र अविवाहित पुत्र शिवबहाल राय क्रान्तिकारी दस्ते के सदस्य थे। उनके घर सुरेन्द्र तिवारी के साथ पहुँचे। थोड़ी देर में बाबू साहब आते हैं तो तिवारी कहते हैं— 'बाबू साहब ! आपकी मठिया में दो

साधु आ गये हैं, और उस समय हम लोग घर में रखे सामानो से आटा निकालकर रोटियाँ बना रहे थे। बाबू साहब ने कहा–"तब तीसरे साधु के लिए भी रोटियाँ बनाना।" राय साहब का दरवाजा सदा खुला रहता था। उनके पुत्र शिवबहाल राय ने कहा कि 'हमारा दरवाजा' इसलिए खुला रहता है कि कोई आये तो कम-से-कम खाना-वाना बनाये रखे।' इस प्रकार के अनेक प्रसंगों से गाँव-गाँव के किसानों, कमजोरों तक में जो आजादी की लहर थी, वह इन आजाद दस्ता के लोगों के उत्साह को बढ़ाती थी।

उस दिन हेडमास्टर चतुर्वेदी ने जिस बेरहमी से फरार भाई को पुलिस बुलाकर पकड़वाना चाहा था, उसका दण्ड उसे मिलना चाहिए, यह सोचकर मास्टर विवेकी राय ने एक खेल रचा- जो पैम्फलेट वह फरारी भाई लाया था उसमें से कुछ उसने लड़कों के बस्ते में चुपके से डाल दिया और तीन को डाक से डी.एम., एस.पी. और थानेदार को भेज दिया। पुलिस आयी और हेडमास्टर साहब को थाने ले गयी, और थानेदार ने उनको गालियाँ दीं और कहा कि तुम्हारी वजह से गाँव बर्बाद हो जायेगा। दूसरे दिन स्कूल पर मुँह लटकाये वे स्कूल पर आये और कहने लगे–"यह बेइज्जती सही नहीं जा सकती। अब मैं किसी सुराजी से बम माँगता हूँ। साला ठुकुरखोर गाली दे रहा था।...मुझे याद आ रहा है, वह नारदा (नारद) एक पर्चा छिटवाने के लिए कह रहा था। मैंने इनकार कर दिया। उसी ने मेरा नाम पर्चे के साथ थाने पर भेज दिया है।"[12]

यह 'शठं प्रति शाठ्यं' भी आन्दोलन के साथ चलता था। सरल-सहज मास्टर विवेकी राय यह खुराफात भी कर सकते हैं, यह आश्चर्यजनक तो है, पर देश के दुश्मन अपने ही लोगों को सबक सिखाने के लिए यह भी करना पड़ता है। इस भूमिगत आन्दोलन का एक प्रसंग बड़ा ही लोमहर्षक है जो इन क्रान्तिकारियों के मनोबल, साहस और निर्भीक होकर जोखिम लेने की प्रवृत्ति को दर्शाता है। यह यात्रा सोनाड़ी होते हुए रेवतीपुर जाने की थी। सोनाड़ी पहुँचते-पहुँचते रात हो गयी और रात-भर चलकर ये लोग रेवतीपुर पहुँचे। रात में मूँज के घने जंगल में बाटी लगाने की योजना बनी। आलू, आटा और उपले गाँव से मँगा लिये गये। एक किसान के डेरे पर लगी कूँड़ से पानी लाकर खाना तो बन गया पर पीने के लिए पानी निकालते समय कूँड़ टूटकर कुएँ में गिर गयी। लम्बी यात्रा करके गंगा जल से प्यास बुझानी पड़ी। इसी बीच मूँज में से एक पुराना गेहुँवन साँप फुफकारता हुआ निकला किन्तु फुफकारता हुआ अपना रास्ता पकड़कर चला गया। वहाँ आगे के कार्य की योजना बनी। अगले 9 अगस्त, 1943 को बुलेटिन प्रकाशित करके गाँव-गाँव में प्रचारित करना था। इस कठिनाई और खतरे से यह पता चलता है कि 'संसार में साधारण आदमी तो खाता और सोता है, ये कुछ असाधारण पागल आदमी है, जो अपनी धुन

या कल्पना या सपने में मस्त रात-रात-भर जाग रहे हैं। इनकी यही योग्यता है और यही है प्रमाण-पत्र।[13]

कबीर ने ठीक ही लिखा है कि– सुखिया सब संसार है खाये और सोये, दुखिया दास कबीर हैं, जागे और रोये।

वास्तव में पूरा गाँव-जवार, पूरा करइल का इलाका- नरहीं से ईसूपुर मोहम्मदाबाद तक गरम था- गाँव में कुछ सुविधाभोगी जयचन्दों को छोड़कर छोटे-बड़े इस आन्दोलन के साथ थे। कवि जी के गाँव सोनवानी में 'क्रान्तिकारी बुलेटिन पहुँची तो होम्योपैथी के डॉक्टर सुदामा ओझा उसमें इतने लीन हैं पढ़ने में कि कोई मरीज आता और दरवाजा खटखटाता तो उसे टरका देते थे। डॉक्टर से नरहीं गाँव के लक्ष्मीशंकर त्रिवेदी का प्रसंग चलने पर प्रताप सिंह बताते हैं कि– 'लक्ष्मीशंकर तिवारी जो सन् 1941 का सत्याग्रही भी रह चुका है। फिर 1942 में पहले से ही इस पर सरकार की निगाह थी, दिनाजपुर (बंगाल) में वह हमारे साथ रहा। वहीं पर वह गिरफ्तार हो गया और मैं आपके करइल में धँसा छिपता अभी तक बचा हूँ। यह जंगल क्रान्तिकारियों के लिए अव्वल है। बहुत महफूज है। करइल का किला है और आप चार आदमी इसके खम्भे हैं।''[14]

जो लोग करइल गये हैं–आज का करइल नहीं- 1942-43 का करइल, जब सड़कें नहीं थीं। छवर की करइल माटी पर नंगे पैर चलना काँटों पर चलना था और बरसात में वह इतनी चिपकती थी कि 'नौ दिन चले अढ़ाई कोस।' वहाँ फौज, पुलिस, थाना कहाँ पहुँचता। तो करइल के इस किले में बिहार का नारद साधुवेश में और प्रताप सिंह किसान रूप में छिपकर क्रान्ति का पैगाम जनता-जनार्दन तक पहुँचाते थे। कवि जी यानी विवेकी राय की तो यही जन्मभूमि और कर्मभूमि है–अब यह धर्म-भूमि है–राष्ट्रधर्म की भूमि।

यह विवेकी राय और उनके 'आजाद दस्ता' के मस्तानों का भूमिगत आन्दोलन बड़े खतरे का काम था। खासतौर से अध्यापक के लिए तो नौकरी पर भी खतरा-ही-खतरा था। एक रविवार को अपने इस अभियान में रहने के बाद सोमवार को विद्यालय जाना था, पर वह छूट गया। दूसरे दिन इतनी वर्षा हुई कि करइल की माटी में चलना मुश्किल। अब दूसरे दिन भी नहीं जा सके। अब इस अनुपस्थिति को छिपाने के लिए पाँच दिन भी छुट्टी झूठे बहाने पर लेनी पड़ी। इस परिस्थिति में यह लेखक भूमिगत सेनानी सोचता है–''मैं क्यों किसान के साथ अध्यापक हो गया ? केवल किसान होता तो कितना सीधा सुख था। मेरे अध्यापक ने गड़बड़ कर दिया। छुट्टी की चिन्ता घिर आयी।''[15] इसके अतिरिक्त गिरफ्तारी का खतरा कदम-कदम पर। लोगों को भी अपनी पहचान न बताना और सिपाहियों-गुप्तचरों से भी चौकन्ना रहकर काम करना, यह बहुत कठिन था। जेल

जाने का डर नहीं था, काम करने में बाधा का डर था। जेल में बैठकर कौन-सा काम होगा ?

इस प्रसंग में रेवतीपुर में बाबू मानिकचन्द और उनके बड़े भाई गुलाब से मिलने जाना था। रेवतीपुर बहुत बड़ा गाँव है। पुलिस की निगाह में भी है और पुलिस गश्त करती रहती है। यहाँ थाना भी है। अतः वहाँ आजाद दस्ता के भूमिगत सेनानियों के लिए भी खतरा बहुत है। पर सुरेन्द्र तिवारी इन सबसे लापरवाह, बेफिक्र वह तो आज़ादी के लिए 'मूँड़ मुड़ाय भया संन्यासी' जैसा ही था। साथ में यह लेखक भी छाया की तरह था। प्रोग्राम तो था हरिहरपुर में बाबू बालेश्वर राय के यहाँ रुकना, फिर वहाँ से नाव से उतरकर रेवतीपुर पहुँचा। पर तेज हवा के कारण नाव रात में गयी ही नहीं। फिर स्टीमर से गाजीपुर से जाना तय हुआ। सुबहवाली स्टीमर से उतरकर रेवतीपुर पहुँचे। गुलाब का घर तो गली में है पर चौड़े रास्ते से जाते समय पुलिस गश्त थी आहट पाकर तिवारी पीछे मुड़ा और एक खाली मण्डई में दो खाट पड़ी थी उसी पर सोकर दोनों ने आँख मूँद ली ताकि पुलिसवाले आवें तो समझें कि किसान अपनी झोंपड़ी में लेटे हैं। प्यास लगी थी- एक लड़के से दो लोटा पानी माँगा। तो घर की महिला ने पुछवाया, कौन हैं ? कहाँ जाना है? उत्तर दिया- 'बस राहगीर हैं, प्यास लगी है।' वह मिठाई के साथ पानी लाया और फिर हम गुलाब की गली में घुस गये। पहुँचते ही दो थाली भोजन आ गया। गुलाब सोनार हैं और इन्हीं के घर भी पर्चे छपते हैं– यहीं साइक्लोस्टाइल मशीन है। इसी प्रकार अभियान चलता रहा। बुलेटिनों से गाँधी जी के अनशन, इन्दिरा-फिरोज के सत्याग्रह, जय प्रकाश-लोहिया-अरुणा आसफ अली के पैगाम और सुभाषचन्द्र बोस की आजाद हिन्द फौज की बर्मा से आगे बढ़ती विजय पताका का समाचार मिलता रहा।

इधर रात-भर अभियान और दस बजे विद्यालय पर हाजिरी। हरिहरपुर की तैयारी थी पर खड़िया से सोचा गोंडी विद्यालय पर हाजिरी लगाकर फिर हरिहरपुर में बालेश्वर राय के यहाँ तिवारी से मिल लेंगे। पर जब हरिपुर बालेश्वर राय के घर पहुँचा तो न बालेश्वर बाबू, न तिवारी और रामदत्त। अब रात तो हरिहरपुर में काटनी ही थी तो एक भले मानुष के मकान पर शरण ली-खूब आतिथ्य लिया। प्रातःकाल आथितेय का परिचय पूछा तो पता चला कि ये डॉ. गोवर्धन राय शर्मा हैं जो इलाहाबाद विश्वविद्यालय में प्राचीन इतिहास और पुरातत्त्व के प्रोफेसर हैं। दशहरे की छुट्टी में आये हैं। जाते-जाते डॉ. शर्मा ने जो कुछ कहा वह इनके उत्साह को बढ़ाने वाला था। उन्होंने कहा : 'शुभचिन्तकों और कार्यकर्त्ताओं की कमी का अनुभव आप लोग न करें। काम पूरे उत्साह के साथ होता चले। बाहर से पूरा-पूरा न सही, भीतर से सारा देश साथ है।''[16]

इसी तरह समय बीतता गया। एक उन्हें बलिया के हैबतपुर गाँव जाने का निर्देश हुआ। गाँव के दक्षिण गंगा के किनारे लोकनाथ बाबू का मकान बताया गया। उनका लड़का है—बासदेव और वहीं रहता है, रिश्तेदारी का दूसरा लड़का गौरीशंकर दोनों फरारों के सेवक हैं। स्कूल तो बहाना है, इनका मुख्य काम भूमिगत सुराजियों के सम्पर्क-सूत्र बनाना और उनकी सहायता करना इनसे मिलने का निर्देश मिला। कोड शब्द बताया गया कि 'जय बलिया' कहने पर यह समझ जायेगा कि आप सुराजी हैं। लोकनाथ बाबू ने भोजन के लिए कहते हुए हमारा उत्साह यह कहकर बढ़ाया कि "भोजन की भाँति स्वराजी तैयार हैं बस आप लोग उसे यहाँ से देख भर नहीं रहे हैं।"

गौरीशंकर अब हैबतपुर से बलिया से सुदूर शिवपुर गाँव में अपने नाना ईश्वरदयाल ठाकुर के यहाँ आ गया क्योंकि वह 1942 में मेस्टन कॉलेज में 9वीं का छात्र था और जुलूस निकलवाना और नारा लगाने में आगे रहता। अतः उसे स्कूल से निकाल दिया गया और बलिया शहर में आने पर प्रतिबन्ध लग गया था। अब वह शिवपुर से ही नाव से बलिया आता पर्चे बाँटता फिर शिवपुर लौट जाता। शिवपुर ऐतिहासिक गाँव है। 1857 ई. में कुँवरसिंह यहीं से नावों द्वारा गंगा पार करके जगदीशपुर गये थे। गाँव का पूरा सहयोग था उन्हें। 1942 में भी शिवपुर ने इतिहास दुहराया। यह गौरीशंकर, गौरीशंकर राय के रूप में बलिया का सांसद भी बना और आपात्काल में भी जयप्रकाश के आन्दोलन का एक स्तम्भ बना। स्पश्ट है कि विवेकी राय का यह स्वातन्त्र्य सेनानी बालरूप भी उन्हें पूरे क्षेत्र की संस्कृति और प्रकृति का परिचय कराता रहा जो उनकी रचनाधर्मिता के लिए भी उपजीव्य बना।

इस क्षेत्र के आन्दोलन का वृत्त डॉ. सरजू तिवारी ने अपनी पुस्तक 'गाजीपुर की ऐतिहासिक धरा' के पृ. 146 पर अंकित किया है—"साइक्लोस्टाइल मशीन भिन्न-भिन्न गाँवों से लेकर गणिकाओं के कोठे पर छिपायी जाती थी। गुलाब सेठ, शिवबहाल राय, बालेश्वर राय, रामदत्त राय, परशुराम राय, जयनरायण शुक्ल, शिवदत्त राय, सुरेन्द्रनाथ तिवारी वगैरह बहुत-से लोग इसके सक्रिय कार्यकर्त्ताओं की अगली पंक्ति में आ गये। जयप्रकाश नारायण के पर्चों में छपनेवाला 'रणभेरी' आह्वाहन इनका प्रेरणा स्रोत बन गया। 'समरदूत' के हर अंक में प्रमुखता से छपने लगा। छात्रों और किशोरों के माध्यम से इसकी प्रतियाँ जनपद के कोने-कोने में पहुँचने लगी। विवेकी राय के 'श्वेत-पत्र' में इस गुप्त संगठन की विस्तृत चर्चा है। राय साहब का कहना है कि वह खुद इसमें शामिल थे और उन्होंने अपनी रचना श्वेत-पत्र में उपर्युक्त नामों के अलावा कई और महत्त्वपूर्ण नामों का उल्लेख किया जो सुराजी थे।

अध्यापन का प्रारम्भ :

नार्मल का प्रशिक्षण पूरा होने के पश्चात् उनकी नियुक्ति और पदोन्नति मिडिल स्कूल के अध्यापक के रूप में हुई। इस रूप में उनका स्थानान्तरण ग्राम नरही जिला बलिया में अध्यापक के रूप में हुआ। नरही में 1948 से 1950 तक वह अध्यापन में रहे। नरही बलिया जिले के दक्षिणी छोर पर स्थित एक बड़ा गाँव है जहाँ रात्रि निवास पढ़ाने के लिए रुकना पड़ता था। कहा जा चुका है कि नरही में एक बहुत अच्छा पुस्तकालय था और वहाँ का साहित्यिक वातावरण भी बहुत अच्छा था जो हर प्रकार से इनकी साहित्यिक रुचि के लिए एक उर्वर पाथेय के रूप में कार्य करता रहा। नरही के अपने अध्यापन-काल की दो बातों को वे बड़े ही प्रेम से स्मरण करते हैं। उसमें पहली बात तो यह है कि नरही के स्कूल में ही उनके दो बड़े ही प्रतिभाशाली छात्र थे जो आगे चलकर साहित्य के क्षेत्र में पर्याप्त ख्याति प्राप्त कर सके। इनमें पहला नाम था दूधनाथ सिंह का जो अब डॉ. दूधनाथ सिंह के नाम से एक प्रसिद्ध कहानीकार, उपन्यासकार और आलोचक के रूप में प्रतिष्ठित हैं और प्रयाग विश्वविद्यालय से अध्यापक के रूप में अवकाश ग्रहण करके अब इलाहाबाद- झूँसी में अपने मकान में रहते हैं, और दूसरे छात्र थे मो. इज़राल अंसारी जो कलकत्ता से निकलने वाले भारतमित्र अखबार के प्रधान सम्पादक बनें।

उस नरही-प्रवास में ही उन्होंने साहित्यकारों से भी सम्पर्क बना लिया था और वहाँ से चितबड़ागाँव के इण्टर कॉलेज में अध्यापक श्री मुक्तेश्वर तिवारी 'बेसुध-बलियाटिक' से जाकर उन्होंने भेंट की थी जो 'आज' में 'चतुरी चाचा की चटपटी चिट्ठी' लिखते थे। इसी काल में उन्होंने नरही में एक बड़ा अखिल भारतीय कवि-सम्मेलन कराया जिसकी अध्यक्षता वीर रसावतार पण्डित श्यामनारायण पाण्डेय ने की थी और बलिया के प्रतिष्ठित भोजपुरी और खड़ीबोली के कवियों के अलावा देवनाथ पाण्डेय 'रसाल' तथा गोरखपुर के रामाधार सिंह भी आये हुए थे।

मिडिल स्कूल से हाईस्कूल शिक्षक :

नरही के बाद उनकी नियुक्ति एक स्थायी मिडिल स्कूल शिक्षक के रूप में गडुआ-मकसूदपुर में हुई। उस समय गाजीपुर के जिला परिषद् अध्यक्ष रामसूरत सिंह थे। गडुआ-मकसूदपुर में बहुत ही अल्पकाल तक कार्य करने के पश्चात् उन्हें सर्वोदय हाईस्कूल खरडीहा में पढ़ाने के लिए आमन्त्रण मिला जिस स्कूल के संस्थापक और प्रबन्धक डॉ. बृजमंगल राय थे। डॉ. बृजमंगल के इस आमन्त्रण को उन्होंने स्वीकार कर लिया और 13 वर्ष तक वहीं हाई-स्कूल में शिक्षक के रूप में वे कार्य करते रहे। खरडीहा स्कूल से भी पहले ही वह अपने गाँव चले जाते थे और

पढ़ाने आते थे। खरडीहा से सोनवानी साधारण मौसम में पदयात्रा करने में एक तरफ दो घण्टे का समय लगता था बरसात के दिनों में तीन घण्टा और बाढ़ में पाँच घण्टा लग जाता था।

इस लम्बी पदयात्रा में बाढ़ के दिनों में उन्हें पानी में चलकर और कभी-कभी कमर-भर पानी में घुसकर आगे निकलना पड़ता था। कपड़े किताब व झोले को सिर पर गठरी बनाकर रखना और बरसाती नालों को पार करना कोई साधारण तपस्या का काम नहीं था। बरसात की बाढ़ में घोंघा, सेवार और मछलियों के साथ-साथ गंगातटीय क्षेत्र के साँप-बिच्छू आदि विशैले जानवर तैरते हुए आ जाते थे, जिन्हें देखकर रोंगटे खड़े हो जाते थे किन्तु कभी कोई हादसा नहीं हुआ, क्योंकि बाढ़ की विपदा में ये जानवर भी अपनी-अपनी पनाह खोज रहे थे। कविवर बिहारीलाल की यह उक्ति उस समय राय साहब को स्मरण आती थी–'कहलाने एकत बसत अहि, मयूर, मृग, बाघ।'

ऐसे ही आते-जाते एक बार बाढ़ के दिनों में उन्हें खरडीहा और सोनवानी के मध्य पड़नेवाले गोंडी गाँव में रुकना पड़ गया। चूँकि यहाँ वे पहले अध्यापक के रूप में कार्य कर चुके थे इसलिए वहाँ उनको बड़ी आत्मीयता मिली। वहीं इनके एक शिष्य ने विद्यालय से घर आने-जाने की सुविधा के लिए साइकिल सीखने का आग्रह किया। एक बगीचे में ले जाकर उसने साइकिल पर बैठाकर पीछे से धक्का देकर साइकिल को छोड़ दिया और वह गिर गये और साइकिल भी टूट गयी किन्तु उसके बाद उन्होंने निश्चय किया कि अब साइकिल जरूर सीखेंगे और एक महीने तक लगातार सीखने के पश्चात् उन्हें साइकिल चलाना तो आ गया पर यान्त्रिकता से सम्पूर्ण जीवन डरने वाले विवेकी राय को साइकिल जैसे मामूली यन्त्र को भी चलाने में डर लगता था। डर-डरकर साइकिल चलाते थे। कुछ दिन साइकिल से भी आने-जाने का क्रम चलाने के बाद बरसात के दिनों में साइकिल उनके लिए दोहरा बोझ होने लगी। एक तो करइल मिट्टी चिपक-चिपककर साइकिल को बोझा बना देती थी दूसरे नदी-नालों को पार करने में कपड़ों के बोझ के साथ साइकिल को भी सिर पर लादना पड़ता था।

उनका खरडीहा का जीवन :

सन् 1951 से 1964 तक गाँधीवादी सन्तस्वरूप बृजमंगल राय प्रबन्धक और कुशल प्रशासक प्रेमनारायण राय प्रधानाचार्य की छत्रच्छाया में खरडीहा में 13 वर्ष विवेकी राय का जीवन बहुत विचित्र धूप-छाँही जैसा था। एक ओर भौतिक असुख का तो दूसरी ओर शानदार सफलताओं और यशस्वी उत्कर्श का सत्यापन था। उनके यहाँ आने के प्रथम वर्ष ही कलकत्ते के एक पन्द्रह दिवसीय समारोह में जाना पड़ा।

वह राजस्थान क्लब की ओर से आयोजित कवि-सम्मेलन का कार्यक्रम था। वह पण्डित श्याम नारायण पाण्डेय का शिष्य बनकर गये थे। पण्डित श्यामनारायण पाण्डेय के अतिरिक्त बच्चन जी, बेधड़क जी, सुमित्रा कुमारी सिनहा आदि 13 प्रसिद्ध कवि थे और सभी बसन्त कुमार बिड़ला के अतिथि रहे। इसी कालावधि में हाई-स्कूल से लेकर एम.ए. तक उत्तीर्ण हुए और साथ ही पी-एच.डी. भी सम्पन्न हुई। सन् 1957 में 'मनबोध मास्टर की डायरी' आरम्भ हुई और यश के चरमोत्कर्ष पर पहुँची। इन 13 वर्षों के भीतर उनकी आधा दर्जन से अधिक पुस्तकें भी प्रकाशित हुई। लेखक और कवि के रूप में (कवि जी 'उपनाम') ख्याति मिली। इन दिनों में दिग्गज पत्रकार भी थे। खरडीहा से 'आज' में समाचार भेजते थे। विधिवत् अधिकार प्राप्त पत्रकार थे। आज के अतिरिक्त 'भारत', 'संसार', 'अमृत पत्रिका' और 'बनारस' नामक पत्रों के प्रतिनिधि थे। गाजीपुर आने के बाद भी साल भर 'आज' के प्रतिनिधि थे। उसके बाद 'यहाँ बहुत झंझट है' ऐसा सोचकर त्याग-पत्र दे दिया। लोगों को आश्चर्य था कि ऐसे रोब-दाब वाले जॉब से उन्होंने क्यों किनारा कस लिया। खरडीहा प्रवास काल में खैराबारी, सियाड़ी, उजियार, कनुआन, दुबिहा, खरडीहा और मुँडेरा नामक आस-पास के गाँवों में बड़े-बड़े कवि-सम्मेलनों का आयोजन करवाया। खैराबारीवाले में गाजीपुर-बलिया बनारस के कवियों के साथ महाकवि पण्डित श्यामनरायण और आचार्य सीताराम चतुर्वेदी (अध्यक्ष) का आकर्षण था। इसके अलावा उसी अवधि में बलिया जनपद में पड़ने वाले गाँवों, चौरा और उजियार में कवि-सम्मेलन कराया था। उजियार में मोती बी.ए. और चौरा में आचार्य परशुराम चतुर्वेदी का आकर्शण था। उसी खरडीहा प्रवास के दौरान कनुआन गाँव में जो साहित्यिक कार्यक्रमों का दौर चला वह सुधी लेखक रमापति पाण्डेय के संयोजन में निरन्तर चलता रहा। गोरखनाथ, रामरोसाखन, चन्द्रकेश, बलिराम, प्रजेश आदि के प्रयास से वहाँ का 'कलामंच' आज भी जीवित है। इसके अतिरिक्त 'अन्तरग्रामीण सुहृद साहित्य-गोष्ठी (बलिया-गाजीपुर) नामक एक संस्था के द्वारा गाँवों में साहित्यिक गोश्ठियाँ होती थी।

डॉ. लक्ष्मीशंकर द्विवेदी, इजराल अंसारी, कवि 'खोरा', रामवृक्ष राय 'विधुर', पण्डित रमापति पाण्डेय, बब्बन पाण्डेय 'मुक्त' और गौरीशंकर चौबे आदि प्रसिद्ध लेखक इसी गोष्ठी के भीतर से उछले। खरडीहा रहते हुए आस-पास के गाँव में उन्हें अपार स्नेह मिला। कवि-सम्मेलनवाला उक्त गाँव तो ऐसा लगता जैसे ये अपने ही गाँव हैं। इसी अवधि में कनुआन के घसगढ़े कवि 'खोरा' की पूरी खोज हुई और उनकी काव्य पुस्तक प्रकाशित करायी गयी। खरडीहा में कुछ परिवारों से बेहद घनिष्ठता थी। स्वतन्त्रता संग्राम सेनानी मित्र श्री सुरेन्द्रनाथ तिवारी के परिवार से खरडीहा आने के पूर्व से ही पारिवारिक सम्बन्ध था। यह विद्वानों और उच्चाधिकारियों

का अति समृद्ध परिवार रहा। एक बार बरसात के दिनों में दो-तीन महीने उनके घर आश्रय लिए हुये रहा। एक परिवार इस गाँव में स्मृतिशेष कूदन राय जी का है। बहुत ही खर्चीला, उदार और गम्भीर रईस तथा शान्तिप्रिय परिवार रहा। प्रतिष्ठा अब भी बनी रही। ज्ञातव्य है कि कूदन राय जी का वास्तविक नाम रामबचन राय रहा है। इनके घर भोजन का स्तर बहुत ही ऊँचा था। आकस्मिक स्थिति में विवेकी राय यहाँ से निःसंकोच भोजन माँग लिया करते थे। 8 बजे दिन से 3 या 4 बजे शाम तक भोजन की उपलब्धता चकितकारी थी। उक्त राय जी के छोटे सुपुत्र विजयशंकर राय हैं। वे कक्षा 6 से लेकर 12वीं तक उनके छात्र रहे। सम्प्रति वे गाजीपुर के विशिष्ट एडवोकेट हैं। विवेकी राय की लम्बी-लम्बी प्रसिद्ध कविताएँ आज भी उन्हें कण्ठस्थ हैं। वे समय-समय पर उन्हें गाकर सुनाते हैं। विवेकी राय के साहित्य के सबसे बड़े पाठक होने के साथ-साथ वे अब भी उनके शुभचिन्तक हैं, आत्मीय हैं। वे सुरेन्द्र तिवारी के बाद खरडीहा की उनके लिए मूल्यवान् देन हैं। छात्र-जीवन से ही बहुत मेधावी रहे। इसी विजयशंकर राय नाम के एक और मेरे खरडीहा में शिष्य रहे जिनके विशेष शैक्षिक प्रतिभा के साथ नेतृत्व का ईश्वर प्रदत्त गुण था और उन गुणों के चलते प्रभावशाली वक्ता, अनुशासनप्रिय प्राचार्य और सक्षम राजनीतिक नेतृत्व के लिए उनका नाम लिया जाता रहा है। वे अमरूपुर गाँव के थे। इसी गाँव के उनके एक और शिष्य मित्र हैं शेषनाथ राय एडवोकेट जो लेखक, पत्रकार और साहित्य प्रेमी के रूप में प्रसिद्ध हैं। ऐसे अविरल सद्भावशील सम्बन्धवाले खरडीहा के लगभग दर्जनों छात्र हैं।

यहाँ उत्कृष्ट प्रतिभावाले लगभग पन्द्रह-बीस छात्र ऐसे मिले जिनकी चमक से जनपद, प्रान्त और राष्ट्र की चमक बढ़ी। कहते हैं, प्रमुख रूप से यह समर्पित भाव से अध्यापन कार्य सम्पन्न करनेवाले अध्यापकों की यह देन रही है। जो हो, राय साहब अपनी बात जानते हैं। यहाँ अध्यापन कार्य वे पूजा की तरह, पूरे उत्तरदायित्व के साथ सम्पन्न करते रहे। उसका स्मरण उन्हें आज भी आनन्दित करता है। खरडीहा उनका विश्वविद्यालय-जैसा रहा। उससे उनका आत्मीय सम्बन्ध अब भी जुड़ा है।

खरडीहा में कार्यरत रहने के दौरान बाध्य होकर उन्हें वहीं रात में रूकने का निश्चय करना पड़ा। तब वह 6 दिन वहीं रुकते थे, केवल शनिवार की शाम को चलकर गाँव पहुंचना और रविवार रहकर सोमवार को सुबह विद्यालय पहुँच जाना यहीं उनका क्रम था। खरडीहा का उनका जीवन बहुत ही कष्टपूर्ण और तपस्यापूर्ण था। वे बताते हैं कि विद्यालय पर ही रुकते थे। उनके साथ एक और अध्यापक शिवमंगल राय भी रूकते थे जो उनके मित्र थे। इसलिए दोनों में बड़ा सामंजस्य रहता था। राय साहब बताते हैं कि खरडीहा का जीवन बड़ा अजीब था। न उनके पास

बरतन था न बिछावन और न चारपायी। बरतन में एक बटुली, एक थाली, एक तिगाड़ी और दाल के लिए एक कटोरी थी। अधिकतर खिचड़ी बनाकर काम चलाया जाता था और उस एक थाली में बारी-बारी दोनों खाते थे। चारपायी न रहने से सोने के लिए भी जुगाड़ करके सोना पड़ता था। दो मेजों को जोड़कर उन्हीं पर वे सोते थे। मेजें भी उस समय टेढ़ी होती थीं। इसलिए दोनों मेजों को जोड़ने पर बीच में दोनों का स्थान गहरा हो जाता था और उसी में रात बितानी पड़ती थी। यह रहना फकीरों-जैसा रहना था और बड़ा सात्त्विक था। विवेकी राय अपनी स्मृति को टटोलते हुए कहते हैं कि वह समय बड़ा ही रोचक था और आज उसकी स्मृतियाँ बड़ी प्रेरणाप्रद लगती हैं।

खरडीहा के ही आरम्भ-काल में उनकी रचनाओं का प्रकाशन प्रारम्भ हुआ। लिखते तो वह पहले से ही थे पर सर्वप्रथम उनकी एक 'पाकिस्तानी' नाम की कहानी खरडीहा के ही निवास-काल में 'आज' में प्रकाशित हुई और फिर वहीं से आज में ही उनकी 'मनबोध मास्टर की डायरी' प्रकाशित होने लगी जो प्रति दूसरे सप्ताह आज में खड़ीबोली के रेखाचित्र, संस्मरण और रिपोर्ताज के रूप में निकलती थी। डायरी के साथ एक मास्टर नुमा आदमी की फोटो छपती थी जो टोपी-चश्मा लगाता, धोती-कुर्ता के साथ बगल में छाता दबाये खड़ा था। एक सप्ताह में 'चतुरी-चाचा की चटपटी चिट्ठी' और दूसरी सप्ताह यह डायरी छपती थी। इन दोनों लेखकों में भी संवाद होता रहता था। डॉ. विवेकी राय ने एक लेख में चतुरी-चाचा की एक चिट्ठी का उल्लेख किया है जो उनके नाम से आयी थी।

"सोस्ती सिरी पाती लिखे, चतुरी चाचा जोग।
काली जी के छोह में, कुशल रहे बस लोग।।
कोट फटी दाढ़ी बढ़ी, जस मरियल मजदूर।
ऐसे मन के बोध युत, मास्टर हैं मशहूर।।
रखते हैं जो काँख में, छाता बारह मास।
चश्मा-टोपी के सहित, सदा 'आज' में बास।।
कहिये यह क्या खेल है, छिपकर लिखते लेख।
दो हफ्ते से शकल भी, नहीं रहे हैं देख।।
क्या कारण रख डायरी, खिसक गये हैं आप ?
चिट्ठी तार समझ तुरत, उत्तर देना छाप।"[17]

यह बताया जा चुका है कि घर-गृहस्थी के दायित्वों को पूरा करते हुए उन्होंने अपने क्षेत्र के समस्त पुस्तकालयों को छान डाला और इस स्वाध्याय से उनके पाण्डित्य को और परिपक्वता प्राप्त हो गयी। उन्होंने प्राथमिक विद्यालय के शिक्षक के रूप में ही विभिन्न उपाधियों के लिए परीक्षाएँ देना प्रारम्भ कर दिया। 1943 ई.

में विशेष योग्यता परीक्षा पास की तो क्रमशः 44 और 46 में हिन्दी साहित्य सम्मेलन की विशारद और साहित्य रत्न की परीक्षाएँ पास कीं। व्यकितगत परीक्षार्थी के रूप में परीक्षा देने का यह क्रम चलता रहा। 1951 में साहित्यालंकार, 53 में हाईस्कूल, 58 में इण्टर, 61 में बी.ए. और 64 में एम.ए. की परीक्षाएँ उत्तीर्ण की। इन सभी परीक्षाओं में उन्हें प्रथम श्रेणी के साथ-साथ योग्यता सूची में भी सम्मानजनक स्थान प्राप्त हुआ। काशी हिन्दू विश्वविद्यालय से एम.ए. की परीक्षा में उन्हें प्रथम श्रेणी के साथ योग्यता सूची में प्रथम स्थान प्राप्त हुआ। महात्मा गाँधी काशी विद्यापीठ, वाराणसी से उन्हें पी-एच.डी. की उपाधि प्राप्त हुई और विषय था, "स्वातन्त्र्योत्तर कथा-साहित्य और ग्राम जीवन"।

स्नातकोत्तर कॉलेज में :

जब विवेकी राय ने काशी हिन्दू विश्वविद्यालय से एम.ए. (हिन्दी) की परीक्षा प्रथम श्रेणी में सर्वप्रथम स्थान के साथ उत्तीर्ण की तो काशी के 'हिन्दी प्रचारक संस्थान' के स्वामी कृष्णचन्द्र बेरी ने कलकत्ता विश्वविद्यालय के हिन्दी के आचार्य डॉ. कल्याण मल्ल लोढ़ा को पत्र लिखकर उन्हें उक्त विश्वविद्यालय में नियुक्ति के लिए पत्र लिखा और वे तैयार हो गये। इसी बीच काशी हिन्दू विश्वविद्यालय की पत्रिका 'प्रज्ञा' के सम्पादक पद पर इनकी नियुक्ति का पत्र आ गया। 'प्रज्ञा' त्रैमासिक पत्र के रूप में नियमित निकलती थी और उसका एक स्वतन्त्र विभाग और कार्यालय था। उसके संपादक को भी प्रवक्ता स्तर के अनुरूप ही वेतन मिलता था। तब तक गाजीपुर के ही पोस्ट ग्रेजुएट कॉलेज में हिन्दी विभाग में प्रवक्ता के रूप में इनकी नियुक्ति हो गयी। यह उत्तर प्रदेश के दो-चार बड़े महाविद्यालयों में से एक था। इसके प्रबन्धक राजेश्वर सिंह एडवोकेट थे जो प्रतिष्ठित समाजसेवी और शिक्षा के उच्चस्तरीय हिमायती थे। प्राचार्य मोती सिंह हिन्दी के विद्वान् और लेखक थे तथा हिन्दी के विभागाध्यक्ष डॉ. जितेन्द्रनाथ पाठक थे। इन तीनों में मिलकर एक अनमोल रत्न के रूप में विवेकी राय की पहचान थी और उन्हें हिन्दी प्रवक्ता के रूप में नियुक्ति-पत्र प्रदान किया।

इस समय उनके सामने चार विकल्प थे- (1) खरडीहा में इण्टर स्तर का प्रवक्ता पद (2) काशी हिन्दू विश्वविद्यालय का 'प्रज्ञा' सम्पादक का पद (3) कलकता विश्वविद्यालय का हिन्दी प्रवक्ता पद और (4) स्नातकोत्तर महाविद्यालय, गाजीपुर का प्रवक्ता पद। कहते हैं कि जब ऊपरवाला देता है तो छप्पर फाड़कर देता है। ग्राम-संस्कृति के प्रेमी और गाँव-घर से जुड़े रहने की ख्वाहिश ने उन्हें गाजीपुर में प्रवक्ता पद लेने को बाध्य कर दिया। अपने गाँव का जिला मुख्यालय और वहाँ से रेलगाड़ी द्वारा गाँव के 4-5 मील पूर्व के स्टेशन तक पहुँचने की सुविधा के कारण

यहाँ रहना उन्हें घर की दृष्टि से तथा अपने मन की सन्तुष्टि की दृष्टि से अनुकूल लगा।

1964 से प्रारम्भ करके 1988 तक वे गाजीपुर कॉलेज में चौबीस वर्ष सेवारत रहे। एक बार पूछने पर कि उक्त कॉलेज में आपका किन अध्यापकों से बहुत सम्बन्ध रहा तो उन्होंने बताया- समाजशास्त्र के डॉ. विजयानन्द सिंह और गणित के डॉ. रामनयन सिंह से मेरी बड़ी निकटता और आत्मीयता थी। यह सम्बन्ध मुझे अजीब लगा कि हिन्दी के विख्यात लेखक की आत्मीयता हिन्दी, संस्कृत, अँग्रेजी जैसे साहित्य विषयों के अध्यापकों में किसी के साथ अधिक न होकर गणित और समाजशास्त्र के अध्यापक से क्यों? पता करने पर पता चला कि विजयानन्द और रामनयन दोनों ही बड़े साधु-सात्त्विक, निश्छल और निर्मल स्वभाव के थे और स्वयं राय साहब भी इसी ढाँचे में ढले थे। अतः यह ही निकट आये। तुलसीदास के राम के भाँति विवेकी राय भी व्यवहार से सदैव प्रकट करते थे कि :

"निर्बल मन जन सो मोहिं पावा,
मोहि कपट छल-छिद्र भावा।"[18]

गाजीपुर में आकर उन्हें आवास लेकर रुकना आवश्यक हो गया और शनिवार-रविवार सोनवानी आते-जाते रहे। पहले तो वह एक किराये के मकान में रहे पर बाद में उन्होंने बड़ी बाग मुहल्ले में जमीन लेकर एक छोटा-सा मकान बना लिया और उसका नाम रखा 'साहित्य - सेवा - सदन' पर बिहार के राजनेता और साहित्यकार शंकरदयाल सिंह उनके यहाँ आये तो उन्होंने उसका नाम डॉ. राय की ही एक कृति 'गँवई-गन्ध-गुलाब' के नाम को मकान का नाम रखने का प्रस्ताव किया, जिसे श्री राय ने स्वीकार कर लिया। आज भी 90 वर्षीय विवेकी राय उसी मकान में रहते हैं, जो मकान कम, एक सन्त के आश्रम-जैसा सादा और शान्तिप्रद है।

लेखन कला :

गाजीपुर जैसे गाँवनुमा शहर में आकर उनका लेखन पत्र-पत्रिकाओं में स्थान पाने लगा। गाजीपुर में आकर विवेकी राय ने धर्मयुग में लिखना प्रारम्भ किया। उस समय धर्मयुग के सम्पादक डॉ. धर्मवीर भारती थे, जिन्हें धर्मयुग को एक प्रतिष्ठित साहित्यिक पत्रिका देने का श्रेय प्राप्त था। उनके यहाँ लेखकों को प्रकाशन पाने के लिए पैरवी की आवश्यकता नहीं थी। वे रचना की श्रेष्ठता के आधार पर उसे प्रकाशित करने का निर्णय करते थे। श्री राय ने धर्मयुग में जोर-शोर से लिखना शुरू किया, विशेष रूप से उन्होंने रिपोर्ताज और कहानियाँ लिखकर साहित्य-जगत् में ख्याति अर्जित कर ली। इसके पहले वह 'आज' दैनिक के एक नियमित स्तम्भ के

अलावा उस पत्र के साथ ही कुछ और पत्रों के भी संवाददाता के रूप में कार्य करते रहे और अपने ग्रामीण क्षेत्र गाजीपुर और बलिया के अंचल में उन्होंने एक 'अन्तग्र्रामीण सुहृद्-साहित्य-गोष्ठी' की संगठन किया था और लगभग दो दशक तक इस संस्था के माध्यम से उन्होंने भोरौली से सोनवानी तक के अंचल में साहित्यिक वातावरण का निर्माण किया था। अब धर्मयुग में स्थापित लेखक हो जाने के बाद वे उस समय की साहित्यिक पत्रिकाओं 'कल्पना, ज्ञानोदय, कहानी, साप्ताहिक हिन्दुस्तान, सारिका, नवनीत और कादम्बिनी' आदि में लगातार लिखते रहे। इसके साथ ही कलकत्ता से निकलनेवाले 'रविवार' नामक पाक्षिक पत्र में 'गाँव' स्तम्भ के अन्तर्गत वे आजादी के बाद बदलते हुए गाँवों को विषय बनाकर ललित निबन्ध लिखते रहे। 'ज्योत्स्ना' 'शिखर-वार्त्ता' तथा 'जनसत्ता' में भी विवेकी राय स्तम्भ लिखते रहे। इस प्रकार उन्होंने तत्कालीन साहित्यकारों में एक ख्याति अर्जित की और 'समीक्षा' और 'प्रकर' में उनकी लिखी कहानियों आदि की समीक्षाएँ भी प्रकाशित होने लगीं।

मूल्यांकन और सम्मान :

सन् 1947 में उत्तर प्रदेश की सरकार ने विवेकी राय को पुनर्गठित हिन्दी समिति का सदस्य मनोनीत किया। सन् 1978 में बिहार सरकार ने उन्हें भोजपुरी अकादमी का सदस्य मनोनीत किया। 1971 ई. में भारत सरकार की ओर से आकाशवाणी, इलाहाबाद की कार्यक्रम परामर्शदात्री समिति के सदस्य चुने गये। 1977 से लेकर कई वर्षों तक वे अखिल भारतीय भोजपुरी साहित्य सम्मेलन के प्रवर समिति के सदस्य रहे। 1983 में वे इस संस्था के अध्यक्ष चुने गये। इन्हीं दिनों वे अखिल भारतीय लेखक संगठन के उपाध्यक्ष चुने गये। सन् 1980 ई. में दूरदर्शन केन्द्र के सरस्वती कार्यक्रम के अन्तर्गत विवेकी राय के ऊपर एक 'गँवई-गन्ध-गुलाब' नामक वृत्तचित्र बना। केन्द्रीय हिन्दी संस्थान (मानव संसाधन मन्त्रालय, भारत सरकार) द्वारा उन्हें राहुल सांकृत्यायन सम्मान, उत्तर प्रदेश हिन्दी संस्थान का महात्मा गाँधी सम्मान तथा उत्तर प्रदेश का यशभारती सम्मान भी मिला।

डॉ. विवेकी राय की आधी शताब्दी की अनवरत साहित्य-साधना के फलस्वरूप लगभग सत्तर के ऊपर मूल्यवान् कृतियाँ प्रकाशन में आयीं। भारतीय ज्ञानपीठ, नेशनल पब्लिशिंग हाउस, किताबघर, विश्वविद्यालय प्रकाशन और प्रभात प्रकाशन जैसे काशी और दिल्ली के प्रतिष्ठानों द्वारा डॉ. विवेकी राय की पुस्तकें प्रकाशित हुई हैं। सन् 1990 से पूर्व प्रायः पचीस-तीस रचनाएँ प्रतिमास हिन्दी की चोटी की पत्र-पत्रिकाओं में प्रकाशित होती रहीं। इसने लेखक को लोकप्रियता के साथ ही एक स्पृहणीय बहुमान्य अधिष्ठान दिया।

ध्यानाकर्षक तथ्य यह है कि लेखक की सम्पूर्ण उपलब्धियाँ उसके रचना बल पर आधारित हैं। लेखक स्वभावतः सभा-भीरु और यात्रा-भीरु है। प्रचार-निरपेक्ष, युक्ति उपाय से उदासीन और चाटुकारिता के व्यापार व्यवहार से सर्वथा अनभिज्ञ, धर्म-भीरु यह लेखक केवल अपनी साधना के फल का विश्वासी है। उसका प्राप्य यदि उसे नहीं मिला तो इसे नियति चक्र अथवा अदृष्ट और अज्ञात का प्रबन्ध मानकर सहज भाव से स्वीकार करते हुए इस विधान पर अपनी विशिष्ट शैली में सहास एक विदग्ध टिप्पणी कसता है, 'यह आसमानी इन्तजाम है।' अपनी इस टिप्पणी पर वह स्वयं एक ठहाका लगाता है और फिर यथावत् शान्त, स्वस्थ, निरुत्सुक, निरुद्वेग, निरुपद्रव, तत्काल निर्मल और स्वस्थ हो जाने का अद्भुत सिद्धियोग डॉ. विवेकी राय को सहज सिद्ध है। इसी से वे प्रमादरहित होकर सारस्वत साधना का अपना विद्याव्रत एकनिष्ठ भाव से निभाते जा रहे हैं।

दुःख ही जीवन की कथा रही :

सन् 1988 में डॉ. विवेकी राय ने स्नातकोत्तर महाविद्यालय, गाजीपुर के हिन्दी विभाग से अवकाश ग्रहण किया और ठीक उसके बाद उनके व्यक्तिगत जीवन में अप्रत्याशित आधि-व्याधि के दुर्विचार-उपक्रम का क्रम चला। पारिवारिक रोग-शोक, हृदय रोग और महारोग के कोप, मातृ-शोक और अध्यापक युवा पुत्र का शोक जैसे-जैसे महाकष्टों की आपदाओं में भी साहित्य सर्जना का क्रम बाध्य नहीं हुआ। उसकी गति मन्द अवश्य हो गयी। इसका प्रभाव कई क्षेत्रों पर पड़ा। पत्र-पत्रिकाओं में चलनेवाला लेखन विरल हो गया। 'जनसत्ता' में चलने वाला फीचरों का एक बहुत ही लोकप्रिय स्तम्भ 'अड़बड़ भईया की भोजपुरी चिट्ठी' का क्रम भंग हुआ। परिस्थितियाँ थीं कि लेखक की दशा-दिशा को अनुकूलित कर उसे सर्वथा एक नया आयाम देने के लिए विवश होना पड़ा। 'शनैः पन्था शनैः कन्था' के शील, अनुशासन तथा सारस्वत साधना की अनुस्मृति ने अब लेखन को सर्जनात्मक कार्यों पर ही केन्द्रित किया। अपने समस्त शोक-विषाद और तज्जन्य वेदना को कलम में डुबोकर उन्होंने 'दीक्षा' नामक काव्य पुस्तक की सर्जना की। बाद में इन्हीं शोक-सन्दर्भों को लेकर 'देहरी के पार' नामक उपन्यास लिखा।

डॉ. राय के ज्येष्ठ पुत्र एक इण्टर कॉलेज में प्राध्यापक थे। उस समय उसकी आयु मात्र 36 की थी। वह अपनी भाँजी मीनू को पहुँचाने बहन सावित्री के यहाँ विश्वम्भरपुर गया था। उसकी पत्नी अपने तीनों बच्चों (अंकुर, आनन्द और जयश्री) के साथ गोराबाजार अपने मायके अखण्ड रामायण और हवन में गयी थी। नौकर भी घर गया था। वह सबेरे मोटर साइकिल से गया और नौ बजे तक लौटने को कह गया था। काफी दिन चढ़ जाने पर भी उसका न लौटना तरह-तरह की आशंका को

जन्म दे रहा था कि डॉ. शकुन्तला राय ने एक पुर्जीनुमा चिट्ठी लाकर दिया जो विश्वम्भरपुर से प्रहलाद राय की थी और उसमें इतना ही लिखा था कि—"वहाँ किसी की तबीयत खराब है गाजीपुर के सभी लोग आ जाये।" वस्तुतः लौटते समय रेलवे क्रॉसिंग पर उसकी मोटर साइकिल बन्द हो गयी। वह उसे ठीक कर रहा था—कुछ देर लग गयी। तब तक मालगाड़ी आ गयी और पीछे गार्ड के डिब्बे के पीछे लगे लोहे में गाड़ी सहित वह घसिटता हुआ चला गया। गम्भीर चोट लगी और वह काल के गाल में चला गया। इस घटना ने उन्हें विचलित कर दिया। दो भाईयों में बड़ा ज्ञानेन्द्र उनकी आँखों का तारा, माँ के हृदय का टुकड़ा, पत्नी का प्राणाधार और छोटे भाई-बहन का प्यारा आकस्मिक घटना में इस संसार से उठ गया। पहले तो उन्हें विश्वम्भरपुर से सूचना मिली कि ज्ञानेन्द्र ने पूरे परिवार को विश्वम्भरपुर बुलाया है। इतनी अस्पष्ट सूचना और इधर 'अब तक उसे आ जाना चाहिए था, पर नहीं आया, का मानसिक द्वन्द, अब तरह-तरह की आशंकाओं में बदल गया। क्यों बुलाया सबको कोई अनहोनी घटना, कोई और कारण ? इसी उधेड़बुन में एक तीन पहिया वाहन से सभी सवार होकर पहुँचे। वहाँ पता चला कि ज्ञानेश्वर गाजीपुर गया है—अस्पताल में मिलेगा, मामूली चोट है, ठीक हो जायेगा। गाजीपुर अस्पताल में परिजनों ने बताया, वह घर गया है—वहीं चलिये। इस रहस्यमय अन्तर्द्वन्द को डॉ. राजमल बोरा ने लेखक के शब्दों में इस प्रकार लिखा है—"लौटने की यह यात्रा अस्तित्त्व से जुड़ी है। यह विश्वास हुआ कि वह है। इसी बल के आधार पर पुनः यात्रा हुई। अस्पताल तक की यात्रा में अस्तित्त्व का बोध रहा। अस्पताल पहुँचते ही वहाँ पर खड़े परिजनों ने घर चलने के लिए कहा। कहा लड़का घर गया है। वहीं चलें ! यह तीसरी यात्रा 'आभास' है। सच क्या है ? बतलाया नहीं गया। पूरी यात्रा आभास में हुई। कोई कुछ कहता नहीं है। किसी में कहने का साहस नहीं हैं। घर पहुँचने पर तो जो हुआ वह सब कर्मकाण्ड था। पुत्र तो शिव जी को प्यारा हो गया था और शिव जी के पास चला गया था। पीछे तो सब कर्मकाण्ड था।

और फिर बहू है, छोटा बेटा है, पौत्र-पौत्री हैं। इनको सहेजना और सान्त्वना देना बहुत कठिन है। संसार तो माया है और इस माया के कारण कर्मकाण्ड करना कठिन हो तो भी मुक्ति नहीं। सब करना पड़ता है।

'होइहि सोई जो राम रचि राखा।
को करि तर्क बढ़ावै साखा।।'

इस अभिव्यक्ति से उनका दुःख कम हुआ है और आत्मबल में वृद्धि हुई है।"[19]

इसी आघात के कारण उनको दिल का दौरा पड़ा और सारा अस्त-व्यस्त हो गया। ईश्वर की कृपा से ठीक हो गये पर उच्च रक्तचाप का साथ जीवनपर्यन्त के

लिए मिल गया। घर की आन्तरिक व्यवस्था को उनकी पत्नी सँभालती रहीं और एक लम्बे जीवन के सुख-दुःख की साक्षी रहीं, 88 वर्ष की आयु में उन्होंने साथ छोड़ दिया। अब विवेकी राय नितान्त अकेले हो गये। पुत्रवधू डॉ. विनीता राय केन्द्रीय विद्यालय में प्राचार्य और स्थानान्तरण से कभी यहाँ कभी वहाँ, छोटा पुत्र दिनेश सोनवानी की गृहस्थी में अब कभी नौकर, कभी पौत्र, कभी किसी सम्बन्धी का लड़का साथ रहता, पर सभी स्थितियों को 'आसमानी व्यवस्था' मानकर सबसे सन्तुष्ट डॉ. विवेकी राय के साथ उनका विवेक, उनकी आस्था, उनका ग्राम देवता और उसके ही चरणों में समर्पित उनका लेखन है। वे विपदाओं को झेलते हुए भी अलमस्त, रात-दिन के नियमित कार्यक्रम, युक्ताहार-विहार के साथ प्रसन्न और सदाबहार हैं।

अपने जन्म से लेकर उम्र की इस मंजिल पर वे अपने भौतिक जीवन का मूल्यांकन निराला की भाँति करते हैं– दुःख ही जीवन की कथा रही। वे स्वयं लिखते हैं–'सच पूछें तो मेरा समूचा जीवन विधाता का एक क्रूर व्यंग्य है। उसकी आन्तरिक चोट कभी-कभी बहुत सघन हो जाती है तो क्लेश कौतूहल बन जाता है। उस विचित्र पीड़ा का वह रहस्यमय आनन्द ही तो व्यंग्यकला बन अभिव्यक्त हो जाता है। बाहर से लग सकता है कि यह व्यक्ति हँस रहा है, विनोद के क्षणों का चयन कर रहा है, किन्तु भीतरवाली बात इतने पर भी क्या छिप सकती है ?''[20]

विषम परिस्थितियाँ जो सरोज की मृत्यु से निराला के ऊपर आघात बनकर आयी और उनके मानसिक सन्तुलन को भी उसने बिगाड़ दिया और उपन्यासकार आलोचक शिवप्रसाद सिंह की पुत्री के असमय निधन ने जैसे उन्हें असहज बनाया और इन दोनों का लेखन कुछ काल के लिए अवरुद्ध हो गया, कुछ वैसी ही स्थिति पुत्र-शोक में डॉ. विवेकी राय की थी। पर जैसे निराला और शिवप्रसाद सिंह को उस आघात को लेखनी द्वारा भुलाना पड़ा और उन्होंने जग की पीड़ा में अपनी पीड़ा को गला-पचा दिया वैसा ही विवेकी राय ने भी किया।

लेखक का किसान व्यक्तित्त्व :

विवेकी राय का व्यक्तित्त्व बड़ा ही आकर्षक और भव्य है, वे जितना ऊपर से शान्त, शिष्ट और सौम्य आकृति के हैं, उतने ही भीतर से सहज, निर्मल, उदार और अहंकाररहित, सर्वजन सुलभ एक विशिष्ट व्यक्ति हैं। उनकी बाह्य आकृति का वर्णन करते हुए उनके अत्यन्त प्रिय और आत्मीय डॉ. अनिल कुमार आंजनेय ने लिखा है–''मध्यम कद-काठी का स्वास्थ्य, सुगठित शरीर। सुन्दर नाक-नक्श। गेहुँआ रंग। बायीं भौं के ऊपर ललाट पर डिठौना की तरह का आकर्षक काला तिल। माथे पर छोटे-छोटे पर 'जवाकुसुम' से चिकनाये और सँवारे-काढ़े गंगा-जमुनी बाल।

सुचिक्कन, स्निग्ध सौम्य मुखमण्डल। नाक के नीचे कुछ उभरती-सी पर संकेतमात्र की ही, कटी-छँटी बारीक मूँछ। हँसमुख चेहरा। निरछल-वाणी, निर्मल व्यवहार, शुद्ध बुद्धि-विचार, सामाजिक चेतना से उद्‌बुद्ध हृदय। वेश-भूषा सादा, खादी का धवल परिधान, धोती-कुर्ता कौशेय चादर। जाड़ा ज्यादा हुआ तो सदरी-कुर्ता के नीचे भरबहियाँ स्वेटर और आवश्यकता के अनुसार सदरी के स्थान पर बन्द गले का कोट और प्रातः सायं माथे पर कनटोप भी। पैरों में काले रंग का पम्प जूता, जलसा-ही-जलसा। पढ़ते-लिखते समय आँख पर काले फ्रेम का चश्मा।[1] यह वर्णन अपने-आप में उनके रूपाकार को चित्रित कर देता है। वे जिधर से गुजरते हैं लोग उन्हें पहचान जाते हैं।

गाजीपुर का साधारण आदमी भी उन्हें जानता है पर नाम से नहीं-या तो मास्टर साहब या कवि जी के सम्बोधन से। उनके बाह्य व्यक्तित्त्व में ऐसी सुगन्धि है जो आस-पास को सुगन्धित करती है, सबको अपनी ओर आकर्शित करती है। अंग्रेजी की यह कहावत कि 'चेहरा मनुष्य की आन्तरिक पहचान है' उनके ऊपर पूरी सटीक बैठती है। देखते ही आदमी अनुभव करने लगता है कि कोई साधु पुरुष जा रहा है और सोचता है–

इनते हठि करिहौ पहचानी।
साधु ते होइ न कारज हानी।।

'डॉ. विवेकी राय जितना देखने में भव्य, दिव्य और सरल, सहज लगते हैं, उतना ही वे भीतर से कोमल, मधुर, द्रवणशील, विनम्र, निरहंकार और भव्य दिव्य हैं। जितनी भव्यता उनके रूप-स्वरूप, पहनावा, चलनि, नवनि, चितवन में हैं, उतनी ही दिव्यता उनके अन्तरमन की पवित्रता और विशालता में है।- सचमुच वे एक साधु पुरुष हैं। वे सन्त हैं, योगी हैं और स्थितप्रज्ञ हैं, कष्टों में जन्मे-पले, नाना संघर्षों को झेलते घर-गृहस्थी, विधवा माँ, पत्नी, पुत्र और पुत्रियों को पाँच रुपये की मास्टरी और खेती-बारी की आमदनी से, सँभालते हुए जब वे कुछ आर्थिक स्थिति में आये तो पारिवारिक विपत्तियों का पहाड़ ही टूट पड़ा। ''घर की परिस्थितियों ने, बीमारी ने, उम्र ने कुछ मित्रों ने तोड़ना चाहा पर वह टूटे नहीं। जैसे अपनी मस्ती में वट-वृक्ष झूमता हुआ, स्वयं अनन्त आकाशीय जड़ों से अपना पोषण प्राप्त करते हुए समाज को शीतलता प्रदान करता है। यही वजह है कि मुझे वे एक बन्धु, सखा तो लगते ही हैं क्योंकि यही स्नेह उनसे मिलता रहता है, पर सबसे ऊपर वह एक सन्त हैं। एक बार फोन पर उन्हें किसी ने बताया कि आजकल थोड़ा रक्तचाप बढ़ जाता है मेरा। तो बोले, 'यह क्यों सोचते हैं ? मुझे रक्तचाप है, दिल की बीमारी है और पता नहीं क्या-क्या है। पर मैंने इन सारी बीमारियों से दोस्ती कर ली है।' बीमारियों से

दोस्ती और विरोधियों से सामंजस्य कोई सन्त ही कर सकता है, जिसे लोग जल्दी पहचान नहीं पाते।''[21]

उनकी साधुता की सबसे बड़ी पहचान यह है कि वह अपने गाँव और आस-पास के पूरे क्षेत्र में लेकर अपने नगर गाजीपुर में सर्वत्र एक समान आदरणीय और पूज्य हैं, कोई उनका विरोधी नहीं है। गाँव में भी और इस छोटे शहर में भी। वे सबके लिए सहज और सुलभ हैं– सबहिं सुलभ सब दिन सब राती। किसी की भी अहेतुक सहायता करने के लिए सदैव तत्पर रहनेवाले वे स्वयं कठिनाईयाँ झेलते हुए भी दूसरों की कठिनाईयों में सहायता करने के लिए सदैव तत्पर रहते हैं, कभी उनके शिष्य रहे बरमेश्वर राय लिखते हैं, कि ''जब मैं बी.ए. में पढ़ता था (1973) तो मेरी शादी तय हो गयी और अपने तिलकोत्सव में उन्हें आने के लिए निमन्त्रित किया तो वे मई के महीने में अपने गाँव सोनवानी से बीस किमी. साइकिल से चलकर मेरे यहाँ पहुँच गये। 3 किमी. पहले से ही पानी भी बरसने लगा और साइकिल में करइल की मिट्टी का चिपचिपी का प्रसाद चिपक गया। उसे अरहर की डण्ठल से निकालते हुए पैदल साइकिल घसीटते हुए और कींच काँदो से सने हुए मेरे पास पहुँचे।'' अपने एक छात्र के स्नेह और आग्रह को इस तरह झेलते हुए वहाँ पहुँचने का काम कोई योगी ही कर सकता है। यही सब वे कारक हैं कि वे जनप्रिय हैं और सबके पूज्य भी हैं, कहावत है–'घर का जोगी जोगना, आन गाँव का सिद्ध।' वास्तव में सच्चा योगी तो वह है जो अपने गाँव में भी पूजा जाय और विवेकी ऐसे ही एक योगी का नाम है। वह 'अतिथि देवो भव' की उक्ति के साक्षात् मूर्तरूप हैं। जो भी आया हहाकर उसका स्वागत किया, घर पर टिकाया, घर ही पूरे परिवार के साथ सेवा संलग्न रहकर कई-कई दिन उन्हें साथ रखा। कोई बड़ा लेखक आया, कोई शोधार्थी आया या कोई जिज्ञासु, किसी में कोई भेदभाव नहीं। अतिथि तो अतिथि है, उसमें कोई छोटा न कोई बड़ा। उनसे मिलते हैं तो ऐसा मिलते हैं जैसे 'मानहु रंक महा निधि पायी।' ऐसा अनेक विद्वानों, शोधकर्त्ताओं, अन्य आत्मीय जनों ने अपने संस्मरणों में व्यक्त किया है। प्रत्येक व्यक्ति यह समझता है कि मुझे तो विवेकी राय का बड़ा ही स्नेह और आदर मिला। पर यह स्नेह और आदर सबको मिलता है। यह उनके स्वभाव का अंग है। वह स्वयं आदरणीय हैं और आदरणीय ही आदर करना जानता है। इसीलिए उनके लिए यह कहना उचित है 'अपने साहित्य की तरह व्यक्तिगत जीवन में भी वे अत्यन्त ऋजु हैं। जैसे बाहर वैसे भीतर। उनमें न कहीं कोठ है न कटाव। परम निश्छल और परम उन्मुक्त। प्रसन्न आत्मीयता और उल्लास से नख-शिख सराबोर।'

वे अत्यन्त विनम्र हैं विनयशील हैं। विद्या ददाति विनयं अर्थात् जो विद्वान होता है वह विनम्र व विनयशील भी होता है। अहंकारी तो वह होता है जिरागें छिछलापन

होता है, जिसको स्वयं अपनी विद्वत्ता में सन्देह होता है और उसको ढँकने के लिए वह अपने अहंकार को प्रकट करता है। बात से भी, मुद्रा से भी और ओढ़ी हुई गम्भीरता से भी। ऐसे लोगों के लिए आचार्य हजारीप्रसाद द्विवेदी ने कहा है कि 'कभी-कभी विद्वत्ता भी बोझ हो जाती है।' एक आचार्य तो यह कहते हैं कि यदि किसी विद्वान की पहचान करनी हो तो उसके लेखन के साथ देखना चाहिए कि वह विनम्र है कि नहीं। विनम्रता विद्वत्ता की पहली कसौटी है और विवेकी राय इस कसौटी पर खरे उतरते हैं। उनके मुँह से कभी किसी ने बड़प्पन की अपने बखान का एक शब्द भी नहीं सुना होगा। अगर कभी किसी ने उनके लेखन या विद्वत्ता और ख्याति की चर्चा की तो उसे वे यह कहकर टाल देते हैं कि छोड़िये, कुछ काम की बात की जाय ? वह अक्सर ईर्ष्या के भी शिकार होते रहे हैं, लेकिन ऐसे ईर्श्यालुओं की न कभी चर्चा न कभी रंज। महानगरीय आलोचकों द्वारा उपेक्षा या उचित मूल्यांकन का अभाव उनके लिए कोई विषय नहीं है। वे कहते हैं लेखक अपनी आत्मतुष्टि के लिए लिखता है वह किसी की निन्दा या प्रशंसा की परवाह नहीं करता है। उनके दुःख सुख की यदि कोई चिन्ता करता है तो वह प्रायः कहते हैं कि - "यह आसमानी व्यवस्था है।" अर्थात् नियति या प्रकृति की यही इच्छा है।

वे छोटे-से शहर में रहते हुए भी गाँव को ही जीते हैं। गाँव उनके लिए एक सजीव सत्ता है, एक देवता है और वह उनके लेखन की तरह उनके व्यक्तित्त्व में रचा-बसा है। विवेकी राय को समझने के लिए गाँव के उस पूरे दर्द को समझना होगा, जिसे वह स्वतन्त्रता-प्राप्ति के लम्बे अन्तराल के बाद भी भोग रहा है। उनके लिए भारत का समकालीन-सामाजिक यथार्थ कितना भयावह और मानव विरोधी है कि उसकी ओर केवल उन्हीं लेखकों का ध्यान नहीं जा पाता जो हाथी के दाँत की मीनारों में कैद हैं। जो लेखक समाज के बीच जाता है, उसकी साँसों को सुनता है, जो अपने व अपने परिवेश के प्रति ईमानदार तथा संवेदनशील है, वह किसी भी प्रकार सामाजिक यथार्थ की उपेक्षा नहीं कर सकता। विवेकी राय ऐसे ही समाज से जुड़े हुए जीवन्त, संवेदनशील, प्रखर प्रतिभा के सम्पन्न लेखक हैं।[22] विवेकी राय का ग्रामीण व्यक्तित्त्व और गाँव से लगाव ही उनकी विशेषता है, गाँव न उनकी जिन्दगी से छूटता है न लेखन से। गाँव उनके लिए गर्व का विषय है, हीनताबोध का नहीं। डॉ. परमानन्द श्रीवास्तव ने उनके ग्राम्यांचलिक जीवन को रेखांकित करते हुए लिखा है—"विवेकी राय का प्रायः समस्त लेखन इसी सहृदयता या भावुकता का प्रमाण है, जो ग्राम्यांचल की जिन्दगी से अटूट लगाव होने की पुष्टि करता है और जिसे आधुनिकता, आधुनिकतावाद की युक्तियों या रूढ़ियों के निर्वाह की कोई जरूरत महसूस नहीं होती। उनके कथा-साहित्य भी आज के भारतीय सामाजिक जीवन के सरल, निश्छल, भावपूर्ण या भावनात्मक यथार्थवादी बयान की तरह हैं।[23] यहाँ न

आधुनिक कलात्मकता का मोह है न आतंक। बल्कि आधुनिकता को एक प्रकार से छद्‌म या बनावटीपन के रूप में देखने का स्पश्ट आग्रह है, जो यथार्थ को सीधी पटरी पर देखना चाहती है।[24]

उनका गाँवपन और गाँवमन भी अपने ही ढंग के एक अलग ढाँचे में ढला हुआ है, उसे सरलता से समझने के लिए भोजपुरिया गमक और वैसी ठसकवाला आदमी समझना चाहिए। इस भोजपुरी इलाके के पूर्वी उत्तर प्रदेश के पिछड़े जिलों-आजमगढ़, गाजीपुर, बलिया की माटी में एक खासियत है। वह यह कि यहाँ का आदमी बड़ा सीधा, सरल और भोंदू भैया है लेकिन साफ मन-मस्तिष्क और अलमस्त। अपनी धरती और बोली बानी में रचा बसा है। ज़मीन तो कहीं करइल, कहीं ऊसर और कहीं कछार है। गरीबी कमर तोड़कर बैठी है। यह अन्न कम भले पैदा करे पर राहुल सांकृत्यायन, हरिऔध, हजारी प्रसाद द्विवेदी, परशुराम चतुर्वेदी से लेकर कुबेरनाथ राय, विवेकी राय जैसी विभूतियों को पैदा करती है और कुँवर सिंह, मैगर राय और चित्तू पाण्डेय जैसे वीर इसी धरती से उपजते हैं। कहते हैं कि भोजपुरियों में अपनी बोली से इतना लगाव है कि वो कहीं भी मिलते हैं, देश या विदेश में तो भोजपुरी में ही बात करते हैं, राहुल सांकृत्यायन हो चाहे विद्या निवास मिश्र चाहे विवेकी राय यहाँ की खाँटी भोजपुरी में ही बात करते हैं। विवेकी राय भोजपुरी में भी उतनी ही सिद्ध लेखनी से लिखते हैं, जितनी खड़ी-बोली में, उनकी खड़ी बोली भी हमेंशा भोजपुरी के छौंक के साथ-साथ चलती है। लेकिन सबसे ऊपर उनमें भोजपुरियों की सरलता और निश्छलता के साथ-साथ एक भोजपुरिया की ठसक भी है। किसी के सामने न झुकना, न किसी से कुछ चाहना, जो सहज मिल गया वह किसी की कृपा से नहीं वरन् 'आसमानी इन्तजाम' यह मानकर चलना। विवेकी राय से जब कोई मिलता है और प्रणाम करता है तो भोजपुरिया अंदाज में जिआ-जिआ कहकर आशीर्वाद देते हैं और खाँटी भोजपुरी में ही हाल-चाल पूछते और बातचीत करते हैं।

भोजपुरी क्षेत्र के लोगों का एक रोग विवेकी राय में लग गया। कुछ अपवादों को छोड़कर ज्यादातर भोजपुरिए यात्रा भीरू होते हैं, चाहे ट्रेन की यात्रा हो या महानगर की, दोनों से भरसक कतराते हैं, वे अपने ही घर में प्रसन्न रहते हैं और सन्तुष्ट रहते हैं 'कम खाय काशी बसै' के मुहावरे को चरितार्थ करते हैं। विवेकी राय भी अपनी क्षेत्रीय संस्कृति के हिसाब से भीड़-भाड़ और सभा-सम्मेलन से दूर रहते हैं। यात्राओं से घबड़ाते हैं और महानगरों में तो उनकी साँस फूलती है। उनके बारे में डॉ. जौहर शाफियाबादी ने भोजपुरी बोली में लिखा है—"डॉ. विवेकी राय जी के सरल-सहज जीवन, बहुत गम्भीर सीधा, संकोची स्वभाव आ खान-पान, रहन-सहन, बोली-बानी, बात-व्यवहार सब उनकर व्यक्तित्त्व के साफ सुथरा हलफनामा बा।

दूटूक, बेबाक, बेलाग, मर्यादित व्यवहार, खाँटी भोजपुरिया संस्कार उनका व्यक्तित्त्व के प्रतीकचिन्ह बा। छल-प्रपंच से दूर, संकीर्णता-साम्प्रदायिकता से परे, विवेकी राय के जीवन जेतने अपना भोजपुरिया संस्कार के संयमित करके ऊँच विचार, ऊँच व्यवहार आ ऊँच आचरण के आदरणीय औचित्य उपस्थित कर रहतबा, ओहीतरे भोजपुरिया संस्कार में रागल-बागल उनकर साहित्यिक संस्कार, समीक्षात्मक कसौटी पर खरा सोना बनके चमक-दमक रहल बा। जहाँ उनकर आकृति हँसमुख आ गम्भीर स्वभाव बोध में घुलमिल के एकरस बनके खाँटी भोजपुरिया संस्कार के व्यवहारिक बोध करा रहल बा वोइसने उनका साहित्य-साधना के ओट से खाँटी भोजपुरिया मर्दाना संस्कार हिन्दी आ भोजपुरी के अँकवार में ले राष्ट्रभाषा आ मातृभाषा के महती मर्यादा के घालमेल से बन सँवर के खाँटी राष्ट्रीय संस्कार आ ठेठ मर्यादित भोजपुरी संस्कार एकरस हो जात बा।''[25]

विवेकी राय बहुत ही हँसमुख स्वभाव के सदैव प्रसन्न रहनेवाले सदाबहार व्यक्तित्त्व के धनी, दुःख की छाया घनीभूत होकर थोड़ी देर के लिए भले ही उदास कर दे, पर शीघ्र ही उसे झाड़कर अपने सहज रूप में आ जाते हैं। इस प्रसन्नता और मस्ती के पीछे उनकी आस्तिकता और आस्था है। काशी के महान् दार्शनिक, भारतरत्न डॉ. भगवान् दास ने अपनी बैठक में लिखकर टाँग रखा था-

''हिम्मत न हारिये, बिसारिये न हरि नाम,
जाहि विधि राखे राम ताहि विधि रहिये।''

यह मानसिकता ईश्वर के प्रति आस्था से निर्मित होती है और काशी तथा काशीक्षेत्र की संस्कृति की यह खास विशेषता है। गाजीपुर को लहुरी काशी कहा जाता है। वहाँ के विवेकी राय में भी यह विशेषता उनके रोम-रोम में बसी हुई है। उनका ईश्वर पर विश्वास है, पर वे ढोंग और अन्धविश्वास के प्रबल विरोधी हैं। वे किसी खास दर्शन, पन्थ या सम्प्रदाय को पूर्ण नहीं मानते हैं। जहाँ कहीं भी कुछ भी अच्छा है तो उसे ग्रहण करने के लिए वे सहज ही ललक पड़ते हैं वे रामानन्द पीठ के आचार्य रामनरेशाचार्य, पौहारी बाबा, देवरहवा बाबा, आचार्य रजनीश से लेकर स्वामी स्वतन्त्रतानन्द जी, स्वामी आत्मानन्द के प्रति श्रद्धा रखते हैं, वे रसग्राही भ्रमर के समान हर सुगन्धित फूल का रस लेते हैं, और किसी एक ही जगह बँधते नहीं। डॉ. विवेकी राय के जीवन की बहुत बड़ी थाती उनकी नागरिकता है।

वे एक वैष्णव परिवार में जन्मे और वैष्णव परिवार में पले-बढ़े। सारी जिन्दगी शाकाहारी और सात्त्विक भोजन, युक्ताहार-बिहार, समय से उठना, समय से जलपान, समय से भोजन और समय से पूजा और समय से अध्ययन यह उनकी दैनिक चर्या है। वे सच्चे वैष्णव हैं, वैष्णव जन तो तेने कहिये, जो पीर परायी जाणे रे। विवेकी राय दूसरों की पीड़ा से द्रवित होते हैं। वैष्णव होते हुए भी पूरे परिवार सहित

शिवभक्त भी हैं, क्योंकि विष्णु के अवतार कहे जानेवाले राम की घोषणा है ''शिव द्रोही मम दास कहावा, सो नर सपनेहुँ मोहि न पावा।'' शिव के साथ नन्दी या बैल की भी पूजा होती है। शिवरात्रि को नहला-धुलाकर, सींग को तेल से रँगकर, मस्तक पर सिन्दूर का तिलक लगाकर पूजने की प्रथा गाँव में है और विवेकी राय के जीवन में और साहित्य में भी इन्हें महादेव के रूप में पूजने के चित्र उभरते हैं, क्योंकि विवेकी राय जिस कृषक संस्कृति की उपज हैं, उस कृषक कर्म के आधार ये बल ही रहे हैं। इन सभी विशेषताओं के साथ विवेकी राय का जो चित्र आँखों के सामने उभरता है वह एक आस्थावान, पन्थ सम्प्रदाय से परे एक आस्तिक किसान का चित्र बनता है और यही उनके लेखन का आधार भी है।

बुढ़ापे का दौर :

उनके जीवन के बारे में सूक्ष्मता से जानने की जिज्ञासा से जब शोधार्थी उनसे मिला और उनका साक्षात्कार लिया तो उसी कड़ी में अन्त में श्री विवेकी राय ने अपने वृद्धावस्था पर काफी देर बात की और उसके बारे में कहा जो इस प्रकार है—''मेरे लेखक-चिकित्सक मित्र डॉ. सत्येन्द्र नाथ राय ने अपनी पुस्तक में लिखा 'वृद्धावस्था अचानक आती है भौचक्का कर देती है कि अरे यह क्या हुआ ?' ठीक यही स्थिति मेरी सन् 2009-10 में हो गयी। वृद्धावस्थावाली उमर तो पहले भी थी मगर उसका अनुभव या दबाव बहुत कम था। कुछ काम हो जाता था। लेकिन दबाव सिर पर घहराया तो मैं चकरा गया। इतने पर भी एक चुनौती के चलते 2009-10 में 10 ललित निबन्ध लिख गये और एक पुस्तक 'उठ जाग मुसाफिर' छप गयी। उत्साह बढ़ा मगर 'तन और मन' के अन्तराल के चलते कुछ करते नहीं बनता। मन में तमाम तरह की रचनाएँ घुमड़ती रहती हैं। कलम नहीं उठती है। पत्रों का उत्तर देना कठिन। इस बीच मिले दो बड़े पुरस्कार और सम्मानों ने कुछ उत्साह बढ़ाया। मगर 'सम्मानो' के प्रति सम्मान भाव भी अब कहाँ रहा ? सब राज-काज हो गया।

आश्चर्य कि इसी बीच कोई लहर पता नहीं कहाँ से आती है कि कोई बड़ा काम हो जाता है। 'सद्‌गुरु की शब्द सेनाएँ लड़ रही हैं' नामक लम्बा लेख जो डॉ. बद्रीनारायण तिवारी की कृपा से एक भव्य लघु पुस्तिका बन प्रसिद्धि पा गया, तैयार हो गया।

लहरें किन्तु बरकरार कहाँ ? नवम्बर, 2014 में मेरा 90वाँ वर्ष पूरा हो गया। लगता है, 'सब खत्म हो गया।' फिर ऐसा लगता है, 'जो बनाया वह बिगड़ गया।' संगी-साथी या मित्र के नाम पर मेरी दवाएँ हैं जिनकी लम्बी कतार हैं और पुस्तकें हैं, पत्र-पत्रिकाएँ हैं, जिनसे घिरा हूँ। सबसे बड़ा मित्र अपना अकेलापन है।

जीवन-भर संघर्ष ही चलता रहा। घोर थकावट है। यह वृद्ध यात्री अब विश्राम चाहता है। मगर विश्राम कहाँ ? सामान्य आदमी की तरह शान्तिपूर्वक नहीं रह सकता। प्रसिद्ध आदमी हो जाना भी, लगता है एक अभिशाप है। छोटे शहर में हीन मानसिकतासम्पन्न जनों की नोच-चोथ भी व्यग्र कर देती है। उलझनों-अवरोधों में अपनी कविता पुस्तक 'दीक्षा' बहुत काम देती है। सन्तजनों की पुस्तकें जीवित रखने में सहायक होती हैं। सत्संगामृत मिल जाता है, जिला देता है। वैसे मरना तो दिन में कई-कई बार होता है। 'यह नहीं हुआ', 'वह नहीं हुआ' की पीड़ा भी प्रायः भटका देती है। मगर एक कविता की पंक्ति बहुत काम कर जाती है, 'हो-होकर फिर-फिर क्या होगा ?', अच्छा, चलो यात्री, चला-चल जो होगा अच्छा होगा। परिवार की, समाज की, साहित्य की और जगत् की गिलहरी-धूल वाली सेवा भी होती चले तो बहुत है।'[26]

विस्तार से डॉ. विवेकी राय के जीवन के परिचय की प्रासंगिकता इस बात में है कि उनके 'कथेतर गद्य में आंचलिकता और लोकजीवन' के अनुशीलन में यह भी देखा जाय कि वह अपने अंचल और गाँव से कितने जुड़े रहे और उस गँवई की गन्ध को कितना जीवन में समेटा और कितने यथार्थ रूप में उन्हें अपनी रचनाओं में स्थान दिया। उनके ग्राम्यांचलिक जीवन और उनके व्यक्तित्त्व की ग्रामीण सुगन्धि को रेखांकित करने के पीछे यही उद्देश्य है।

22 नवम्बर, 2016 को पक्षाघात पीड़ित डॉ. राय का निधन वाराणसी के गैलेक्सी अस्पताल में हो गया।

सन्दर्भ

1. माटी की महक : डॉ. सत्यकाम, पृ. 174
2. आम रास्ता नहीं है : विवेकी राय, पृ. 96-97
3. आम रास्ता नहीं है : विवेकी राय, पृ. 99
4. आम रास्ता नहीं है : विवेकी राय, पृ. 99
5. आम रास्ता नहीं है : विवेकी राय, पृ. 98
6. आम रास्ता नहीं है : विवेकी राय, पृ. 117
7. आम रास्ता नहीं है : विवेकी राय, पृ. 95
8. पूर्वापर त्रैमासिक (गोंडा), सम्पादक डॉ. सूर्यपाल सिंह पृ. 14-15, अंक अक्टूबर-दिसम्बर, 2013
9. माटी की महक : सं. सत्काम, पृ. 20-21
10. श्वेत-पत्र : विवेकी राय (दो शब्द)
11. श्वेत-पत्र : विवेकी राय, पृ. 27
12. श्वेत-पत्र : विवेकी राय, पृ. 52

13. श्वेत-पत्र : विवेकी राय, पृ. 52
14. श्वेत-पत्र : विवेकी राय, पृ. 71
15 . श्वेत-पत्र : विवेकी राय, पृ. 184
16. श्वेत-पत्र : विवेकी राय, पृ. 157
17. जीवन अज्ञात का गणित है : विवेकी राय, पृ. 58
18ण रामचरितमानस (बालकाण्ड) : तुलसीदास, बाल. 44
19ण नव निकष (कानुपर) नवम्बर 2008, पृ. 51-52
20. आम रास्ता नहीं है : डॉ. विवेकी राय, पृ. 102
21. माटी की महक : सं0 सत्काम, पृ. 51
22ण माटी की महक : सं0 सत्काम, पृ. 51
23. हिन्दी कथा साहित्य में सामाजिक यथार्थ : सं. डॉ. गजाधर प्रसाद शर्मा 'गंगेश'
24. हिन्दी कथा साहित्य में सामाजिक यथार्थ : सं. डॉ. गजाधर प्रसाद शर्मा 'गंगेश' पृ. 55
25. डॉ. विवेकी राय : व्यक्तित्व आ कृतित्व, सं. ब्रजकिशोर, पृ. 94
26. डॉ. विवेकी राय का हस्तलेख

विवेकी राय के कथेतर गद्य में आंचलिकता

विवेकी राय के अंचल का नाम है–'करइल'। 'करइल' शब्द कदाचित् कड़इल रहा होगा, जो यहाँ की कड़ी, काली मिट्टी और कीचड़-काँदो के लिए एक सांकेतिक भोजपुरी का शब्द प्रतीत होता है। 'कड़+इल'- कड़ तो कड़ा और इल (हिल या हिलई) का ही लोक प्रयुक्त शब्द 'करइल' बना होगा। विवेकी राय का सम्पूर्ण लेखन इसी क्षेत्र की ग्राम्य-भित्ति पर आधारित है। जैसा पिछले अध्यायों में देखा गया है कि वे इसी क्षेत्र में जन्मे, पले, बढ़े और एक रचनाकार के रूप में गढ़ते गये हैं। उनका कहना है कि मेरे लेखन में यह अंचल स्वयं बोलने लगता है। प्रारम्भ में इस अंचल की पहचान आवश्यक है। साथ ही यह भी कि विवेकी राय जी व्यापक स्तर पर सारे पूर्वी जिलों को एक अलग अंचल मानते हैं, जो बोली-बानी में ही नहीं, जीवन-शैली, रीति-रिवाज, आर्थिक बदहाली, शोषण, अन्धविश्वास और पिछड़ेपन में पश्चिमी उत्तर प्रदेश से अलग है। इस बृहत्तर पूर्वांचल और 'करइल' के अंचल में भी अन्तर है। करइल की उसी पहचान को रेखांकित करना इस अध्याय का उद्देश्य है। बृहत्तर अंचल को हम आगेवाले अध्याय 'लोक जीवन' में लेंगे।

करइल क्षेत्र :

गाजीपुर जनपद के पश्चिमी भाग और बलिया जिले के दक्षिणी भाग की एक पट्टी जिसके केन्द्र में गंगा-तट पर बसा उजियार है, जिसके दूसरे तट पर बिहार का बक्सर बसा है, यही 'करइल' का क्षेत्र है। इसमें बलिया का गड़हा परगना, ब्लाक सोहाँव तथा गाजीपुर का भाँवरकोल ब्लाक के आस-पास के गाँव आते हैं। अपने एक निबन्ध 'गाँव, गड़हा और साहित्य' में स्वयं लेखक ने परगना गड़हा के जिन गाँवों की विभूतियों का खाका खींचा है वे इस प्रकार हैं–नरायनुपर, कनुआन, मुँडेरा, सियाड़ी, टटुआरी, उजियार, भोरौली, अमाँव, सोहाँव, सुरही, पियरी, नरही, सोबन्धा, कैथवली, बभनौली, चितबड़ागाँव, कोटवा नरायनपुर, मरिबी, कथरिया।[1] इनके अतिरिक्त इन दो ब्लाक खण्डों के इस क्षेत्र में जो आते है, वे हैं–

मसौनी, सहरबुद्दीनपुर, ज्ञानपुर, चरखा, टीकापुर, शाहपुर, बसनियाँ, दुलारपुर, एकौनी, चुरइली, सुर्नी, रामगढ़, बघौना, लक्ष्मणपुर, महेंद, जगदीशपुर, सोनवानी, चौरा कथरिया, दौलतपुर, गुड़उर, मसोन, लौवाडीह, मुर्तजीपुर, महरूपुर, जोगा मुसाहिब, सबिताप-र, मरंगूपुर, देवरिया, अवथहीं, सोनाड़ी, बलेसड़ी, चानपुर, मलसा, चननी, माढ़ोपुर, शुकडेहरा, लोचाइन, दहिनवर, अमरूपुर, खैराबारी, दोनपाँव, खड़िया, माँचा, धनेठा, बाँठा, शकडेहरी तथा परसदा मिश्रवलिया आदि समीपवर्ती गाँवों का यह संकुल मिलकर 'करइल' अंचल कहलाता है। उपर्युक्त सूची कुल सरसठ गाँवो की है पर आस-पास के कुछ और गाँव भी इस परिधि में आते हैं।[2]

भू-प्राकृतिक संरचना :

गाजीपुर और बलिया की सीमा से लगा हुआ यह अंचल 'करइल' अपनी प्राकृतिक संरचना में भी अपने ढंग का ही है। इसमें बलिया और गाजीपुर के मध्यवर्ती गाँव हैं, जिनके केन्द्र में उत्तर प्रदेश की इस सीमा का सीमान्त गाँव उजियार है। गंगा के प्रशस्त विस्तार के पश्चिमी बिन्दु पर यह स्थित है और इसके ठीक सामने गंगा के पूर्वी तट पर बक्सर है, जो बिहार प्रान्त का सीमान्त है। कुछ दशक पहले तक गाजीपुर से एक सड़क आकर उजियार में समाप्त हो जाती थी और बिना सेतु के भागीरथी गंगा रास्ता रोक लेती थी। अब तो सेतु से गाजीपुर-बलिया-बक्सर मिल गया है। जब सड़क और सेतु नहीं था तो उजियार और बक्सर के बीच एक भारी स्टीमर चलता था, वही आता और जाता था। प्रभात से सन्ध्या तक चलता था। रात्रि में बन्द रहता था। इससे अनुमान लगाया जा सकता है कि यह क्षेत्र कितना अलग-थलग और असुरक्षित था।

करइल के इस भूगोल को गढ़ने में गंगा नदी की तो अहम भूमिका है ही, पर एक छोटी नदी मँगई का नाम भी महत्त्वपूर्ण है। "यह ऐसी नदी है, जो बाढ़ बरसात के दिनों में अति उग्र रूप धारण कर तबाही मचा देती है, पर शेष दिनों में सूखकर अँठई हो जाती है, बढ़ियाई नदी का हिलकोरा हाथ-हाथ भर, दो-दो हाथ ऊपर उठकर गेहुवन (सर्प) की भाँति फु-फकारता हुआ दरवाजे के पुश्ते तक आकर बजड़ता था।'[3] इस मँगई नदी के किनारे बसे एक नहीं दर्जनों गाँवों की यही नियति है। बाढ़ आने पर मँगई के किनारे के गाँवों की दशा बड़ी दयनीय हो जाती है। जन-धन-पशु-पाँगर की हानि के साथ ही कितनी भीषण और भयानक इस क्षेत्र की रात्रि होती है, इसे स्वयं लेखक की संस्मरण शैली में लिखी अर्द्ध औपन्यासिक कृति 'बबूल' के एक वर्णन में देखा जा सकता है– "उस पर से लहरों की आवाजें मानो यमपुरी की हाय-हाय अथवा किसी कराल दैत्य का भीषण अट्टहास। कोई राक्षस मानो काले-काले विशाल पंख फैलाये सिर के ऊपर मँडराता, सरसराता निकल जाता है।

दिन की दुनिया न जाने कहाँ गयी ? जल-जन्तु शायद निकट ही रेंग रहे हैं। पानी से हड़बड़ाकर निकल रहे हैं। बिजली की एक छन की चमक में न जाने कितने घड़ियाल और नक्र किनारे पर भासित होते हैं। पानी हड़बड़-हड़बड़ करता है तो दिल धड़कने लगता है। दया है बस आसमानवाले की। पर कब तक ? बिजली की कटारी -से मारता है कि सीना चीरकर रख देता है। घटाटोप अँधेरे में नींद की आश अगोर रहा हूँ। अब पानी बरसा, अब बज्र गिरा, अब सारे संसार पर आ बनी।...सो रहा था। सोचने का अन्त नहीं था। रात पूरी शैतान निकली। पिछले दिनों भी वह बाढ़, वह बरबादी, वह सत्यानाश और पुनः बाढ़ की रात का यह डरावना रूप।''[4]

बाढ़ तो प्रायः पूर्वी उत्तर प्रदेश के गाँवों में आती है पर भयानक और प्राणघातक विशैले जीव-जन्तुओं का उतराना और गाँववालों का उनके बीच दहसत और सब्र-समझौते का जीवन बिताना, यह उसी अंचल की खासियत है। यह शायद इस कारण होता है, जब गंगा का बाढ़ का पानी चढ़कर मँगई को भी दैत्याकार बना देता है, तो साँप, बिच्छू क्या घड़ियाल जैसे जीव भी आकर उतराने लगते हैं। इसके साथ ही किसानों के पसीने से सिंचित भूमि की लहलहाती फसलें भी काल के गाल में समा जाती हैं। विविध सन्दर्भो के साथ इसका एक चित्र डॉ. जनार्दन राय ने अपने शोध प्रबन्ध में प्रस्तुत किया है—'खेत में लहलहाती फसल जो किसान के जीवन की आशा है, उस पर अब बाढ़ का पानी फैलकर जिस मर्मान्तक पीड़ा को जन्म दे रहा है, उसकी एक मिसाल विवेकी राय ने जिन पंक्तियों मे की है, वह हृदय को छू जाती है—''एक-एक पौधे को अगोरकर महीनों से सती हो गया। माहुर से उगे घाम में, कड़कड़ाते बिजली में, अँधेरी रातों में भूत बना डरा रहा। घनी अँधेरी रात में जब मूसलाधार पानी बरसता रहा है, कमरी ओढ़े खेतों की टूटी पलानी में डटा रहता है। अषाढ़ से इस भादों तक उसने भगवान् की तरह खेत की आरती उतारी है। चौबीस घंटे सेवा की है। यही आधार है, प्राणों का सहारा है, फसल लहलहाती है तो उसके साथ तनिक सूखे होंठों पर भी हँसी आती हैं परन्तु अब तो यह बाढ़ का दैत्य दूसरी बार लहरों के विकराल दाँत फैलाये, इनके खेतों को घोंट डालने के लिए सरकता एकदम निकट आ गया है। बस अब चार-छह अँगुली पानी के फैलते ही फसल में आग लग जायेगी। उसकी खुशियों के बच्चे तड़प-तड़पकर मर जायेंगे। उस बार की बाढ़ में वह हुआ और इस बार न जाने क्या होगा ? बरसात, बाढ़, आवागमन की समस्या विवेकी राय के अंचल की अपनी विशेषता है। यह उनकी और उनके अंचल की विशिष्ट पहचान है।[5]

'करइल' के जिस सोनवानी गाँव के निवासी डॉ. राय हैं, वह पश्चिमोत्तर में मँगई और पूर-ब में झिरझिर नाले से घिरा है। दक्षिण दिशा में खुली प्राकृतिक आभा से मण्डित है। एक प्रकार से यह किलों की भाँति वर्षा में सुरक्षित हो जाता है। चार

माह तक इस गाँव में आना और यहाँ से निकलना पहाड़ हो जाता है। पर इसी के साथ गाँव में मस्ती और बेपरवाही का आलम उसकी अपनी पहचान है।' जब बरसात में नदी अपनी यौवनावस्था में मुसकराती है तो यह गाँव उसकी प्रसन्नता में अपना राग मिलाने के लिए नावों, डोंडियों पर सवार होकर रामायण, बिरहा, सायर आदि का विविध आयोजन कर रात-भर आनन्द मग्न हो, समीपवर्ती गाँव को प्रफुल्लित कर देता है।"[6] यही स्थिति मँगई के निकटवर्ती गाँवो की है।

विशाल गंगा के तट भाग पर बसे इस अंचल में जहाँ मँगई जैसी नदी नहीं भी है, वहाँ बड़े-बड़े नाले बहकर गंगा में गिरते हैं। इन नालों और पनालों के जाल इस क्षेत्र में फैले हुए हैं, जिनसे वर्षा-काल और वह भी बाढ़ का समय यहाँ के लोगों के लिए आवागमन के लिए दुरूह और दुःखदायी हो जाता है। गाँव दूसरे गाँव से कट जाते हैं। पूर्वी उत्तर प्रदेश के अन्य गाँव जो काशिका भोजपुरीवाले हैं, उनमें प्रायः यह स्थिति नहीं है। इस प्रकार इस अंचल की प्राकृतिक सरंचना अपने ढंग की विचित्र है।

मिट्टी की विशेषता :

करइल की माटी की अपनी ही विशेषता है। यह काली मिट्टी इस अंचल में कैसे आयी, यह कोई नहीं बता सकता। मध्य प्रदेश के पठारी इलाकों में नागपुर आदि में ऐसी मिट्टी होती है जो गर्मी में सूखकर कड़ी हो जाती है और उसमें दरारें पड़ जाती हैं और वर्षा होने पर यह चिपचिपी हो जाती है और पैरों में चिपक जाती है। पर इधर साधारणतः गंगा के बेसिन में भुरभुरी बलुई मिट्टी मिलती है, पर 'करइल' अंचल का यह दुर्भाग्य है कि यहाँ की मिट्टी भी काली और कठोर होती है और वर्षा होने पर वह फूल जाती है और पैरों में या वाहनों के पहियों में ऐसी चिपक जाती है कि चलना ही कठिन हो जाता है। 'सोना माटी' उपन्यास में यही व्यथा-कथा वहाँ के सम्पूर्ण आंचलिक विशेषता-ओं के साथ रूपांकित हुआ है। उपन्यासकार स्वयं स्वीकार करता है कि पूर्वी उत्तर प्रदेश के दो जिलों गाजीपुर और बलिया का मध्यवर्ती एक अंचल है, करइल। इस अंचल का भूगोल (जो उपन्यास में आया है) तो सत्य है परन्तु इतिहास अर्थात् इस कहानी में प्रस्तुत उन गाँवों तथा पात्रों आदि के नाम सर्वथा कल्पित हैं जिनके माध्यम से यहाँ के समकालीन जवीन-संघर्ष को रेखांकित किया गया है।'"[7] परन्तु लोककवि खोरा जैसे वास्तविक पात्र और रामरूप मास्टर-जैसे 'टाइप' दोनों ही हैं।

इस अंचल की माटी और मस्ती के बारे में उपन्यासकार स्वयं कहता है— यहाँ का ग्रामीण 'गहरी संवेदना समेटे हुए चल रहा है।' कुछ करने की इच्छा नहीं, कोई विचार नहीं, कोई कार्यक्रम नहीं, ऐसे ही चुपचाप शिथिल सुस्थिर पड़े रहने की इच्छा।

मगर कब तक ? वह खोरा उधर से घास गढ़कर और गट्ठर अँकवार में दबाये मचकता आ रहा है। तब तो उठना ही पड़ेगा ? तब तो फिर करइल पुराण खोलना पड़ेगा। बमबम खोरा जी एक कहावत कहते हैं–

'सुखल करइला चलि नहिं जाय। ओद करइला धइ-धइ खाय।' कहते हैं, इस करइल की जमीन ऐसी है कि सूखी रहे तो गोड़ में चुभ-चुभ गड़ती है और ओद माने गीली रहे तो चिपककर पकड़ती है कि चलना दुःखदायी। फिर खोरा जी कहते हैं कि आप कुआर की टटकी पनियरा के पाक में पड़ गये। आप लोग सुकुमार मनयी हैं, इससे पाँव लगता है, किसान इसी में जानवर की तरह खाँचता रहता है।' यही है करइल की पहचान जिसकी याद आते ही रोएँ खड़े हो जाते हैं। गाँव के बाहर आते ही मार्चेबन्दी शुरू हो गयी। धोती खूँटकर अब रास्ते में फँसा पड़ा। खेत-ही -खेत रास्ता। करइल की माटी बरसाती पानी में फूली हुई, उस पानी पर कीचड़-पानी की डगर। डगर-डगर पर राजगीरों के पैर से बने गढ़े, गढ़े में छिप-छिप कीचड़। कीचड़ पैर पकड़-पकड़कर रोता है। अभी क्या रोता है ? जबाब नहीं। कितनी भी दूर जाना हो, जहाँ भी जाना हो, करइल में सब जगह ऐसे ही पांव का धरमधक्का मिलेगा, जिस भी दिशा में जाओ, इस मौसम में ऐसी ही छतियाफार डगर मिलेगी।[8] यही करइल की माटी की सही तसबीर है।

करइल की इस माटी के विवेकी राय स्वयं भोक्ता हैं। प्राइमरी, मिडिल, हाईस्कूल में पढ़ाते समय तो गाँव-गाँव पैदल और साइकिल से चलकर यह व्यथा तो उन्होंने झेली है। स्नातकोत्तर कॉलेज में अध्यापन के प्रसंग में अपने एक शिष्य परमेश्वर राय की तिलक में वे साइकिल से पहुँचे। "मेरे यहाँ पहुँचने से तीन किमी. पहले ही हल्की बूँदें पड़ने लगीं। फिर आगे बढ़ते रहे, बूँदें तेज होती रहीं। काली मिट्टी पानी पाते ही लेई बन गयी थी। वे अरहर के डण्ठल से कीचड़ निकाल-निकाल साइकिल घसीटते हुए पैदल मेरे गाँव यहाँ पहुँचे। नीचे से ऊपर तक कीच-काँदों से सने हुए। थकान और हरारत उनके चहरे पर साफ दिखायी दे रही थी।"[9]

'सोना-माटी' ए-क शत-प्रतिशत आंचलिक उपन्यास है पर विवेकी राय के ललित निबन्धों तथा अन्य कथेतर गद्य विधाओं में इस अंचल की रूप-छबियाँ, यहाँ की विपदाएं, कठोर श्रम, ग्राम्य जीवन और आदि सभ्यता की निशानी मिलती है। उनके लेखन में, चाहे वह कथा-साहित्य हो या कथेतर गद्य यानी निबन्ध, रेखाचित्र, डायरी, रिपोर्ताज, सब में उनका लेखक अपने अंचल के साथ-साथ है। यह अवश्य है कि उपन्यासों का फलक इतना विस्तृत होता है कि उसमें अंचल की एक-एक विशेषता मुखर हो जाती है, और एक दर्पण की तरह सारा अंचल उसमें प्रतिबिम्बित हो जाता है, पर निबन्धों आदि में अंचल की झाँकी, खण्ड-खण्ड रूप झलकती रहती है। आलोचक रामदरस मिश्र ने ठीक ही लिखा है–"उनकी रचनाएँ अपनी

शक्ति-अशक्ति में खुली हैं। सीधा-सच्चा इन्सान यथास्थितिवादी नहीं होता, वह अपने परिवेश में असत्य से, अन्याय से, कुरूपता से बहुत आहत होता रहता है। वह कभी उन पर हँसता है, कभी उनके बदलाव के लिए पीड़ित होता है। विवेकी राय के ललित निबन्धों और कहानियों में परिवेशगत विद्रूपता पर हँसी देखी जा सकती है।''[10]

विवेकी राय अपने अंचल के साथ रहते हैं और उसके सुख-दुःख के वे स्वयं भोक्ता हैं। वे महानगरीय लेखकों की तरह दिल्ली-भोपाल में बैठकर अंचल का चित्रण करनेवाले नहीं हैं। वे महानगरों से घबराते हैं। जब कोई गाँव से शहर की ओर धकेलता है तो लौटकर फिर वह उसी स्थान पर चले जाते हैं और धकेलने वाले को डाँटते हैं कि ''क्यों धकेल रहे हो भाई, मैं यहीं ठीक हूँ।'' ऐसा अपने अंचल में रचा-बसा आदमी किसी भी विधा में लिखता है तो वह अंचल उस पर हावी रहता है। अपने लेखन में, समस्त गद्य विधाओं में वे अंचल की छाया से दूर नहीं हट पाते हैं और कहते हैं कि 'मैं क्या करूँ जब यह करइल का अंचल स्वयं बोलने लगता है ?' ये शब्द इस बात को ध्वनित करते हैं कि करइल स्वयं विवेकी राय की लेखनी में बोलता है।

स्वयं करइल को जीनेवाले इस लेखक ने ऐसा लिखा है जो करइल की सारी संवेदनाओं और संत्रासों को अपने निबन्धों में भी उसी प्रकार अभिव्यक्त करती है, जिस प्रकार उपन्यासों में रामदरस मिश्र की टिप्पणी है ''अपने अचंल के बीच लगातार जीते-चलने के कारण वहाँ के पात्रों, उनके सम्बन्धों, समस्याओं, मूल्य-संक्रमण, लोकगीतों, लोकव्यापारों आदि की प्रमाणिक छवि उनके साहित्य में उभरती रही है। लगता है उनके अनुभवों में लगातार बदलता हुआ अंचल अपने बहुआयामी यथार्थ के साथ खलबला रहा है और उनके उपन्यासों, निबन्धों, कहानियों आदि के माध्यम से फूट पड़ने को आकुल व्याकुल हैं।[11]

कभी बाढ़ कभी सूखा :

यह करइल क्षेत्र एक शापित क्षेत्र है। यहाँ खेती-किसानी को छोड़कर कोई रोजी-रोजगार नहीं है। एकदम पिछड़ा इलाका जो किसी बड़े शहर से अति दूर है। यहाँ बाढ़ तो आती ही रहती है वर्षा से भी और गंगा-मँगई के पानी के बढ़ाव से भी बाढ़ आती है पर कभी-कभी तो बाढ़ आती है और शीघ्र उतर जाती है। उसे यहाँ के लोग रसीली बाढ़ कहते हैं, पर कभी वह कहर बनकर आ जाती है। सूखा कभी-कभी आता है तो किसान की कमर तोड़कर रख देता है। 'आसमान में जलबन्दी' शीर्षक ललित निबन्ध में डॉ. राय ने सूखे का जो चित्र खींचा है, वह ध्यान देने योग्य है। 1966 में आये सूखे की हालत यह ह–

''सरेहि भम्म लोट रहा है। गाँव में महामारी आने जैसा त्रास और सन्नाटा छाया है। बदल गया भूगोल।

गाँव में एक है कमकर। गाँव में जब ताजिया उठता है तो वह 'मसीहा' गाता है। सो वह काबा-कर्बला की बड़ाई का गीत आजकल रो-रोकर गाता है—

पानी-पानी गुल मचा है,

पानी तो मिलता नहीं।

ऐ बदरा तू क्यों न बरसे...।

लेकिन बदरा क्यों बरसने लगा ? चित्रा ही नहीं स्वाती भी निराश चली गयी। लेकिन रह गयी आशा किसान की। आशा हि परमम् दुःखम्। किसान मर्माहत होकर कहते हैं, अगहन तक बरसेगा तो बोयेंगे। लेकिन, भाइयों, पूस-माघ में बोकर काटोगे क्या ?[12]

सूखा पड़ने पर किसान अपनी किसमत पर रोता है। उसकी दुर्दशा का चित्रण करते हुए निबन्धकार कहता है जब सारे टोटके-पूजापाठ पर पानी नहीं बरसा—''पानी नहीं बरसा, न-हीं -बरसा। धान पीले पड़कर मुआर हो गये। ज्वार उतरकर सूख गयी। चित्रा चढ़ते-चढ़ते उदास मन से हल, बैल और बीज लेकर किसान खेतों में उतरे। ऊपर माहुर ...

घाम, नीचे जमीन जल रही है। कहाँ शेष है जमीन में तरी ? मगर किसान करे क्या ? हल टूट जाता है, जुआठ चटक जाती है। बैलों का पैर छिल जाता है। जमीन में गहरे फाल लगाकर ताव तोड़ना पड़ता है। खेत से नीसठ झाँवाँ की तरह मनहूस ढेले निकल रहे हैं। हलवाहा और बैल दोनों की आँखों से चिनगारी निकलने लगती हैं। बैल पसर जाते हैं। क्षुब्ध किसान उन्हें पीटते हैं। हाय, यह जलबन्दी महादेव जी के ही सिर घहरायी। एक अपढ़ किसान कहता है—

गाँव गये चकबन्दी में,
देश गया गुटबन्दी में।
मर्द गये नसबन्दी में,
बर्द गये 'जलबन्दी' में।

उससे कुछ पढ़ा लिखा किसान कहता है—यह अचरज देखो ! इसी को कहते हैं कि ओरी का पानी बँड़ेरी जाये। धरती की हवा आसमान पर लग गयी। उत्तर प्रदेश बन्द, बिहार बन्द, बम्बई बन्द, अब लो, आसमान बन्द, बादल बन्द और जल बन्द।

इन्द्र भगवान् कम्युनिस्ट से हो गये,
बादल आजकल हड़ताल पर हैं,
आसमान में जलबन्दी चल रही है।[13]

इसी प्रकार अपने निबन्ध 'सूखा और किसान' में लेखक सूखे के कारण किसानों की दयनीय स्थिति के साथ उनमें सूखा पड़ने के कारणों की रोचक और काल्पनिक चर्चाओं का वर्णन करता है। किसान करें तो क्या करें ? स्वतन्त्रता के बाद भी यह क्षेत्र नहरों से वंचित है नहीं तो कुछ अन्न सूखे में भी प्राप्त कर लें। शहर और कारखानों से दूर कि वहाँ जाकर कुछ कमाकर खाने का प्रबन्ध करें। अब तो उसके पास केवल गप्पे हैं, बात-बतकही है। इसी में वह अपना जी बहलाता है। एक अकबाल दादा हैं कि कहते हैं—हथिया के पेट से जाड़ा शुरू हो जाता है तो एक किसान कहता है—'अरे दादा जाड़ा कहाँ ? मारा महीनों के सनसनाते सूखे ने कि धान झुलस गया। और खरीफ के सूखते पौधों के चेहरे जैसे झौंस गये। यह तो कहो कि किसान का कलेजा बज्र जैसा है। गजब हो गया इस साल पता नहीं चला कि बरसात आयी। जब बरसात नहीं आयी तब जाड़े की क्या चर्चा ?[14]

अब चर्चाएँ चलीं सूखा पड़ा क्यों ? स्काई लैब के गिरने को सूखे का कारण बताते हुए कउड़ पर जमे ग्रामीणों में से एक कहता है—

"अरे वह पहाड़ गिरा था, हम लोग रात-भर जागते रहे कि अब प्रलय हो जायेगा ...। बचा कहाँ ? उसी के असर से तो सूखा पड़ गया। अमेरिका ने रूस की ओर ठेल दिया और रूस ने अमेरिका की ओर। नतीजा यह हुआ कि बीच में हिन्दुस्तान पर गिर पड़ी। हाँ, गिरी जरूर। किसी को पता नहीं चला। उसी की गर्मी से तीन महीने तक पानी नहीं बरसा।"[15]

एक दूसरा कारण बताते हुए अकबाल दादा महाभारत के एक प्रसंग से कहते हैं कि "इसके माने वह हाथी अभी भी अन्तरिक्ष में हैं ? जरूर है। धरती पर महाभारत की लड़ाई से भी बड़ी-बड़ी लड़ाईयों की तैयारी देख नाराज हैं। बादलों का पानी सोखे जा रहे हैं। बरसात एकदम मनमाने ढंग से होती है। पानी पतला हो गया। मगर वेदशास्त्र की बात अब मानता कौन है ?"[16]

यह तो हुई सूखे की कथा। अब बाढ़ का मजा इस अंचल में प्रायः ही किसान उठाता रहता है। बाढ़ के एक प्रलयंकर रूप का चित्र पिछले पृष्ठों पर 'बबूल' में वर्णित प्रसंग का आया है। इधर एक ललित निबन्ध 'बाढ़ ! बाढ़ !! बाढ़ !!! में निबन्धकार ने क्रूर और विनाशकारी दृश्यों का एक विस्तृत खाका खींचा है। वैसे इस अंचल में अकाल-सूखे को छोड़कर हर साल बाढ़ आती है पर 1948 की बाढ़ के बाद 1967 की बाढ़ का रूप और भयानक था। इस बाढ़ का एक चित्रात्मक (फोटोग्रैफिक) वर्णन करते हुए निबन्धकार लिखता है—"चार दिन बाढ़ में घिरा रहा। वह दृश्य देखा कि कलेजा काँप गया। लानत है आधुनिक युग की सारी तरक्की पर। वह वैज्ञानिक उन्नति, जिसमें इन्सान चाँद छू रहा है, कैसे इस मुल्क में आकर इस

कदर चूक गयी ? दीन-हीन दयनीय, विवश बेचारा, आर्त्त और भूखा-दूखा इन्सान का ऐसा रूप कि जिसे देख लाज को लाज लगे।

गाँधी चबूतरा अथाह जल में डूबा है। मदरसे के भीतर जाँघ भर पानी लगा है। हरिजन बस्ती की झोंपड़ियाँ पानी पर तैर रही हैं। सिवान का प्रलयंकर सावढ़ गाँव में घुसा। लोग त्राहि-त्राहि कर उठे।[17]

"बाढ़ में आदमी के घर और अन्न के साथ जान का भी खतरा रहता है। आदमी तो क्या, पशुओं तक पर आफत आ मँडराती है। उनके लिए चारा कहाँ से आये ? भूसाघर पानी में डूब गया। पेड़ पालो पानी में डूब गये। सरेहि की हरियाली पानी की गोता लगा गयी। पशुओं के चारे के लिए लोग पानी में कूद जाते हैं कि कहीं वृक्ष की पत्तियाँ तोड़कर पशुओं के पेट भरें या उसी अथाह जलराशि में वे समा जाते हैं। पशुओं के लिए जलसमाधि ले लेते हैं।"[18]

इस बाढ़ ने कच्चे मकानवालों को बेघर कर दिया। मकान धड़ाम-धड़ाम गिर रहे हैं। लोग मकान के किनारे मिट्टी पाटकर ऊँचा कर रहे हैं। इसका एक दर्दनाक दृश्य देखें—"एक गली में बहुत रात गये तक हड़बड़-हड़बड़ सुनायी देता रहा। बाहर निकलकर मैनें देखा एक जवान लड़की है। दूसरा उसका बूढ़ा बाप। पानी हेलते चले आ रहे हैं। लड़की के हाथ में नाद है और बूढ़ा एक टूटा सा चाचर लिये हैं। पानी में घिरे उनके उस घर में अब ये ही चीजें रह गयी थीं। मैं उनसे पूछ ही रहा था कि उधर खड़खड़ के साथ जोर से छपाक से शब्द हुआ और पानी की हिलोरा उठा। 'जा बाबू गइल घर।" लड़की ने रूखे स्वर में कहा और उस रहस्यमय अँधेरे की ओर देखने लगी। बूढ़ा उसी प्रकार चाचर लिये कमर भर पानी में ठक्। मैं सोचता रहा, यदि समय से ये निकल न आये होते तो ?"[19]

अब बाढ़ आने पर लोग सड़क और बाँध पर आकर बस गये हैं। स्टेशन पर, सड़क पर और बाँध पर उजरुआ लोग मवेशी लिये पड़े हैं। ...उनमें से एक कहते हैं कि ऐसे अभागे लोगों को साँप-बिच्छू भी नहीं पूछते हैं। पानी में आदमी हेल रहे हैं। उधर लहरों में साँप-बिच्छू-गोजर आदि उतराये बह रहे हैं। पानी में कोई झाड़ी है या पौधा है, लाख-लाख कीड़े-मकोड़े थोक-के-थोक उस पर जमे हैं और लटके हैं। काई की मोटी तह पर मेंढक बैठे हैं। चींटियों के टीले बने हैं। एक बहती लकड़ी के टुकड़े पर बिच्छू हैं। देखने पर रोंगटे खड़े हो जाते हैं। सबसे विकराल देखते ही जी सूख जाता है। पंख फैलाये किसी भी पौधे की फुनगी पर बैठे देख सकते हैं, पर अब वह तेजी नहीं। पानी में फूलकर थक गया है। अपनी-अपनी विपत्ति। अब कोई काट खाने नहीं दौड़ता। सस्ते हो गये हैं साँप-बिच्छू। खेत से फसल छानकर आ रही है। चींटी-चींटी से लेकर उसी बोझ में साँप। हाथ में आ गये, किसान ने

झटककर फेंक दिया। काटने का ताव नहीं। शरीर पर चढ़े जाते हैं। वाह रे बाढ़ ! सबका मद झड़ गया।''[20]

यह करइल की बाढ़ का कहर है। यह बाढ़-बूड़े का इलाका है। इस क्षेत्र में साँप-बिच्छुओं की अधिकता है और आदमी की जिन्दगी भी जोखिम-भरी है। कैसा एक-एक चीज का आँखों देखा वर्णन इस निबन्ध में रचानाकार ने किया है। बाढ़ तो मैदानी भागों में भी आती पर इतनी भीषण और भयानक बाढ़ तो करइल या करइल-जैसे क्षेत्रों में ही देखने को मिलती है।

खलिहान में बर्बादी :

इस अंचल की गरीबी को संसद् में विश्वनाथ गहमरी ने सुनाया तो लोगों की आँखो में आँसू आ गये। कहा था कि यहाँ के लोग मड़ाई के समय बैल जो गेहूँ-जौ खा लेते हैं वह खड़ा अनाज उनके गोबर में निकल आता है। लोग उसे पानी में धोकर निकालते हैं और उसी का आटा पीसकर खाते हैं। ऐसी स्थिति इसलिए है कि यहाँ खेती के अलावा आदमी के पास कोई चारा नहीं है। किसान की खेती तबाह होने के साथ मजदूर की मजदूरी भी जाती है। दोनों भूख से बेहाल हो जाते हैं। यह हश्र कुछ दशक पूर्व बेमौसम चैत-बैसाख में बार-बार वर्षा होने पर हुई जब किसान का गल्ला खलिहान में सड़ गया और उसी में अँखुआकर पौधे उग आये।

प्रकृति के ऊपर खेती निर्भर है। इसका दर्द इस निबन्धकार के ऊपर गहराई से पड़ा है। 'उत्तम खेती' शीर्षक अपने निबन्ध में लेखक खलिहान की हुई बर्बादी को याद करता है—

'खतरे, जोखिम और अनिश्चितता से वह भाग जाता है। यह क्या जोतो, बोओ, कोड़ो, कमाओ और कितना-कितना खून-पसीना बहाओ, जान लड़ाओ फिर भी यह गारण्टी नहीं कि फसल खलिहान या घर तक पहुँचेगी।...एक साल फसल खलिहान में रखे-रखे सड़ गयी न। वह पनियारी, वह पनियारी...।

बेटा कहता है, पिता जी ! अब फसल बो दी गयी, अब पक गयी, अब कटिया लगेगी।... हर बार बूढ़ा कहता है, बदे की बात (यानी यदि भाग्य में बदा होगा तब). .. अब बदे की बात क्या ? खलिहान में आ गयी तो कैसा बदे-बदे का चक्कर।. ..फिर एक दिन मध्य दोपहरी में उठा बवण्डर कि गेहूँ के बोझों को कहाँ उठाकर फेंक दिया।[21]

अब बरसात में हुई बरबादी का आलम यह कि सारे साल की कमाई खराब हो गयी। कैसी यह बेमौसम की बरसात है '(खलिहान में) बहुत कम काम सरका होगा कि आसमान टूट पड़ा...। बोझ का गल्ला पड़ा है, कुछ दँवरी से उकाँव बना टूटा है, कहीं भूसा, कहीं अरहर के बोझ। रोटी के साथ दाल भी गयी।... (वैसे तो) हर

साल एकाध पकड़ (बरसात) हो जाती है। पर महीनों तक की यह उठा-पटक विचित्र रही। पुरवा की बदर-छाँही, मृगतृष्णा में खलिहान डहकता रहा और पचास का चौमासे पानी पाँच सौ पानी खाकर गेंहू जो फँसा से उबरा नहीं।'[22] एक बार 1967 में बाढ़ आयी और इस बार 1971 में यही नजारा देखने को मिला। स्वतन्त्र भारत में किसान की कृषि प्रकृति मात्र पर निर्भरता का आलम है। दूसरी ओर हमारी लोकतान्त्रिक सरकार का आलम यह है कि वह राहत की सामग्री भी इस अंचल में नहीं पहुँचाती। 'नेता और अधिकारी जरूरी राहत सामग्री लेकर दौड़ते हैं, पर कहीं कोई पत्ता नहीं खड़का।[23]

नदियों का रंजन और पूजन :

प्राचीन काल से नदियों का मनुष्य के जीवन के साथ ऐसा जुड़ाव रहा कि उपयोगिता और सुन्दरता ने उसे देव प्रतिष्ठा दे दी थी। हमारे देश में सात प्रमुख नदियों को यह देव प्रतिष्ठा मिली थी। आज भी पुराने लोग नहाते समय या प्रातःस्मरण में एक श्लोक पढ़ते हैं–

गंगेश्च यमुना चैव गोदावरी सरस्वती।
नर्मदा, सिन्धु, कावेरी जलं में सन्निधिं कुरु।।

पुराने समय में जब राजतन्त्र था, इन सातों पवित्र नदियों के जल से अभिषेक कराकर राजा का राज्यारोहण होता था। गंगा का तो इसमें अप्रतिम महत्त्व है। भारत ही नहीं अन्य देशों में भी नदी की पूजा और उसकी देव प्रतिष्ठा होती थी। गंगा के प्रदूषण को समाप्त करके उसे निर्मल और प्रवाहयुक्त करने के प्रयास में यूरोप की 'राइन' नदी का आदर्श आज सामने रखा गया है। राइन भी मध्यकाल तक इस देवी प्रतिष्ठा को प्राप्त थी। श्री हरिकिसन शर्मा ने अपने आलेख 'गंगा के नाम राइन की पाती'[24] में लिखा है।

"पुनर्जागरण काल में इटली के कवि और 'मानवतावाद' के जनक फ्रांसेस्को पेत्रार्का लिखता है–'हे गंगा! आस्था के जिस शिखर पर तुम विराजमान हो, संसार की अन्य नदियों के लिए वह दुर्लभ है। 'स्रोतसामस्मि जाह्नवी'- यही तो कहा है भगवान् श्रीकृष्ण ने गीता में। जहाँ तक मेरा प्रश्न है, मैं तो उन अन्य नदियों में ही शामिल हूँ। हाँ, इतना जरूर है कि रोमन काल में यहाँ के लोग मुझे नदी भगवान् 'रीवर गॉड रीनस' मानते थे। यदा-कदा 'फादर राइन' कहकर बुलाते थे लेकिन यह सब सदियों पहले की बात है। करीब दो हजार साल पहले जूलियस सीजर के समय इसका जिक्र मिलता है। कुछ एक लोकगीत मेरे ऊपर बने।

बहरहाल, यहाँ के लोगों का नदी की दैवीय शक्ति में भरोसा मध्यकाल तक ही रहा। इससे आगे नहीं बढ़ सका। पेत्रार्का यहाँ घूमने आया था। पेत्रार्का जब एक

दिन मेरे तट पर आया तो उसने देखा कि जर्मनी के कोलोन शहर में पुराने रिवाज के अनुरूप बड़ी संख्या में महिलाएँ राइन के तट पर इकट्ठी हुईं। सभी महिलाओं ने नदी के वेगमयी धारा में अपनी गोरी कलाइयाँ धोयीं। इस शहर में ऐसी मान्यता थी कि राइन के जल में हाथ धोने से आसन्न संकट टल जायेंगे।

नदी की ईश्वरीय छवि देखकर पेत्रार्का इतना अचम्भित था कि उसने कटाक्ष करते हुए कहा, 'राइन तो जर्मन लोगों की विपदा धोकर अपने साथ ले जा सकती है, लेकिन हमारी पो और टिबेर नदियाँ इटालियन लोगों के लिए ऐसा नहीं कर सकतीं क्योंकि उनकी धारा मन्द है।

अब हमारे देश में भी गंगा से लेकर छोटी-बड़ी नदियों की धारा मन्द पड़ गयी है। साथ ही गंगा-जैसी बड़ी और पुण्यतोया कही जानेवाली नदी भी प्रदूषित है। फिर भी आस्था और आस्तिकता का सम्बन्ध धारण किये आज भी भारत गंगा और स्थानीय सभी नदियों के प्रति आदर का भाव रखता है। ओम धीरज ने ठीक ही लिखा है—

गंगा मैली हुई भले ही,
हम न हुए मैले।[25]

करइल का यह सौभाग्य है कि वह गंगा के तटवर्ती भाग में बसा है। गंगा के किनारे उजियार, भोरौली-जैसे गाँव तो गंगा का आज भी अस्थापूर्वक उपयोग करते हैं। अभाव में पीड़ित व्यक्ति भी गंगा के जल, उसके जल-जन्तुओं और उसकी खेती में होने वाली फसलों से अपना जीवनयापन कर लेता है और कैलाश करमपुरी की इस पंक्ति को दुहराता रहा है—

केहू धनी भइल बाटे दउरी दोकान से,
केहू धनी भइल बा केराया के मकान से
केहू केनी धन करखनवा व कल बा
हमनी क धन इहै गंगा जी क जल बा।।

गंगा -दशहरा के मेले के अवसर पर कवि ने यह रचना की थी। गंगा-तट वासियों का यही सुख है, यही साज है।[26] इसी से यह मुहावरा प्रचलित हुआ- कम खाय काशी बसै।

डॉ. विवेकी राय का गाँव सोनवानी मँगई का तटवर्ती गाँव है। यह गंगा से थोड़ी ही दूर है और गंगा में ही गिरती है। वर्षा काल में तो गंगा का पानी मँगई को भी बाढ़ से ग्रस्त कर देता है। अतः यहाँ के लोग मँगई को भी अपनी गंगा ही मानकर उसमें आनन्द उठाते हैं और उसे पूजते भी हैं। 'नदी और जीवन' ललित निबन्ध में उन्होंने मँगई में स्नान करती हुई स्त्रियों से गंगा के गीत गाते देखते हैं। 'कोई जवान

बिटिया रखी गयी ईंट पर एड़ी मल रही है, जैसे एक गीत की कड़ी साक्षात् चित्रित है—

ठाढ़ गोरी गंगा नहाये,
झुलनिया ले गयी मछरिया।[27]

लोकगीतों में भी गंगा छायी हुई है। भोजपुरी के कई प्रसिद्ध गीत गंगा की महिमा के प्रचलित हैं, जैसे 'गंगा मइया तोहे पियरी चढ़ैबें। पियवा से कइ दा मिलनवा।' राम को वनवास से वापस कराने के लिए कौशल्या रानी अर्द्धरात्रि में गंगा-तट पर आती हैं और उनसे लोकगीत में गंगा से संवाद होता है, इसे डॉ. राय ने मँगई के सुख-दुःख से जोड़कर अपने निबन्ध के अन्त में लिखा है—

गंगा माई के ऊँच अरखा कि बेरिया भकसावन लागे ना।
ताही पर ठाढ़ कौशिल्या रानी। गंगा गोहरावली ना।
सूतल गंगा उठि बैठइलीं। काहो कौशिल्या रानी।
कवन संकट तोहरा परलैं। आधी राति आइलू।
कि बारी नींद जगवलू। किया तोरे अनधन कम भइलैं।
लछिमी बेपिछ भइलीं। नहीं मोरे अनधन कम भइलें।
लछिमी बे पिछ भइलीं। राम बनवास लौटावे खातिर।
आधी रात अइलीं। कांची नींद जगवलीं।[28]

लेखक इस प्रसंग पर कहता है कि मँगई का पानी भी गाँव को टूअर बनाकर अब सूख गया है।

मँगई छोटी नदी है पर इसके तट ऐतिहासिक घटनाओं के साक्षी हैं। आजमगढ़ के 14 किमी. पश्चिम से मँगई बहती है। वाराणसी और इलाहाबाद से आजमगढ़ आने के मार्ग में, इसी के तट पर कुँवरसिंह ने ब्रिगेडियर मोर्कर की सेना पर आक्रमण किया था और ब्रिगेडियर को पीछे हटना पड़ा। आजमगढ़ के दक्षिणी भाग में रामघाट की वैष्णव कुटी इसी के तट पर है, जहाँ रामनवमी को मेला लगता है और वहाँ अनेक सिद्ध महात्माओं की साधना का इतिहास स्मृति में है। वहीं सोनवानी गाँव भी है और करइल के एक बड़े क्षेत्र को सिंचित कर रही है। इसकी देव प्रतिष्ठा भी इस क्षेत्र में बराबर रही है। चैत रामनवमी के दिन इस नदी की पवित्रता का एहसास होता है। जब लोग कलश भरकर उस पर टीककर उस पर राम नाम लिखकर नया-नया लाया गया माटी का कलश-अक्षत कलश-माता माई के स्थान पर पूजन को जाता है। माता मइया की गज्जी कचारने, सिरजना और पीढ़ा धोने का काम रात-भर चलता रहता है। साथ ही माता मइया का गीत भी वाता-वरण को प्रफुल्लित करता है—

हथवा क लिहलीं मइया सोने क कलसवा,
कि चली भइलीं ना, मइया गंगा असननवाँ।
कलसा भराइ मइया, चढ़ली अररवाँ,
कि केहू नाहीं तनि कलसा अलगाव...

निबन्धकार ने इस नदी की महत्ता को इस ढंग से चित्रित किया है, जैसे लगता है कि वह आँखों देखा हाल एक विवरण के साथ लिखता चला जा रहा है। "रामनवमी की पूर्व रात को मँगई के तट पर बिना घोषणा का यह मेला कितना रोचक और आनन्दप्रद रहा—जिनको माता मइया की पूजा करनी है, जिन्हें कड़ाही बैठना है, वे नहा रही हैं। पहले सोझारू औरतों और लड़कियों ने स्नान किया। जब रात भींग गयी और राह सूनी हो गयी तो लजारू बहुरिया लोग निकलीं। यह बात, एक दो साल की नहीं सालों साल सनातन धर्म की तरह।"[29]

सूर्यास्त के बाद नदी के तट पर बहार उतर आयी है। मौसम भी अनुकूल रहता है। चैत की शान्त स्निग्ध साँझ और बसन्त ऋतु की शीतलता का संस्पर्श पाकर यह वातावरण और भी सुहावना हो जाता है। इसे निबन्धकार जादुई पुलक रोमांच-भरा वातावरण कहता है। 'जिस निमिया की डाल पर मैया लावली झलुअवा' उसकी दिव्य सोंधी सुगन्ध से दुनिया महामोद में डूबी है, दिशा महमहा रही है। गलियों में डगूडगू मइया का डग्गा सुनायी दे रहा है। छाँव की सुगन्ध फैली है और इधर मँगई के तीर पर नहान उतरा है। गाँव उतरा है।[30] यह गाँव की माता मइया के साथ मँगई की भी पूजा है। मँगई इस क्षेत्र की गंगा-यमुना है।

मँगई करइल के तटवर्ती इलाकों के लिए केवल पूजा-पाठ के लिए कलश भरने और पवित्र स्नान की वस्तु ही नहीं है। वह गाँव की मंगलकारिणी और नाना प्रकार से सुखदायिनी है। लेखक इसीलिए कहता है 'मँगई नदी नहीं गाँव की मंगलकारी माँ है।' उसकी गोंद में गाँव कुशल-क्षेम से पड़ा है। उसके प्यार से रूह भरती है और देह पर रूकती-चढ़ती है।[31]

माँ की गोद में बालक जिस प्रकार सुख-शीतलता का अनुभव करता है उसी प्रकार का सुख यह नदी माँ देती है। बाहर से थका-मादा कोई आता है तो इसमें पैर धोता-मुख प्रक्षालन करता है, तो जो ताजगी उसे मिलती है, वह ऐसी जैसे बाहर से आनेवाले अपने पुत्र के लिए- स्वागत का जल लेकर खड़ी है। उसमें घुसकर उसे पार करने में वह कभी घुटने, कभी जाँघ तक पैरों को धोकर शीतलता प्रदान करती है। यह एक 'अबूझी, अनकही, आनन्दानुभूति' होती है।

जाड़े में तो नदी में पानी रहता है, बहुत गहरा नहीं पर गर्मी में भी इसमें इतना पानी तो रहता ही था कि बच्चे, बूढ़े सभी इसमें नहा लेते थे-पशु-पक्षी पीने का जल पा लेते थे। गर्मी में इसकी धारा पतली हो जाती और बीच में सेवार के कारण हरा

रंग झलकता रहता था। इसके किनारे मजदूर 'बरो' नाम का धान बो देते और स्वाभाविक रूप से टोंट, सेवार, कोंई, वनतुलसी, खेझड़ा, मोंदा और तरह-तरह के पौधों के उग जाने से इसके तट की शोभा जेठ की दुपहरी में भी किसी वृक्ष की छाया में बैठे चरवाहों के लिए सुहावनी रहती थी। इसी में छपक-छपक लड़के नहाते, किलकारी मारते, आगिन बोट बनकर खेल खेलते। पानी भी गन्दा ढाबर हो जाता।

जब मँगई में खूब पानी होता उस समय तो मँगई के किनारे ऐसा रेला-मेला लग जाता जैसे पूरा गाँव ही इस नदी मँगई तट पर आकर अपना-अपना सुख उस जल धारा से प्राप्त करता है—"(औरतों में) कोई माटी भीज रही है, कोई गोहूँ धो रही है, कोई कपड़े फींच रही है। नहाने के लिए आयी तो किनारे अलग-अलग कपड़ों की ढेरी पड़ी है। पिंजरे में सुग्गा पड़ा है। सुग्गा साहब भी गोता लगायेंगे। एक छोटी लड़की पिंजरा ठोंक-ठोंक कर कहती है—

"राम कहो, राम कहो, राम कहो तोता।
राम के भजन बिना खा जइहो गोता।।"

सुग्गा भजन करे, चाहे न करे, परन्तु गोता लगानेवाला हर आदमी भजन में लीन है। मुखिया साहब ...हनुमान चलीसा पाठ कर जाने की जल्दी में हैं। सभापति जी जनेऊ रगड़ रहे हैं। साथ-साथ चौपायी चल रही है—

"राम रमापति कर धनु लेहू। खैंचहु चाप मिटै सन्देहू।।"

यह जिन्दा दृश्य। मँगई का गाँववालों के लिए मनोरंजन का आला स्थान है।[32]

अब यह सब बातें केवल स्मृति में सुरक्षित हैं। अब मँगई में कहाँ जल। जल धारा सूख गयी है। करइल जो अधिकतर गीला-ओद रहता है, अब काँटे की तरह कड़ा हो गया है। इस अंचल का वह प्राकृतिक वैभव छिन गया। इसका दर्द उसी अंचल का रहनेवाला एक साहित्यकार कितनी गहराई से महसूस करता है कि उसकी लेखनी से इस दर्द की धारा फूट पड़ती है। वे जब दर्द और व्यथा में होते हैं तो उनका दर्द ललित निबन्ध बनकर फूट पड़ता है। आज जो आधुनिकता के नाम पर प्रकृति का दोहन हो रहा है। वृक्ष काटे जा रहे हैं। वायुमण्डल दूषित गैसों से प्रदूषित हो रहा है। इसका प्रभाव वर्षा पर पड़ा और पानी कम बरसता है। भूगर्भ जल भी भाग रहा है और नदी-नाले, पोखरों का परम्परित जल स्रोत सूख गया है और प्रवाह की मिट्टी जमते-जमते सभी नदियाँ और पोखरे-नाले और ताल तलैया पटकर उथले हो गये हैं। आम आदमी इस दृश्य को देखता है पर संवेदनशील रचनाकार का दर्द तो उन्हीं झरनों की तरफ फूट पड़ता है जो सूख गये हैं—

"इस बीहड़ सुरम्य में मँगई की मजधार पेटी पर फटे दरारों को देखकर कलेजा उलट जाता है। कौन कलेस ऐसा दुःसह रहा कि मँगई माई की छाती दरक गयी।' झर-झर झरने झरते थे, वहीं सूखी घास और खड़खड़ ढेले मुर्दनी बरसा रहे हैं। बचपन

में खड़े होकर हम झरनों को निहारते।... धरती फोड़कर बालू के साथ बल खाता, ऐंठता निर्मल जल, गर्मी में ठण्डा, सर्दी में गर्म।... घड़े और कुण्डे के औराये जैसे गरमी से जब पानी का पियासा जियरा ललुआने लगता, तो बड़े लोगों के हुक्म पर हम लुटिया लिए उधर दौड़ते। मँगई के अन्तस्थल का वह अमृत। खड़खड़िया दुपहरिया में किनारा कितना शीतल। उस सजल शीतल (जल) पाटी को याद करते मन अउँजा जाता है।[33]

गाँव के पुराने रूप पर लेखक इसलिए लुब्ध नहीं है कि वह अतीतजीवी है और वर्तमान प्रगति उसे अच्छी नहीं लगती पर यान्त्रिकता और भौतिक सुख की लालसा में गाँव के अमृत जल जहाँ समाप्त हो जाता है और सब-कुछ बदल जाता है। अर्थात् गाँव की सज्जनता कुटिलता में बदल जाती है, तो वह पीड़ा का अनुभव करता है। सड़क गाँव में आये विकास गाँव में आया पर उसी के साथ तिकड़म, भ्रष्टाचार, लूट-खसोट ने जब गाँव के सौहार्द और पारस्परिकता को निगल डाला तब पछताना पड़ता कि इससे अच्छा तो पुराना-पिछड़ा गाँव था। प्रो. सदानन्द प्रसाद इसे 'नॉस्टेलजिया' कहते हैं– ''विवेकी राय के निबन्धों को पढ़ते हुए ऐसा प्रतीत होता है कि गाँव के प्रति वे अत्यधिक नॉस्टेल्जिक हैं। यह बीते हुए के प्रति मोह विद्यानिवास जी के निबन्धों में भी दिखायी देता है। विवेकी राय को गाँव के परम्परागत रूप के लुप्त हो जाने का खतरा दिखायी देता है तो विद्यानिवास जी को जाँता के गीत अब सुनायी नहीं देते। इससे यह निष्कर्ष नहीं निकलता कि विकास या परिवर्तन- उन्हें सुखद नहीं लगते और वे स्थितिशीलता के समर्थक बन जाते हैं। संयुक्त परिवार के ह्रास के विषय में उनकी पीड़ा को समझा जा सकता है, पर संयुक्त परिवार का टूटना परिस्थितियों के कारण है, औद्योगिकीकरण और नगरीकरण की उसमें महत्त्वपूर्ण भूमिका है। फिर संयुक्त परिवार जड़ता के शिकार भी रहे हैं।''[34]

आधुनिकता, यन्त्रीकरण, शहरीकरण ने स्वार्थ और लूट-खसोट का बाजार गरम कर दिया है। प्रकृति प्रदूषित है। जिस देश के लोग रोज शान्ति पाठ में कहते थे' ''ॐ द्यौः शान्तिः, आपः शान्तिः। ओशधयः शान्तिः, वनस्पतयः शान्तिः' अर्थात् दिशाएँ शान्त हों, उग्र न हों, जल शान्त हो, उग्र न हो, औषधियाँ शान्त हों, उग्र न हों, वनस्पतियाँ शान्त हों, उग्र न हों और उनका प्रकृति के साथ साहचर्य और सामंजस्य इस उग्रता को रोकता पर जब आधुनिकता के नाम पर प्रकृति की उपेक्षा होने लगी तो दिशाएँ, जल, औषधि और वनस्पति सब प्रदूषित हैं। हमने प्रकृति की उपेक्षा की तो वर्षा गयी, नदी पट गयी और करइल की माई मँगई भी रोने लगी तो संवेदनशील लेखक भी रोता है। उसका यह रुदन अतीतजीविता का नहीं, भविष्यद्‌दृष्टि का द्योतक है।

करइल की माटी का एक अदना पात्र 'दुखना' है, वह अपना दर्द बयान करता है कि यह धरती कभी प्रकृति की सम्पदा से लदी थी और इसका अपना भी सुख था पर आज वह सब कहाँ है ? वह बँसवारी में बैठकर आम की रखवाली करता है। 'बँसवारी में बैठकर आम अगोर ने और खाने का मजा है तो उससे कम मजेदार बात झरिहिरी का नहीं है। झरिहिरी यानी नौका बिहार।

अपने एक रेखाचित्रात्मक वर्णन में लेखक लिखता है कि 'इसमें (करइल) उगनेवाली प्रतिभा की फसलें मुँहचोर, दब्बू और महत्त्वाकांक्षाहीन हो जाती है। कभी समय था कि कृषिक्षेत्र की प्रतिभाओं ने देश का इतिहास बनाया था और आज समय है कि रोजी-रोटी की लड़ाई से मुक्ति कठिन है।' बाहर की आर्थिक प्रगति तो प्रत्यक्ष है, पर आन्तरिक दृष्टि से सामाजिक, सांस्कृतिक आदि क्षेत्रों में जो अधःपतन हुआ है, वह जग जाहिर है। इतना बड़ा निर्माण हो रहा है, परिवर्तन हो रहा है। युवा शक्ति उससे एकदम कटी हुई है।[35] यही दयनीय दशा उनके निबन्ध-संग्रह 'आम रास्ता नहीं है' के 'मेरा गाँव' शीर्षक से वर्णित है–'किसान खेतों में श्रम करते हैं। कीमती बैल रखने का शौक है। यह सब देखते लगता है कि गाँव को चहक-चमक से भरा होना चाहिए लेकिन असलियत क्या है ? सड़क नहीं तो सारे संसार से कटा है। मनहूसी में डूबा है। लोग कुण्ठित हैं। घमण्ड खण्ड-खण्ड है, कोई रोजगार कैसे पनपे, बाजार से एक बोरा माल लाने में पाँच रुपये किराया बैठ जाता है। कठिन है आर्थिक स्थिति के बारे में कुछ कहना कठिन है। खेती अलाभकर है, गुजर-बसरवाला और खाता-कमाता रोजगार।[36]

जमींदार और रिआया :

स्वतन्त्रता-प्राप्ति के कुछ वर्षों बाद में ही उत्तर प्रदेश में जमींदारी उन्मूलन एक्ट बन गया, जिससे अंग्रेजों के समय की जमींदारी प्रथा का अन्त हो गया। जमींदार भूमिधर हो गये और जो लोग हलवाही में उनकी जमीन जोतते थे अथवा लम्बी अवधि तक बटाई में जमीन जोतते थे, वे सिरदार हो गये। अब न कोई कानून की दृष्टि में जमीन का मालिक और दूसरा उसकी प्रजा या रिआया नहीं रह गया। परन्तु इस कानूनी व्यवस्था को धता बताते हुए बगीचा, पोखरा, जंगल सब अपनी भूमिधरी कराकर जमींदार नये किस्म के भूस्वामी हो गये और बड़े तालुकेदार, राजे-रजवाड़े जमीनें बेचकर शहरों में बड़े-बड़े होटल, सिनेमा हॉल या फैक्ट्री कारखाने लगाकर नये पूँजीपति बन गये। और गाँव का किसान वैसे ही फटेहाल गरीबी की मार झेलते हुए पड़ा रह गया। छोटे किसानों, कृषक मजदूरों और बनिहारों का जीवन तो और भी दूभर हो गया है। उन्हें अपनी गरीबी के साथ-साथ बड़े भू-स्वामियों की मार भी

झेलनी पड़ती है, खटना भी पड़ता है और इसे वह अपनी नियति मानकर पूर्णतया सन्तुष्ट भी रहता है।

अपनी डायरी, संस्मरण और रिपोर्ताज की मिली-जुली शैली में लिखे गये उपन्यास (बबूल) में विवेकी राय जहाँ घुरबिन और महेसवा की दुर्दान्त गरीबी का चित्रण करते हैं, वहीं अपने निबन्ध-संग्रह 'जगत-तपोबन सो कियो' में अपने निबन्ध 'गरीबी दुनिया का सबसे बड़ा पाप है', इन्हीं बाप बेटे के सम्बन्ध में इनके दारूण जीवन का चित्रण करते हैं। बाढ़ ने घुरबिन की सारी फसल को लील लिया। भादों का सियापा, दैत्याकार जहर बोता, बढ़ता चला आता बाढ़ का पानी, घुरबिन का टाँगुन का एक छोटा-सा खेत, पूरे वर्ष की मासूम मजदूरी की कोमल गरदन और बाद के वे लहराते फौलादी पंजे। गरीब सन्झामाई और गंगामाई को गुहराता है। बाढ़ का पानी घट जाता है। परन्तु क्या उसके पौधे-पुत्र बचे ? पौधे-पुत्र ही क्यों ? क्या घुरबिन स्वयं बच सका ? कृष्ण जन्मोत्सव के समापन के दिन भूखा घुरबिन नवजात महेसवा को अनाथ छोड़कर ठाकुर जी के आगे ढेर हो जाता है। कौन तीर चलाता है और शिकार कौन हो जाता है ?[37]

घुरबिन के मर जाने के बाद उसके घर में उसकी बेसहारा माँ और बित्ता भर का नवजात महेसवा और दरवाजे पे एक मरियल कुतिया तीन ही बचते हैं। इस गरीबी पर ललित निबन्धकार की टिप्पणी है– ''बच जाती है गरीबी, गोद में मिट्टी का एक सजीव ढेला लिये। काल गरीबी को पत्थर बना देता है और मिट्टी को फौलाद। जिनके लिए न शीत शीत है और न घाम घाम। यह मरियल कुतिया (पर कितनी मयार !) माँ-बेटे की साथिन है। महेसवा और उसकी माँ दुखनी चिलचिलाती दुपहरी में डकडक घूम रहे हैं। इनके जीवन में मानो ईंधन का जुटाव ही परम पुरुषार्थ है। क्या हुआ जो महेसवा बित्ते भर का है। गरीब का बेटा घर का काम-काज खूब बूझता है।'[38]

ऐसे गरीबों के झटपट फुरतीले लड़कों पर गाँव के भूपतियों और बड़े ठाकुरों की स्वार्थी दृष्टि लपककर पड़ती है। वे उसे अपने उपयोग की वस्तु समझकर अपने यहाँ नौकर रख लेते हैं और औने-पौने पारिश्रमिक पर इस बालश्रम का शोषण करते हैं। महेसवा या महेसवा जैसे निर्धन परिवार के होनहार बेटों का यही हश्र है कि वह दूसरों के लिए खटे और खटते-खटते मर जाये, पर खाने को क्या मिले सत्तू या मोटा अनाज। गाँव के ही देवशरण राय महेसवा को देखकर कहते हैं–''यह खूब काम लायक हो गया है। यही उम्र है कि एक काम का हुक्म देने पर दो काम बजा लाने का उत्साह नौकरों में होता है, बड़े होने पर तो पाँख जम जाती है। फुर्ती में घुन लग जाती है। आगे उन्होंने समझाया कि नौकर हमेशा छोटे लड़कों को रखना चाहिए। ये निरालस होकर खूब काम करते हैं। खर्चा भी कुछ नहीं दो-चार बिस्वा खेत दे दिया

और पेट का दाना सत्तू मोटा-झोंटा खाकर मस्त रहते हैं।... इसकी महतरिया ऐसी गुमानी है कि सुनती ही नहीं। बनिहार का बेटवा काम धाम नहीं करेगा तो क्या कुर्सी तोड़ेगा।''[39]

महेसवा और घुरबिन केवल एक व्यक्ति ही नहीं है बल्कि इस प्रकार के हजारों-हजारों लड़के गरीबों के भटकते रहते हैं और उन्हीं का एक नमूना यह महेसवा है और वह एक प्रकार से एक व्यक्ति नहीं बल्कि एक 'टाइप' या प्रतीक है। इस तरह के अनेक गरीब भटकते बच्चों का, जो बाल-श्रम के लिए धनिकों द्वारा उपयुक्त समझे जाते हैं, और वे उनको काम कराते-कराते मार डालते हैं।

डॉ. राय ने इन गरीबों के जीवन के चित्रण में अपने ललित निबन्धों में जो झलक दी है वह वही झलक है जो विस्तार के साथ सोना माटी जैसे आंचलिक उपन्यासों में दिखायी देती है। उनके ललित निबन्धों में एक ललित निबन्ध है 'खेदू'। एक अस्सी वर्षीय वृद्ध खेदू लड़कों के छात्रावास में नौकर है और इस तरह टहल बजाता है जैसे कोई 15 वर्षीय किशोर बालक हो। ऐसा करना उसकी मजबूरी भी है, यही उसकी नियति भी है किन्तु धीरे-धीरे यह उसका अभ्यास बन जाता है और वह हर काम हँसकर सम्पन्न करता है। दिन भर एक पैर पर नाचता रहता है और थकता नहीं है। इसके सम्बन्ध में निबन्धकार लिखता है ''चौदह वर्ष के बालक के समान टहल उठानेवाले किसी अस्सी वर्षीय नौकर की कल्पना कर सकते हैं ? यदि नहीं तो आइये मेरे साथ, जिस प्रकार संसार में ईश्वर सत्य है, उसी प्रकार छात्रावास में खेदू सत्य है।... वह लगभग आधे सौ लोगों का सेवक है। अथक सेवा करता है, चुपचाप बिना कुछ कहे-सुने। घटा की तरह छाया नहीं रहता है, सरिता की तरह बहता रहता है। इच्छा होते ही दीख जाता है। वह पानी भरने के लिए सुराही लेकर लपकता चला जा रहा है। वह झाड़ू लिये किसी कमरे में हेल रहा है, वह साइकिल लिये हवा भरने जा रहा है। बिन नागा आयेगा। सुबह से खड़ा है तो दिन-भर खड़ा है। बैठना नहीं जानता। सूरज की तरह, हवा की तरह, साक्षात् प्रभु की तरह सतत् खड़ा है, सेवा में लीन है। पुराण-पुरुष की तरह श्वेतकेशी, मजबूत काठी का, पूरा प्रौढ़, सरल और भोली पीढ़ी का अस्सी वर्षीय सेवक।'[40]

खेदू या खेदू की तरह के गाँव के अन्य कमकर लोग मेहनती ही नहीं बल्कि उनके अन्दर सन्तोष बहुत है। जो है वही बहुत है। सुख है, दुःख है, उस पर उनका कहना है कि यही भगवान् की मर्जी है। फटेहाली में जिन्दगी बिताते हुए इन गरीबों से पूछो कि दादा, कैसे बीत रही है तो वे कहते हैं– 'बाबू ! चल रहा है।' राय साहब ने लिखा है– 'यह वाक्य उनकी परमसन्तोषी वृत्ति का सूचक है।' मैथिलीशरण गुप्त के इस कथन को लोग चरितार्थ करते हैं– थोरे में आराम बहुत है या थोरे में सन्तोष बहुत है। पर सन्तोष और सहनशक्ति उनके भाग्यवाद और ईश्वर पर अपार विश्वास

के कारण है। वे प्रेमचन्द के होरी की तरह यथास्थिति को स्वीकार करते हैं, उनमें विद्रोही वृत्ति नहीं है। साथ ही आज भी प्राचीन ग्राम-संस्कृति के छल-कपटरहित सहज जीवन और ईमानदारी इनके रक्त में समायी है। खेदू मुफ्त का दान या कृपा का प्रसाद नहीं चाहता, वह काम करके उसका जो प्रसाद पाता है, उसी में सुखी रहता है।

लेखक ने उसकी इस वृत्ति का वर्णन करते हुए इसी निबन्ध में लिखा है—'मैंने कहा, ''हमारा खाना होटल से ले आना।'' फिर बहुत अनुगृहीत करने के स्वर में कहा, ''तुम भी खा लेना, लो पैसे।'' खेदू कुछ नहीं बोलता है। चला जाता है। किन्तु क्या उसने मेरा प्रस्ताव मंजूर कर लिया ? हरगिज नहीं। मुझे अपनी भूल मालूम हो गयी। मेरा बड़प्पन उसके आगे बौना हो गया। उस जीव को इस प्रकार अनुगृहीत नहीं किया जा सकता है। वह भोजन का लोभी नहीं। उसके दीर्घायु होने और इस जर्जर आयु में इतने श्रम-सिद्ध होने के रहस्यों पर विचारते समय ये बातें ध्यान में आती हैं।''[41]

खेदू के तरह से ही गाँव के एक गरीब बेसहारा किसान परिवार के दुखना या दूखन के सम्बन्ध में गाँव के बूढ़े पचहत्तर वर्षीय व्यक्ति की गरीबी किन्तु उसी के साथ उसकी कर्मठता, निश्चिन्तता और आस्तिकता पर निबन्धकार मुग्ध है और यह दुखन या दुखना उनकी एक रेखाचित्र का प्रमुख पात्र है और उनके उपन्यास में भी यह आता है। सोलह वर्ष की अवस्था में वह सिलहट गया था। वहाँ चाय बागान में 34 वर्ष तक काम करके खूब कमाई किया। वहाँ से लौटे हुए 25 वर्ष हो गये। सारी अपने बेटे-बहू पर लगा दिया और जब कुछ नहीं बचा तो बेटे-बहू ने उसे घर से निकाल दिया। अब वह बेसहारा जो अपनी-जिन्दगी के आखिरी पड़ाव में है, पाँच वर्ष से भटक रहा है। पर अपने श्रम के बल पर वह चैन से खा-पीकर भगवान् का भजन करता है न कभी उपवास किया न कभी भीख माँगी।''[42]

जब एक दिन उससे पूछा गया कि अब क्या काम होगा ? तो उत्तर देता है राम नाम लिहल करीं, टहल धन्धा कइल करीं...कई दिन से मुखिया बाबू डोर बनाने के लिए कह रहे हैं। स्नान हो गया, शिव जी को जल चढ़ाया, सूर्य भगवान् को धूप-दीप दिया, अब-एक दोहा रामायण पढ़ेंगे। फिर शाम तक रस्सी बरेंगे। वहीं आज मेल्हि हूरेगी। (भोजन होगा)। शाम एक खाची घास काटेंगे। वह हीरा सोनार रोज एक आना देता है। कहाँ कम है, कोई ऐसे एक पायी भी देगा ?[43]

दूखन बेसहारा है, अकिंचन है पर मुफ्तखोर नहीं रहना चाहता। एक अलमारी है, उसमें उसका सामान है। छह-सात घड़े हैं, किसी में चावल, किसी में दाल, तेल, मिर्च, नमक और गुण सब रखा है। एक हाँड़ी में सत्तू है। यही उसकी गृहस्थी का सामान है और देखने में ऐसा है कि चश्मा और चप्पल हो तो उसकी आकृति गाँधी

जी जैसी हो जायेगी। ऐसे तमाम लोग जो गरीबी की मार को झेल रहे हैं, जो प्रजा वर्ग के कमकर लोग हैं। उनके रेखाचित्रों और उपन्यासों में भरे पड़े हैं।

एक ओर ऐसे गरीब हैं और दूसरी ओर ऐसे बड़े-बड़े भूमिपति हैं, जिनके मकान पक्के हैं तीन मंजिलें हैं, दरवाजे पर पक्का कुआँ है और कुछ ऐसे हैं जो गाँव से शहर में रहते हैं और गाँव में भी घर हैं। रत्नेश्वरमणि सरायदेयी के प्रमुख व्यक्ति हैं। कानपुर में कोठी है। चमड़े का कारोबार होता है। युद्धकाल में करोड़ों रुपये पैदा किये हैं। कुछ दिनों में देहात के गन्दे वातावरण से ऊबकर शहर में अड्डा जमाया था। पर ज्यों-ज्यों एलेक्शन निकट आता है उसी गन्दगी पर मक्खियों की तरह सब दल-बल भिनभिनाने लगे हैं।[44]

इसी तरह एक गाँव के शास्त्री जी हैं, पैसेवाले हैं और उनके मित्र शर्मा जी जो किसी बहुत बड़े तालुकेदार के वंशज हैं जो सब-कुछ समाप्त जो जाने पर भी अगाध सम्पत्ति के स्वामी हैं और किसी शहर में सुखमय जीवन बिता रहा हैं। इन्हीं के स्वागत में शास्त्री जी ने एक भोज का आयोजन किया। सत्रह कलाकार बैण्ड बजा रहे हैं। 18वाँ एक नर्तक है। चार गाँव, चौबीस मुहल्ला और तीस पट्टी के लोग पत्तल पर प्रीति बढ़ाने के लिए जुटे हैं। जिले के नामी-गिरामी लोग शास्त्री जी के नेवते पर आये हैं। भोजन 4.30 बजे से शुरू हो गया। अनुमान था कि रात-भर में सब लोग भोजन कर लेंगे।[45]

शर्मा जी भी चुनाव के चक्कर में ही यहाँ आये हैं। ये फिजूलखर्ची इतना, जश्न करनेवाले लोग भी एक तरफ। बड़े लोगों का शगल है और दूसरी ओर छोटे लोग जो हैं रोटी-रोजी के लिए मोहताज हैं या हाड़-तोड़ मेहनत करके गुजर बसर करते हैं।

शास्त्री जी की तरह से एक-दूसरे भूमिपति और धनपति धन्य प्रसाद सिंह हैं। इनके यहाँ एक पण्डित जी के नेतृत्व में एक विद्यालय के लिए इस आशय से चन्दा माँगने गये कि इतने बड़े आदमी हैं कि कम-से-कम एक हजार की थैली अवश्य देंगे। इनके घर का ठाठ-बाट देखकर इनकी हैसियत का अंदाज लगाया जा सकता है। "सुबह की सुनहरी धूप सामने बाँस की छाजन पर फैली लौकी की बेल पर छा गयी है। हरी-हरी मोटी-मोटी और चौड़ी-चौड़ी पत्तियों से एक सुरुचिपूर्ण कुंज जैसा बन गया है। बोआई का काम हो गया है। खिला-पिलाकर हटाये गये बैल एक ओर धूप में आँख मूँदकर पागुर कर रहे हैं। लड़ाई जीतकर शिविर में निश्चिन्त पड़े हुए सैनिकों की भाँति ये भी श्रम शिथिल अवस्था में धूप खा रहे हैं। चरन पर से गोबर हटाकर दरवाजा साफ कर ठाकुर साहब का नौकर मालूम होता है, घास लाने चला गया है। गृहस्थी की सारी वस्तुएँ बहुत व्यवस्थित दीख पड़ती हैं। भाग्यशाली है यह ठाकुर ! वह तुलसी की हरी-भरी गाछ, वह पूजा-पाठ के लिए पत्थर की सुन्दर शिला,

वह छोटी-सी फुलवारी और वह आग का खजाना कउड़।... मगर ठाकुर ने अभी तक किसी को तम्बाखू खाने पीने के लिए नहीं कहा।''[46]

बाबू साहब कंजूस किस्म के आदमी हैं। वह सुबह से लेकर शाम तक इन लोगों को बातों में भरमाये रहते हैं, बीच-बीच में वह चाय के लिए, दूध के लिए, भोजन के लिए भी पूछते हैं, लेकिन एक बार शिष्टाचार में 'नहीं-नहीं' कहने पर बात आगे बढ़ा देते हैं। चन्दे के सवाल पर उन्हें दक्षिणा की रसीद बढ़ायी गयी और मोहन बाबू ने कहा, ''बाबू साहब, जरा दिल खोलकर।' उत्तर में धन्य प्रसाद जी कहते हैं–''धन्य प्रसाद का हृदय कभी बन्द नहीं रहता।' धर्म और परमार्थ के लिए तो सदा खुला रहता है। मैं सोचता हूँ रामजी की चिरई-राम जी का खेत। खा लो चिरई भर-भर पेट।। और एक बात आपसे बताऊँ कि धन की कमी मूर्खता के कारण होती है। दान देने के कारण नहीं और खेत में ठाकुर साहब दो रुपये का नोट आगे बढ़ाते हुए बोले कि खुशी का दान महाकल्याण। इसे आप एक हजार की थैली समझियेगा।

इस प्रकार धनी-मानी भूमिपति भी हैं, जो सामाजिक कामों से सर्वथा विमुख हैं और अपने स्वार्थ में लिप्त हैं। वैसे तो इस तरह के बड़े लोग एक ओर और दूसरी ओर सीमान्त किसान और भूमिहीन बेरोजगार ग्रामीणों की कतार हर गाँवों में है पर करइल इलाके में जमींदार भले ही और स्थानों की तरह हों पर गरीबों की दशा यहाँ और जगहों से बड़ी दयनीय है। बाढ़-सूखा और सूखा में जब छोटे किसान मर जाते हैं और बड़ों के यहाँ भी खेती का कोई काम नहीं रहता तो खेतिहर मजदूर बनिहार बेगार ये सब भुखमरी के शिकार हो जाते हैं और इनकी दशा 'बबूल' के महेसवा और घुरबिन जैसी हो जाती है।

शोषण और विरोध के स्वर :

गाँव का पुराना जमींदार वर्ग और आज का भूमिपति सब-कुछ बटोर लेने के बाद भी अपनी दबंगई और गरीबों के शोषण, उत्पीड़न से बाज नहीं आता। ऐसे होनेवाले शोषण के प्रति सामान्य रूप से गाँव का गरीब किसान और कमकर आदमी सब-कुछ सहकर भी सिर उठाने की हिम्मत नहीं करता। गोदान के होरी की तरह इसे अपना भाग्य मानकर जिसके पैर के नीचे गला दबा है, उसे सहलाने में ही अपनी भलाई समझता है। इस प्रकार के शोषण के चित्र अधिकतर तो उनके उपन्यासों में उभड़कर आये हैं। किन्तु ललित निबन्धों में भी कहीं-कहीं इसकी झलक मिल जाती है। सोना माटी में हनुमानप्रसाद उर्फ करइल महुआरी के बाबू दीनदयाल, चरमी टोला के नवीन बाबू आदि भूपतियों का जो जीवन वह लाठी के ताकत से समस्त गाँव पर अपना आतंक जमाये हुए हैं। दूसरे वर्ग के रामरूप, सीरी भाई और असंख्य छोटे किसान हैं जो इन भूमिपतियों के आतंक और शोषण के नीचे कराह और सुलग रहे

हैं। भू-स्वामियों के शोषण के विरोध में अत्याचार की समाप्ति के लिए नक्सलवाद का सामान्य सहारा लिया गया है जिसमें सुसुवा और सिटहला द्वारा सशस्त्र संघर्ष की शुरूआत होती है, पर यह आग बुझ जाती है।[47]

इसी प्रकार उनके श्वेत-पत्र में मुख्यतः 1942 के भूमिगत आन्दोलन का एक संस्मरणात्मक दस्तावेज है, उसमें विवेकी राय ने एक बूधन काका के शोषण प्रवृत्ति का चित्रण किया है। बूधन काका आजादी की लड़ाई के योद्धा हैं। खादी पहनते हैं। किन्तु उनका फार्मूला है कि छोटे लोगों को हमेशा कानून के दाँव में दबोचे रहना चाहिए उन्हें फुर्सत नहीं देनी चाहिए। इस सिलसिले में वे बहारन राम हरिजन के परिवार को भुखमरी से बचाने के लिए 50 रुपये देकर 500 रुपये के कागज पर हस्ताक्षर कराते हैं। शर्त लगायी है कि उनका 15 वर्षीय लड़का उनके यहाँ तब तक चरवाही करेगा जब तक मय सूद के रुपये की अदायगी नहीं हो जाती। लड़का कुछ दिन बाद कलकत्ता भाग गया। 'अब बूधन काका पैंतरे पर आ गये। आँखों पर चढ़ गयी बहारन राम की पानी चढ़ी दोहानी भैंस। कहते हैं, रुपये लूटना खिलवाड़ है ? ऐसे तरह देते जायें तब तो गाँव में रहतब कठिन हो जाए। पाँच सौ रुपये गये सूद-दर-सूद के हजार के माथ पर पहुँचे। सीधे से दे दे तो ठीक, नहीं तो दोहानी नीलाम पर चढ़वाकर दम लूँगा।[48]

स्वतन्त्रोत्तर गाँवों में एक तरफ मजदूरों और बनिहारों की मजदूरी वही चली आ रही थी जो दशकों पुरानी थी। साथ ही गाँव के प्रधान, सभापति, नेता, एम.पी., एम. एल.ए., मन्त्री ये सब मिलकर गाँववालों का शोषण कर रहे हैं। अपने एक निबन्ध में 'सभापति मास्टर और नेता' में उन्होंने आज के नेता के झूठे आश्वासन और जन साधारण की बातों को अनसुना करने के व्यवहार का अच्छा चित्रण किया है। उनसे मिलने के लिए सभापति जी मास्टर साहब के साथ शहर उनके बँगले पर गये, तो नेता जी हर बात के लिए कहते हैं कि दरखास लिखवाकर भेज दीजिये और बीच-बीच में फर्ज अदायगी के तौर पर कह देते हैं—"कहिये मास्टर साहब क्या हाल है ? अन्त में नेता के व्यवहार के अनुभव को व्यक्त करते हुए निबन्धकार समापन करता है। (बँगले से) बाहर आकर सभापति बोले—चलो मास्टर यहाँ से भागो ये सब बनरबझउवा है। वही किस्सा है कि दिहात का दाल-भात, शहर का सलाम।'[49]

उपन्यासों में जो शोषण और विद्रोह के स्वर दिखायी देते हैं, उसकी झलक उनके ललित निबन्धों में भी बार-बार मिलती है। शोषण के कई रूप गाँवों में हैं। खेतिहर मजदूरों को कम दाम और अधिक काम द्वारा शोषित किया जाता है और प्रधान से लेकर सरकार के मन्त्रियों तक द्वारा गाँववालों की सूखा, बाढ़-सहायता, तकाबी या निराश्रित वृद्धों को दी जानेवाली आर्थिक सहायता लूट का शिकार होती है और उनके हिस्से का बहुत बड़ा अंश ये नेता नामधारी जीव खा जाते हैं। यहाँ तक कि किसानों

को परमिट पर मिलनेवाली चीनी बोरे-की-बोरे काले बाजार में बेच दी जाती है और कोटेदार से लेकर अधिकारी तक उसका हिस्सा जाता है। यही हाल खाद और बीज भण्डारों से मिलनेवाली सस्ते दामोंवाली खादों और बीजों का भी है।

गाँव में किसान और मजदूर दोनों तबाह हैं। उन्हें अपनी लाज ढकी रहने की अन्तर्व्यथा है। बाहर की तंगदस्ती है। व्यापक निराशा है। चतुर्दिक् का कुरंग है और कितने-कितने तनाव हैं। बाहर से कहीं कुछ नहीं और भीतर से सब घुन गया।[2]

गाँव में मजदूर और खेतिहर किसान दोनोंपरेशान हैं। 'गाँव के हलवाहे की हड़ताल, बिन मजदूरी बढ़े हल नहीं उठायेंगे। सभापति ने पूछा कि तुम्हीं लोग बोलो क्या चाहते हो ? एक पाजामा कुर्तावाला युवक खड़ा हुआ। कहीं शहर में पढ़ता है। वह बोला—आप लोग अपने तो बाबू बने हैं और पुश्त-दर-पुश्त से हम नान्ह लोगों को दबाते आये हैं। अब हम नहीं दबेंगे। आप लोग हल जोतनेवालों को 300 रुपये माहवार वेतन दें तब हल उठेगा। दूसरी ओर खेत के मालिक का चार वर्ष से एम.ए. पास नौजवान कहता है, आप लोगों में से कोई व्यक्ति मेरा खेत ले ले और जोत बोकर बाबू बन कमाने के बाद मुझे 300 रुपये महीने की नौकरी दे दे अर्थात् इतने वेतन पर खेत छोड़ मैं उसका नौकर बनने को तैयार हूँ। बोलिये ! कौन तैयार है ?[50]

असलियत यह है कि खेतिहर युवक खेती में न लगकर 'उत्तम खेती छोड़ अधम चाकरी' के लिए दर-दर भटकता है। न वह खेती से अच्छा उत्पादन कर पाता है और न बनिहारों को उचित मजदूरी देता है। लूट का एक नमूना गाँव के एक बनिये के एक कथन में मिल जाता है। कुछ अध्यापकों का कहना है कि एक महीने लड़कों की कॉपी जाँचते और चार माह बाद लगभग 300 रुपये पाते' बनिया हँसने लगा 'बस। आप लोग तो खद्दर वाले हैं। क्यों नहीं सप्लाई आफिस में टिप्स भिड़ाते। किसी प्रकार एक बोरे चीनी का परमिट प्राप्त कीजिये और एक मिनट में ले लीजिये हमसे 300 रुपया। बिना हर्रे-फिटकरी, चोखा रंग। रुपया कॉपियों में कहाँ ? रुपया उड़ रहा है विकास कार्यालय में।[51]

एक दूसरा दृश्य देखिये, 'सूखा पड़ा तो किसानों को 20-20 रुपये सहायता मिली, कुआँ खोदने के लिए। जिस गाँव में ब्लाक का कार्यालय है उसके चारों ओर सरेहि में सिचाईवाले कुँओं के नाटक खड़े हो गये। चार छह हाथ के गड्ढे नकली कुएँ, उस पर बाँस की नकली ढेकली कदम-कदम पर खड़ी है। एक दूसरा आदमी घुरहू है। उसे घर बनाने की मदद मिलती है। उस मददवाले पैसे में से पहले आधा तिहाई घूस में अधिकारी लेते थे। अब आधा लेने लगे हैं। उसे 2000 रुपये की मदद में से केवल 500 रुपये मिला। किन्तु वह विद्रोही नहीं है वह सन्तोषी है। दबे कुचले लोग भाग्यवादी हो जाते हैं। 500 रुपये पाकर वह कहता है 'अरे हाँ भाई ! कुछ तो

मिला न ! क्या हमने गेहूँ तौला है ? वे यह भी नहीं देते तो मैं क्या करता ? 2000 रुपये में से 500 ही सही। बाढ़ में कितना-कितना बह गया, तो भी जो हाथ लगा बहुत है। उस 500 रुपये में से भी वह तहसीलदार से लेकर स्थानीय नेता जी के लोगों के एहसान का ऋण चुकाते हुए उसके केवल 100 रुपये बचे। फिर भी वह सोचता है कि चलो 100 भी क्या कम हैं ?[52]

आज स्थिति यह है कि जैसे स्वराज हुआ तो राज्य की या शासन की मशीन वही रही केवल ड्राइवर बदल गया। गोरे ड्राइवर की जगह काले ड्राइवर, सारे फरजी आँकड़े यदि पैदावार अच्छी भी होती है तो नयी पैदावार की बढ़ोत्तरी का हिसाब भी क्या झंझट का काम है। फिर कौन देखता है क्या है ? कागज का पेट भर दो, काम खतम, कागज दाखिल, टेबल-टेबल, फाइल-फाइल, जोग-जुगलबन्दी खा-खा करके बढ़ गया आँकड़ा। अखबार में छपा तो देश डूब गया। देश में अन्न पैदा ही नहीं हो रहा है। चलो अमरीका, मन्त्री दौड़े। खूब सैर का सुतार लगा। इधर बनियों के कान खड़े हो गये। पौ बारह भाव चढ़ने लगे। आतंक बढ़ने लगा। राजनीति की पाँचों उँगलियाँ घी में परमिट कोटा, कण्ट्रोल और लीपा-पोती।[53]

इस प्रकार के भ्रष्टाचार और लूट के बहाने बन तुलसी की गन्ध में, जगत तपोवन सो कियो में, चली फगुनहट बौर आम में, क्या उनके सभी ललित निबन्धों में मिल जायेगी। उसके विस्तार का दिग्दर्शन अनावश्यक है।

शोषण के प्रतीक :

शोषकों के लिए मार्क्सवादियों ने एक प्रतीक बनाया है 'जोंक' जो किसी भी शरीर में लग जाती है तो सारा खून चूस लेती है। विवेकी राय ने इनके लिए दूसरे प्रतीकों का प्रयोग किया है और ये प्रतीक उनके ग्रामजीवन में मिलनेवाले प्रतीक हैं जो किसानों के फसलों को और उनके अनाजों को बरबाद करते रहते हैं। खेतों में जब कीड़े लग जाते हैं तो फसलों को खाकर बरबाद कर देते हैं। एक जगह वह कहते हैं–"इस व्यवस्था के बीच कुछ कीड़े घुसे और समूची पनपती पत्तियों को चर गये। अब यह पंचायत के पौधों का बेजान ठूँठ इस पंचायत घर के रूप में खड़ा है। पंचायत का भवन ढहता रहेगा। एक दिन वित्तीय अधिकार सम्पन्न सभापति इसकी ढही ईंटों को अपने किसी नौकर के नाम नीलामी लेकर बैलों की चरन बनवा डालेगा।"[54]

उनके निबन्ध के एक अंश को उद्धृत करते हुए अब्दुल बिस्मिल्लाह लिखते हैं 'गाँव में कीड़े लग गये हैं। आधुनिकता के कीड़े। कृत्रिम परिवर्तन के कीड़े। सरकारी षड्यन्त्र के कीड़े। सतही राजनीति के कीड़े। जैसे खेती में कीड़े लगते हैं, उसी तरह। विवेकी राय इन कीड़ों से गाँव को बचाना चाहते हैं– 'किन्तु कृषि-कीड़े

क्या निर्मूल होते हैं? वे फिर-फिर पैदा हो जाते हैं। यहाँ परम्परागत बकुली असफल हो रही है। क्या ऐसी बकुली नहीं हो सकती जो कीड़ों को सदा-सदा के लिए खाकर धरती को निरापद कर दे ? ऐसा लगता है कि ऐसी बकुली हो सकती है। मगर तब वह निश्चित रूप से सतोगुण की सफेद बकुली नहीं होगी। तब उस नयी भवानी का रंग कैसा हो होगा ? अब्दुल बिस्मिल्लाह की दृष्टि से यह सफेद बकुली (नेता लोग) शोषण के इन कीड़ों को नहीं समाप्त कर सकते। शोषित जनता के जागरण से ही यह बकुली समाप्त होगी और उसका रंग लाल होगा।"[55]

कीड़ों की तरह से चूहे भी प्रतीक रूप में उनके निबन्धों में आये हैं। अपने निबन्ध 'चूहे, अँग्रेजी औ घूस', खेत में चूहों के उत्पात के प्रसंग में इस निबन्ध में वे जनता का शोषण करनेवाले सरकारी और तथाकथित समाजसेवी लोगों को असली चूहा मानते हैं। वे बड़े बेबाक शब्दो में कहते हैं– 'ये चूहे मोटे-मोटे चूहे, गाँव-के-गाँव खा गये। गोदाम के गोदाम खा गये। नोटों की अनगिनत गड्डियों को पचा गये। मिलों के वस्त्र-स्तूप उनके सदरी में वैसे ही समा गये जैसे अगस्त के पेट में समुद्र। ये गाँव में से रक्त चूसते हैं, अन्न-धन खींचते हैं, पर इनका क्रीड़ागार यहीं तक सीमित नहीं। ये कचहरियों में, दफ्तरों में, रेल में, स्कूल में, पंचायत में, सप्लाई में, विभिन्न परिषदों में, विधान सभाओं में, पार्लियामेण्ट में, क्लब में, होटल में, दुकान में, सांस्कृतिक केन्द्रों में, सभा में, मेले में, बाजार में और बड़े-बड़े स्वदेशी प्रतिष्ठानों में उसी प्रकार व्याप्त हैं।"[56]

दबंगई और लाठी से शोषण की स्थिति करइल के गाँवों में स्वतन्त्रता के बाद भी देखी जाती है। एक स्कूल मास्टर के खेत को काटकर गाय-भैंस पालनेवाले कुछ दबंग पिछड़ी जाति के लोग मास्टर की हरी फसल को काट ले गये। मास्टर को पता चल गया कि काटनेवाले कौन हैं ? मास्टर ने उलाहना दिया और एक सराफत और ईमानदारी का भाषण भी दे डाला। उसमें से उन रात्रिचर लोगों के समूह में एक ने कहा कि हम लोग अब आपका एक तिनका भी नहीं छुएंगे, दूसरे ने कहा आप हम लोगों का शील गुन रहे हैं, नहीं तो दूसरे से झारकर कह दिया जाता कि जाओ जो इच्छा हो कर लेना। उसने पास में ही सबेरे-सबेरे खिला-पिलाकर हटाये गये मोटे-ताजे मवेशियों के झुण्ड की ओर उँगली उठायी। उधर आँख जाते ही दो बातें मन में आयी। इतने हृष्ट-पुष्ट गाँव में किसी के मवेशी नहीं और एक धुर जमीन न रखनेवाला यह चौधरी किस बल पर मवेशियों का यह झुण्ड खूँटे पर टिकाये है ? बैल महादेव जी हैं। बोलते हैं– हरियर-हरियर महादेव। गाय पार्वती माता है। किसी पूर्व जन्म के पुण्य से भगवान् ने इन्हें द्वार की शोभा बढ़ाने के लिए, घर-आँगन पवित्र करने के लिए भेज दिया। अब आप ही बताइये कि इनकी सेवा करना हमारा धर्म है या नहीं ? अन-बोलते साधुओं की इस जमात को तृप्त करना हमार कर्त्तव्य

है कि नहीं ? अरे बाबू जी आप जिसे चोरी कहते हैं, उसे हम लोग पूजा समझते हैं। हम भी इसी गाँव में न हैं ? कहाँ जायेंगे ? अगर मैं गलत कहता होऊँ तो आप हमको दस जूता मारें।[57]

विवेकी राय के द्वारा उनके कथेतर गद्य में जो ग्रामीणों के शोषण के चित्र प्रस्तुत किये गये हैं, उनसे आजादी के पहले के भारत की याद आती है, जिसमें यह गीत गाया जाता था कि 'एक ही रोटी उहो ना नून तेल हो पोती, ओमे लागल बा अनेकों ठगहार।' आज भी इन गाँवों में वही एक सूखी रोटी है और उसमें भी अनेक ठगहार लगे हैं। सत्ता बदलने के साथ उनके नाम जरूर बदल गये हैं। लेकिन शोषण और लूट का सिलसिला वही है जो पहले था। एक शायर ने लिखा है–

'गलत रस्में जहाँबानी जो पहले थी वो अब भी है,
सियासत दूध में पानी जो पहले थी वो अब भी है।
वही रिश्वत सैतानी, सूदखोरी, चोर बाजारी,
गरीबों को पेरशानी जो पहले थी वो अब भी है।[58]

अंचल के लोककवि और प्रचलित लोकगीत :

कुछ लोकगीत ऐसे हैं, जो पूरे भोजपुरी के ग्रामीण अंचल में प्रचलित हैं, जैसे जन्म के समय गाये जानेवाला सोहर गीत या सोहिला, विवाह के अवसरों पर गाये जानेवाले कोहबर के गीत, परछन के गीत, माड़ों के गीत, द्वारपूजा के गीत और इसी प्रकार विभिन्न संस्कारों के गीत, मौसम के गीत जैसे, कजली, फाग, चैता, झूमर तथा जातियों के गीत, धोबी गीत, आभीरों का बिरहा गीत, लोरिकी, चनैनी आदि विस्तृत ग्रामीण क्षेत्र में प्रचलित गीत हैं। किन्तु करइल के लोकगीतों में उन्हीं गीतों को लिया गया है, जो विशेष रूप से इसी क्षेत्र मे प्रचलित हैं। नदी से सम्बन्धित गीतों का उल्लेख नदियों की पूजा के सन्दर्भ में आ चुका है। जो इस क्षेत्र में नदियों के विशेष आच्छादन के कारण विशेष प्रचलित है।

माता या देवी-पूजन के गीत :

साधारणतया गाँव-गाँव के माता मैया, काली माई आदि देवियों की पूजा होती है और साधारणतया किसी नीम के पेड़ के किनारे चबूतरा बनाकर उनका स्थान निर्धारित किया जाता है। आजादी के पहले जब हैजा, ताऊन की महामारी आती थी तो उस समय देवी जी की पूजा पूरे गाँव में देवी जी की जय-जयकार करते हुए भ्रमण, सुगन्धित द्रव्यों सहित जल की धार देने का प्रचलन था। उसी के साथ कुछ परम्परित देवी गीत भी गाये जाते थे। अब विकास और आधुनिकता की लहर में अन्य गाँवों में देवी-पूजन की यह परम्परा प्रायः लुप्त हो गयी है। पर इस अंचल में यह अभी भी प्रचलित है और निबन्ध 'अन्तरिक्ष युग की माता मइया'[59] में विवेकी

राय ने इसका चित्रण किया है। नीम की डाल पर एक झूला डालकर औरतें गाती थीं-

नीमिया की डढ़िया माई लावेली झलुहवा,
कि झूली-झूली ना, मइया गावेली गीतिया,
कि झूली-झूली ना।

माता मइया की पूजा का नेतृत्व मालिन जाति की औरतें करती थीं इसलिए माता माई उसी मालिन को पुकारती हैं और सुगन्धित द्रव्ययुक्त जल की आकांक्षा करती हैं—

झूलत-झूलत मइया के लगलीं पिअसिया,
की चली भइलीं ना, मलहोरिया आवासे,
कि चली भइलीं ना।

और माता माई की पुकार सुनकर चल पड़ती है—

एक हाथे लिहली मालिन झँझरे गहुअवा,
कि एक हाथे ना सिंहासने के पाट
कि एक हाथे ना।

इसी प्रकार की कई गीतों और डुग्गुड़-डुग्गुड़ डग्गा के साथ देवी जी के लम्बे-लम्बे गीतों के गायन का प्रचलन है।

डोमगीतिया :

विवेकी राय ने निबन्ध-संग्रह 'के कहल चुनरी रंगा ल' में डोमगीतिया शीर्षक से डोम जाति के लोगों में प्रचलित गीतों का उल्लेख किया है। इन गीतों में बड़ी बेबाकी से डोमों ने अपने घरेलू जीवन का चित्रण किया है। उनके जीवन में या तो अपने पारम्परित काम करने का श्रम है या उसकी पत्नी डोमिन। वही उनको भोजन देती है और रस में डुबोती भी है। उसके लिए इन लोगों का एक प्रिय सम्बोधन है लोहा लगवनी। यह सम्बोधन शायद इसलिए है कि उसके गले में लोहे का एक हार या हँसुली पड़ी रहती है। उस हार को उतारने के लिए डोम कहता है—

'गरवा के हरवा,
ए लोह लगवनी, गरवा के हरवा ना,
हमके देतू तनी उतारी, गरवा के हरवा ना।
गंगा नहाके सुरूज गोड़ लगले,
अँचरा बिछा के ना
हमके देतू ना उतारी, गरवा के हरवा ना।।

हो गोरी रेशमी हो मोरी ललनी,
गरवा के हरवा ना।'

वह अपनी डोमिन के उरोजों की आम के फल से तुलना करता है और कहता है कि वह अपनी चोली को उरोजों की सीमा तक काटकर एक झरोखा बना दे ताकि वह उसका स्पर्श सुख सहजता से पा सके।

ललका अमवा हो,
भइल ललका अमवा,
हथवा जाये भरि ऐ, ललनी
हथवा जाये भरि
अपना झुल्ला में काटू खिरिकिया
हथवा जाये भरि।'

इस प्रकार के कई गीत इस निबन्ध में हैं।

नसेड़ियों के गीत :

हुक्का, सुरती और गाँजा तीन नशा इस क्षेत्र में ज्यादा प्रचलित हैं। इनमें कुछ गाँव ऐसे नशे के लिए मशहूर हैं यहाँ यह कहावत प्रचलित है—

धुरा भोरौली, सुरती सोहाँव, गाँजा अहिरौली, नस नन्दाव।' हुक्का तो इतना प्रचलित है कि बड़े आदमियों के घर दिन भर चीलम में तम्बाकू और आग भरकर हुक्के पर आगन्तुकों को समर्पित किया जाता है। विवेकी राय इसे स्वागत का सिपाही कहते हैं। हुक्का अगर एक घर के बाहर है तो भीतर कई-कई हुक्के हैं। सासु जी का अलग, पतोह क अलग, जेठानी क दूसर। छोटे से बड़े घर और गरीब से अमीर तक यह हुक्का हाजिर है। गाँववाले हुक्के के बखान में दो दोहे कहते हैं—

हुक्का हरि को लाडिलो, राखे सभकर मान।
मध्य सभा में यो दुरै, ज्यों गोपिन में कान्ह।।
कृष्ण चले गोलोक को, राधा पकड़ी बाँह।
इहाँ तमाखू खाइलो, उहाँ तमाखू नाहि।।[60]

सुरती के बारे में कहा जाता है कि—

सुरती बड़ी सुपुरती,
चून मलै जो खाय
झोंक दिये बैकुण्ठ में,
यामे संशय नाय।[61]

सुरती के बारे में एक और दोहा प्रचलित है—

सुरती बड़ी जुगुरती, रही जगत में छाय।

हाथ पसारे, दाँत चियारे, भइया तनिको बाय।।

गाँजा को बड़ा ही अरोग्यवर्द्धक गँजेड़ी लोग मानते हैं, कहते हैं–

मोटी दतुवन जो करे, नित उठि हरै खाय।
एक चीलम गाँजा पिये, ता घर वैद्य न जाय।।

बैल के गीत :

इस क्षेत्र में बैल शंकर भगवान् की तरह पूजे जाते हैं। कहते हैं–

लो हरियर-हरियर महादेव,
हरियर स्वर दिया सुनायी,
साँझ हुई अब बैल छोड़ने की, धूमिल बेला आयी।।

बैलों की सेवा के सम्बन्ध में और कार्तिक में उनके परिश्रम का आकलन करते हुए कवि कहता है–

हारे-थके चले जायेंगे,
खूँटे पर बेचारे।
झाँक-झाँक देखेंगे इनको,
आसमान के तारे।
स्याही में अब डूब जायेंगे,
सूनी सभी दिशाएँ।
पल्ला छुटका दो, बने
कातिक का कौन कसाई।।[62]

लोरी के गीत :

माताएँ बच्चों को सुलाने और खिलाने के लिए तरह-तरह की लोरियाँ सुनाती हैं। इस क्षेत्र की कुछ विशेष लोरी गीत यहाँ प्रस्तुत है जो विवेकी राय ने एक निबन्ध 'आव रे गइया नाटी' में आये हैं, मामा अपने भानजे को मिठाई खिलाते हैं, गहना पहनाते हैं, और नाक-कान छेदने के समय उपहार देते हैं–

घुघुआ मन्ना, उपजे धन्ना
एही पड़े आवेले बबुआ के मामा।
उठा लेले कोरा, थमा देले लड्डू,
छेदा देले नाक-कान, पहिरा देले बाला।

माई-बाप और मामा के बाद शिशु को गाय सबसे प्यारी लगती है। इसलिए माता गाय से सम्बन्धित एक लोरी सुनाते हुए कहती है–

आउ रे गइया नाटी,
दूध दे भरि काँटी।

आउ रे गइया अगरी,
दुधवा दे भरि गगरी,
हुँकुरति आउ गइया, चोंकरति आउ,
घुँचवा भरल दूध लिहले आउ।
तोरे घुँचवा सोन्हाई,
मोरा बाबुल के पियाउ।[63]

माता जब बेटा-बेटी की सेवा करते हुए ऊब जाती है तो अपने घरवालों को उलाहने के लिए भी एक लोरी गाती है–

हेले-हेले बबुआ,
कुरूई में ढेबुआ
बाप दरबरूआ,
बेटवा लहेंडुआ
धिअवा नचनिया।[64]

इस प्रकार के अनेक लोरी गीत इस क्षेत्र में प्रचलित हैं।

करइल के स्वातन्त्र्योत्तर ग्राम :

स्वतन्त्रता-प्राप्ति के बाद देश के अन्य गाँवों की स्थिति में काफी परिवर्तन हुआ। सड़कें बन गयीं, विद्यालय बन गये, विकास के और रास्ते खुले, लेकिन करइल का भाग्य नहीं बदला। 1980 ई. में जिलाधिकारी डॉ. सुबोध नाथ झा डॉ. विवेकी राय के गाँव में आये। उन्हें 25 वर्ष से खँडहर की तरह पड़े प्राइमरी स्कूल के भवन को दिखाया गया। कहा गया कि नदी नाले और ताल-तलैया से भरे इस पिछड़े गाँव में एक पुल होना चाहिए। नाले पर पुल के साथ एक सड़क की आवश्यकता है ऐसा बताया गया, पर 1983 ई. तक भवन नहीं बना। किसी ग्रामीण अभियन्त्रण विभाग, गाजीपुर के पेट में ही वहीं पकता रहा। ऐसा ही खस्ता हाल सरकारी नलकूप का है। तीन वर्ष में कुछ नहीं हुआ। न नाली, न तार न खम्भे, न बिजली, न पानी।[65] यह स्थिति तब है जब कलक्टर साहब लेखक महोदय के आत्मीय व्यक्ति हैं। रेल भी इस क्षेत्र से दूर-दूर होकर जाती है। सोनवानी के लिए गाजीपुर से ट्रेन से चलकर जिस स्टेशन पर उतरते हैं, वहाँ से सोनवानी छह किमी. है। सड़क भी नहीं है। सड़कों का अभाव, विकास और निर्माण के अर्थ में तो पिछड़ा बताता ही है, वह राजनीतिक चेतना को भी नहीं उकसने देता।...लेकिन यह हालत क्या सिर्फ सोनवानी गाँव की है ? अरे, हिन्दुस्तान में मूलभूत गिरावट की दृष्टि से पाँच लाख से ऊपर सोनवानी हैं। सब्र करने के लिए यह काफी है।[66] तात्पर्य यह है जो स्थिति करइल के सोनवानी गाँव की है वही थोड़ा या अधिक पूरे अंचल के गाँव की है।

आजादी के दशकों बाद करइल के एक हिस्से में एक सड़क कोटवा नरायनपुर से बलिया तक बनी। कुछ वर्षों बाद वह टूटकर गड्ढे की शक्ल में बदल गयी। ऐसी सड़कों को देखकर जो प्रतिक्रिया होती है उसे लेखक इन शब्दों में व्यक्त करता है—"उसका नाम सन्त्रास है। देखो, इसे देख युगीन व्यवस्था मात्र के प्रति जो स्थायी विक्षोभ उमड़ता है उसका नाम 'अनास्था' है। इन दोनों के बीच 'कुण्ठा' की स्थिति मानो। फिर डूबे इस सड़क के बीचोबीच डबरे ऊब-उदासी और टूटन घुटन के डबरों में फिर कीचड़ में घुटने पर गहरी उभरी ट्रैक्टर के पहियों की लकीरों के बीच बेगानेपन की, अजीबोपन की।[67] तात्पर्य यह है कि ये गाँव आजादी के बाद विकास के नाम पर होनेवाले कामों से भी घुटन, सन्त्रास और टूटन के बीच में जी रहा है। यह व्यथा उनके अन्य निबन्धों में भी जगह-जगह झलकती है। 'गँवई-गन्ध-गुलाब' संग्रह के निबन्ध 'मन्तीरी जी आये' पृ. 15, : 'अपना हाथ जगन्नाथ' पृ. 21, 'बेज़ुबान होने का दर्द' पृ. 27 में इन गावों की विसंगतियों पर चिन्ता प्रगट की गयी है। सारांश यह है कि - स्वतन्त्रता प्राप्ति के बाद पंचवर्षीय योजनाओं के माध्यम से आर्थिक-सामाजिक-शैक्षिक विकास का नारा दिया गया। इससे भारतवर्ष के गाँवों का कितना विकास हुआ, इसका मूल्यांकन अलग विषय हो सकता है, पर इस तथ्य से कोई इनकार नहीं कर सकता कि विकास के इस ढाँचे ने गाँव और शहर के बीच खाईं और चौड़ी कर दी है, भ्रष्टाचार का असीम विस्तार किया है, नगरीकरण को बढ़ावा दिया है, गाँवों की स्वाभाविकता को नष्ट किया है, गाँव की आत्मीयता और संवेदनशीलता प्रभावित हुई है।

एक स्थिति यह भी उत्पन्न हुई है कि गाँधी को लोग भूल गये, उनके सपनों को भूल गये। उनके ग्राम्य स्वराज को भूल गये और नये विदेशी ढाँचे में गाँव के यान्त्रिक विकास में लग गये। आज उस तथाकथित विकास की परिणति ग्रामजीवन के आन्तरिक मेल-मिलाप, शान्ति सौन्दर्य और भाईचारे को निगलती जा रही है। इस ग्राम्य विकास की बढ़ती गाड़ी गाँवों के उजाड़ तक पहुँची। विकासतन्त्र, नवजीवित जातिवाद, चुनाव और राजनीति, इन चार रास्तों से चार चोर शनैः-शनैः कालक्रम से, छद्म वेश में घुसे गाँव मे।... गाँव बेपहचान हो गया। उनकी सामाजिक एकता, पारस्परिक राह-रस्म, भाई-चारा और भोज-भात की अन्यतम विशेषताएँ तथा ग्राम-भाव के केन्द्रीय तत्त्वस्वरूप सांस्कृतिक परम्पराएँ सब-कुछ घिस-पिट बदरंग हो समाप्तप्राय हैं।[68]

गाँव के प्राइमरी स्कूलों की हालत तो और भी चिन्ताजनक है। बच्चे नहीं हैं, अध्यापक नहीं हैं, टाट नहीं हैं और स्कूल चल रहा है। खिचड़ी बन रही है। इस खिचड़ी में भी भ्रष्टाचार। लेखक की चिन्ता है—प्राइमरी स्कूल, शिक्षालय नहीं, भोजनालय रह गये। मिड डे फूड स्कीम ! पकड़ा दिया कटोरा। बच्चों, खाओं सरकारी

भिक्षान्न! मोटाओ भ्रष्टाचार की खिचड़ी खा, सो भी मिली, मिली, नहीं मिली। कमाल की खिचड़ी कागज पर खीर-पूड़ी और बासमती चावल तथा सोना मूँगा दाल गमकती है और कटोरों में 'लोगों' की दाल गलती है।[69]

गाँव में जातिवाद का जहर इस कदर फैला हुआ है कि गाँव को खा रहा है और राजनीति इसे और भी बढ़ावा दे रही है। धीरे-धीरे यह स्थिति विस्फोटक होती जा रही है। ऊँच-नीच और छुआ-छूत की खाइयों में सुख-शान्ति का बड़ा गर्क हो रहा है और टूटे हुए लोग और अधिक टूटते चले जा रहे हैं। प्रश्न यह है, आखिर कब तक ऐसे चलता रहेगा ? अब कौन-सा, ज्ञान-विज्ञान का प्रकाश उतरेगा कि मनुष्य को अपने ही पैरों में कुल्हाड़ी मारने जैसी अलगाव की ये मूर्खताएँ दिखायी पड़ेंगी ? अथवा 'विनाश काले विपरीत बुद्धि' वाली स्थितियाँ घहराती आ रही हैं ? स्वराज के बाद विकासशील बनते-बनते विनाशशील बनने के रास्ते पर बढ़ते देश के लिए सबसे बड़ा खतरा इस जातिवादी हिसाब-किताब से है। साहित्य, संस्कृति, और कला से दूर पड़े समूचे देश की सोच और मनोजगत् राजनीति की गिरफ्त में आ गया है और इस सिद्धान्तहीन-दिशाहीन राजनीति के चलते स्पृश्यास्पृश्य ऊँच-'नीच और छोटे-बड़े का मामला अपेक्षा से आगे बढ़कर आमने-सामने 'तुम अथवा मैं' की विस्फोटक स्थितियों में परिवर्तित होता जा रहा है।[70]

खड़ीबोली की निबन्ध रचनाओं में ही नहीं, उनकी भोजपुरी रचनाओं में भी गाँव का यह दर्द उभरकर आता है। वे लिखते हैं–''सबसे कलेश एह बात के सोच के हो रहलबा कि ई जातिवाद वाला विष सबसे ज्यादा पूर्वी उत्तर-प्रदेश का ओह जिलन में बोआ रहल बा जवन पहिलहिं से अनपढ़ गरीब आ पिछड़ल बाड़न स। त का अब उन्नति क तमाम-तमाम विकास योजना का फेल हो गइला का बाद इहे ऊँचा उठे के एगो साधन रहि गइल बा ? का इहे समग्र क्रान्ति ह ? ... हँ भइया लोग अब असली बाति इहे बा। भोजपुरी में कहावत कहल जाले कि 'घर छाइ के देखली, घर छोपि के देखलीं, अब घर फूँकिं के देखीं।' तब सचहूँ ई घर फूँक तमासावाला जातिवादी नगरनाच अभागा लोगन का लेखे प्रासंगिक हो गइल बा। बोल भइया रो-रो के जातिवाद जिन्दाबाद।''[71]

इस प्रकार स्वातन्त्र्योत्तर गाँवों की दयनीय स्थिति, आर्थिक, सामाजिक और सांस्कृतिक सभी क्षेत्रों में दयनीय हो गयी है। लेखक की दृष्टि में यदि स्वतन्त्रता-पूर्व के गावों में स्थिति 'बद' थी तो आज भ्रष्टाचार, जातिवाद और सामाजिक रिश्ते के तार-तार होने से वह और भी बदतर हो गयी है। यह चिन्ता जितनी गहराई से उनके कथा-साहित्य में व्यक्त हुई है, उतनी ही संवेदनशीलता के साथ उसके ललित निबन्धों में रिपोर्ताज, रेखाचित्र और ग्रामजन के संस्मरणों में व्यक्त हुई है। यह चिन्ता केवल इस लेखक की नहीं बल्कि गाँव के प्रति अन्तर्मुखी चिन्तन करनेवाले

और गाँधी के सपनों के गाँव को सँजोये हुए अन्य लेखकों, कवियों और बुद्धिजीवियों की भी है। डॉ. विवेकी राय ने अपने एक निबन्ध में लोकभाषा के कवि कैलाश गौतम को उद्धृत करते हुए लिखा है कि–

गाँव गया था, गाँव से भागा।
रामराज का हाल देखकर, आँगन में दीवाल देखकर,
गाँव गया था, गाँव से भागा।
सरकारी स्कीम देखकर, बालू में से क्रीम देखकर,
नये-नये हथियार देखकर, लहू-लहू त्योहार देखकर
मुट्ठी में कानून देखकर, उजबक अफलातून देखकर
गाँव गया था, गाँव से भागा।

यही दशा और मनोदशा स्वातन्त्र्योत्तर भारत के ग्रामलोक की है, पूर्वी उत्तर प्रदेश के गाँवों की है और खासतौर से करइल अंचल के उपेक्षित गाँवों की है।

सन्दर्भ

1. गड़हा महोत्सव, स्मारिका, संघतिका, 2011, पृ. 28-65
2. आंचलिकता की अवधारणा और डॉ. विवेकी राय : जनार्दन राय, पृ. 119
3. बबूल : विवेकी राय, पृ. 22
4. बबूल : विवेकी राय, पृ. 23-24
5. आंचलिकता की अवधारणा और डॉ. विवेकी राय : जनार्दन राय, पृ. 128-129
6. माटी की महक (लक्ष्मी शंकर त्रिवेदी का लेख), पृ. 62
7. सोनामाटी (भूमिका) : डॉ. विवेकी राय
8. सोनामाटी : डॉ. विवेकी राय, पृ. 10
9. हिन्दी की किसान कलम : चन्द्रशेखर तिवारी, पृ. 4
10. माटी की महक : सत्काम, पृ. 50
11. माटी की महक : सत्काम, पृ. 49
12. जुलूस रुका है : डॉ. विवेकी राय, पृ. 23
13. जुलूस रुका है : डॉ. विवेकी राय, पृ. 23
14. बन तुलसी की गंध : डॉ. विवेकी राय, पृ. 23
15. बन तुलसी की गंध : डॉ. विवेकी राय, पृ. 68
16. बन तुलसी की गंध : डॉ. विवेकी राय, पृ. 69
17. जुलूस रुका है : डॉ. विवेकी राय, पृ. 41-42
18. जुलूस रुका है : डॉ. विवेकी राय, पृ. 44
19. जुलूरा रुका है : डॉ. विवेकी राय, पृ. 43

20. जुलूस रुका है : डॉ. विवेकी राय, पृ. 45-46
21. बन तुलसी की गन्ध : डॉ. विवेकी राय, पृ. 100
22. जुलूस रुका है : डॉ. विवेकी राय, पृ. 93
23. जुलूस रुका है : डॉ. विवेकी राय, पृ. 93
24. दैनिक जागरण, 7 सितम्बर, 2015, पृ.16, लेखक-हरिकिशन शर्मा।
25. ओम धीरज
26. आम रास्ता नहीं है : डॉ. विवेकी राय, पृ. 16
27. जुलूस रुका है : डॉ. विवेकी राय, पृ. 14
28. जुलूस रुका है : डॉ. विवेकी राय, पृ. 18
29. जुलूस रुका है : डॉ. विवेकी राय, पृ. 16
30. जुलूस रुका है : डॉ. विवेकी राय, पृ. 15
31. जुलूस रुका है : डॉ. विवेकी राय, पृ. 13
32. जुलूस रुका है : डॉ. विवेकी राय, पृ. 14-15
33. जुलूस रुका है : डॉ. विवेकी राय, पृ. 15
34. विवेकी राय की साहित्य साधना : सं.जे. चन्द्रशेखर तिवारी : पृ. 188
35. समर शेष है : डॉ. विवेकी राय, पृ. 188
36. आम रास्ता नहीं है : डॉ. विवेकी राय, पृ. 92
37. जगत तपोबन सो कियो : डॉ. विवेकी राय, पृ. 34
38. तदेव पृ. 34
39. बबूल : विवेकी राय, पृ. 7
40. चली फगुनहट बौरे आम : डॉ. विवेकी राय, पृ. 107
41. चली फगुनहट बौरे आम : डॉ. विवेकी राय, पृ. 107
42. फिर बैतलवा डार पर : डॉ. विवेकी राय, पृ. 20
43. फिर बैतलवा डार पर : डॉ. विवेकी राय, पृ. 21
44. फिर बैतलवा डार पर : डॉ. विवेकी राय, पृ. 87
45. जीवन अज्ञात का गणित है : डॉ. विवेकी राय, पृ. 83
46. फिर बैतलवा डार पर : डॉ. विवेकी राय, पृ. 46
47. आंचलिकता की अवधारणा और डॉ. विवेकी राय : डॉ. जनार्दन राय, पृ. 149
48. श्वेत पत्र : डॉ. विवेकी राय, पृ. 2
49. फिर बैतलवा डार पर : डॉ. विवेकी राय, पृ. 58
50. बन तुलसी की गंध : डॉ. विवेकी राय, पृ. 102
51. जुलूस रुका है : डॉ. विवेकी राय, पृ. 76
52. जुलूस रुका है : डॉ. विवेकी राय, पृ. 76
53. बन तुलसी की गन्ध : डॉ. विवेकी राय, पृ. 17
54. जुलूस रुका है : डॉ. विवेकी राय, पृ. 31
55. माटी की मंहक : सत्काम, पृ. 170

56. फिर बैतलवा डार पर : डॉ. विवेकी राय, पृ. 129-130
57. फिर बैतलवा डार पर : डॉ. विवेकी राय, पृ. 34
58. अंधेरे के अध्याय : डॉ. कन्हैया सिंह, पृ. 65
59. जुलूस रुका है : डॉ. विवेकी राय, पृ. 126-129
60. भोजपुरी समग्र : डॉ. विवेकी राय, पृ. 83
61. वहीं, पृ. 87
62. भोजपुरी समग्र : डॉ. विवेकी राय, पृ. 395
63. आम रास्ता नहीं है : डॉ. विवेकी राय, पृ. 189
64. वहीं, पृ. 191
65. आम रास्ता नहीं है : डॉ. विवेकी राय, पृ. 91
66. वहीं, पृ. 94
67. चली फगुनहट बौरे आम : डॉ. विवेकी राय, पृ. 200
68. जगत तपोवन सो कियो : डॉ. विवेकी राय, पृ. 88
69. उठ जाग मुसाफिर : डॉ. विवेकी राय, पृ. 91
70. जगत तपोवन सो कियो : डॉ. विवेकी राय, पृ. 89
71. जगत तपोवन सो कियो : डॉ. विवेकी राय, पृ. 87-88

विवेकी राय के कथेतर गद्य में लोक जीवन

लोक जीवन से हमारा तात्पर्य उस विस्तृत ग्रामलोक से है, जो पूर्वी उत्तर प्रदेश के समस्त ग्रामों का चित्र प्रस्तुत करता है। वैसे 'लोक' शब्द की परिभाषा हमने इसी अध्याय में दी है और उसके विविध सन्दर्भों में प्रयोग को भी बताया गया है किन्तु अब लोक शब्द चाहे वह लोक-परम्परा, लोकगीत या लोक रीति के सन्दर्भ में हो उसका तात्पर्य इसी ग्रामलोक से है। आचार्य हजारीप्रसाद द्विवेदी ने उसे स्पश्ट करते हुए लिखा है 'लोक शब्द का अर्थ जनपद या ग्राम नहीं है बल्कि नगरों और गाँवों में फैली हुई वह समूची जनता है जिसके व्यवहारिक ज्ञान का आधार पोथियाँ नहीं हैं। ये लोग नगर के परिष्कृत, रुचिसम्पन्न तथा सुसंस्कृत कहे जानेवाले लोगों की अपेक्षा अधिक सरल और अकृत्रिम जीवन के अभ्यस्त होते हैं ओर परिष्कृत रुचिवाले लोगों की समूची विलासिता और सुकुमारता को जीवित रखने के लिए जो भी वस्तुएँ आवश्यक होती हैं, उनको उत्पन्न करते हैं।''[1]

इस ग्रामलोक में लोक की प्रकृति अर्थात् प्राकृतिक वातावरण और लोक की संस्कृति अर्थात् रीति-रिवाज, गीत-गवनयी, मेला, पर्व, उत्सव, ग्रामीण लोगों का रहन-सहन, उनकी सुदशा-दुर्दशा सबका समावेश हो जाता है।

जाना-पहचाना गाँव :

जिन गाँवों का चित्रण ललित निबन्ध आदि कथेतर रचनाओं में निबन्धकार करता है यह उसके देखे हुए अनुभव किये हुए और भोगे हुए गाँव हैं, जिसमें वह 'खेत-खेत में वृन्दावन' और 'कोंपल-कोंपल ऋतु पति पाती' को देखता आया है। कुछ घुमंतू जातियाँ एक गाँव से दूसरे गाँव में जाती हैं तो किसी बगीचे में सिरकी डाल के (टेण्ट) चटाई पर गुदरी ओढ़े हुए एक-से-एक सटकर पूरा परिवार सो जाता है, आग सुलगती है, हुक्का गुड़गुड़ाता है। कुछ भैंसे हैं, कुछ बकरियाँ हैं उनके आगे पत्तियाँ डाल दी जाती हैं और एक टीन में मुर्गियों के बच्चे चीं चीं-चूँ चूँ करते हुए अपनी अलग दुनिया में रंग बिखेरे हुए हैं। इनकी सामग्री है बिखरे हुए खरपत,

लकड़ी, उपले, टिन, बोझ, ढोलक, पिंजड़े, चटाई, सिरकी, झोली, तसले, और हुक्के। 'यह फटी मैंली गुदरी और खानाबदोशी उसे हीन नहीं बना सकती।'[2]

किसान जब खेतों में निकलता है फसल काटने के लिए और झुण्ड-के-झुण्ड जब वे निकलते हैं तो एक मस्त सिहरन और उमंग छा जाती है। वह बात-बात में हँसते और पग-पग पर उमंग बिखेरते चलते हैं। रास्ते-रास्ते, गली-गली, खेत-खेत किसान-ही-किसान। इस वातावरण पर निबन्धकार कहता है 'इन किसानों-से-किसने कहा कि लाठी को खूब ऊँची तिरछी करके चलो ? मस्ती जो आयी तो कहाँ से ? किसने रंग दिया ? किसने यह अद्‌भुत तरंग दी ? धूप शरीर को सेंक-सेंककर चंगा करती है और सुबह की हवा तो ऐसी मीठी है कि पीते नहीं अघाते। उस हवा से किसने कहा है कि इस अदा से चलो कि शरीर में गुदगुदी-सी उठने लगे, दिल की कलियाँ खिलने लगें। उससे किसने कहा कि आलस को झकझोर दो ? लोगों को नयी उमंग में बोर दो ?[3]

विवेकी राय ने एक कवि की पंक्तियों के सहारे पुराने गाँवों का एक चित्र खींचा है, जिसमें उन्होंने पुराने गाँवों की पुख्ता पहचान दी है। 'बखरी बनते मटिहा सस्ता/चउकठ खम्भा और निगस्ता/धरन बल्ला कोरो खपड़ा/अइसन घर छवाते नइखे। ठेंकी-जाँत कहाँ चलि गइलें/ओखरि-मूसर कहाँ परइलें/होत भोरहरी में धम् धम्/चिउरा कहीं कुटाते नइखे/गँउवों गाँव बुझाते नइखे।' (अनन्तदेव पाण्डेय) मगर अपने सांस्कृतिक और उत्सवी स्वरूप को विसारकर आत्मघाती चुप्पी या छलिया उत्पातों में ढकेले जाते विकासी गाँवों की कुछ स्थितियाँ तो बहुत ही कचोटती हैं कि 'कथा-रमायत गीत-गवनयी/पिड़िया-सोहर फगुआ-चइता/सावन में झुलुहा पतंग पर/कजरी गीत सुनाते नइखे/गँउवों गाँव बुझाते नइखे। अब कतहीं ऊ बाते नइखे। (अनन्तदेव पाण्डेय)।''[4]

यह तो ठीक है कि गाँव में वे पुरानी चीजें नहीं रहीं और पुरानी हमेशा बदलकर नया रंग भरती रहती हैं। ढेंकी, मूसल, गीत के रंग-ढंग भी बदल गये। खेती के साधन भी बदले। हर-बैल की जगह पर ट्रैक्टर और कटिया के लिए जाते बनिहारों की जगह खेत काटनेवाली बड़ी-बड़ी शैतानी मशीने आ गयी हैं पर गाँव की प्रकृति-सुन्दरी आज भी अपनी शोभा बिखेर रही है। आज भी 'आशा विश्वास की चमक पैदा करता सड़क किनारेवाला पाँच सितारा गेहूँ का खेत और सरसों की पीली-पीली झंडियों से मण्डित स्वागत मुद्रा में स्थित यह खेतों का प्रसाद सत्य है।'[5]

अपने भोजपुरी निबन्धों में भी विवेकी राय ने ग्राम्य प्रकृति का बहुत सुन्दर चित्रण किया है। अपने निबन्ध 'चारू ओरी फुलवा फुलाइल' में वह खेतों में फसलों के फूले हुए विविधरंगी फूलों का वर्णन इस प्रकार करते हैं। 'सरसों क फूल, तीसी क फूल, केराव-मटर क फूल, चना-खेसारी क फूल, फसल क फूल, खेत क फूल,

माटी क फूल, गाँव क फूल। अरे भाई फूल नाहि ह, ई देख फूल क बरियाति दुआर पर उतरलि बा।

ना जाने कहाँ से फूल फूल उतरल बा। बड़े-बड़े फूल, नन्हीं-नन्हीं फूल, आँखि नियर फूल, ओठ नियर फूल, नकबेसर नियर, झब्बा, झलिया, कनफूल आ का जानै अउरी कईगो गहना नियर फूल। ई कुदरत के कागद क फूल, ई सोना क, ई माटी क फूल, चाननी क, धूप क किरिन क फूल, रंग-बिरंग क फूल, फूल का बजारि में फूले क सउदा आ फूले खरिदार।'[6]

गाँव हाथ के औजारों की जगह पर मशीन का प्रयोक करने लगा और मनुष्य उसी के साथ स्वयं भी यान्त्रिक हो चला। लेकिन खेत और खेतों में उगनेवाली फसलों की हरीतिमा तो वही है। उसमें ग्राम गन्ध आज भी विद्यमान है और उस प्रकृति में इतनी ताकत है कि वह यान्त्रिक मनुष्य को भी संवेदनायुक्त सहज मनुष्य बना सकती है। आज प्राकृतिक साधनों के दोहन से और यन्त्रों के धुओं से प्रदूषित वातावरण इतना विषाक्त हो गया है कि फिर से पुराने गाँव की तरफ लौटने का एक वातावरण बन रहा है क्योंकि कुएँ की जगह पर नलकूप बन गये तो उनके पास बारहमासी हरियाली और उमड़ते खेत की बहार है। आधुनिकता और आधुनिक संसाधन मनुष्य के लिए अभिशाप न होकर वरदान बन सकते हैं। केवल मनुष्य को अपनी आवश्यकताओं को सीमित करके उपभोग को नियन्त्रित करना होगा और प्रकृति का दोहन इतना ही करना होगा कि प्रकृति इसे बरदाश्त कर सके। इन बदले हुए गाँवों में भी खेतों की हरीतिमा और सौन्दर्य में कमी नहीं आयी है—'धान, गेहूँ, ईख, साग-सब्जी, धरती का अभिनव वरदान, वह सब जो सुखद है, सुन्दर है, अति सुन्दर है। यह नूतन पाताल-गंगा का पवित्र परिसर। रात में जब सीवान के नलकूपों के विद्युत बल्ब जगमगा उठते हैं तो रोज़रोज दीपावली। इस गाँव के, उस गाँव के, कतार-के-कतार, छिटपुट बिखरे हैं तो भी दूर से रात में पंक्तिबद्ध लगते हैं, गोल। पृथ्वी गोल है न ? घूम-घूमकर अब यह बिजली आ गयी ठेठ गाँव में, नरक में स्वर्ग की शत्-शत् सम्भावनाएँ लेकर, सड़क लेकर, नहर लेकर और आधुनिकता के सारे-सारे आयाम लेकर।[7]

प्रकृति के इस आनन्द को लेने के लिए मनुष्य में एक आन्तरिक परिवर्तन की आवश्यकता है जिसे कुरेद-कुरेदकर यह निबन्धकार केवल प्रकृति के रूप चित्रों का वर्णन नहीं करता है, बल्कि मनुष्य के उस संस्कार के पनुरावर्तन के लिए एक प्रेरणा भी प्रदान करता है। मनुष्य का मन जब मनुष्यता के साँचे में ढलेगा तभी वह ग्राम गन्ध को महसूस कर सकता है। उसे पूरा विश्वास है कि गाँव स्वयं लेखक के लिए एक मूल्य है और सम्पूर्ण मानवसमाज के लिए भी मूल्य है उसमें आज के कटु कर्कश विचारों की जगह पर कोमल मधुर भावनाओं के संचार की संवेदनशीलता की

आवश्यकता है। अवमूल्यन केवल मनुष्य में हुआ है। प्रकृति पर इसका कोई प्रभाव नहीं है। पिछले की तरह अब भी आम बौरा जाते हैं। उसी तरह अब भी सुगन्ध-धारा में सीवान नहा-नहा जाता है। इन आम के बौरों से अधिक नशीली तो पकी हुई फसलों की सुगन्ध होती है। उसकी सूक्ष्म-से-सूक्ष्म छुअन से किसान परिचित है। खेत में कच्ची फसल है तो सुगन्ध कुछ और तरह की है। पक जाने पर वह कुछ और हो जाती है और खलिहान में कटकर पड़ी फसल की सगुन्ध तो सबसे भिन्न, अबीर की गन्ध की भाँति सूखी सरसता में सरोबार।[8]

अपने तमिलनाडु की यात्रा में लेखक वहाँ के लोक जीवन को जो अनुभव करता है उसको देखकर उसे विश्वास हो जाता है कि राजनीति के तमाम जहरीले पंजों के बाद भी गाँव के लोक जीवन और प्राकृतिक जीवन-शैली में कोई अन्तर नहीं आयेगा और यह ग्रामसंस्कृति या लोकसंस्कृति भारत में अवश्य ही जीवित रहेगी। तमिल लोगों में भाषा और तमिल के अहंकार के कारण एक अलगाव और सम्पूर्ण भारतीयता के प्रति कुछ तिरस्कार की भावना समय-समय पर प्रकट होती है किन्तु वहाँ की प्राचीन धरोहरें, खान-पान, पहनावा सारा भारत का निवासी अपनाकर भारत की सांस्कृतिक एकात्मकता को सुदृढ़ करता है। अपने एक ललित निबन्ध में इस अनुभव को इस रूप में व्यक्त किया है—"यह राजनीति भी बहुत खूब है। एक तो यह अमरबेलिधर्मी है, बिन मूल, दूसरे यह कि समाज जीवन के कुछ प्रतिशत से सम्पृक्त होकर सम्पूर्ण जीवन के अंग की मैल बन चिपकी है और अनेक प्रकार से धमका रही है। कहाँ है यह राजनीति तमिलनाडु के इडली, डोसा, उपमा, उत्तपमा, बड़ा और साँभर में ? कहाँ है उस सुजलाम् सुफलाम् शस्य श्यामलाम् जैसी धानी देश के सघन हरितांचल में राजनीति ? उसकी समृद्ध सौन्दर्यानुभूति में डूबने में कोई राजनीतिक या भाषा की राजनीति बाधक कहाँ होती है ? अपनी आत्मा की छवि जैसे इस प्रिय देश की पवित्र धरती पर परमात्मा के शोभाधारक विश्वविख्यात मन्दिरों की शृंखलाएँ, उनके भव्य गोपुर, प्राकार, कलात्मक देव विग्रह आदि तथा इनकी छाया में स्थायी भाव के रूप में विकसित लोक जीवन के सांस्कृतिक आचार-व्यवहार, सुरक्षित-संस्कार, चन्दन-तिलक, धोती-लुंगी और स्तुति-प्रार्थना के संस्कार में क्या किसी राजनीति की कोई भूमिका है ?[9]

गाँव तो वास्तविक गाँव था, में एक अलग किस्म के ग्रामलोक का दर्शन होता है। जब सड़कें नहीं थी तो गाँव में मवेशियों को जाने के लिए कुछ चौड़े रास्ते की छवर या खोर होती थी। लेकिन वह भी सामान्य से सँकरी ही होती थी। इसीलिए लोकगीत में 'साँकर खोरिया बहोरा हो' गाया जाता था। किन्तु जो गाँव का आम रास्ता था वह तो पगडण्डी था। 'अजीब-अजीब डगरियाँ हैं इनका घुमाव, छिपाव, लगाव, बिलगाव, स्वभाव और बनाव सब चित्र-विचित्र। किस ढंग की पगडण्डी

कितनी दूर जाकर किसी मुख्य रास्ते से मिलती है, किस ढंग के रास्ते दूर तक जानेवाले होते हैं, किस प्रकार की डगर पर पैर नहीं बढ़ाना चाहिए, कौन मार्ग विश्वसनीय नहीं, बाजार को जानेवाले मार्ग की कौन विशेषताएँ होती हैं और खेतों के बीच से किस ढंग के रास्ते किसानों के निजी कामवश लग जाते हैं और उन पर जानेवाले राहगीर भटक जाते हैं। रास्तों के बारे में गाँव में कहा जाता है–

बरखा आये राह बे - राह,
चैते फूटी राहे - राहे।'[10]

गाँव की एक शोभा कोल्हाण या कोल्हुआर में भी थी। जहाँ गन्ने की पेराई देशी कोल्हू में बैलों को नाधकर की जाती थी और किनारे एक चूल्हा बनाकर कराह में गन्ने के रस को पकाया जाता था, जिसकी सोंधी सुगन्ध से सारा वातावरण महकने लगता था और चूँकि रात में ही पिराई और गुड़ पकाने का कार्यक्रम होता था क्योंकि दिन में धूप हो जाने के कारण बैलों और काम करनेवाले आदमियों दोनों को दिक्कत होती थी। अतः पूरी रात एक मनसायन-सा वातावरण रहता था और उस आनन्द की अनुभूति उसी व्यक्ति को सही प्रकार से हो सकती है जिसने उस दृश्य को देखा है और उस सुख को भोगा है। इसी प्रकार का सुखद और सुन्दर मन को प्रसन्न करनेवाले दृश्य खेतों और खलिहानों में भी होते थे। निबन्धकार को ऐसे गाँवों का अनुभव है और ऐसे ही एक अनुभव को अपने शब्दों में उतारता है। 'घर खपरैल से छाये गये हैं। एक ओर बैलगाड़ी खड़ी है। सामने मैदान में कटे हुए धान की एक क्यारी में पड़ी एक छोटी झोंपड़ी के आगे कोल्हू चल रहा है। ईख पेरी जा रही है। चूल्हा झोंका जा रहा है। गुड़ पक रहा है। उसकी सोंधी-सोंधी सुगन्ध उठकर नाक और मन को चुनौती दे रही है। यहाँ का सारा जीवन इस कोल्हुआरे पर केन्द्रीभूत हो गया है। यहाँ अधिक सरसता है, प्रफुल्लता है, सुजीवता है। शेष चारों ओर एक सुन्दर-सा सुनसान है– हँसती-सी निर्जनता है, चुपचाप घर हैं, खड़े से पेड़ हैं, पड़ी-सी ईख की ढेरी है। केवल गतिशील यह कोल्हू है, ऊपर चमकती धूप है, बीच में गाँव की आत्मा है।[11]

बाग-बगीचे और क्रीड़ारत प्राणी :

गाँवों के चित्रण में विवेकी राय बरगद और पीपल की चर्चा करते रहते हैं और ग्रीष्म काल में जटा-जूटधारी विशाल वट वृक्ष और उसकी शीतल छाया में बैठे पथिक के परम सुख की अनुभूति के साथ ही खूबसूरत आम के बगीचे जिसके पेड़ों पर लदरे आम, रोहिणी नक्षत्र बीत जाने पर मृगशिरा में टपकते आम। बच्चे और नंग-धड़ंग ग्रामीणों के द्वारा उन्हें बेरोक-टोक बीनकर खाते हुए ग्रामीण तथा उसकी सीरी छाँह में विरमाते हुए पन्थी और पंक्षी के दृश्य तो वह उकेरते ही हैं।[12]

गाँव की बँसवारी, महुआबारी, पीपर पाँती इन सबका वर्णन विविध निबन्धों में बार-बार हुआ है। किन्तु गाँव को भी और लेखक को भी आम और नीम के वृक्ष विशेष आकर्षक लगते हैं। आम का छतनार बगीचा क्वार की धूप में तन मन दोनों को अद्‌भुत विराम देता है। कहीं-कहीं खेतों के बीच में एकाकी मस्ती में झूमता हुआ आम और फलों के भार से झुका हुआ पूर्वा हवा में लहराता हुआ आम 'इतते पाहन हने, उतते वे फल देत' को चरितार्थ करते हुए इन्द्रासिनी फल और अमृतफल कितने आह्लादकारी होते हैं।[13]

काशी के प्रसिद्ध लँगड़ा आम जिसके बारे में बेढब बनारसी ने लिखा है–

काशी कबहुं न छाड़िये, विश्वनाथ को धाम।
मरने पर गंगा मिलें, जीते लँगड़ा आम।।

इस लँगड़ा आम का भी बगीचा, बहुत बड़ा बगीचा, नैनाभिराम सजाया हुआ बगीचा जिसके सारे वृक्ष एक-जैसे एक रंग-रूप, स्वाद और संज्ञा के साँचे में ढले सौन्दर्य के मूर्त रूप भी गाँवों में खड़े हैं।[14]

अनपढ़ जंगल ग्राम कवि खोरा देखते हैं कि एक ही आम का वृक्ष छतनार तीन मण्डे जमीन को घेरे हैं जो तम्बू की तरह खड़ा है, छायादार है, आँधी-पानी से लोगों को बचाता है और चार महीना चखने के लिए आम देता है और उसी से खटिया पर अमावट और हण्डा में अचार बनता है।[15]

यह आम भी तरह-तरह के हैं, अलग-अलग रंग के हैं। नाना स्वाद और सुगन्ध के हैं 'रोहिनिया से लेकर भदौहवा तक करइवा, सिनुरिया, सुगइया, सिपोइया और मिठ्‌कवा तो कुछ खटक्‌वा अगणित रूप-रंग के आमों की ये विभिन्न किस्में गाँव की प्रकृति मनुष्य को स्वाभाविक रूप से देती थी।[16]

लेकिन वो आम के बगीचे जिनके बारे में कभी बिहारीलाल ने कहा था -

'छकि रसाल-सौरभ सने,
माधुर माधवी गन्ध।
ठौर-ठौर झूमत-झपत,
भौंर-झौर मधु-अन्ध।।

अब गाँवों में कहाँ है ? इसकी पीड़ा भी संवेदनशील निबन्धकार के अन्तःकरण को झकझोर देती है। वह कहता है–"उसकी हर याद आह बनकर निकलती है कि वृक्ष देवता रूठकर उकठ गये। अब हुआ सब धान 22 पसेरी। उकठे काठ की काली कमरी ओढ़े जैसे सगरे गाँव। अरे अब गाँव भी कहाँ ? अब वे गाँव। न वह बारी, नहीं बँसवारी, वह खेती भी नहीं तो खेती-बारीवाला गाँव कहाँ ?'[17]

दूसरा गाँव का नीम का वृक्ष है जो शीतल छाया और प्रदूषण से मुक्ति के साथ एक पूजनीय वृक्ष भी है। वनस्पति माता के रूप में इसी वृक्ष की पूजा भी होती है

और लोकगीत में जैसा कहा गया है कि—"निबिया वृक्ष जनि कटिहो ऐ बाबा, निमिया चिरैया बसेरा।"[18]

इसी नीम के वृक्ष पर काली माई का झूला भी पड़ता और नाना प्रकार के पक्षी बैठकर इसकी शोभा बढ़ाते हैं। विवेकी राय को अपने ही छत पर दो बूढ़े कबूतर के जोड़े नाचते हुए दिखायी देते हैं। कहीं बन्दरों का समूह भी है तो कहीं कौवा, चोंचा, गौरैया, मैना-जैसी कुछ घरेलू चिड़ियाँ तो जानी-पहचानी हैं किन्तु बहुत ही अपरिचित-एक अति छोटी काली, सुन्दर, चुनमुन चिरई कभी-कभी आती है। उसकी नन्हीं-नन्हीं चोंच से गजब के संगीत के सुर गढ़ते हैं। इन्हीं के स्वर से 'नभः सशब्दम् महता सहैव' जैसा श्लोक प्रातःस्मरण में कहा जाता है।[19]

शरद् ऋतु में खंजन भी उतर आते हैं और तरह-तरह के पक्षी कतार बाँधकर आकाश में उड़ते हैं। ढेकी नाम की चिड़ियाँ के साथ ही जलाशयों पर अन्य देशों से आये हुए मेहमान पक्षियों का कलरव भी देखने को मिलता है।[20]

अषाढ़ के महीने में चीलें आसमान में मँडराती-रिरियाती वर्षागम की सूचना देतीं। गिद्ध विलुप्त हुए। गौरइये-नीलकण्ठ की तो क्या ? कौवों की बैठी घनघोर पंचायतें अब बँसवारियों पर सुबह-सुबह कहाँ जुटती हैं। प्रभाव चींटों और चींटियों पर। गर्मी की साँझ को झंकृत करनेवाले झींगुर गये। बरसात के दिनों के मनसायन फतिंगे बिलाय गये। तितलियाँ घटने लगीं। मधुमक्खी मार्ग भटकने लगीं। भीषण गर्मी ने जैव प्रजातियों को बेघर कर दिया। अब क्या मानव की बारी है।[21]

जो लोग कहते हैं कि विवेकी राय अतीतजीवी हैं और पुराने पिछड़े गाँवो से उनको मोह है, ऊपर के कथन से इस भविष्य दृश्य और युगद्रष्टा रचनाकार की पीड़ा से रूबरू हों कि मनुष्य ने गाँव की स्वाभाविक प्रकृति और प्रवृत्ति को बदलकर यान्त्रिकता, शहरीकरण और प्रदूषण से प्रकृति को कितना कुपित कर दिया है और उसका परिणाम आज की पीढ़ी भोग रही है और आज आदमी बदला नहीं तो आगे का जीवन अत्यन्त भयंकर हो जायेगा।

उपर्युक्त सारी परिस्थितियों को ही देखकर जो बुद्धिजीवी रचनाकार हैं वे गाँव की तरफ लौटने और गाँव को बचाने के लिए चिन्तित हैं। 'दिनकर' की पीड़ा इस परिस्थिति को देखकर उनकी एक कविता में जिस प्रकार व्यक्त होती है, उसे निबन्धकार ने अपने निबन्ध में इस रूप में प्रस्तुत किया है कि आज के इस यान्त्रिक वैज्ञानिक युग में भी जो बुद्धिजीवी हैं, संवेदनशील हैं और भविष्य के प्रति खुली दृष्टि रखते है वे पुनः गाँव की तरफ लौटने को आकुल हैं और वह चाहता है कि पुराना गाँव, सड़क, बिजली और शिक्षा के साधनों से भले ही सम्पन्न हो जाये किन्तु उसकी ग्राम गन्ध सुरक्षित होनी चाहिए और प्रकृति का अनुचित दोहन न करके प्रकृति के साथ जीने की व्यवस्था का पुनर्जन्म होना चाहिए—"हे कविते, मुझे खेतों के बीच

खुशियालियाँ मनाने दें। रोने की जगह तो खलिहान है ही। इस प्रकार मेरी सोच है कि स्वीकार भाव की उत्सवी आँखों से अपने ग्राम्यांचल को जी भरकर देखूँ, प्रसन्न होऊँ। निराशा, नकार और दाह-आह की जगह शहर है, जहाँ नित्य हम मारा-मारी और उठा-पटक-भरे अखबार का भोजन करते हैं और करवट बदलते राजनीति पचाते हैं। विकृति का नहीं यहाँ प्रकृति का राज रहने दें। खुले आकाश के नीचे प्रकृति की गोंद में आज भी गाँव वही है।''[22]

गाँव के जानवर :

गाँवों में हाथी, घोड़ा, ऊँट तो कोई-कोई शौकवश पालते हैं, किन्तु गाँव पालतू पशुओं से भरा-पूरा रहता था और उनके कारण गाँव में एक रौनक भी रहती थी। गाँव में कोई पशुओं की बीमारी आती है तो लोग किसी साधू-महात्मा की शरण जाते हैं और वहाँ पर जो पूजा होती है उसे 'बैल बटोर' अथवा 'सींघ गाय महोत्सव' कह सकते हैं। गाँव में एक पन्थी जी हैं हुक्म देते हैं कि आज सारा कारबार बन्द छोटे-छोटे नर-नारी मय चउवा-चाँगर सहित मन से जुटें बाबा धाम पर जो अनारी बिमारी गाँव में ढुकी है वह टल जायेगी। अब गाँव में सारे मवेशी गाय-बैल-भैंस-घोड़ा-बकरी-बाछा-पाड़ा-पाड़ी और धोबियों ने गदहे एक ओर छानकर छोड़ दिये गये हैं। कहते हैं कि सीजन में यह भी वक्त से बोलते हैं। बारह बजे जरूर बोलता हैं, मुर्गियाँ भी हैं। मुर्गियाँ सुबह 4 बजे बोलती हैं। अभी चुपचाप चुग रही हैं। बहुत बोल रहे हैं, सभा के नेता बैल बाँऽऽऽऽ बाँऽऽऽऽ बाँऽऽऽऽ। साथ दे रही बछिया बेऽऽ एऽऽ एऽऽ। वह सोकना बैल दोनों अगले पैर से धूल अखड़ रहा है। सींघ माज रहा है। खूब है हलचल। पगहे पर सीकड़ में खूँटे में, पेड़ में, बसवारी में, सोरि में, काठ में, जमीन में, लाठी में बँधे हुए, छुट्टे भी जानवर, जानवर, जानवर, अलग-अलग घर घरौनों से घेर-घार कर आये। गाँव में एक अलग गाँव जानवरों का।[23]

इस मेले में गाँव में पलनेवाले अधिकांश जानवरों का विवरण आ गया है और यह सिद्ध कर रहा है कि गाँव बिना इन पालतू जानवरो के गाँव नहीं रह जाता। यह देश बैलों का है। गँवा 2+मेवशी = गाँव, नागरिक+यन्त्र=नगर।... हर पशु किसी देवता की सवारी है। सवारी के साथ सवार आये धाँय-धाँय करनेवाला डीहा-डाबर मनसायन हो उठा, गह-गह फूल जैसे आँखों के सामने (इस पशु मेले में) भारी अजूबा।

''गाँवों में सबसे ऊपर जगह है गाय और बैल की। कार्तिक में गाँवों का अलग ही महत्त्व होता है, क्योंकि कार्तिक की खेती बैलों पर ही निर्भर है, इसलिए इन बैलों की देख-भाल भी खूब होती है। प्रातःकाल रात के अँधेरे में ही बैलों को नाँद पर लगा

दिया जाता है। खली, भूसी, अन्न की चुन्नी चलाते रहते हैं। कोई मुँह उठा लेता है तो फिर कुछ डालें। बैलों की प्रकृति समझें जैसे वे चाहें वैसे उनका पेट भरे। अन्त में चोखे व्यंजन, भिगोया अन्न, चने की दाल, कुछ सत्तू नमक छींट दें, ताकि वह पेट-भर खा लें।'[24] बैलों को महादेव जी कहते हैं। उनको खूब धो-धाकर चमकाया जाता है। खुरों और सींघों की शोभा तेल मल कर बढ़ायी जाती है। माथे के श्रृंगार के साथ घुँघुर घण्टियों की माला लटकायी जाती है। गाँव की गलियाँ उनके टुन-टुन, टन-टन की ध्वनि से गुलजार होती हैं। यही किसान की शोभा है। लेकिन अब गाँव में बैल कहाँ ? जब बैल नहीं तो गाँव कहाँ ? 'हल बैल के शान्त सौन्दर्य' को हाहाकारी ट्रैक्टरों ने सुरक्षा न देकर रौंद दिया है—'बैलों के संग सदा सुखी थे/डीजल पीकर मरी किसानी'/बुद्धिनाथ मिश्र। इन पंक्तियों में गाँव की कृषिमूलक यान्त्रिकता नहीं, बल्कि गाँव की मानसिक यान्त्रिकता का संकेत भी कवि ने किया है। निबन्धकार कहता है किसानी मरी तो किसान कहाँ बचा ? रात-दिन की नयी-नयी आपा-धापी।''[25]

इस प्रकार गाँव का प्राकृतिक परिदृश्य और उसके साथ सहजीवन जीनेवाले सजग किसान गाँव की और सहज गाँव की परिभाषा बनता था। किसान यदि खेतिहर नहीं, मजूर और बनिहार या यायावर जाति का है तो वह बतकी और मुर्गी ही पालता है। खेतों के प्राकृतिक वैभव, बाग-बगीचे, चिड़िया-चुनमुन, पशु-पांगर के साथ जीनेवाले पुराने गाँवों की कसक, विवेकी राय के ललित निबन्ध आदि कथेतर गद्य विधाओं में है। पुराने गाँव की स्मृति के साथ ही इसकी प्रकृति और संस्कृति के पुनः लौट आने की लालसा भी इसमें छिपी है।

गाँव का मनयी :

गाँव का आदमी सीधा-सादा, ईमानदार और बहुत थोड़े में जीवन निर्वाह करनेवाला होता है। वह झूठ और छल-कपट के फरेबों से दूर अपने परिश्रम और अपनी खेती, किसानी या मजदूरी करके अपनी आजीविका चलाता है उनमें कुछ अच्छी आर्थिक स्थिति के लोग हैं कुछ खाते-पीते मध्यम वर्ग के और कुछ अत्यन्त विपन्न जिनको कभी रूखा-सूखा मिला और कभी भूखे ही रात गुजारनी पड़ती है। लेकिन ये सब लोग अपनी उसी परिस्थिति में हँसते-गाते या रोते बिलखते सन्तुष्ट रहते हैं और इतने भाग्यवादी होते हैं कि वे इसे अपने भाग्य का दोष मानते हैं और किसी का नहीं। इसी कारण गाँव का आदमी गाँव के जमींदारों, महाजनों या आजकल के सरकारी अफसरों और कर्मचारियों की इनको चूसने की प्रवृत्ति पर कोई संगठित विद्रोह नहीं करते हैं। यह जो पुराने गाँव थे उनका परिदृश्य है। नये बदलते हुए गाँवों में आदमी-आदमी के बीच में कलह और द्वेश फैलानेवाले रोग, सड़क और

विकास के माध्यमों से आ गये हैं। अब भी जो गाँव शहरों या सड़कों से दूर हैं या वनवासी गिरिवासी क्षेत्रों के गाँव जो नक्सलियों और ईसाई मिशनरियों के जाल से मुक्त हैं, वहाँ का आदमी अभी पुरानी सहजता, सरलता और सौमनस्य के साथ सुख और दुःख झेलते हुए मस्ती से अपने जीवन को व्यतीत कर दे रहा है। गाँव के इन पुराने सहज-सरल परिदृश्य के साथ ही नये बदलते हुए आदमी की झलक विवेकी राय के निबन्ध आदि कथेतर गद्य रचनाओं में बराबर मिल जाती है।

निबन्धकार विवेकी राय का यह मानना है कि गाँव के आदमी में शान्ति सद्भाव आदि अनेक गुण का कारण उनकी भक्ति-भावना और अस्तिकता है। रामचरितमानस का प्रभाव गाँवों पर सर्वाधिक पड़ा था। जिससे वे प्रेम, सेवा, त्याग, सहयोग, न्याय, समत्व और भाईचारे आदि का एक परिवेश बनाकर शान्तिदूत की तरह रहे हैं। इसी आस्तिकता में वह तरह-तरह के धार्मिक आयोजन करते हैं उन आयोजनों में छोटे-बड़े सब मिलकर मस्ती से नाचते-गाते हैं। रोग-व्याधि को भी देवी-देवताओं की पूजा से भगाने का प्रयास करते हैं और समय-समय पर त्योहार-उत्सव, मेला-ठेला में एकत्र होकर अपनी आन्तरिक आस्था को सन्तुष्ट करते हुए एक गँवई मनोरंजन भी कर लेते हैं।

पुराने गाँवों का एक परिदृश्य उपस्थित करते हुए निबन्धकार लिखता है—'पुराने ग्रामीण खुले मन-मस्तिष्कवाले लोग हुआ करते थे। वे जिस खुले मन से मिल जुलकर रहते थे उसी मुक्त-मन से झगड़े और मारपीट भी किया करते थे। वे क्रोध को छिपाकर बैर के रूप में पालते-पोसते नहीं थे, बल्कि चटपट सिर फोडौवल करके निकाल डालते थे। उनमें सहज और निष्कपट शक्ति होती थी। जिसके प्रभाव से वे अपने मारपीट और झगड़े को विद्वेशपूर्ण अलगाव में नहीं परिणत होने देते थे। देखा जाता था कि आज ही झगड़े की चोट-चपेट में वे घायल हुए, हाथ पैर टूटा, अथवा सिर फूटा और दूसरे ही दिन यदि भोजभात पड़ा तो पत्तल पर साथ-साथ बैठकर हँसते-बोलते हुए लक्ष्मीनारायण कर रहे हैं, जैसे कल कुछ हुआ ही नहीं।. ..यह बात यहाँ पूरे विश्वास के साथ की जा सकती है कि ग्रामीणों ने तब की उस मुक्तमनतापूर्ण शक्ति का स्रोत, वह भक्ति हुआ करती थी, जो रामायणी परिवेश से उपजी थी।''[26]

गाँव की एकजुटता और मस्ती का एक दृश्य उनके पूजा-पाठ पर उनकी गीत गवनयी और ग्रामीण नृत्य आदि में दृष्टिगोचर होती है। गाँव में बाबा धाम पर पूजा के लिए जब पूरा गाँव एकत्र होता है तो रात में बैलों की चोरी करनेवाले, कचहरी में धोखा-धड़ी करनेवाले और दबंग सर्गना तथा अभावग्रस्त गरीब ग्रामीण एक साथ जुटते हैं। 'एक समूह गाँव, एक समूह व्यक्तित्त्व, बहुत पुराना, बहुत भावुक, पूजा की अबूझ सनातन अनुभूति में नत-सिद्ध।''[27]

इस एकता के साथ गाने-बजाने की मस्ती और लोकवाद्य और लोक-नृत्य और लोकगायन का अद्भुत संगम पुराने गाँवों की एकजुट छवि को रूपायित करता है। बाबा धाम पर हुडुक बज रहा है और एकत्र हैं 'नयी पुरानी मण्डलियाँ, नृत्य, वाद्य, कीर्तन, भजन-रामायन। एक ने बानी उठायी, सन्त दरस कब होई, सनेहिया लागि रहे।' बहुत ऊँचा स्वर है, पंचम। बिरहिया का लोहा ठनक रहा है अलग 'हे-ए-ए-ए-सुरसती महरानी आयी सभा बीच हरषाई...' एक हाथ कान पर, अलाप लिया तो बगल में खड़ी गोड़नचिया के कोलाहल, मजीरों की झनझनाहट के ऊपर वह छा गया। यह नाच भी खूब, लगभग सरकस, उछलते-कूदते नर्तक को घेर-घेरकर, खड़े होकर, कतार में, झुककर, घुमरी खेलकर, झम्म-झम्म के बीच 'सीरी राम जी लला हथी-आ-हो-आहि-आहि। अद्भुत स्वर-संगीत। औरतों के गीत 'सोने की थारी...' से लकर 'कहवाँ से आवेली सीतला मइया' तक । बुढ़ियों का दल अलग, नवहियों का अलग, जो जहाँ, वहीं विभोर। हरिजन लोग 'सिनरैनी' कर 'सोखा' लोग 'पचरा' पर लहसे हुए।[28] सिरनैनी शिवनारायणी का अपभ्रंश है। सन्त शिव नारायण गाजीपुर के ही थे। सन्त परम्परा के इस कवि का प्रभाव हरिजनों पर सर्वाधिक था।

गाँव के लोगों का रहन-सहन ऐसा था कि अपने ही साधनों से उनकी हर प्रयोग की चीज वे बना लेते थे। जैसे गाँव में 'खटिया', बाँस की पाटी और लकड़ी के गोड़े और अपने ही खेत में पैदा हुई सनयी के सन से बरे हुए बाँध से वो खटिया बना ली जाती थी। खटिया बनाते थे बढ़ई और किसान स्वयं उसको बीनकर तैयार कर लेता था। बड़े लोगों के पास भले ही पलँग हो तो भी दो-चार खटिया जरूर होती थी और छोटे का सहारा तो खटिया ही होती थी। इतनी हल्की होती थी कि जब उठाकर घर के भीतर करो जब चाहो घर के बाहर 'गरीबी आ खटिया में सासु-पतोह क सम्बन्ध बा। देश का सबसे धनी जाति मारवाड़ी लोग का घरे कहाँ खटिया होले। आ इंजीनियर लोगन का बइठका में कहाँ खटिया पसरल बा ? ई त गरीब-गँवार लोगन के गरे क फाँस बनल बा। ओही लोग क सिर क सेहरा बा।'[29]

अपने 'खटिया' शीर्षक भोजपुरी निबन्ध में विवेकी राय जी लिखते हैं— 'नरोत्तम दास सुदामा जी का खटिया का बखान कइलन- 'कटे हुए पावा-पाटी, टूटी एक खाट की।' इहे खटिया क असली रूप ह। पलँग दूसर चीज ह खटिया दूसर। ई बाँस क बसखट ह। हाड़ी का खोंता नियर। बहुत छोट हई त खटोला कहाई। बहुत सूघर होई त 'उड़न खटोला'। केतने खटिया क सुतरी-बाँध अइसन धूर-धूर उड़ि गईल रहे ला, घुन-कटा गईल रहे ला कि ऊ 'झिलिंगा' हो जाले।[30] ऐसी खटिया को नसकट खटिया कहते हैं, जिसमें पूरा पैर न अँटे और पैरों की नस उसकी पाटी से दब जाय। घाघ ने ऐसी खटिया के बारे में कहा है—

'नसकट खटिया, बतकट जोय,
जो पहिलौंठी बिटिया होय।
कहैं घाघ सुन घाघिनी
ए तीनों बिपती के ओर।'

खटिया ऐसा ही गाँव के लोगों के पैरों में शोभा पानेवाला एक पदत्राण (कठनही) भी था। पहले गाँव में जूतों का रिवाज नहीं था और काठ का खड़ाऊँ या काठ की कठनही ही ज्यादा पैरों की शोभा बढ़ाती थी। कठनहीं या कठपनही पैर की नाप का एक काठ गढ़कर उसमें रस्सी से तीन कोने पर नाथकर यह कठनही बनती थी। यह ठीक आजकल के हवाई चप्पल के आकार की होती है। इसी शीर्षक के एक भोजपुरी निबन्ध में इसके सम्बन्ध में लिखते हैं—''कठनहीं जाति क जूता जाति क भँइसा ह। असली सबद ह 'कठपनही' आ एहि से बनि गइल कठनही। एगो दूसरो अरथ होला। 'नहीं' सबद क अरथ होला 'नाथल'। माने अइसन काठ जवना के नाथि दिहल गइल होखे आ नाथि के काठ के पनही बना दिहल गइल होखे। कतहीं-कतहीं बाँध से बन्हइला का वजह से ई बधउरो कहाला। खड़ाऊँ नाथल ना होला। ऊ बाभन जाति क ह। कठनही ओकरा मोकाबिला में सूद्र जाति क ह। एही वजह से जूता जाति क भँइसा कहाला। खूब कड़ेर, खूब चड़ेर, गदउर आ नाथल। कछुही का पीठि नियर, डीह बाबा का पिढ़ई नियर। खड़ाऊँ मरदाना जाति ह। ऊ कुल लमहर होला। कठनही जनानी जाति क ह आ कुछ गोल मटोल होले।''[31]

ग्रामीणों का मौसम विज्ञान :

भारतीय ज्योतिष के हिसाब से महीने सौर मास और चान्द्रमास दो प्रकार के होते हैं। हमारे गाँवों में चान्द्रमास के ही चैत्र आदि का प्रचलन है। इसी चान्द्रवर्ष में ही नक्षत्रों के नाम पर हर महीने में दो-दो नक्षत्र या नखत पड़ते हैं। जिस नक्षत्र में चन्द्रमा अपनी कला में पूर्णता को प्राप्त करता है उसी के नाम पर उस मास का नामकरण किया गया है। मास का नाम उस नक्षत्र के नाम पर रखा जाता है जो उस मास में आद्यन्त सायंकाल से सूर्योदय तक दिखायी पड़े। नक्षत्रों के नाम और उनके नाम पर महीनों के नाम इस प्रकार हैं—चित्रा (चैत्र), विशाखा (वैशाख), ज्येष्ठा (जेठ), आषाढ़ा (आषाढ़), श्रवण (श्रावण), भाद्रपदा (भाद्रपद या भादो)

अश्विनी (आश्विन), कृत्तिका (कार्तिक), मृगशिरा (मार्गशीर्ष), पुष्य (पौस), मघा (माघ), फाल्गुनी (फागुन)। चन्द्रामास की तिथियाँ 15+15 दिन के दो पक्षों में बँटी होती हैं। प्रतिपदा से पूर्णिमा तक 15 और पुनः कृष्णपक्ष में पहली तिथि से अमावस्या तक 15 तिथियाँ चलती हैं। इसके दो पक्ष या पाख होते हैं। पहले 15 दिन को शुक्ल पक्ष और दूसरे 15 दिन को कृष्ण पक्ष कहते हैं।'[32]

गाँव के किसान किसी ज्योतिष के ग्रन्थ को पढ़कर इन नक्षत्रों का ज्ञान नहीं प्राप्त करते हैं। प्रत्युत लोक परम्परा से उन्हें इसका ज्ञान होता है। विशेष रूप से वर्षा के नक्षत्रों का विशेष ज्ञान उन्हें रहता है क्योंकि वर्षा का कृषि से विशेष सम्बन्ध होता है। वर्षा ऋतु के प्रमुख दस नक्षत्र माने गये हैं। आर्द्रा (आषाढ़ कृष्ण), पुनर्वसु (आषाढ़ शुक्ल), पुष्य (श्रावण कृष्ण), श्लेशा (श्रावण शुक्ल), मघा (भाद्रपद कृष्ण), पूर्वा (भाद्रपद शुक्ल), उत्तरा (आश्विन कृष्ण), हस्त (आश्विन शुक्ल या कार्तिक कृष्ण) और स्वाति (कार्तिक शुक्ल)।[33] मलिक मोहम्मद जायसी ने अपनी पदुमावति में इन बरसात के नक्षत्रों का इनकी विशेषता के साथ वर्णन किया है। मृगशिरा, आर्द्रा, पुरवा, पुनर्वसु, मघा, पूर्वा, चित्रा, स्वाति आदि का उल्लेख किया है।[34]

विवेकी राय ने अपने ललित निबन्धों में भी विशेष रूप से वर्षाकालीन इन्हीं नक्षत्रों की स्थान-स्थान पर चर्चा की है।[35] गर्मी के दिनों में मृगशिरा की गर्मी प्रसिद्ध है। इसे निबन्धकार ने 'आतंकवादी मृगशिरा' कहा है। किसान की धारणा है कि इस नक्षत्र में जितनी ही मिट्टी जलती है वह खाद हो जाती है। इसके पहले रोहिणी नक्षत्र में वर्षा प्रारम्भ होती है। घाघ कहते हैं 'रोहिणी बरसै, मृगतपै। एक पानी की व्यवस्था करे, दूसरी खाद की। मृगदाह में अधिक गर्मीवाली दस दिन की अवधि का 'दस ताड़का' कहते हैं। रोहिणी और मृगशिरा के संघर्ष में समझौते की डेट पड़ती है। हर साल 22 जून को। वर्षा के लिए प्रसिद्ध आर्द्रा नक्षत्र के चढ़ने पर बहुत खुशहाली होती है।[36]

जब सूखा पड़ता है तो किसान हर नक्षत्र में पानी की आस लगाये आसमान देखता रहता है। 'आसमान में 'जलबन्दी' शीर्षक के अपने निबन्ध में लेखक ने इसका वर्णन किया है। किसान कहते हैं– 'उत्तरा नक्षत्र भी निर्जल सरक गयी। बरसात उत्तरायण हो गयी। खेती का मुँह हस्त यानी हथिया नक्षत्र चढ़ गया। 'चढ़ते वर्षा आर्द्रा' उतरत बरसे हस्त, सुखी रहें गिरहस्थ।' मगर हथिया भी नहीं बरसी तो क्या होगा...हाय हथिया भी खिसक गयी। खिसक गयी पैरों के नीचे की जमीन। मघा ने जोर से गरज दिया। हथिया दबक गयी।

चित्रा चढ़ते-चढ़ते उदास मन से हल-बैल और बीज लेकर किसान खेतों में उतरे। चित्रा ही नहीं स्वाति भी निराश चली गयी।[1] चित्रा के बीतने के बाद शरद् ऋतु आती है और विजयदशमी का पर्व आ जाता है। 'अब आसमान से उतरकर जमीन पर शरद् ऋतु की दूतिका खंजन को आये एक मास हो गया। कास फूलकर झर गये। मदार भी के बाउरे की महक खुलकर लुट गयी। चित्रा नक्षत्र बीत चली अभी आकाश में नील धवलता का आगमन नहीं हुआ। अब तक वह मेघाडम्बरों से आपूरित रहता है। धरती पर कीचड़ पानी का प्राधान्य है। अब तक बाढ़ का पानी फैला है। किसान हाथ-पर-हाथ रखकर बैठे हैं।'[2] यह दृश्य बाढ़ के दिनों का है जब

अत्यधिक पानी बरसता है तो किसान को रबी की फसल बोने के लिए इन्तजार करना पड़ता है। बाढ़ और सूखा दोनों के दिनों में किसान इन नक्षत्रों का ही जोड़-घटाना करते हैं।

लोककवियों ने भी इन नक्षत्रों की विशेषता पर अपनी पद्यात्मक लोकोक्तियों पर बहुत-कुछ लिखा है। घाघ कवि का नाम इस दृष्टि से विशेष उल्लेखनीय है, जिनकी कहावतें ग्रामीण किसानों की जबान पर थिरकती हैं। जैसे ऊपर उल्लिखित पंक्तियाँ- 'चढ़ते वर्षा आर्द्रा' उतरत बरसे हस्त।

कहै घाघ सुन घाघिनी, सुखी रहें गिरहस्त।।'

घाघ ने मौसम के सम्बन्ध में बहुत-सी कहावतें कही हैं। वे कहते हैं–

जै दिन जेठ बहै पुरवाई।
तै दिन सावन धूरि उड़ाई।।
सावन मास बहै पुरवइया।
बैला बेचि लाव धेनु गइया।।
सावन मास बहै पुरवाई।
कुवाँ के पानी धोबी धोई।। आदि।

ग्राम जन की मस्ती :

घाघ की तरह के दो अनपढ़ किसान कवि विवेकी राय के उपन्यासों और निबन्धों में भी आये हैं। ये हैं दूखन और खोरा। ये दोनों पात्र विवेकी राय के बड़े प्रिय पात्र हैं। ये अपने अभाव में मस्त रहनेवाले और बात-बात में कहावतों की झड़ी लगा देते हैं। इन दोनों को उन्होंने अपने उपन्यासों में भी पात्र बनाया है और वहाँ इनके मस्त जीवन का विस्तृत उल्लेख हुआ है किन्तु निबन्धों में भी ये दोनों प्रिय पात्र अछूते नहीं रहे हैं। 'फिर बैतलवा डार पर' नामक अपने निबन्ध-संग्रह में दूखन पर एक ललित निबन्ध भी है। वह अपने जीवन से सम्बन्धित परिश्रम के कामों में रुचि लेता है और बात-बात में ग्रामीण कहावतों को कहता रहता है। वह कहता है–

'कका फिरिन फीरि परों मोह को फन्दा।
जनम गँवायो करि-करि धन्धा।।'

दूखन एक मेहनती इन्सान है और अपनी मेहनत और भगवान् का उसे बड़ा भरोसा है। भाग्यवादी भी है, दूखन कहता है–

'कोटि करै चतुराई/विधि का लिखा मेट नहिं जाई।'

सबकी चिन्ता भगवान् करता है। लिखा है कि–

छोटे जीव में छोटा बसेरा/बड़े जीव का बड़ा बसेरा,

पाप-पुण्य का करौ निबेरा
सबकी खबर साँझ को लेवैं,
बिना आज्ञा भोजन न पावैं।'

सामान्य गाँव के आदमी की सोच ऐसी ही है। उसके सम्बन्ध में यह निबन्धकार लिखता है—"भाग्यवाद और कर्मवाद का क्या ही सुन्दर समन्वय है। भगवान् पर कितना दृढ़ विश्वास है। पर साथ ही कर्म में कितनी दृढ़ निष्ठा और तत्परता है। एक दिन भी बेकार नहीं जाता, एक क्षण भी बेकार नहीं जाता। जब कोई काम नहीं तो बोरा बिछाकर ध्यानपूर्वक प्रेमसागर, जिसे वह रामायन कहता है, पढ़ता है। इसका पुस्तकालय कितना संक्षिप्त है। एक पुराने कपड़े की बेठन में पाँच पुस्तकें बँधी हैं। प्रेमसागर, अर्जुनगीता, बारहखड़ी, राशिमाला और हनुमान चालीसा।"[37]

दूखन की तरह से गाँव का एक 'टिपिकल' पात्र खोरा है। खोरा भी लेखक का अत्यन्त प्रिय पात्र है। इसका चित्रण सोना माटी उपन्यास में भी हुआ है और ललित निबन्धों में भी अपनी धरती, मस्ती, मेहनत और गरीबी में नधा बात-बात में कविताई। उसका चरित्र भी दूखन से मिलता-जुलता है। यह भी मेहनत मजदूरी से आजीविका जुटाता है और लोगों के खेतों में सोहनी आदि काम करके अपना पेट पालन करता है। खोरा एक आम के पेड़ के नीचे एक छोटी-सी मड़ई में अपना डेरा बनाये हुए है। मड़ई भी कैसी है इसका वर्णन अपने एक भोजपुरी निबन्ध 'कवि खोरा फोटो खिंचवलें' में निबन्धकार इस प्रकार करता है—

कवि खोरा जहाँ रहेलनि ओइजा, एगो आम के पेड़ बा। खूब ऊँच आ दू-तीन मण्डा में फइलल। जमीनि में सोहरि गइलि बाड़ी स। ओहि का नीचे कवि 'खोरा' के मड़ई बा, दूनों खम्हाँ जेपर मड़ई के बल्ला टिकल बा डेढ़-डेढ़ हाथ के बाड़े स। ओहि के मुताबिक लकड़ी के चारि गो छोटी-छोटी थुन्ही लगावलि बाड़ी स। जवनि डेढ़ बित्ता ले अधिका लमहरि ना होइहें स। देखि के अचरज होला कि कवि 'खोरा' ओमे कइसे रहेलनि। खम्हाँ का ओर से मुसकिल से आदमी पेट से सरकि के ओये तो पइसि त सकेला बाकिर खड़ा ना हो सकेला।'[38]

मौसम और प्रकृति के बारे में 'खोरा' भी बात-बात में अपनी कविताई सुनाते रहते हैं। खोरा से बात-चीत हो रही थी कि आसमान में छाये हुए बादल एकदम साफ हो गये इसी पर उन्होंने अपनी एक कविता सुनायी जिसके सब अक्षर बिना मात्रा के थे। वो कहते हैं—

'सरद के बादल ज्यों, बरफी की थाल है।
सूरज बिखेर रहा, पूरा इन्द्रजाल है।।'

थोड़ी देर बाद फिर बादल घिर आये तो खोरा कहते हैं—

'राम जी समरथ के, बदरिया यह घेरी है।
खोरा के कारज में, कर रही देती है।।'[39]

खोरा प्रसिद्ध जंगली ग्रामकवि हैं। साधुभेष में अर्द्धनग्न रहते थे, अपढ़ पर स्वभाव से बेलौस, स्वच्छन्द, फक्कड़ और अनौपचारिक थे। उनका पूरा जीवन अपने एक आम के वृक्ष के नीचे बीत गया। बस दो काम उनके जिम्मे था। घास गढ़ना और कविता रच-रचकर गाना। उन्होंने अपने आम के वृक्ष का वर्णन इस प्रकार किया है—

'मेरे बगीचे में आम का बिटप एक,
छाया विस्तार जिसका है तीन मण्डे में।
तंबू की तरह तना है तना, पत्ता,
सघन छायादार, घुस आये ज्यों बरण्डे में।
आँधी व पानी से जन को बचावत जाये,
कपड़ा बचाइ देत बरखा प्रचण्डा में।
कहे कवि 'खोरा' चार मास देत चाखन को,
अमावट परे खाट पर, अचार परे हण्डा में।'[40]

दूखन और खोरा एक प्रकार से गाँव में बसनेवाले कुछ गरीबी में मस्त रहनेवाले लोग हैं। ऐसे लोग प्रायः गाँव में मिल जाते हैं। इसी प्रकार की एक महिला पात्र है मरछिया फूआ, जो दूसरों के घरों में काम-धाम करके अपना गुजर-बसर करती हैं। गरीबी और रात-दिन परिश्रम करनेवाली और मस्ती में जीवन व्यतीत करती हुई बड़े-से- बड़े आदमी से भी दो-टूक साफ बोलनेवाली ये फूआ चिढ़ानेवाले लड़कों को गाली भी देती हैं और शाप भी देती हैं। पर दिल में लड़कों के लिए प्यार है। इसका एक नमूना यह है कि फूआ कहीं से एक डलिया में शकरकन्द लेकर जा रही हैं और फूआ को चिढ़ाने के लिए लड़के 'ए फूआ फूफेली, पैसा अधेली' आदि कहते हैं और उनका शकरकन्द भी लूट-लूटकर खा रहे हैं। फूआ क्रुद्ध हुई और शकरकन्द उठा-उठाकर लड़कों को मारने लगीं और लड़के उसे लोक-लोककर खाने लगे। अब फूआ का गाली-शास्त्र जारी है सुअर क छौना, कुत्ते का पिल्ला, बकरी का जन्मा, डोम। तब तक गाँव के एक बड़े आदमी मंजू बाबू बन्दूक लिये कहीं जा रहे थे। लड़कों से बोले शैतानों भागों नहीं तो फायर कर दूँगा। अब मरिछिया फूआ कूदकर बन्दूक के सामने आकर मंजू बाबू को फटकारती हुई बोलती है—"फैर क्या कर दोगे, क्या ये सब लड़के इमली के खोड़रे से काढ़कर आये हैं।" वह आगे भी उन्हें फटकारती हुई कहती हैं—"तू काहे सिपाही दरोगा को सानते हो ?" मरिछिया अब एकदम सामने आ गयी, "काहे उनको बुला-बुलाकर गरीबन की गर्दन रेतते हो ? हलुआ-पूरी खिला-पिलाकर चहबच्चा बटोरते हो ? बोलो ? हमारे आगे जन्मा तूँ,

नानी के आगे ननिहाल का बखान करेगा ? सब बखिया उधेड़कर रख दूँगी। हमसे टेढ़ की तरह न बोलना। तुम्हारे बाप को भी देखा, पइया की तरह तो थे और मिनमिन-भिनभिन बोलते थे। देस चोरी परदेस भिक्षा।''[41]

गाँव में आज भी इस किस्म के लोग मिल जायेंगे, जिनके हृदय में अपार प्यार का भण्डार भरा हुआ है और वे साक्षात् मानवीय करुणा की मूर्ति हैं। उनको किसी का डर नहीं है। वह किसी से भी दो-टूक और सच्ची बात करने में डरते नहीं हैं। उनमें आत्मसन्तोष है, करुणा है, स्नेह है और शारीरिक श्रम करने की अपार शक्ति है किन्तु इसका उन्हें अहंकार भी नहीं है। वह इसे भगवान् का प्रसाद मानते हैं। इसी प्रकार की एक-दूसरी महिला 'बँगलेवाली माँ जी' हैं। 'बँगलेवाली माँ जी' के सारे लड़के अफसर हैं और शहरों में रहते हैं और माँ जी गाँव में अपने जीर्ण-शीर्ण एकाकी बँगले में रहती हैं लेकिन वह अपने बेटों पर कोई आक्षेप, कोई तानें या किसी प्रकार का दुःख प्रकट नहीं करतीं उनमें कोई कुण्ठा नहीं है। वह असली 'माँ' हैं।, 'पुत्रों से नित बड़ी, नित महान, स्वयं सिद्ध ऊँची वह उनसे सेवा की अपेक्षा क्यों करें ? कोई चिन्ता चाह है तो उन बेटों की ही कुशल क्षेम की और 'जो है' को फिर शान से झेलती हैं, अपराजिता एकाकिनी मेरी बँगलेवाली माँ जी।[42]

माँ का ये विशाल हृदय केवल गाँवों में था और जैसा कहा गया है कि 'कुपुत्रो जायेत क्वचिदपि कुमाता न भवति।' उसकी साकार प्रतिमा ऐसी माताएँ थीं जो पुत्रों की उपेक्षा पर भी उनके मंगल और उन्नति की कामना करती हैं और किसी प्रकार का दुःख प्रकट नहीं करती हैं। आज परिस्थितियाँ बिगड़ गयी हैं। आज तो सास-पतोह के झगड़े, माता-पिता और बेटों में मुकदमेंबाजी और कभी-कभी बेटों के हाथ बूढ़े माँ-बाप की हत्याएँ भी, ये नये जमाने की सौगात है। इसीलिए निबन्धकार विवेकी राय गाँव के पुराने ग्रामीण मन के प्रति आकर्षित हैं। विभिन्न संस्मरणात्मक निबन्धों में गाँव के ऐसे लोगों की चर्चा करते हैं, जिनमें 'आजी' 'बहुरिया', 'मौलवी साहब', 'सिखण्डी मास्टर', अथवा 'सोलंकी जी' आदि विभिन्न संग्रहों के उनके निबन्धों में ऐसे लोगों की झलक मिलती है।

गाँव में दो प्रकार के लोग हैं कुछ पैसेवाले हैं। खेती गृहस्थी, अच्छा मकान, सारी सुख सुविधा और लूट-खसोट-चोरी-चमारी ऊपर से। दूसरे प्रकार के वे लोग हैं जो या तो हाड़-तोड़ मेहनत करके अपनी आजीविका कमाते हैं या भूखों मरते हैं। कभी भोजन मिलाय कभी नहीं भी मिला।

गरीबी और अमीरी-शोषण :

स्वातन्त्रयोत्तर भारत में परतन्त्र भारत से चले आ रहे गरीब, शोशित और भूखे लोगों की जमात है और साथ ही कुछ ऐसे धनी-मानी लोग हैं जो शादी-विवाह से

लेकर भोज-भात में नाजायज खर्च करते हैं। वे अपनी शान दिखाने के लिए और अधिकारियों एवं नेताओं को प्रसन्न करने के लिए ऐसे आयोजन करते हैं जिसमें हजारों लोग भोजन करते हैं और बहुत-सा भोजन बर्बाद भी हो जाता है। उनके पास खेत हैं और खेती के साधन हैं। साथ ही मजदूरों और बेसहारा लोगों का शोषण भी करते हैं। वे अपने धन-वैभव से कभी सन्तुष्ट नहीं होते हैं क्योंकि मनुष्य का स्वभाव ही है कि उसकी लालच कभी पूरी नहीं होती है।

विवेकी राय ने अपने निबन्धों में इन दोनों ही स्थिति के लोगों को सामने ला दिया है। कहीं गरीबी टाँग तोड़कर बैठी है तो कहीं अमीरी का आलम यह है कि बोरों में नोट भरकर बैंक में जमा होता है। एक गरीब घुरबिन चमार और दुखरन बेटा महेसवा उनके 'बबूल' नाम के औपन्यासिक रचना में आते है। इसमें पूरे-के-पूरे प्रकरणों में गरीबी का बड़ा ही हृदय-विदारक दृश्य खींचा गया है। इसी प्रकरण को 'गरीबी दुनिया का सबसे बड़ा पाप है' में निबन्धकार ने सारे रूप प्रस्तुत कर दिया है। घुरबिन के घर भादों की अँधेरी रात में कृष्ण जन्माष्टमी के दिन महेसवा का जन्म होता है। माँ सौर में पड़ी है। घर में एक दाना नहीं है। वह मन्दिर जाता है कि पंजीरी जो प्रसाद में मिलेगी उसी से प्रसूता को पानी तो पिला देगा पर होता क्या है—"कृष्ण-जन्माष्टमी के समापन के दिन भूखा घुरबिन नवजात महेसवा को छोड़कर ठाकुर जी के आगे ढेर हो जाता है।" भूखों मरना गरीबी की नियति है।

उसके उपरान्त उसके घर में साधनहीन माँ-बेटे बच जाते हैं। का है उनके पास जो घुरबिन के मर जाने पर उसके घर में बचा है—'बच जाती है गरीबी, गोद में मिट्टी का एक ढेला लिये। काल गरीबी को पत्थर बना देता है और मिट्टी को फौलाद, जिनके लिए न शीत शीत है न घाम घाम। एक मरियल कुतिया माँ बेटे की साथिन है। महेसवा और उसकी माँ चिलचिलाती (धूप में) दोपहरी में डकडक घूम रहे हैं। इनके जीवन में मानो ईंधन का जुटाना ही परम पुरुषार्थ है।'[43]

एक दूसरा पहलू भी है। धनी आदमी कितना खर्च करता है। 'सरकारी आदमी' निबन्ध में इसका बेबाक चित्रण हुआ है। शास्त्री जी एक गाँव के बड़े आदमी हैं। उनके यहाँ एक बी.डी.ओ. शर्मा जी का आगमन हुआ। उसकी तैयारी में बैण्ड और भव्य और विशाल भोज का कार्यक्रम। सत्रह, कलाकारों और एक नर्तक के साथ बैण्ड बजता रहा। चार गाँव, चौबीस पट्टी के लोग पत्तल पर प्रीति बढ़ाने के लिए जुटे। जिले के नामी-गिरामी लोग शास्त्री जी का अनुमान था कि रात-भर में सब लोग भोजन कर लेंगे।[44] अब आप अनुमान लगा सकते हैं कि एक सरकारी आदमी को खुश करने के लिए कितना खर्च। न शादी, न जन्मोत्सव, न श्राद्ध। केवल स्वागत में चार बजे से रात-भर भोजन का सिलसिला। अपने धन और बड़प्पन का यह फूहड़ प्रदर्शन। इसलिए के ये ही गाँव के जोंक हैं, चूहे हैं, जो दलाली, चापलूसी और

फिजूलखर्ची से अधिकारियों को पटा लेते हैं और गरीबों का हिस्सा खा डालते हैं। गाँव का गरीब कितना सहता है कितना बिकता है, गहने बन्धक रखकर और महँगे रेट पर कर्ज लेकर वह उस फन्दे में फँस जाता है जहाँ से पीढ़ी-दर-पीढ़ी निकलना कठिन हो जाता है। 'बहुरिया' इसी प्रकार की एक ग्रामीण गरीब महिला है।

गरीबी में जाड़े के दिन पुआल पर कटते हैं। पुआल की पहल पर सोने से जाड़ा कम, ओढ़ने-बिछाने से कट जाता है। मजूरी करके आदमी गुजर-बसर करता है। बड़े लोगों के बैलों को खिलाना, गोबर को बँसवारी में फेंकना और उनके उपले पाथने का काम ये ही करते हैं।[45] दूसरी ओर बड़े लोग हैं जो गाँव से शहर में बस गये हैं और गाँव को लूटने ही के लिए यहाँ आते हैं। ये ही नेता बनते हैं और चुनाव लड़ते हैं। इनकी योजना बनती है शहर में वातानुकूलित कमरे में और ये चुनाव में गरीबों की लाचारी का लाभ उठाते हुए उनके वोटों को खरीदकर जीत जाते हैं। एक नेता जी स्वयं बयान करते हैं—'इस चुनाव के गेम में किसी चीज से कोई फर्क नहीं पड़ता। हमारी इस शतरंज की शह-मात, वातानुकूलित कमरे की टेबुल पर होती है न कि किसी भोंड़े-भदेस गाँव की चौपाल में। हम वोट जीतते नहीं, खरीदते हैं—थोक के भाव। दस लीटर डीजल के लिए जो दाँत चियारकर यहाँ वहाँ दौड़ रहा है उस गँवार की हस्ती क्या है ? ऐसा कुछ नहीं की आसन खाली है और उस पर गाँव की जनता जाकर बैठ जाये। सिंहासन भेंड़ों के लिए नहीं।[46] यहाँ निबन्धकार दिनकर भी उस कविता पर व्यंग्य करता है—'सिंहासन खाली करो कि जनता आती है।'

गाँव के नामी सरनामी किसान पचास हजार से एक लाख रुपये तक खर्च काटकर बचा लेते हैं और दूसरी ओर प्रसूति-गृह में पड़ी स्त्री है पर घर में एक दाना नहीं है, ऐसे गरीब का बेबाक चित्र 'पानी जोता गइलीं बकरी'[47] नामक निबन्ध में मिलता है। गाँव में जगन्तर बोरिया-भर नोट दो-ढाई लाख रुपये की नोट बैंक में जमा करता है। जगन्तर खेती में खटता है और खूब पैदा करता है, पैसा भी बचाता है, पर अगली सन्तान खर्चीली हो गयी है, इसका उसे दुःख भी है। 'मुकद्दर का सिकन्दर है जगन्तर परशाद' भी। सुबह बैलों की लम्बी कतार के साथ खेतों की ओर निकल जाता है, लाठी में टँगी कुदाल, बाल्टी में लोटा-डोर, नमक-सत्तू, कभी लोटे में चोटा। बनिहारों के साथ उनसे बेशी खटकर शाम को लौटता, पसीने में डूबी गुमसायन बण्डी दूर से ही बसाती है। सुर्ती ठोंककर कहता है, बूड़ा वंश कबीर का. ..क्या मतलब ?

इकलौता बेटा छपरा से आ रहा था। बढ़िया टेरीकॉट का बुशर्ट-पैण्ट, झब्बर-झब्बर बाल, बगल में अटैची, उस पर एक 'तेज' उपन्यास और उपन्यास पर पनामा का पैकेट माचिस के साथ...पुलिस पीछे पड़ी है।[48]

उसी गाँव में एक-दूसरे रईस हैं विजयी बाऊ, जो शहर में होटल बनवा रहे हैं, 'शिरोमणि' दूबे की कई-कई टैक्सियाँ रोड पर पड़ी हैं। 'विकास' सिंह तीसरे चक्र पर वोटिंग करा रहा है। गुमान सिंह ईंट भट्ठा भी चलाते हैं और अच्छी खेती भी करते हैं। बड़े फख्र से कहते हैं 'ईंटों नहीं नोटों का ये तीन तल्ला खड़ा है प्यारे !' अब गुमान सिंह की रहन-सहन और इनकी कमाई के जरिये पर भी एक नजर डालिये- पैरों में प्लास्टिक का सफेद न्याग्रा, हैण्डलूम की लाइट धोती, लड़कों द्वारा छोड़ी गयी रेडीमेड बुश्शर्ट, घनी सफेद दाढ़ी-मूँछ, मारकीन का ढाई गजा गमछा, सिर पर मुरेठे की तरह लपेटे, हाथ मे बाँस की मोटी टिकासनी, ठिगनी काया, शान्त मुद्रा, अधमुँदी आँखों में अपार करुणा भर वह 'फिराक' में घूमा करता है। कैसा फिराक ?

पिछले साल की अनाज की बिक्री के तीस-चालीस हजार को बढ़िया माटी पर बैठा चुका है। लगभग पन्द्रह-बीस हजार और है। कोई इन्हे ले ले... वाह साहब, जैसे यह रुपया नहीं गाजर-मूली हुआ। हाँ-हाँ गाजर-मूली बल्कि घास-भूसा कहो.. .मगर ले कौन ? बझे खेत-पात तो मँहगी में छूट गये। अब कौन फिर रेहन में बझावे ? कौन माटी को बन्धक रखे ? माटी असली सोना तो अब हुई कि उसे छू लो तो गेहूँ, चूम लो तो चावल।[49] इतना सब होने पर भी गुमान सिंह को कोई गरीब चाहिए जो रेहन पर अपना खेत रखे और रुपया देकर गुमान सिंह पुश्त-दर-पुश्त उस पर काबिज रहे। एक ही गाँव में अमीरी का यह दृश्य आपके सामने है, और दूसरी ओर उसी गाँव में एक-दूसरा गाँव भी है।

यह दूसरा गाँव अकलुआ और जगन्तर मियाँ का गाँव है, जो पहले गाँव से बड़ा गाँव है और सच पूछिये तो यही असली गाँव है। यही असली भारत, जहाँ गरीबी पैर तोड़कर बैठी है, जिसका भाग्य बदलने के लिए महात्मा गाँधी के नेतृत्व में भारत स्वतन्त्र हुआ और गाँव में बहुत-कुछ बदला भी, लेकिन आज भी पर्याप्त मात्रा में इन स्वातन्त्र्योत्तर ग्रामों की गरीबी का दृश्य कुछ ऐसा है, जैसा पराधीन भारत में था। इस निबन्ध में अकलुआ की जिन्दगी का एक रेखाचित्र प्रस्तुत करते हुए निबन्धकार विवेकी राय अकलुआ की पत्नी और उसके बच्चों के बारे में लिखते हैं—चीकट जैसे दुःखी वो सुबह लड़कों को सोते छोड़कर गोबर बीनने जो गयी, तो बेर लटकते लौटी। देख लिया गोपड़े खेलते उसके मक्खी भिनकते पोंटा-पोंटा, नंग-धडंग ब्रती बालकों ने। 'माई आयी ! माई आयी !!' दौड़ पड़े सभी। औरत चीख पड़ी, 'मर' मर की लौना, सबका सरेहि में हण्डा गड़ा रहा, जो लिये आ रही हूँ।''

ऐसी गरीबी में जीते हुए उनकी जिन्दगी में कोई फरक नहीं, गरीबी और भुखमरी में भी उनकी मस्ती इस देश की आस्तिकता के कारण है। जमीन पर लोट-पोटकर

खेलना और थक गये, तो नंग-धडंग जमीन पर सो जाना। उन्हें परिवार नियोजन और बच्चों की पैदावार को रोकने का कोई भी भाव नहीं है। उनके लिए एक-एक लड़का एक-एक लाख का है। इस पर टिप्पणी करते हुए निबन्धकार ने लिखा है–ये धर्मपुत्र, भारत की सांस्कृतिक भूमि की मौलिक पैदावार, असली दिगम्बर पीढ़ी के बीज, जिनके विशाल वाहिनी की विराट् सम्भावनाओं को लेकर देश का भविष्य जगा है, गाँव जगा है, वह बढ़ रहा है, फैल रहा है। क्या हुआ, जो दूधों नहा नहीं रहा, पूतों फल तो रहा है। मजाल है कि सरकारी परिवार नियोजन इस 'राम जी की देनी' वाली गाँव-गँवई के ऊबड़-खाबड़ में सुरक्षित दुनिया को छू भी सके ?"[50]

ऐसे गरीब किस प्रकार की जिन्दगी गाँव में व्यतीत करते हैं, उसे भी देखकर एक दर्द हृदय में उभरता है। आजादी के बाद बहुत-से गरीबों की हालत सुधरी लेकिन ऐसे सुधरे हुए गरीब वे हैं, जिन्हें आरक्षण आदि की कृपा से कोई नौकरी मिल गयी है या ऐसे हैं, जो महानगरों में हाड़तोड़ महेनत करके पैसे कमाते हैं और बचाकर घर पर कुछ पक्के मकान बना लिये हैं, लेकिन आज 67 वर्ष बीतने के बाद भी अकलुआ जैसे हैं, जिनके रहने के मकान की स्थिति ये है कि चार हाथ चौड़ा और सात हाथ लम्बा माटी का एक पुश्तैनी घोंसला, घोंसले में बँसखट सिर्फ एक अदद। इर्द-गिर्द टीन के पिचके काले बर्तन-भाँड़े, गुदरी, दुःखी के लौटने पर जले। दरवाजे पर चाँचर बनाम फाटक, जिस पर टिन की एक प्लेट ठुकी, मकान नम्बर 39, अँगरेजी में।"[51]

इन गरीबों की इस मजबूरी का गाँव के अमीर लोग कई प्रकार से शोषण करते हैं। मौका मिला तो इनकी औरतों, लड़कियों का यौन शोषण नहीं तो उनकी मजबूरी और जरूरत पर 10-5 रुपये देकर उनका श्रम शोषण करते रहते हैं। अकलुआ की औरत जब प्रसूति-गृह में पड़ी हुई है, और उसके घर में फूटा दाना नहीं है तो उसकी पछेलियाँ (एक गहना) लेकर, गिड़गिड़ा रहा है कि इसे लेकर कुछ रुपये उसे दे-दे। यह अकुलआ का चौथा या पाँचवाँ लड़का है। अब बाबू साहब उसे अपनी खास प्रजा कहकर पुचकारते हैं, और गहने को बिना गिरवी रखे 10 रुपया देते हैं और उसके घर के सारे आदमियों को सोहनी-रोहनी के लिए हमेशा के लिए रिजर्व कर देते हैं।

दूसरे जाँन मियाँ खुदा के करम से जिन्दा है, उनके पास केवल बकरियाँ थीं और उन्हीं को चरा करके कुछ अपनी गृहस्थी जैसे-तैसे चला लेते थे, और अँग्रेजी राज में इन्हीं बकरियों के सहारे कभी-कभी भुखमरी का शिकार होना पड़ता था, किन्तु अब स्वराज के बाद बकरियों को चराने की जगह भी नहीं रह गयी। पहले बंजर में घास उगती थी, तो बकरियाँ चरती थीं, अब वहाँ सभापति का गेहूँ उगता है। जान मियाँ कहते हैं–

नया गेहूँ जिन्दाबाद, पुरानी घास मुर्दाबाद।[52]

जब तक गरीबी दूर नहीं होती न देश का भाग्य बदल सकता और न देश में शान्ति रह सकती। गरीबों के रहनुमा बनकर तरह-तरह के आन्दोलन होते हैं और उनके लिए भी गरीबी एक खाने-कमाने का साधन बन गयी है। लाल झण्डेवालों का जुलूस देखकर निबन्धकार लिखता है, कि मैंने उस जुलूस को बहुत गौर से देखा, वह नंगे भूखे लोगों का जुलूस था, किसी के खाने का ठिकाना नहीं था। किसी के चेहरे पर चमक नहीं थी। यदि मैं ठीक से समझता तो ये लोग कम्युनिस्ट थे। मैं कम्युनिस्ट नहीं कहना चाहता। ये भूखे लोगों के रहनुमा थे।

दरिद्रों को महात्मा गाँधी दरिद्रनारायण कहते थे, उनमें वे ईश्वर का दर्शन करते थे। उनकी सेवा करना वे भगवान् की पूजा समझते थे। इसलिए वे गरीब हरिजन बस्तियों में ही रहते थे। उनके अन्त्योदय योजना में अन्तिम आदमी अर्थात् सबसे गरीब आदमी की हालत जब तक नहीं बदलेगी, तब तक स्वराज का कोई मतलब नहीं। गाँधीवादी रचनाकार डॉ. विवेकी राय गरीबों के जूलूस को देखकर इन्हीं भावों की अभिव्यक्ति इन शब्दों में करते हैं–'एक शब्द में सारा देश भूखा और दरिद्र है। क्यों वह ऐसा है ? किसने उसे ऐसा बनाया ? क्यों नहीं वे सारी विवशताओं को एकबारगी झाड़-फटकारकर उतार डालें ? ओह आज आदमी कितना बेचारा है ! .. मैंने बारम्बार इस जुलूस को देखा। याद आया कि ईश्वर वहीं है, जहाँ गरीबी है। मुझे इन गरीब मनहूस चेहरों में आनन्दकन्द भगवान् का दमदमाता प्रभायुक्त मुखमण्डल दिखायी पड़ने लगा।[53]

हम देख सकते हैं कि विवेकी राय ने अपने उपन्यास पुरुष पुराण और सोना माटी में जिस प्रकार गाँव की गरीबी का चित्रण किया है वह उनके ललित निबन्धों, रेखाचित्रों और रिपोर्ताज आदि में भी स्थान-स्थान पर चित्रित दिखायी देता है। तुलना के लिए उनके उपन्यासों पर डॉ. जनार्दन राय की टिप्पणी द्रष्टव्य है–विवेकी राय के गाँव प्रेमचन्द के ही गाँव हैं। प्रेमचन्द का होरी और बबूल का महेसवा जीवन-संघर्ष करते हुए अन्तिम साँस लेते हैं, किन्तु पूरी जिन्दगी रोटी के अभाव की मर्मान्तक कहानी है। खान-पान का अभाव ही विवेकी राय के गँवई जीवन की कहानी है। श्री राय का स्वरूप रामनन्दन कुम्हार से पूछता है–'तुम्हारो पास घर का खेत मात्र डेढ़ बीघा है और खानेवाले छह प्राणी हैं, बताओ काम कैसे चलता है ?'' आठ दिन पर दो रुपये का राशन मिलता था। आजकल वह भी नहीं। रिन काढ़कर परसों एक रुपये का जौ लाया। आज काम चल जायेगा। दिन में नहीं बनाया। रात में लिट्टी लगेगी। नमक से खायेंगे। रो-गाकर उधार लेंगे। मजूरी करके भरेंगे। परान कठिन है। आठ दिन पर तीन किलो राशन मिलता है... हाँ बाबू ओखध की तरह खाकर गुजर सफर होता है। दाल तो सपना है। माँड़ भात या नून लिट्टी बहुत है। मार डालता है यह देह का बस्तरवा बाबू।[54]

इस विवेचन में यह स्पष्ट होता है कि विवेकी राय की रचनाधर्मिता का मुख्य केन्द्र गाँव है और गाँव में भी गाँव का आम आदमी और उसमें भी गरीब उनके उपन्यास से लेकर सारे कथेतर साहित्य में भी मुख्य केन्द्र बिन्दु हैं। उन्होंने यह भी दिखाया है कि गरीब अपनी गरीबी के साथ-ही-साथ गाँव के अमीर वर्ग के शोषण का भी बराबर शिकार होता रहता है।

ग्राम बाला का अलंकृत सौन्दर्य :

गाँव की गरीबी के साथ-साथ गाँववालों की मस्ती और गाँव की नारियों की सुघर सलोने प्राकृतिक सौन्दर्य भी बड़े ही आकर्षक है। गरीब किसानों की नयी नवेली वधुएँ और जवान लड़कियाँ भी फागुन आने पर जब फसल की कटाई होती है तो हँसिया लेकर रंग-बिरंगे परिधानों में खेत काटने जाती हैं। इन्हें जो मजदूरी मिलती है, उसी कटाई में से कुछ अन्न इन्हें दिया जाता है, जिन्हें 'बन्नी' कहते हैं और 'बन्नी' पर काम करने के कारण इन्हें 'बनिहार' कहते हैं। ये बनिहारिनें जब निकलती हैं, तो 'घरों के घोंसलों से मड़इयों से माँद से चलो खेत की ओर। हाथ में लाठी-रस्सी, मुँह में मीठी हँसी और अंग-अंग ? 'फागुन के रंग उमगाते सब अंग-अंग।' बनिहार नहीं, फागुनी रसिया, जिनके हाथों झण्डे पर बिन हथौड़े का हँसिया, सुबह की गुलाब-गर्द पीते, हेमन्त-अन्त की अँगूरी भरी धूप में जीते, वे कीड़े-मकोड़े क्यों ? धरती के सुनहरे पन्ने उलटकर अपने घट्टेदार, खुरदरे और हरमुठ हाथों से अथवा काँच की कुछ खनकती चूड़ियोंवाली मटिही कलाइयों की भंगिमा से वे ऋद्धि-सिद्धि के इतिहास के लिखनहार, अ, बनिहार। नागहानी किसानी और सुलतानी खलिहानी से जुड़ी, जिनके हाथों की रचना में 'हँसिया के अविरल चोटों से, बज रहे चने हैं घनर-घनर।[55]

बनिहारिनें विवेकी राय के करइल क्षेत्र में बिहार से भी झुण्ड-की-झुण्ड आती थी। बिहारी बनिहारिनों में भी कई एक सुन्दर शक्ल की आती थीं, जिन्हें बूढ़े से जवान तक टकटकी लगाकर देखते रहते थे। ऐसे ही एक बनिहारों की गोल में एक 'गोरी और हिरनी की तरह चंचल पतरकी भी है, जिसे गाँववाले देख-देखकर अपना दिली मनोरंजन करते हैं। कटिया खतम होने के बाद एक दिन वह छोरी चली गयी तो लोगों को कटिया उदास लगने लगी। राह भर की रौनक चली गयी। वह खलिहान में बोझ फेंक कर बछेड़ी की तरह खेत की तरफ भागती है, तो देखनेवालों की साँस टँग जाती है। 'वे फटी लुगरीवाली, सस्ती चुनरीवाली, पुश्ट अंगों की चमक आँखों में डाल मुट्ठी-दो-मुट्ठी जवान किसान से अधिक ले लेनेवाली, और दिनों की नाचीज, इन उत्पाती दिनों में निखरी और पूरी तरह उभरी। उनकी आँखों की चमक

और भीतर के हुलास को अभाव में भी उनके भरे-भरे मन को धन-वैभव की तुला पर हरगिज नहीं तौला जा सकता है।[56]

इन्हें देख-देखकर लोग अपना दिलबहलाव करते हैं और ये भी व्यंग्य में शिकायत करती हैं, मगर इन बूढ़े लोगों को लाज नहीं लगती, टिसाई करते ! रोज न जाने क्या टकर-टकर निहारते रहते हैं। अपने एक ललित निबन्ध में लेखक ने 'गाँव की गोरी शहर की छोरी' दोनों के सौन्दर्य का एक तुलनात्मक स्वरूप प्रस्तुत किया है और यह दिखाने की कोशिश भी है, कि गाँव की प्राकृतिक सुषमा की तरह ही गाँव की गोरी का अलंकृत स्वाभाविक सौन्दर्य भी उतना ही मोहक और आकर्षक है। गाँव की औरतों का सघन-सौन्दर्य बिम्ब एक समूह में आती हुई औरतों के चित्रण में लेखक ने इस प्रकार उपस्थित किया है। वह गँवई का सौन्दर्य-बिम्ब निकट आकर खेतों की विशाल फुलवारी में घुल-मिल गया।

रंग-बिरंगे कपड़ों में सरसों, तीसी, मटर और बर्रे आदि के टटके रंग वाले फूलों के पौधों की भाँति रास्ते के एक किनारे खड़ी हो गयी। एक ने घूँघट काढ़ लिया। वह कोई लजारू कनिया था। कनिया के बगल में दो-तीन लड़कियाँ हैं। खरे सोने के पवित्र पानी से सँवारे उनके सुघड़-सलोने मुखमण्डल पर सौम्य पवित्रता है। किशोरावस्था की देहली लाँघे विकासमान उनके भरे-उभरे सुपुष्ट अंगों में सहमी-सकुची सहज सुन्दरता है और सुन्दरता की निर्विकार भभकन लिये गाँव की क्यारी में उगी विनम्र कुसुमाओं-सी वे लगीं, अति आर्द्र और अनन्त-विस्तारी ग्रामश्री के बीच उसकी समस्त मृदु-माधुरी को समेटे भोली निसर्ग कन्याओं-सी।'[57]

गाँव की नारी भरे हुए कलश के समान और शहर की छोकरी अधजल गगरी के समान उसमें एक नारी का सनातन शील है और वह कितना भरा-भरा है, यह भरापन पान, फूल, सुपारी, मौनी में निखार पाता है। इस सन्दर्भ में कवि स्मरण करता है ग्राम में नारियों के सौन्दर्य पर अपनी भाषा के कुछ प्रतिष्ठित कवियों के कथन को। गुप्त जी ने भारत-भारती में लिखा-'गोबर उठाती, पाथती से लेकर, कृषि काटती है और कुछ रात रहते चक्की चलाने बैठती है।' इस सिलसिले में कुछ बदलाव तो हुआ किन्तु गृह श्रम-संचित स्वास्थ्य (रत्नाकर) अपने ठौर पर हैं, उसका माखन-सा मन, दूध-सा यौवन (देव)। पन्त जी का 'उन्मद यौवन से उभर, घटा-सी नव अषाढ़-सी सुन्दर ! अति श्याम वरण, श्लथ मंद चरण, इठलाती आती ग्राम युवति, वह गज गति सर्प डगर पर।' बेशक 'काली' ग्राम की अवधारणा में साँवर गोरिया है।

शहर की कुछ औरतें चुनाव-प्रचार में आती हैं और जब जाने लगती हैं, तो अपने 'मेक अप' की चिन्ता करती हुई सभापति की लड़की को याद करती हैं। उस कन्या के अंजन, रंजन हू बिना खंजन गंजन नैन (बिहारी) भूलते नहीं थे। गाँव के बाहर

परती में आकर उन सबों ने घास गढ़नेवाली स्त्रियों के एक दल को देखा और वे एक क्षण के लिए ठिठक गयीं। उनमें से एक ने नोटबुक निकाली और उस दिन की तिथि देकर एक कविता नोट कर ली-

खुली हुई धूप में दीप-सी देह
खनक रही हैं चूड़ियाँ/घास की ढेरी
धन्य हैं वे पशु जिन्हें यह रूप जिलाता है।[58]

गाँव में प्रकृति का सौन्दर्य और मानव के शरीर का सौन्दर्य तो जस-का-तस आज भी बरकरार है, पर उसके अन्तर्लोक का सौन्दर्य तिरोहित हो गया है।

बुद्धिजीवियों की कसमसाहट :

गाँव की गरीबी के साथ-ही-साथ गाँव की पुरानी परम्पराएँ व भाईचारे को खत्म होते देखकर और रुपये की लालच में अफसरों, जमींदारों, साहूकारों की लूट-खसोट और गरीबों के ऊपर पड़नेवाली विपत्ति को देखकर गाँव के अन्दर रहनेवाले या गाँव से सम्बन्ध रखनेवाले बाहरी बुद्धिजीवी और विचारवान् लोग एक घुटन और परवशता का अनुभव करते हैं। विवेकी राय के उपन्यास सोना-माटी में जो रामरूप नामक मास्टर पात्र है, वो इसी प्रकार शोषण और अत्याचार को देखकर कसमसा कर रह जाता है किन्तु उसकी ऐसी परिस्थिति नहीं है कि वह इस व्यवस्था का मुखर विरोध करे। लगता है कि रामरूप के रूप में स्वयं लेखक और मास्टर स्वयं विवेकी राय जी हैं, वे इस समस्या का अनुभव तो करते हैं, और अपनी कलम से वे इसका विरोध भी करते हैं, किन्तु उसके प्रतिरोध में खड़ा होना, किसी सामान्य बुद्धिजीवी के लिए सरल भी नहीं है।

इस प्रकार की बुद्धिजीवियों की कसमसाहट और प्रतिरोध के स्वर विवेकी राय के निबन्धों-संस्मरणों के वर्णन में आता है। इसे अपने नवीनतम निबन्ध-संग्रह 'उठ जाग मुसाफिर' में चिन्ता भारत के 'उजड़ते गाँव की' शीर्षक निबन्ध में व्यक्त किया है। गाँव के पुराने संस्कारों और सहयोग से करवट बदलते हुए और भ्रष्टाचार की व्याप्ति से आहत रचनाकार कहता है कि यह करवट प्रजातन्त्र की ऐसी मलिन छाया में बदलती जाती रही, जो सुभावह सिद्ध नहीं हुई। दुर्दशा से छटपटाकर नागार्जुन का जनकवि फट पड़ा था-'सामन्तों ने कर दिया प्रजातन्त्र का होम-लाश बेचने लग गये खादी पहने डोम।'

इस दो वाक्यों की कविता में आज की सारी स्थिति को व्यंजित कर दिया है कि कैसे आज का प्रजातन्त्र सामन्तों और पूँजीशाहों के हाथ का खिलौना हो गया है और देश के तथाकथित नेता लूट-खसोट और काली कमाई का व्यापार चलाकर प्रजातन्त्र की इस लाश को बेचने लगे।

गाँव में स्वतन्त्रता के बाद जो कुछ भी परिवर्तन हुआ उसमें भौतिक सुख-सुविधा के साधन तो बढ़े, पर जो गौरवपूर्ण आत्मसन्तुष्ट और शान्तिपूर्ण जीवन व्यतीत कर रहे थे, उनमें भीषण वैर, विद्वेश और बिखराव की स्थिति आ गयी। गाँव में बाहुबलियों का राज हैं। आदमी एक-दूसरे से डरता है। गाँव के ढोल, मजीरे और सामूहिक गाने अब विदा हो गये हैं, और गाँव में गोलियों की तड़तड़ाहट और खून-खराबा सामान्य हो गया है। इस प्रकार की स्थितियों से लेखक बहुत ही पीड़ित है और हिसार के प्रसिद्ध कवि राधेश्याम शुक्ल ने कविता की उद्धृत करते हुए अपनी चिन्ता को इस प्रकार व्यक्त करता है। 'उमर बिता परदेश' । सदाशिव जन्मभूमि आये। सबसे मिले, मगर उनसे कोई भी नहीं मिला। रात उनींदी। अनदेखी-सी करती रही गिला। जल-जल बुझती चिलम। रात और फिर-फिर सुलगाये दिन-भर पहचानों की पोथी उलट-पलट पढ़ते। ऊब गये। रिश्तों की मनचाही मूरत गढ़ते। ठण्ढी राख कुरेदी। चिनगी एक नहीं पाये। तरसी बूढ़ी उमर। कि कोई बोले बतियाये। पुरूखों के आशीष ढूँढ़ते। पग-पग पाँव छिले। इसको कभी-कभी उसको। सुधियों में गुहराये।''[59]

गाँव में जातियाँ पहले से तो थीं और छूत और अछूत के भेद भी थे, जिसे सामाजिक कोढ़ समझकर स्वतन्त्रता संघर्ष के साथ ही गाँधी जी ने अस्पृश्यों के सम्बन्ध में संघर्ष किया और कुछ हद तक तो उन्हें सफलता भी मिली किन्तु आजादी के बाद तेजी के साथ दलित जातियों को आरक्षण मिला। पढ़ाई-लिखाई की सुविधाएँ और उनकी बस्तियों में सड़क, पानी, बिजली की व्यवस्था ने परिस्थिति में परिवर्तन भी किया तथा छुआछूत की भावना भी धीरे-धीरे खत्म होने लगी थी। किन्तु प्रजातन्त्र ने और विभिन्न दलों ने अपने स्वार्थ के लिए जाति-जाति के भेद का जहर गाँव में घोल दिया। 'आज की जो राजनीति है, वह कभी आदमी, धर्म और संस्कृति के प्राचीन रूप को स्वीकार नहीं करती है। वह भी अपनी राजनीति के चलते जातिवाद को भुना रहा है। छोटी-बड़ी जातियों को अलग-अलग बाँटने का राजनीतिक धन्धा बहुत तेजी से चल रहा है। वह राजनीति हिन्दू और मुसलमानों को अलग कर रही है, सिख और हिन्दुओं के बीच नफरत पैदा कर रही है। मृतप्राय अस्पृश्यता को राजनीतिक रंग देकर छोटी-बड़ी जातियों को लड़ा रही है। अभागा देश भौचक्का होकर देख रहा है।[60] इस स्थिति को देखकर निबन्धकार, लेखक बहुत ही मनोव्यथा में है और लिखता है कि 'जात-पाँत के फेरि महि। रहहि सब लोग। मुनश्यता को खात हई। रविदास जात क रोग।' जाति-पाँति का रोग मनुष्यता को खा रहा है। ऊँचनीच और छुआछूत की खाइयों में सुख-शान्ति का बेड़ा गर्त हो रहा है और टूटे हुए लोग और अधिक टूटते चले जा रहे हैं। इन भावनाओं के साथ लेखक यह कहना चाहता है कि नेता नाम के जीव किस प्रकार का जहर गाँवों में घोल रहे हैं और गाँव में कटुता और हिंसा का वातावरण फैलाने में जातीय टकराहट को बढ़ावा दे रहे हैं। इसी प्रकार

की चिन्ता वे अपने निबन्ध-संग्रह 'ओम रास्ता नहीं है' में भी व्यक्त करता है कि स्वराज के बाद कैसे मौसमी नेताओं ने गाँव को तोड़ने, बाँटने और बिखराने का काम किया।[61]

गाँव में पहले कच्चे मकान थे, खपरैल था, ओखरी-मूसल था अर्थात् गाँव जो पुराने ढर्रे में जी रहा था, उसमें गाना-बजाना, झूला, गाँव के जीवन को एक मस्ती में बदल देती थी, भले ही वे कम खाते रहे हों लेकिन वे मस्त और सन्तुष्ट थे। इसी व्यवस्था को व्यक्त करते हुए पण्डित अनन्तदेव पाण्डेय को निबन्धकार उद्धृत करता है, जिसका विवरण इसी अध्याय में आ चुका है, जिसमें पुराने गाँव की स्मृति और ललक है।[62]

इस व्यथा को विवेकी राय और उनके जैसे रचानाकार जो गाँव से जुड़े हैं, उनकी भी व्यथा इसी प्रकार से व्यक्त हुई है। कथा-साहित्य में तो प्रेमचन्द से लेकर फणीश्वर नाथ 'रेणु' और विवेकी राय की कृतियों तक गाँव की इस भयावह स्थिति का चित्र स्वातन्त्र्य पूर्व और स्वातन्त्र्योत्तर के सन्दर्भ में हुआ है। विवेकी राय के निबन्धों आदि कथेतर गद्य रचनाओं में भी प्रायः इस स्थिति का चित्रण और उसमें इस बुद्धिजीवी लेखक और उसके समानधर्मी कवियों और लेखकों की रचनाओं में देखने को मिलता है।

रीति-रिवाज और त्योहार :

गाँवों में अपने ढंग के रीति-रिवाज प्रचलित हैं। गाँव में किसी रोग या किसी महामारी से बचने के लिए गाँववाले टोना-टोटका और पूजा-पाठ में अधिक विश्वास करते हैं। इस प्रकार गाँव में एक पन्थी जी हैं जो पूजा-पाठ कराते हैं। ऐसे पूजा-पाठ में सारा गाँव एकजुट हो जाता है। बाबा का हुक्म हुआ छोटे-बड़े नर-नारी मय चौवा-चांगर बाबा धाम पर जुटें। द्रोह-देस में सरोबार गाँव में सन्मति आ गयी। सारे बैल-मवेशी जाकर बाबा धाम पर बाँध दिये गये और बाबा धाम पर हुरूक बाजा बजने लगा और देवता को प्रसन्न करने के लिए नाच-गाना शुरू हो गया। इसमें कई प्रकार के ग्रामीण नृत्य और तरह-तरह के लोकनृत्य का उल्लेख भी हुआ है।[63]

इस तरह से गाँवों में काली माई की पूजा का रिवाज सर्वत्र प्रचलित मिलता है। बेनीपुर गाँव के काली माई की पूजा के समय चबूतरे के आस-पास कराही में दूध-खौल रहा है। पास में कच्छा मार एक अधेड़ आदमी और औरते गा रही हैं। यह गाँधी चबूतरा है, जिसके बगल में एक पेड़ के नीचे एक देवस्थान बना हुआ है, काली जी का स्थान। गाँधी चबूतरा को गाँववालों ने बनाया है और यह काली माई का चबूतरा है। गाँव में गाँधी जयन्ती पर कोई गाँधी जी को याद नहीं करता, किन्तु काली माई पूजी जाती हैं। निबन्धकार विवेकी राय ने अपने निबन्ध में 'अन्तरिक्ष युग में

माता मैया' में चैत महीनें में नवमी के दिन फूली हुई नीम की डाल पर माता मैया का झूला पड़ा है और औरतें गीत गा-गाकर माँ को प्रसन्न करती हैं। माता मैया का डग्गा भी डगर-डगर बज रहा है और डग्गा बजाता हुआ आगे और पीछे जुलूस। विश्वास किया जाता है कि माता मैया का रथ आ रहा है, और सिर पर गमछा रख लें और पूरे गाँव में माता मैया की परिक्रमा होती है।

इस प्रकार के पूजा-पाठ के रीति-रिवाज बहुत-से प्रचलित हैं, जिनमें नदी की पूजा, बैलों की पूजा का उल्लेख इसी अध्याय में पहले हो चुका है।

त्योहार :

गाँवों में दो प्रकार के त्योहार प्रचलित हैं। कुछ त्योहार तो खासतौर से स्त्रियों के हैं और कुछ त्योहार साधारण स्त्री-पुरुष दोनों के हैं।

औरतों के त्योहार :

स्त्रियों के त्योहार इतने हैं कि लगभग सप्ताह के प्रतिदिन कोई-न-कोई त्योहार पड़ जाता है। एक स्थान पर निबन्धकार लिखता है, इन्द्रधनुषी छवि, पवित्रता की लोकगीत-सी रोमानी ग्राम कन्याएँ व्रतों में उलझी भइया दूज और करवा चौथ से लेकर सन्तान सतमी तक में, तीज बहुरा से लेकर पीड़िया छठ तक डूबीं। व्रत-दर-व्रत से घिरी, सूरूज नरायन का रविवार व्रत, महावीर जी का मंगल और विष्णु भगवान् का गुरुवार। (अब सन्तोषी माता का शुक्रवार)। शनिवार को मत नहाओ भाई शनि चढ़ जायेगा। बृहस्पति को स्नान मत करो, जन-धन की हानि होगी। प्रमाण ? वेद से बढ़कर लोकवेद की ऋचाएँ, धने घघाई न पूते अघाई की बियफे नहाई।[1] इसी क्रम में वे गोधन बाबा की पूजा और गोधन कूटने के पहले एक किताब से गोधन की कहानी पढ़ने तथा नये व्रती सोमारी और सन्तोषी माता में प्रति शुक्रवार को चने के भूँजे का प्रसाद। खटाई परित्याग, नींबू, दही का भी परित्याग, और पीपल के पेड पर कच्चे सूत के धागे लपेटकर परिक्रमा करते वसुदेव को पूजने के सब विधान आज के वैज्ञानिक युग में भी प्रचलित हैं। भादों के महीनें में स्त्रियों के कई त्योहार पड़ते हैं और इन त्योहारों में व्रत रहने का विधान है। बहुरा, हर छठ, बामन द्वादशी, तीज, गणेश चौथ, ऋषि पंचमी, सन्तान सतमी और सबसे अन्त में अनन्त। इस प्रकार अनन्त चतुर्दशी के साथ ही रामनवमी व्रत और जिउतिया (जीवित व्रत पुत्रिका) व्रत के साथ ही, अब सुहाग के लिए डाला छठ का प्रचलन भी हो गया है।[64]

इन त्योहारों में अनंत चतुर्दशी ऐसा त्योहार है, जो व्रत नहीं बल्कि भर-पेट भोजन का त्योहार है। अनन्त वास्तव में शेषनाग की चतुर्दश प्रतिमाओं के पूजन का पर्व है। इसके सम्बन्ध में विवेकी राय जी लिखते हैं, कभी कृषि के देवता इन्द्र थे। उनके चतुर्दश रूप, विश्वगुरु विपश्चित, विभु, प्रभु, शिखि, मनोजव, तेजस्वी,

बालिर्भाव्य, त्रिदेव, भूशान्ति, सुकीर्ति, ऋतधाता, दवस्पति और इन्द्र शायद चतुर्दश शेष प्रतिमाओं में अपनी पूजा ग्रहण कर रहे हैं। यह असाधारण पूजा है। जहाँ पूजा होती है वहाँ अष्ट वसु, द्वादश आदित्य, सप्तर्षि, चारों धाम, सप्तसिन्धु, समस्त पहाड़, नदियों, वृक्ष, फूल-फल, नक्षत्र, औषधियाँ और देवगण समवेत हो जाते हैं।'[65]

अनन्त भगवान् की मूर्ति सूत की बनायी जाती है। कच्चे सूत का चौदह धागा एक में मिलाकर उन्हें पूर देते हैं और उसमें चौदह गाँठे लगाकर हर्दी के रंग में रँग दिया जाता है। यही अनन्त बन जाता है। इसे नेनुआ की हरी पत्ती पर रखकर कथा सुनी जाती है। इसकी कथा पुराण प्रसिद्ध कौडिन्य मुनि और उनकी पत्नी शीला के माध्यम से चलती है। शीला विवाह के बाद कौडिन्य के आश्रम में जाते यमुना के किनारे कुछ लोगों को पूजारत देखती है। उसके मन में जिज्ञासा उत्पन्न होती है और वह मुनि जी के साथ अनन्त के सुदूर रहस्य को जानने के लिए लोक भ्रमण पर निकल पड़ती है। यह कथा तत्त्वतः भारतीय वेदान्त और सर्वात्मवाद की प्रतीक कथा है। अनन्त सागर की बूँद से एकाकार होने के लिए जीव छटपटा रहा है। मार्ग नहीं मिल रहा है। माया छटपटा रही है। कौडिन्य मुनि और शीला का द्वन्द्व, अनन्त और सान्त (स अन्त) का द्वन्द्व है। वे संसार में कर्म भोग भोगते हुए वनस्पतियों से लेकर जीव-जन्तुओं तक को देखते हैं। चलते-चलते वे थक जाते हैं। अनन्त का रहस्य उन्हें नहीं मिलता और वे सुनिश्चित हो जाते हैं। अन्ततः विष्णु रूप अनन्त भगवान् उन्हें दर्शन देते हैं और गृहस्थ आश्रम में उन्हें भेज देते हैं, यही कथा है।[66]

यह कथा एक प्रतीक कथा है, जिसमें चतुर्दश गाँठवाले शेषनाग हैं, जिनके ऊपर अटल समुद्र में शयन करते हुए भगवान् विष्णु विराजमान रहते हैं। उन्हीं शेषनाग भगवान् के स्थूल प्रतीक के रूप में शेषनाग की पूजा की जाती है और पूजा के फल के रूप में कर्मयोग और सुखी-सम्पन्न गृहस्थ आश्रम का सन्देश प्रस्तुत किया जाता है। इस प्रकार गाँवों में प्रचलित त्योहार में कोई-न-कोई प्रतीकात्मकता रहती है। किसी में पति के सुहाग, किसी में सन्तानों के दीर्घ जीवन, किसी में अन्न-धन की सम्पन्नता आदि का सन्देश छिपा रहता है। ये गाँव के सांस्कृतिक स्वरूप को उजागर करते हैं। इन त्योहारों में हमारे गाँवों की कृषि संस्कृति भी उभरकर सामने आती है। हमारी संस्कृति आस्था और आस्तिकता की संस्कृति है और हमारी कृषि, कर्मयोग और श्रम की संस्कृति है। ये व्रत और त्योहार आस्था और आस्तिकता के साथ श्रम और कर्मयोग से हमें जोड़ देते हैं। आज के वर्तमान अनास्था और भौतिकता के युग में गाँव में हमारे त्योहार जीवित हैं और विशेष रूप से स्त्रियों में इन त्योहारों के प्रति आस्था विशेष रूप से प्रकट देखी जाती है। आज गाँवों में अनन्त के समान ही हर महीने कई-कई त्योहार आते हैं और हमारे जीवन को सांस्कृतिक मूल्यों से जोड़ते रहते

हैं। लोक प्रचलित सर्व सामान्य त्योहारों में दशहरा, दीवाली और होली सबसे ज्यादा प्रचलित त्योहार है।

दशहरा :

क्वार महीने के शुक्लपक्ष की दशमी को दशहरा का त्योहार मनाया जाता है। यह त्योहार शौर्य का त्योहार है और रावण पर विजय करने के लिए राम ने शक्ति की उपासना की थी और शक्ति की देवी दुर्गा का सम्बल उन्हें प्राप्त हुआ था। त्योहार पर नौ दिन पहले से नवरात्र और दुर्गा-पूजा-उपासना का कार्यक्रम भी चलता है। सुमधुर भोजन तो भारतीय हर त्योहारों का मुख्य विषय होता है, किन्तु दशहरा के प्रसंग पर रामलीलाएँ जगह-जगह होती हैं, मेले भी लगते हैं और राम, लक्ष्मण तथा हनुमान आदि एक ओर और दूसरी ओर बाँस की खपाचियों पर बने हुए विशाल रावण का पुतला, जिसके ऊपर से कागज चिपका दिया जाता है, युद्ध होता है और रावण मारा जाता है।

अपने निबन्ध 'सोने की लूट' में इस उत्सव का वर्णन रचनाकार ने किया है, इसका समय भी बहुत ही अच्छा होता है। इसकी भूमिका में निबन्धकार लिखता है—शरद् ऋतु की दूतिका खंजन को आये लगभग एक मास हो गया। कास फूलकर झड़ गये। मद-भीनी बाजरे की महक खुलकर लुट गयी। चित्रा नक्षत्र बीत चला। शनैः-शनैः सरकती विजयादशमी भी आज आ गयी। इस सुहावने अवसर पर विजयादशमी आती है और जगह-जगह मेले लगते हैं। मेले में रंग-बिरंगी वस्तुओं की प्रदर्शनी लगी है। बच्चे के खिलौने, पिपिहरी आदि की खुशी में उनके चेहरे खिले हैं। साफ-सुथरी पोशाक ये पहने हैं। किसानों के सिर पर पगड़ी, चरखी पर चढ़े हुए लोग जयजयकार कर रहे हैं। दूसरी ओर रामचबूतरा पर युद्ध हो रहा है। सिर पर चेहरा बाँधे बच्चे रावण की भी जय बोल रहे हैं। पैंतो पर राम, लक्ष्मण और सीता बैठायी जा रही है। पास में झाल, ढोल बजायी जा रही है, रामायण गा रहे हैं।[67] रावण मारा गया और कागज के पुतले में आग लग गयी। जहाँ रावण गिरा उसके पास दौड़कर लोग जा रहे हैं और उसके नीचे की मिट्टी उठा-उठाकर ले जा रहे हैं। लोगों में यह अन्धविश्वास है कि मिट्टी नहीं यह लंका का सोना है, इसके घर ले जाने पर धन-धान्य की वृद्धि होगी।

विवेकी राय जी ऐसे रचनाकार हैं जो ऐसे उत्सवी या वर्णनात्मक प्रसंगों में भी गाँव के सामाजिक सरोकारों से जुड़े रहते हैं। रामराज्य में कोई दुःखी नहीं था। आज हम अपने सांस्कृतिक सन्दर्भ में पुलकित होकर उत्सव भले ही मना लें, पर गाँव में एक गरीब भूखा तबका भी है, जिसके लिए कोई मूल्य नहीं है। कोटि-कोटि लोगों का एक वर्ग है, जो दूसरे के लिए दिन-रात श्रम करके हलुआ पूड़ी का प्रबन्ध करता

है और स्वयं उसके लिए कोई त्योहार नहीं है।... यहाँ तो भूख का रावण, गरीबी का मेघनाद और मूर्खता का कुम्भकरण पूरे जोर पर है। रामराज्य दूर है। श्रमिक देवता खून दे-देकर क्षीण-प्राण हो रहे हैं। पूरी दुनिया लंका हो गयी है। एक ओर सोने का संसार है, दूसरी ओर दानवी चक्र में पिसी गरीब प्रजा के आँसुओं का समुद्र है।[68]

दीवाली :

क्वार मास के बाद कार्तिक मास की अमावस्या को दीपावली का दीप पर्व मनाया जाता है। लोकविश्वास है कि महाराज श्रीराम जब लंका-विजय करके अयोध्या लौटे तो अयोध्या के घरों में दीपक जलाकर लोगों ने उनका स्वागत किया था, उसी की स्मृति में दीवाली मनायी जाती है। दीवाली के समय तक कुछ नयी फसलें, खरीफ की फसलें तैयार हो जाती हैं और कृषकों के घर में कुछ खुशहाली आ जाती है। इस प्रकार यह ऋतु पर्व भी है। घर की सम्पन्नता निरन्तर बनी रहने के लिए लक्ष्मी और गणेश की पूजा भी होती है। यह हमारी संस्कृति की परम्परा और आदर्शवाद का प्रतीक है। हम विश्वास करते हैं कि दीप जलाकर अँधेर को जीत लेंगे, और कहेंगे कि घर में लक्ष्मी का वास हो और दुःख-दरिद्र भाग जाय। इसके दूसरे दिन गोवर्धन पूजा और भैया दूज की भी परम्परा है। गोवर्धन पूजा को अन्नकूट भी कहते हैं। उस दिन नये धान (अन्न) को कूटकर चावल या चूड़ा बनाते हैं। इसका वर्णन अपने ललित निबन्ध 'हर साल की तरह' शीर्षक निबन्ध में निबन्धकार ने सामाजिक सरोकार के साथ दीवाली के पर्व का वर्णन किया है। वह लिखता है—दीवाली के दीपों के झूठे प्रकाश में जो सत्य दिखायी पड़ता है वह जीवन-मूल्यों का विघटन है। ऋतु, पर्व, वृक्ष, वनस्पति, देवी, देवता, अवतार और महापुरुषों के प्रति जो श्रद्धा अवस्थित मूल्य थे, समय की मार से ध्वस्त हो गये। श्रद्धा के ऊपर अहंकार अपनी सहयोगी प्रतिस्पर्द्धा के साथ विराजमान है।[69] रँगाई, धुलाई, सफाई, पुताई के साथ दीवाली आती है तो पटाखा, फुलझरी, अनार तथा चरखी आदि से ही नहीं बम और रॉकेट के धुआँधार होनेवाले धड़ाकों के बीच ये लक्ष्मी का स्वागत करते हैं।

लेखक सावधान करता है 'भोले गोवर्धन लोगों इस प्रकार सूप बजाने से जनम-जनम का जकड़ा दलिद्दर भागने वाला है ? इस प्रकार रचनाकार इस समाज को सन्देश देना चाहता है कि हम अपनी सांस्कृतिक परम्पराओं से जुड़ें, यह तो अच्छी बात है पर साथ ही यह ध्यान रहे कि समाज में कहीं भी अन्धेरा नहीं रहे, और कहीं भी भुखमरी, गरीबी न रहे। अत्याचार, अहंकार और भ्रष्टाचार के कीड़े-मकोड़े भी दीवाली में जलकर समाप्त हो जाये।

होली :

सबसे चटक त्योहार होली का है। होली का त्योहार बड़े हुड़दंग और उल्लास के साथ मनाया जाता है। वैसे तो होलिका दहन और फागोत्सव को प्रहलाद और होलिका के प्रसंग से जोड़कर देखा जाता है, पर वास्तव में जो फाल्गुन मास की पूर्णिमा को होलिका दहन होता है, उसे संवत् जलाना कहते हैं। लगता है कि विक्रम संवत् का अन्त होने से लोकमानस प्रतीक रूप में संवत् को जलाकर यह संकेत देता है कि जो बीत गया है, उसे जला दो, भुला दो, और नयी उमंग और उत्साह से और एक सकारात्मक उत्साह से नये वर्ष का स्वागत करो।

होली के उत्सव के कई रंग हैं, एक तो होली में लोगों के ऊपर रंग डालो, अबीर पोतने की परम्परा तो है ही, किन्तु बसन्त ऋतु की मादकता के साथ जवानों क्यों बूढ़े लोगों तक भी होली का रंग चढ़ जाता है और गाँव में कहावत प्रचलित है कि फागुन में बाबा देवर लागें। देवर और भाभी की होली तो प्रसिद्ध ही है। दुनिया में भारतीय संस्कृति का जवाब नहीं। यहाँ हर पत्नी के पास द्वितीय वर यानी देवर हुआ करता है। प्रेम की पवित्र दुनिया में पति के समान्तर अधिकार तो है ही एक स्वतन्त्र सत्ता भी है।[70]

देवर तो भाभी के साथ रंग और अबीर स्वतन्त्रता के साथ खेलता भी है। पर बूढ़े लोगों को भी होली का रंग चढ़ जाता है–'बगिया में अमवा जबले मउराइल ई बुढ़वा बउराइल।' होली में फाग भी गीत है और अबीर और जोगीरा भी चलता है।

अ...र...र...र...कबीर का नारा चारों ओर सुनायी देता है। डॉ. राय ने एक लँगड़ी गोड़िन के मस्ती से होली खेलने का वर्णन किया है। वह ऐसी चढ़बाक कि एक की दस गुना देह, दस गुना सुना दे, दोनों हाथ मटका पीट नाच उठे, और होरिहारों ने कबीर बोली अ...र...र...र...र और जोगीरा गाया।

फाग भइल पटना में भइया, राम मिलवल जोड़ी,
अब का कहीं कहाते नइखै, मिलल लँगड़ी गोड़िन।।[71]

होलिका दहन के बाद पड़नेवाले मंगल को बुढ़वा मंगल कहते हैं। उस दिन भी होली गायी जाती है और गाँव-गाँव में ऐसे बुढ़वे हैं, जो होली की मस्ती में बूढ़े देवर बन जाते हैं। किसी सन्त ने निर्गुन गाया–'पाकल-पाकल घइला सेवर लागे। सगरी नवहिन के घर कोहबर लागे। प्रभु जी की माया वियापे ले अइसन। फागुन में बुढ़वा देवर लागे।' खेलनेवाले होली की पूर्व रात में संवत् जलाया जाता है यानि होलिका दहन होता है। तो लड़के रात-रात-भर गली में घूमकर उपले, लकड़ियाँ, सरपत उसमें डालते हैं और वह जला दिया जाता है। इसके जलाये जाने के कारण की चर्चा पहले हो चुकी है।

ब्रज और अवध की होली तो प्रसिद्ध है। विवेकी राय ने अपने एक निबन्ध में अवध में 'होली खेलैं रघुबीर' में होली में गाये जानेवाले कुछ गीतों के माध्यम से होली का नया रंग उकेरा है। होली के बोल तरह-तरह के हैं। ढोल और झाझ के झनकार के बीच में गाँव-गाँव में यह गूँजने लगता है।

ब्रज में हरि होली मचाई।
इतते निकली कुँवारि राधिका।
उतते कृष्ण कन्हाई।

होली में यह गाँव-गाँव में वृन्दावन की रसिकता आ जाती है। गाँव की युवतियाँ राधिका और युवक कृष्ण बन गये। अबीर-गुलाल के साथ होली, मस्ती में गायी जाने लगी—आये बसन्त वृन्दावन में सब

नयी रे नारी खेलें होरी।
नयी-नयी नारी बन डफ बाजे,
वहू हो राधिका की जोरी
उड़त गुलाल लाल भये बादल
अबरख उड़त झकाझोरी।

इसी प्रकार के बहुत-से गीतों से निबन्धकार ने गाँव-गाँव में ब्रज की होरी की गीत और गाँव की मस्ती का वर्णन किया है। साथ ही अवध की होली का और विस्तृत वर्णन लोकगीतों के प्रचलन के माध्यम से किया है। बड़ा प्रसिद्ध और प्रचलित गीत है—अवध में होली खेलें रघुबीर,

केकरा हाथे कनक पिचकारी,
केकरा हाथे अबीर ?
राम के हाथे कनक पिचकारी,
सीता के हाथे अबीर,
अवध मे होली खेलें, रघुबीर।
इसी प्रकार एक दूसरा गीत है—
होली खेलें जनकपुर में फाग।
रघुबर जनक लली।
भरत-शत्रुघन, लखन-पवनसुत
जूथ-जूथ लिये भाग,
बाजत अनहद ताल पखाउज
उमगि-उमगि अनुराग।
गावत गीत भली।

कृष्ण और राम के सम्बन्धों के अतिरिक्त होली में शंकर और पार्वती के भी लोकगीत प्रचलित हैं—

आज मो शिव संग खेलब होली,
आप चतुर-चतुरी संग सखियाँ,
चितवत चकित चकोरी,
लाल गुलाल कलित कल केसर
कुंकुम रंग भरी री।
मलत मुख बरबस रोरी।।
लाल ही चन्द्र लाल सिर गंगा,
लाल ब्याल पलटो री।

इस प्रकार हम देखते हैं कि भारतीय लोकमानस भी अपने पारम्परिक लोकगीतों में रामकृष्ण और शिव के ही प्रसंगों के गीत गाता है। इस प्रकार उनकी लोकधर्मी मानसिकता के साथ-साथ देश की सांस्कृतिक परम्पराओं का भी जुड़ाव हो जाता है।[72]

गाँववाले ये सब गीत स्वयं गाते हैं, स्वयं सुनते हैं, उनमें अखण्ड श्रद्धा है और इसी कारण होली सर्वाधिक श्रेष्ठ उत्सवों में माना जाता है, बल्कि भारत में ही नहीं पूरे विश्व में भी होली का रंग जमा हुआ है।

मेला :

भारतीय ग्रामलोक में मेला एक मनोरंजन के अतिरिक्त आस्था और सामाजिक मिलन का भी प्रतीक है। दशहरा पर मेला और रामलीला का मंचन तो बहु प्रचलित है, जिसका उल्लेख पूर्व में आ चुका है पर कुछ पर्व ऐसे हैं जिन पर नदियों में स्नान, दान और मेले के रूप में एकत्रीकरण की परम्परा प्रायः देशभर में है। उत्तरी भारत में प्रयाग में मकर संक्रान्ति से बसन्त पंचमी तक लगनेवाला मेला भारत ही नहीं विश्व में सबसे बड़ा मेला माना जाता है पर कार्तिक पूर्णिमा पर बलिया में ददरी का मेला और गोविन्द दशमी पर आजमगढ़-अम्बेडकर नगर की सीमा पर लगनेवाला महीनों चलता है और बड़ी दूर-दूर तक मेला सजता है। आलोच्य कृतिकार विवेकी राय की जन्मभूमि भोरौली बलिया के सीमान्त पर है और उनका पैतृक गाँव सोनवानी गाजीपुर के सामीन्त पर है। इस क्षेत्र में सबसे निकट, बड़ा और प्रसिद्ध मेला बलिया का 'ददरी' मेला पड़ता है। अतः इस कृतिकार के निबन्धों में बलिया के इसी मेले का वर्णन मिलता है।

बलिया नगर से सटे गंगा के कछारों में कई कोस की परिधि मे यह मेला लगता है। एक दादर ऋषि की तपोस्थली दादर है और परम पवित्र भागीरथी गंगा का तट, इसी पर महीनों चलनेवाला मेला जनसंगम का बहुत बड़ा केन्द्र है। बलिया का

सम्बन्ध भृगु ऋषि से भी था-वहीं भृगु ऋशि का आश्रम है। अतः भृगु क्षेत्र में लगनेवाले मेले की आस्था भी भृगु ऋशि से जुड़कर और भी महत्त्व की हो जाती है। इस मेले की तैयारी का एक बड़ा रोचक और आस्था से परिपूर्ण प्रसंग का रेखांकन निबन्धकार ने आपने 'आजी' शीर्षक निबन्ध में किया है।[73] लेखक अपनी एक रिश्ते की आजी के घर मेहमान बनकर गया है। खाना खाने घर के भीतर पाकशाला के बाहर 'ठहर' (खाना खाने का स्थल जो लीप-पोतकर स्वच्छ बना रहता है) खाने बैठने पर उस आजी ने कहा—'चलो तुम्हें भी मेला लिवा चलूँगी।' यह मेला पाँच कोस में लगता है। आज कल मेले में कम-से-कम पाँच दिन का समय लगेगा। अब उसकी तैयारी का आलम देखने लायक है। 'रूई की बहुत-सी बत्तियाँ बनायी गयीं, उन्हें घी में लपेटा गया। एक दियासलाई खरीदी गयी। यह गंगा माई और दूसरे देवताओं के दीपदान का आयोजन था।' इसके साथ ही आटा, सत्तू, चावल, दाल, नमक, चिउड़ा और भेली धुली हुई बोरी में रखी गयी। अजवाइन और मंगरइला, हल्दी, जीरा, खटाई, अदरख, हरा मिर्चा, राई, घोड़राई और लवँग-चूर, आम, मिरचा और सूरन के अंचार। थोड़ा-सा अक्षत, थोड़ा-सा तिल और सुपारी। इनके साथ आलू-भण्टा भी। उतनी तैयारी अपने और मेले में मिलनेवाले परिचितों के स्वागत के लिए भी तैयार की गयी। पूजन-सामग्री अपनी आस्था और आस्तिकता के नाते पवित्रता के साथ रखी गयी। यह आस्था और सामाजिकता का जो संगम मेला में मिलता है, उसे निबन्धकार ने बूढ़ी आजी की मेला की तैयारी के रूप में दर्शाया है।

अपने दूसरे निबन्ध 'उठे हुए प्लेटफार्म पर ढहे हुए गाँव' में निबन्धकार ने इसी ददरी के मेले की अपार भीड़ और लोक आस्था पर अपने विचार प्रस्तुत करता है। इसमें मेले का वस्तुपरक वर्णन कम है। उसमें कुछ दुकानों का इतना ही उल्लेख है कि 'इस साल गाँधी आश्रम के कपड़े की दुकानें सबसे अधिक हैं। गदहे, जूते, तम्बू, पालकी, घोड़े, बैल, भैंस और फिर किसको सस्ती सवाल। सस्ता है स्नान, सस्ती है जान। बस यह स्नान और जान लेकर भागो।[74] भीड़ तो मेले में है ही, मेला से लौटते लोगों की जो भीड़ स्टेशन के प्लेटफार्म पर है वह अद्भुत है। लोग लेटे हैं, एक-दूसरे पर पड़े हैं, थके हैं। इतनी भीड़ और इतनी थकान सहकर भी लोग मेले में आये हैं ? इस पर निबन्धकार की प्रतिक्रिया है—'ये लोग संगम नहाने और भृगु जी, जो आज यहाँ पर आराध्य देव हैं, का दर्शन करने आये हैं। वहाँ दर्शन करने में मारे भीड़ के कई घंटे लग गये। अब शरीर में हिलने-डुलने की शक्ति नहीं रही... इन्हें देखकर लगा कि अभी देश जिन्दा है, उसकी संस्कृति जिन्दा है, उसकी आत्मा का तेज अभी जिन्दा है, धर्म अभी जिन्दा है, गाँव उसे जिला रहा है।''[75] वस्तुतः गाँव में लगनेवाले विभिन्न अवसरों के मेलों के पीछे मनोरंजन, खरीददारी और मित्रों-सगे सम्बन्धियों से मिलना-जुलना तो गौड़ है,

वास्तविक भावना तो उनकी आस्था और श्रद्धा से जुड़ी है जिसका दर्शन ददरी जैसे बड़े मेलों में ही होता है, पर जनवरी की कड़ी ठण्ड और वर्षा में भी बालू पर कल्पवासी और श्रद्धालुओं का जमावड़ा तथा कड़ाके की जाड़ा में भी संगम में डुबकी लगाना, प्रयाग के मकर मेले में देखा जा सकता है।

लोक पर आधुनिकता का प्रभाव :

गाँव में स्वतन्त्रता के पश्चात् जो परिवर्तन आया है, उसे हम ग्रामलोक पर आधुनिकता का प्रभाव कह सकते हैं। गाँव सड़कों से जुड़े हैं। झोंपड़ों-खपरैलों की जगह पक्के मकानों ने ले लिया है। स्कूल-कॉलेजों की संख्या भी पर्याप्त बढ़ गयी है। निःशुल्क शिक्षा, अनुसूचित जातियों के बच्चों को छात्रवृत्ति तथा अन्य सुविधाओं, पिछड़े और गरीब वर्ग के बच्चों को छात्रवृत्ति ने शैक्षिक माहौल उत्पन्न किया है। स्त्री-शिक्षा का प्रसार भी तेजी से हुआ है। वह सब अच्छा हुआ है। गाँव की भव्यता बढ़ी है, रौनक बढ़ी है, गाँव का नगरीकरण हो रहा है। नगरीकरण गाँव की शायद एक नियति है। पक्के मकानों का सिलसिला, चाय की बढ़ती दुकानें, घरों में खन-खनाते प्याले, दरवाजों पर बजते ट्रान्जिस्टर (अब टेलीविजन), बिजली के पंखे भी, बम्बई छींट की लुंगी भी (अब पैण्ट और जीन्स मजदूरों की शरीर पर भी), यह गाँव की पहचान बन गयी है।[76]

निबन्धकार जहाँ अपने कुछ निबन्धों में गाँव में सड़क के रास्ते भ्रष्टाचार, झूठ और विरोध के घुस आने पर चिन्तित लगता है, वहाँ गाँव की तरक्की, भौतिक तरक्की पर एक सकारात्मक दृष्टि भी रखता है। पहले के किसान से आज विकास के साधनों के उपलब्ध होने से, किसान मेहनती और कर्मठ बना है और शिक्षा के प्रभाव से युवकों में परिवर्तन आया है वे दहेज विरोधी विवाह का संकल्प लेने लगे हैं। रचनाकार चाहता है कि युवकों के साथ गाँव के बूढ़े बाबा लोग भी अब बदलें, गाँव में सुबुद्धि आयी है, वह बदल रहा है। उसके मगज में धँसता है कि दिन भर निठल्ले बैठकर इनकी-उनकी खबर करने, सूर्ती फाँकने और गप्प हाँकने से अच्छा है कि पम्पिंग सेट से पानी निकालकर खेत बनायें, बीज उगायें, दिन-भर के भूले-भटके लोग संझा को घर लौटें।[77] यह सकारात्मक दृष्टि डॉ. विवेकी राय के निबन्ध आदि कथेतर गद्य रचनाओं में मिलती है।

शिक्षा और रहन-सहन के साथ भी आधुनिकता के प्रभाव से गाँव में कृषि क्रान्ति आ गयी। योजनाकारों ने जिसे हरित क्रान्ति कहकर पुकारा, उसका साकार रूप आज गाँव की कृषि व्यवस्था पर देखने का मिलने लगा है। ट्रैक्टर, ट्यूबेल आदि ने बड़ी बदल कर दी है। सब-कुछ बदल गया है—"नलकूप के खुले आँगन में लोग बटुरते (इकट्ठा होते) हैं। ये नये-नये मन्दिर भी सीवान में खूब सिर उठाये खड़े हुए। मोरियों

में कल-कल, छल-छल पानी बह रहा है।... बारहमासी हरियाली, उमड़ते अन्न ब्रह्म की बहार... विद्युत् बल्ब जगमगा उठते हैं तो रोज-रोज दीवाली।' घूम-घामकर यह बिजली आ गयी ठेठ गाँव में, नरक में स्वर्ग की शत्-शत् सम्भावनाएँ लेकर, सड़क लेकर, नहर लेकर और आधुनिकता के सारे-सारे आयाम लेकर।[78]

यह आधुनिकता का पहल है जो बड़ा है, भव्य है, मोहक है, आकर्षक है और शायद तात्कालिक भौतिक सुख का प्रदाता भी है। पर एक दूसरा भी पहलू है, वह यह कि गाँव भले ही भव्य नहीं था पर 'दिव्य' था। उसके अन्तःकरण में पवित्रता थी, छल-कपट नहीं था, पर आज स्वार्थ ने उसे तार-तार कर दिया है। एक पक्ष है 'दिव्यता' का, जिसे इस भौतिक उत्थान के साधनों ने नष्ट कर दिया है। गाँव के इस बाह्य विकास, भौतिक उत्थान के साथ ही गाँव के ग्राम-मन का ह्रास उसके भीतरी क्षरण को उजागर करता है। इसे बड़े ही कवित्वपूर्ण ढंग से लेखक ने व्यक्त किया है—"पुराने समय में गाँव सम्पूर्ण रूप से एक इकाई था, अब दो भाग में बँट गया है। बाहर के अन्नब्रह्मविस्तारी नयनाभिराम परिवेश में अभी पवित्र आभास है, पर भीतर शैतान साम्राज्य अब छिपे-छिपे नहीं खुलकर अकाण्ड ताण्डव करता दीख रहा है। बाहर वृन्दावन भीतर मथुरा।[79]

आज का सारा विश्व पर्यावरण के प्रदूषण से चिन्ताग्रस्त है। पर्यावरण को लेकर विंश्व के देश शिखर-सम्मेलन कर रहे हैं पर जहरीली गैसों के उत्सर्जन को कोई रोक नहीं रहा है। हमारे देश में जहाँ वनस्पतियों की पूजा होती थी, जीव-जन्तुओं से लेकर बड़े जानवरों की पूजा होती थी और हम अपने मन्त्र में 'ओषधयः शान्ति, वनस्पतयः शान्ति, आपः शान्ति' का उच्चारण करते थे और व्यवहार में उसी को उतारते भी थे। वनस्पतियों की सुरक्षा, वृक्षारोपण, चिड़ियों को दाने, चींटी को आटा और सभी जीवों के लिए जल रखते थे। वहाँ आज ट्रैक्टर, पम्पिगसेट के उत्सर्जित गैंसों और जल के अबाध दोहन से पानी नीचे तो भाग ही रहा है, वह भी प्रदूषित है। नदियाँ प्रदूषित हैं, अन्न प्रदूषित हैं, फल और सब्जी प्रदूषित हैं, ओशधि भी प्रदूषित है और सबसे अधिक आदमी का मन भी प्रदूषित है। यह चिन्ता विवेकी राय के कथेतर गद्य में उभरकर आयी है कि जो गाँव स्वास्थ्य और प्राकृतिक सौन्दर्य के केन्द्र थे, आज नष्ट हो रहे हैं। इस भावना को व्यक्त करने के लिए निबन्धकार 'अभिज्ञान शाकुन्तलम्' का एक श्लोक उद्धृत करता है जिसका मर्म है कि हम किस प्रकार वनस्पतियों की सेवा करते थे-

पातुं न प्रथमं व्यवस्यति जलं युष्मास्वपीतेषुखा
ना दत्ते प्रिय मण्डनापि भवता स्नेहेन वा पल्लवम्
आद्यै वः कुसुम प्रसूति समये यस्या भवत्युत्सवम्।
से यं याति शकुन्तला पतिग्रहं सर्वेरनुज्ञायताम्।।

किन्तु अब इनकी चिन्ता नहीं तो चील, गिद्ध, गौरैया, नीलकण्ठ, कौवे, चींटी, चींटों की जैव प्रजातियाँ नष्ट होती चली जा रही हैं। अब मानव की बारी है।[80]

इन सबका कारण है स्वार्थी, हिंसक और कुसंस्कारी प्रवृत्ति, प्राकृतिक परिवार की उपेक्षा, उनका अनवरत विध्वंस। वनों की अन्धाधुन्ध कटाई से वर्षा, बाढ़, ओला, सूखा, कुहरा-हिमपात, शीतलहर और अति ग्रीष्म प्रदाह की स्थिति आयी है। 'मौसम कैसा उदण्ड, उद्धत, अनियन्त्रित और अनियमित चक्रों में सक्रिय है। सब प्यासे हैं, वनस्पतियाँ प्यासी हैं। ऐसे में प्राकृतिक सन्तुलन रखनेवाले पौधे और जीव-जन्तु कैसे बचेंगे ? लेखक की वेदना है कि 'अब प्रलय का पानी ही शायद जीव-जगत् को बचायेंगे। पानी तो मानव जाति का भी संकट बन रहा है। इस चेतावनी को विवेकी राय ने बड़ी ही गहराई से व्यक्त किया है। उनकी कल्पना थी असली गाँव वह होगा जो आधुनिकता के साथ 'भव्य' हो पर असली आन्तरिक भाव-भावनाओं में 'दिव्य' भी हो। ऐसी ही भव्य-दिव्य ग्रामलोक बनने पर पूरा भारत देश भव्य-दिव्य बन सकेगा।

सन्दर्भ

1. आँचलिकता की अवधारणा और विवेकी राय : पृ. 182 (जनपद पत्रिका वर्ष एक, अंक-1)
2. जीवन अज्ञात का गणित है : पृ. 54
3. जीवन अज्ञात का गणित है : पृ. 55
4. उठ जाग मुसाफिर : पृ. 92
5. उठ जाग मुसाफिर : पृ. 10
6. हिन्दी साहित्य की किसान कलम : पृ. 114
7. चली फगुनहट बौरे आम : पृ. 104
8. जगत तपोवन सो कियो : पृ. 56
9. जगत तपोवन सो कियो : पृ. 119
10. जगत तपोवन सो कियो : पृ. 119
11. जीवन अज्ञात का गणित है : पृ. 33
12. चली फगुनहट बौरे आम : पृ. 79
13. उठ जाग मुसाफिर (नमो वृक्षेभ्यः) : पृ. 29-30
14. तदैव : पृ. 32
15. तदैव : पृ. 35
16. उठ जाग मुसाफिर : पृ. 38
17. उठ जाग मुसाफिर : पृ. 36
18. तदैव : पृ. 20
19. उठ जाग मुसाफिर : पृ. 22, 23

20. तदैव पृ. 59-60
21. तदैव पृ. 125-126
22. उठ जाग मुसाफिर : पृ. 111-112
23. चली फगुनहट बौरे आम : पृ. 158
24. उठ जाग मुसाफिर : पृ. 83
25. उठ जाग मुसाफिर : पृ. 93
26. जगत तपोवन सो कियो : पृ. 33
27. जुलूस रुका है : पृ. 115
28. भोजपुरी समग्र (खटिया) : पृ. 55, 56
29. जुलूस रुका है : पृ. 116
30. भोजपुरी समग्र : पृ. 55
31. भोजपुरी समग्र : पृ. 81
32. पाठ सम्पादन के सिद्धान्त : डॉ. कन्हैया सिंह, पृ. 117
33. हिन्दी सूफी काव्य में हिन्दू संस्कृति का चित्रण और निरूपण : डॉ. कन्हैया सिंह, पृ. 228
34. पदुमावति छन्द : डॉ. कन्हैया सिंह, पृ. 343 से 347 तक।
35. कुल नक्षत्र 28 होते हैं–अविश्नी, भरणी, कृतिया, रोहिणी, मृगशिरा, आर्द्रा, पुष्य, श्लेषा, मघा, पूर्वा, पूर्व, फाल्गुनी, उत्तरा फाल्गुनी, हस्त, चित्रा, स्वाति, विशाखा, जेष्ठा, मूल पूर्वाषाढ़ा, उत्तराषाढ़ा, अभिजित, श्रवण, धनिष्ठा, शतभिखा, पूर्वा भाद्रपद, उत्तरा भाद्रपद, रेवती।
36. चली फगुनहट बौरे आम : पृ. 80-81
37. जुलूस रुका है : पृ. 20-23
38. चली फगुनहट बौरे आम : पृ. 27
39. फिर बैठल बा डार पर : पृ. 21
40. भोजपुरी समग्र : पृ. 172
41. भोजपुरी समग्र : पृ. 175
42. उठ जाग मुसाफिर : पृ. 34-35
43. चली फगुनहट बौरे आम : पृ. 88
44. चली फगुनहट बौरे आम : पृ. 121
45. जगत तपोवन सो कियो : पृ. 34
46. आम रास्ता नहीं हैं– पृ. 81
47. गवई गन्ध गुलाब : पृ. 41
48. जीवन अज्ञान का गणित है : पृ. 149
49. आम रास्ता नहीं है : पृ. 41
50. आम रास्ता नहीं है : पृ. 108
51. आम रास्ता नहीं है : पृ. 109

52. आम रास्ता नहीं है : पृ. 110
53. आम रास्ता नहीं है : पृ. 109
54. आम रास्ता नहीं है : पृ. 110
55. जीवन अज्ञात का गणित है : पृ. 6
56. आँचलिकता की अवधारणा और विवेकी राय : पृ. 122
57. चले फगुनहट बौरे आम : पृ. 68
58. जुलूस रुका है : पृ. 102
59. आम रास्ता नहीं है : पृ. 170
60. आम रास्ता नहीं है : पृ. 174
61. उठ जाग मुसाफिर : पृ. 90
62. जगत तपोवर सो कियो : पृ. 60
63. आम रास्ता नहीं है : पृ. 137
64. उठ जाग मुसाफिर : पृ. 92
65. जुलूस रुका है : पृ. 116
66. जुलूस रुका है : पृ. 64
67. जुलूस रुका है : पृ. 28, 29
67. तदैव : पृ. 28
68. जुलूस रुका है : पृ. 29
69. फिर बैतलवा डार पर (सोने की लूट) : पृ. 44
70. फिर बैतलवा डार पर (सोने की लूट) : पृ. 42
71. चली फगुनहट बौरे आम : पृ. 183
72. आम रास्ता नहीं है : (फागुन में बाबा देवर लागे) : पृ. 84
73. वहीं : पृ. 85
74. उपर्युक्त सभी गीत 'अवध में होरी' शीर्षक से हैं।
    आम रास्ता नहीं है : पृ. 143-151
75. गँवई गन्ध गुलाब : पृ. 65-73
76. चली फगुनहट बौरे आम : पृ. 169
77. आम रास्ता नहीं है : पृ. 136
78. चली फगुनहट बौरे आम : पृ. 166
79. वहीं : पृ. 137
80. आम रास्ता नहीं है : पृ. 136
81. उठ जाग मुसाफिर : (गाँव पर बनाम गाँव में) : पृ. 121
82. उठ जाग मुसाफिर, (सवाल जीवन का) : पृ. 127

लोकभाषा का स्वाभाविक लालित्य

भाषा विचारों की अभिव्यक्ति का माध्यम है। भाषा की उत्पत्ति बड़ी ही उपादेय है और मनुष्य ने जो कुछ भी सृजन, प्रकृति अथवा परमात्मा के दिये साधनों से किया उसमें 'भाषा' का बड़ा ही उच्च स्थान है। भाषा न होती तो जीवन तो होता, पर उसमें जीवन गन्ध नहीं होती। न साहित्य होता और न शास्त्र। न विज्ञान होता और न विधि-विधान। पर भाषा का यह लिपिबद्ध रूप परवर्ती है। मूल भाषा तो उच्चरित भाषा है। मनुष्य के मुख से निकले ध्वनि समूहों के बिम्ब से भाषा बनती है। अतः भाषा का उच्चरित रूप भाषा के परिवर्तन और विकास को रेखांकित करता है। लोकमुख से भाषा का प्रवाह उसके शास्त्रीय रूप से उसे अग्रसर करता रहता है और इसी प्रकृति और प्रक्रिया से बोलियाँ उपबोलियाँ जन्म लेती रहती हैं और उन्हीं में भाषा के सहज रूप का दर्शन करते हैं। जब हम डॉ. विवेकी की कथेतर गद्य अथवा अन्य रचनाओं की भाषा का विचार करते हैं तो यह ध्यान में रखना आवश्यक हो जाता है कि वे मूलतः खड़ीबोली और उसकी एक बोली भोजपुरी के लेखक हैं। उनकी भोजपुरी 'काशिका' भोजपुरी है जो काशीक्षेत्र में गोरखपुर-बस्ती से लेकर आजमगढ़, मऊ और गाजीपुर के विस्तृत भूभाग में बोली जाती है। डॉ. विवेकी राय के जीवन में बताया जा चुका है कि वे आधी उम्र और वह भी जवानी की ग्रहणशील और सृजनशील उम्र धुर गाँव में बिताकर छोटे-से शहर के ग्रामीण जैसे हिस्से में रहकर इक्यानबे वर्ष की ग्राम गन्ध में जी रहे हैं। इसलिए उनकी भोजपुरी तो सच्ची भोजपुरी (आजकल कुछ लोग फैशनवश भोजपुरी लिखते हैं पर वह खड़ीबोली के शब्दों का भद्दा भोजपुरीकरण होता है) होती ही है, खड़ीबोली भी भोजपुरी शब्दों, मुहावरों, उपमाओं, संवदेनाओं के साथ भोजपुरी संस्कृति के बराबर सन्तृप्त रहती है।

भाषा का सम्बन्ध समाज, स्थान और उसकी संस्कृति से गहराई से जुड़ा होता है। समाज से भाषा बनती है और भाषा से समाज। आज विश्व में कई हजार भाषाएँ और इससे कई गुना बोलियाँ विद्यमान हैं। हर देश की अलग-अलग भाषाएँ और किसी एक ही देश में अधिक भाषाएँ हैं। यह इस बात को प्रमाणित करता है कि

अलग-अलग समाजों ने अपनी अलग भाषा विकसित की और अन्य जातियों-स्थानों के सम्पर्क से, समाज की भाषा और संस्कृति के सम्पर्क से उन भाषाओं में नये शब्दों का प्रवेश हुआ। यह आदान-प्रदान किसी प्रयास का फल नहीं अपितु यह एक स्वाभाविक प्रक्रिया के अन्तर्गत हुआ होगा। आज हिन्दी भाषा में संस्कृत, प्राकृत, अपभ्रंश के साथ ही अँग्रेजी, फ्रेंच, जर्मन, डच तथा भारत की सभी आर्यभाषाओं और द्रविड़ भाषाओं के शब्दों की चाशनी मिलती है। अतः भाषा वही है जो प्रवहमान हो जो शब्दों को ग्रहण करती और अपनी अभिव्यक्ति की क्षमता को बढ़ाती रही है। इसी को कबीर ने कहा है—'भाषा बहता नीर'। इस बहते नीर जैसी भाषा में विविध बोलियों के साथ ही अन्यान्य भाषाओं के प्रचलित शब्दों का प्रयोग भी होता रहता है। इस प्रकार की भाषा को भाषा की सही पकड़वाले विद्वान एक श्रेष्ठ भाषा मानते हैं। कहा गया है—

तुलसी गंग दोऊ भए सुकबिन के सरदार।
इन दुवौ ने कही भाषा विविध प्रकार।।

यह बात हमारे आलोच्य लेखक डॉ. विवेकी राय की भाषा पर भी पूर्णतः चरितार्थ होती है। उनमें खड़ीबोली, अँग्रेजी, उर्दू-फारसी, संस्कृत से लेकर काशिका भोजपुरी की सामान्य ग्रामीण शब्दावली के साथ ही उनके करइल क्षेत्र की विशेष काशिका शब्दावली का प्रयोग मिलता है जो उनकी भाषा को सहज प्रवाहमय, ग्राम्यगन्धयुक्त और क्षेत्रीय संस्कृति और संस्कारयुक्त बना देता है।

विवेकी राय की भाषा में ग्राम गन्ध ही नहीं है—एक भोजपुरिया संस्कृति की रसमयी अद्वितीयता भी है। भाषा और संस्कृति का सम्बन्ध विशिष्ट बनाने में भाषा का महत्त्वपूर्ण योगदान है। वह भाषा में भूत को सँजोता है, वर्तमान में संचरण करता है और भविष्य का स्वप्न रचता है। वह भाषा के ही माध्यम से दर्शन की गहराइयों में उतरता है, इतिहास को सुरक्षित करता है और साहित्य की अनेक विधाओं में अपने को अभिव्यक्त करता है। भाषा मानव का सबसे बड़ा औजार है, जिससे वह रचता है, गढ़ता है, लड़ता है, तोड़ता है और अपने कालबोध को रेखांकित करता है। (डॉ. विवेकी राय अपनी भाषा के औजार से ये सारे काम करते हैं) किसी देश की संस्कृति (या क्षेत्र की संस्कृति) उसकी भाषा में झलकती है। भाषा और उसकी प्रकृति उसे एक संस्कृति प्रदान करती है। यह एक गूढ़ प्रश्न है कि भाषा ने संस्कृति को जनमाया या संस्कृति ने भाषा को।"[1] जब हम इस सम्बन्ध में अपने देश या भारतीय संस्कृति का विचार करते हैं तो बहुत-से शब्दों में उसके उस रूप का दर्शन होता है जो हमारी संस्कृति का प्राणतत्व कहा जा सकता है। 'ऋषि' 'ऋत' 'अनृत' के साथ धर्म और स्वयं संस्कृति शब्द के कोई पर्याय विश्व की किसी भाषा में नहीं मिलते हैं, क्योंकि यहाँ हमारी संस्कृति की प्राणिकता, सात्त्विकता उसकी दार्शनिक

आध्यात्मिकता और एकात्ममानवता और विश्वबन्धुत्व की भावना है।'' ये शब्द उसी की प्रतिध्वनि हैं। हमने कैसे भाषा से अपनी उदात्त संस्कृति को उत्पन्न किया उसे एक उदाहरण द्वारा देख सकते हैं। ''हमारे आर्य चिन्तन में शब्द ही ब्रह्म है और यही शब्द साहित्य भी है। 'वाणी' शब्द हमारे उच्चरित शब्द ध्वनि का वाचक तो है ही यह हमारे द्वारा प्रतिष्ठित सारस्वत, कलात्मक साधना का मूर्त प्रतीक 'सरस्वती' का बोध भी कराता है। 'वाणी' या 'वाक्' कैसे एक सौन्दर्य मूर्ति देवी का रूप ग्रहण करता है जिसके हाथों में पुस्तकें और वीणा दोनों ही हैं। (पुस्तक=ज्ञान, वीणा = संगीत) वह हंसवाहिनी श्वेत कमल पर विराजमान है। हंस में नीर-क्षीर विवेक और कमल में निर्मलता और सुरभि और शुभ्र वसन शिवत्व का संकेत करता है। इस प्रकार शब्द या वाणी की भाषिक यात्रा हमारी संस्कृति में कलात्मक-प्रतीकात्मक (सरस्वती) की लोक स्वीकृति तक पहुँचती है।''[2] इस उदाहरण द्वारा हम इस निष्कर्ष पर पहुँचते हैं कि भाषा लोक और संस्कृति को रचती है, उसे रेखांकित करती है और स्वयं को लोक-संस्कृति के साथ एकरूप कर देती है। इस प्रकार अपने ग्राम्यांचल, पूर्वोत्तर उत्तर प्रदेश के ग्रामलोक और उसमें भी विशेषतः करइल के ग्रामलोक को विवेकी राय की भाषा अपने सहज स्वाभाविक जीवन्त प्रयोगों द्वारा एक ऐसे लालित्य का निर्माण करती है कि जैसे लगता है कि लेखक विवेकी राय नहीं अपितु करइल का क्षेत्र अथवा पूर्वी उत्तर प्रदेश का ग्रामलोक स्वयं मूर्तवत् होकर बोल रहा है।

विवेकी राय न भाषा के शिल्पी हैं, न डिटेक्टर, न बादशाह, बल्कि वे सहज स्वाभाविक ग्राम-भाषा के निर्झर हैं। जैसे पर्वतीय जल-प्रपात से बिना प्रयास ही झर-झर जल प्रवाहित होता रहता है वैसे ही विवेकी राय की भाषा भी सहज, सरल और प्रवाहयुक्त है। अनिल कुमार 'आंजनेय' ने उनकी भाषा की विशेषता इन शब्दों में रेखांकित किया है[3]-

''उनकी भाषा भी हँसमुख और मुँहबोलार है। गाँव के डाँड़-मेड़ पर कूदती, फाँदती बड़ी ही ढीठ और जानदार भाषा है यह। आँगन की गौरैया की तरह फुदकती भाषा है। विवेकी राय की भाषा पढ़ने-घोखने की भाषा नहीं है। संवाद की भाषा है यह, पाठकों से बतियाती है। गुदगुदाती है। चुहुल करती है। पाठकों की दुखती रगों को छेड़ती है यही कभी बानी है, कभी बाना है।''[4]

शब्द-सम्पदा :

भाषा 'शब्द' से ही बनती है। शब्दों के समूह से वाक्य और वाक्यों से वाक्य-गुच्छ और इसी प्रकार बृहदाकार होता 'शब्द' महाकाव्यात्मक कृतियों का कारक बनता है। अतः 'शब्द' ही भाषा का मूल होता है। भर्तृहरि ने भाषा में शब्द की महत्ता बताते हुए कहा है—

न सोऽस्ति प्रत्ययो लोके यः शब्दानुगमाहते।
अनुविद्धमिव ज्ञानं सर्वं शब्देन भासते।[5]

अर्थात् लोक में ऐसा कोई ज्ञान नहीं है जो बिना शब्द के अनुगमन के होता हो। अतः सभी ज्ञान शब्द से जुड़े हुए की भाँति भासित होते हैं। गुरु गोरखनाथ ने गोरखवाणी की एक साखी में कहा है– शब्द ही ताला है, शब्द ही कुंजी है अर्थात् शब्द में ही अर्थ और अनुभूति दोनों का गुम्फन होता है। शब्द और अर्थ में एकान्विति होती है। शब्द और उससे अभिव्यक्त अर्थ से संस्कृति का ताना-बाना बुना है। शब्दार्थयुक्त भाषा वह गवाक्ष है जिससे संस्कृति झाँकती है। निरुक्त में यास्क मुनि ने शब्द की इसी महत्ता पर लिखा कि 'एकोऽपि शब्दः सुज्ञातः सम्यक प्रयुक्तः स्वर्गलोकेऽपि कामधुक भवति।' एक शब्द भी अच्छी प्रकार समझकर सम्यक् (उपयुक्त सन्दर्भ में) प्रयोग किया जाय तो वह स्वर्गलोक में भी कामधेनु बन जाता है। तात्पर्य यह कि वह शब्द स्वर्गिक सुख और अभिमत फल देनेवाला हो जाता है। पण्डितराज जगन्नाथ ने भी 'रमणीयार्थ प्रतिपादकः शब्दः काव्यः' का रमणीय अर्थयुक्त शब्द को काव्य कहा है।

'शब्द' की महिमा अपरम्पार है और शब्द-शिल्पी विवेकी राय की शब्द-परम्परा पर विचार करने के पूर्व हमें देखना होगा कि अभिजात-सुसंस्कृति के तत्व किस मात्रा में स्रवित होते हैं। संस्कृत और संस्कृति के तादात्म्य और उनके शब्दों की महत्ता को स्वीकार करते हुए हमें स्वीकार करना होगा कि 'भाषा की निजी परम्परा अपने समाज की भाषा का स्मृतिकोष होती है। अतः दैनिक व्यवहार की भाषा में (अर्थात् ग्राम्य भाषा में) भी एक विशिष्ट रूप की सांस्कृतिकता तो रहती ही है। अभिव्यक्ति की दृष्टि से अविकसित जातीय समूह की भाषाओं में भी उनकी परम्पराओं की सहज गन्ध होती है, जबकि शिष्ट समाज की भाषा में अर्जित और सहज परम्परा दोनों की सुवास बसी होती है।[6]

अविकसित जातीय समूह जिसे आंचलिक लोक या ग्रामलोक भी कह सकते हैं, पर जिनकी दृष्टि होती है वे ही उस समूह की भाषा का प्रयोग कर सकते हैं। अतः समाज और परिवेश को देखने की हमारी दृष्टि का ही भाषा-प्रयोग में महत्त्व होता है। डॉ. विवेकी राय एक ऐसे ही रचनाकार हैं, जिनकी दृष्टि दीन-हीन ग्रामलोक की ओर आ रही है, वे चमक-दमकवाली नागर-दृष्टिवाले न होकर खुरदरी, चुभनवाली और अपनेपनवाली लोक दृष्टिवाले हैं। स्वयं उन्होंने अपनी इस दृष्टि के सम्बन्ध में लिखा है–

"इन धूमिल बालकों को कौन देखता है ? हमारी आदत है ताजमहल देखने की। हमें शौक है अजन्ता, एलोरा की गुफाओं को देखने का। हमारा संस्कार संगमरमर की कलात्मक मूर्तियों की सुन्दरता में रमण करने का। इन भद्दे, कुरूप,

भटियारे जीवों को, आदमी के बच्चों को हम उसी प्रकार छोड़ देते हैं जैसे मार्ग में कीड़े-मकोड़े, कौए, बिल्ली तथा कुत्ते आदि को। वे इस दुनिया में रहकर भी नहीं हैं। वर्तमान में सजीव भूत है। यह पाँच-छह साल का लड़का सामने है। कौन कह सकता है कि यह आदमी का लड़का है ? शरीर एकदम काला, वस्त्र के नाम पर कमर का करधन है।''[7]

ऐसी जन-दृष्टि होने पर जन-भाषा स्वयं जन्म लेती है। उन्हीं जनों की जिह्वा लेखक के साथ एकाकार होकर उन्हीं की भाषा को रचती है। ऐसे जन-लेखक भाषा को गढ़ते और बनाते नहीं हैं, बल्कि वह भाषा स्वयं आगे आकर उनके विचारों के साथ-साथ स्फुरित हो उठती है—अनायास और सहज, अप्रतिहत और अव्याघातित।

विवेकी राय की शब्द-संस्कृति :

विवेकी राय आंचलिक भाषा, लोकभाषा - ग्रामभाषा के ऐसे सिद्ध प्रयोक्ता हैं कि उनकी भाषा से ही ऐसा चित्र खड़ा हो जाता है जिससे लोक की संस्कृति स्वयं प्रकट हो जाती है। उन्होंने 'शब्द' की महत्ता पर लिखा है—''लेखक शब्दों से लड़ता है' उसकी सेना के सब-कुछ हैं शब्द। इस प्रकार शब्द-सेना के बल पर 'उठ जाग मुसाफिर' कृति तैयार हो गयी।''[8] अन्यत्र वे कहते हैं—''शब्द यदि सचमुच शब्द है तो वह एक बड़ी शक्ति है। शब्दों में हवा का झोंका बन उदासी के बादलों को उड़ा देने की शक्ति है।''[9] यही शक्ति विवेकी राय ने अपने ग्राम्यांचलिक शब्दों में प्रकट की है। पूर्वी उत्तर प्रदेश के समस्त गाँवों की पुरानी परिपाटी का एक बड़ा भारी प्रतीक 'हुक्का' है। इसे नारियल के सूखे फल में एक छिद्रयुक्त दण्ड लगाकर तथा फल में सामने एक छेद बनाकर तैयार करते हैं, उस पर चिलम-तम्बाकू और आग। एक नली लगाकर उसे मुँह से खींचते तो कुड़-कुड़ की आवाज तथा धुआँ मुँह से निकलता था। यह गाँव की इज्जत थी। हर छोटे-बड़े घर में, बाहर पुरुषों में, भीतर औरतों में, सामन्तों और गरीबों में सर्वत्र यह 'हुक्का' पिछले दिनों आसन जमाये था। विवेकी राय ने इसकी महिमा बखान की है—

''आज इज्जत है और नमक नियामत है। दरवाजे पर कउड़े में आग, यानि वहाँ हाथी बँधा हुआ है। स्वागत का सिपाही 'हुक्का' बिना आग के निर्जीव है।' इसमें गाँव की यह संस्कृति झाँकती है, जहाँ हुक्का-पानी स्वागत के लिए हर आगन्तुक के लिए उपस्थित रहते थे।

ग्राम संस्कृति का एक और चित्र ग्राम भाषा की पारिभाषिक शब्दावली में दर्शनीय है[10]

''गाँव के बीच में उत्तर ओर गड़ही के किनारे ऊँचे स्थान पर उनका 'तीन दुआरा' है। बैलों के खाने की 'चरन' और 'भुसउल' पूरब ओर है। बैठक और बेलसार

के बीच सार्वजनिक मार्ग है।''[11] यह 'चरन' 'भुसउल' 'तीन दुआरा' 'बेलसार' कृषकों की शब्दावली है और इस बिम्ब में एक अच्छे खेतिहर किसान का दरवाजा सामने आ जाता है।

गाँव में ब्राह्मणों की गृहस्थी कुछ और ही ढंग की होती थी। वे पुरोहिती करने और यजमानों को जनेऊ बनाकर देते और दक्षिणा लेते थे। उनके पास प्रायः खेत तो नहीं होते थे, पर एक गाय भरसक जरूर होती थी। ऐसे ही एक ब्राह्मण का घर है–

''यह किसी बूढ़े पण्डित जी की झोंपड़ी है जिसके पास एक दुधारू गाय है और उसे वे चराने गये हैं।...कुश नलकी और कठनहीं देखकर अनुमान तो लगा लिया पर दुधारू गाय कैसे भाख रहे हो।'' उत्तर आता है– 'वह देखो 'नोई' टँगी है। बगलवाले अहाते में उसकी चरन होनी चाहिए।''[12]

इन कुछ उदाहरणों द्वारा यह दिखाने की चेष्टा की गयी है कि विवेकी राय की भाषा पर संस्कृति अपनी छवि चित्रित करती है, जो ग्राम्य संस्कृति या लोक संस्कृति है। गाँव में कई स्तर के लोग रहते हैं। अच्छे भूमिधर हैं, तो यजमानी- पुरोहितीवाले पण्डित जी हैं तो भूमिहीन गरीब लोग भी हैं, जिनके तन पर न कपड़ा है और न देह में मांस है–हड्डी की ठठरी है। न घर है न जानवर हैं। घर के नाम पर केवल फूस की झोंपड़ी या मिट्टी का खपरैल का बना एक घरौंदा है। इन सभी वर्गों के चित्रों को अपनी प्राणमयी भाषा की शक्ति से डॉ. राय ने उकेरा है।

ठेठ शब्दावली :

कुछ ठेठ ग्रामीण शब्द-

छवर - चौड़ा रास्ता, कहीं-कहीं 'खोर' कहते हैं।

सरेहि- सीवान के या गाँव के बाहर खेती-बारी की भूमि

बरबझउवा- बन्दर पकड़नेवाले पर यहाँ प्रतीकार्थ है लोगों को फँसाकर उनको चूसनेवाले।

अगोर-रखवाली करना।

मोचा-पौधों में फली आने के पहले की स्थिति- रेंड़ा भी कहते हैं।

धरम-धक्का-धक्का-मुक्की।

गमछा-तौलिया।

साइत-शुभ दिन देखना, यह फारसी 'सायत' से ग्राम भाषा में पहुँचा है।

मिर्जई[13]-एक सिला कपड़ा, यह मिर्जा से बना है।

लगुरी, गठरी, उकठी काठी, इचका पिचका।[14]

जाँगर, पहुँच, उठौना, लुग्गा, झुल्ला, चिउड़ा-पठौरा, पिचकुर, कुरुई, बरुआ, परोज।[15]

मोन्ही- मूँज की बनी छोटी ढक्कनदार पेटी।

झाँपी- मूँग का बना बड़ा बाक्स।

दोहानी[16]- दुधारू

कूँड़- कुएँ से पानी निकालने का एक पात्र (श्वेत-पत्र पृ. 53)

विवेकी राय ने भाषा की सम्प्रेषणीयता की दृष्टि से आंचलिक शब्दावली का प्रयोग बहुशः किया है। जैसे- बड़ेरे, लुकलुकाती, गुहार, पत्तल, परान, सुरतिया, खटकवा, सेनुरिया, बैरिया, टोला, गोल, लवना, परती, मनगर, धोती, मरकीलौना, गाड़ीवान, कठवाँसी, पीपरपाती, साँच, गँवार, गड़ही आदि।[17] (ये सभी शब्द उनकी रचना 'बबूल' में आये हैं।) 'नागाहानी' और 'सुलतानी' उनके आंचलिक प्रयोग हैं। 'फिर बैतलवा डार पर' में कहते हैं "चोर-भाई और नागाहानी सुलतानी-में सरबस स्वाहा हो जाता है।" नागाहानी (कभी फसल होना कभी न होना) खेत में और सुलतानी (जमींदार और साहूकारी की वसूली) खलिहान में होती है।

विवेकी राय की भाषा की ग्राम गन्ध को ठीक प्रकार से समझने के लिए उनकी तीन रचनाओं से अलग-अलग उद्धरण दिये जा रहे हैं। इनसे यह समझा जा सकता है कि उनकी खड़ीबोली काशिका और करइल की आंचलिकता से कितनी सुबासित है–

1-एक दिन ऐसा हुआ कि पगहा तोड़कर गाय भाग गयी। पानी बरस रहा था मैंने कहा कि जाओ पानी में जुड़ाकर ठण्ढी हो जाओ। एक पहर रात गयी तो आयी। चुपचाप खूँटे पर खड़ी हो गयी और पागुर करने लगी। चरकर अघा गयी थी। मैं समझ गया कि यह पूरी सधी हुई है। तब से जब चारा-भूसा में कमी होती है धीरे से खोलकर पीठ ठोंक देता हूँ। गाय है कि हीरा है।[18]

2-जहाँ फूली सरसों की सोंधी सुबास-भरती दिशाओं में अलौकिक पीत सागर लहराता रहता था, वहाँ किसी-किसी खेत में गदहे के मरियल बच्चे की तरह टुक-टुक डीभी (पौधे) कौआलुकान अभी हुई। बरसात के पूरे तीन महीने भर माहुर घाम बरसता रहा। मध्य नवम्बर में झींस-फुस शुरू हुई।[19]

3-पुरुष लोग में केहू टाई-सूटवाला नइखे लउकत। मेहरारू में केहू घड़ी सा उल्टा-पुल्टावाली नइखे। सगरे बटोर बड़ी-साड़ी-झुल्लावाला, घोती-कुर्तावाला बा। माने पूरानन की पीढ़ी बा। कहाँ गइलि नयकी पीढ़ी ? हम एह मेला में दउरि-दउरि के खोजत बानी। बहुत निराशा बा। अफसोस नयकी पीढ़ी यह मेला में नइखे आइलि।[20]

4-दो-चार-दिन से पानी थमा और खेत निखरे तो किसान हल लेकर निकले। गरदन ऊँची किये बैल-फाल-फाल चलता हल, चरमर जुआड़ा, निखरी माटी फट रही

है। ह-ह-ह-ह। फिर बादल...पुरवै, ठण्ढी बयार, सब मिलाकर एक सुतार। जैसे लहरा उठा होगा मन, लहरा रहा होगा हलवाहा और बैल अथवा ट्रैक्टर सहित किसान।...लेकिन बाप-दादे की यह परम्परागत धर्ममय खेती देती क्या है ? क्या पेट भी भरता है? तन भी ढकता है ? नहर आयेगी, नलकूप आयेगा, यहाँ विकास आयेगा, नयी खेती आयेगी, ऊँची पैदावार आयेगी, सब सपना, सब धोखा।[21]

उनके द्वारा प्रयुक्त शब्दों की एक सूची है—

"माहुर, घाम, मुदगर, पलिहर, चरमर जुआठा, धरती का ह-ह-ह-ह फटना, भुल्ली का लासा हो जाना, गाड़ी का हरहराना, बौल खौराये लोग, जगह तजबीजना, सीटी की सीत्कार, ढिबरी का लुक-लुक जलना, ढक्कर पाँय च करती बैलगाड़ियाँ, कनफुँकवा (चुगलखोर), कोलवारी (अलग से कमाई), चुपऊ खाता, चढ़बाँक बधू, तखड़-बखड़, किसान के कलेजे का घट्ठा पड़ना आदि। पूरी कृति में ऐसे शब्द हैं जो सीधे आत्मा की गहराई में प्रवेश करते हैं।"[22] 'फिर बैतलवा डार पर' में मचान, अण्ट-झण्ट, सुर्ती, टेंगरी, बिछौना, पछिपहीं, हड़बड़ी, अँजोर, सुबरहा, जलपाँखी आदि शब्दों की भरमार है। (पृ. 91 से 89 तक) 'जीवन अज्ञान का गणित है' में खदर-बदर, चौंधिया, लक्कड़, बरगलाया, मिठकवा, खटकवा, लमकोइया, बटइया, झरोखा, कौड़ी, कलेजा, किकुरे, घूह-पाछ जैसे शब्दों की भरमार है।

पृष्ठ 16-121 तक) जुलूस रुका है, में सानी-पानी, गँवार, तिलवा, खूँटकर, पोखर, डँड़ार, सरेहि आदि आये हैं (पृ. 53-97 तक)।

इसी प्रकार अन्य ललित निबन्धों में मरकीनौना सौंहड़, जुगाड़, फुसफुसाना आदि बहुत-से शब्द आये हैं। कुएँ से पानी निकालने की रस्सी 'डोर' और 'पात्र 'घड़ा' (गगरी) या 'बाल्टी'[23] कूँड़, पत्तल, चोखा, भरसाय, दाना, भुजैना, सत्तू, भड़भूँजा, भाड़[24] खटिया, बँसखट[25] जैसे प्रयोगों से जैसे लेखक अपने शब्द-लोक में पूरे गाँव के रहन-सहन का खाका खींच देना चाहता है। प्रो. सदानन्द प्रसाद गुप्त ने विवेकी राय के ऐसे प्रयोगों पर टिप्पणी करते हुए उनकी रचना 'वन तुलसी की गन्ध' के शब्दलोक के सम्बन्ध में लिखा है—

"विवेकी राय के निबन्धों में सहजता, आत्मीयता और सरलता का पुट है। गाँव की मिट्टी की सोंधी महक उनकी पहचान है। गाँव के गोरस और चीनी की मिठास उनके निबन्धों में हैं और उस गिलास को गुनावन, फाल, दुमेला, माहुर, गुदहर, दलिहर, टूसो, फूसमाटी जैसे जनपदीय शब्द और बढ़ा देते हैं।"[26] किसानों के द्वारा प्रयुक्त बर्तनों के उनकी बोली में नामों का भी उन्होंने यथास्थान प्रयोग किया है। 'कटोरा' को इस अंचल में खोरा कहा जाता है। 'खोरा' नाम के एक व्यक्ति भी हैं जो लोककवि और आशुकवि हैं। उन पर तो संस्मरण ही डॉक्टर राय ने लिखा है और उनके 'सोना माटी' उपन्यास में 'खोरा' कवि और उनकी कविताओं का पर्याप्त प्रयोग

उन्होंने किया है। इसी खोरा के सम्बन्ध से इस नाम के पात्र की महिमा का बखान करते हुए मुहम्मद इजराइल ने लिखा है—-

'गाँव में बड़े कटोरे जैसा पीतल का ऐसा बर्तन जिसमें दाल, भात, तरकारी कुछ भी पका लें। आटा सानकर रोटी, लिट्टी सेंक लें, भोजन के बाद उसमें रखे पानी से हाथ धोयें और पी लें। खोरा बाल्टी भी है, देगची भी है, कठवत भी है, लोटा-गिलास भी है। खोरे का दूसरा विकल्प नहीं। सुरती, चुनौटी, तम्बाकू, बोरिया-बिस्तर कई प्रयोग की वस्तुओं के नामों का उपयोग उन्होंने अपने लेखन में किया है।''[27]

डॉ. संगीता यादव ने उनकी स्थानीय बोली की शब्दावली के सम्बन्ध में बड़ी सार्थक टिप्पणी के साथ कुछ ऐसे ही शब्दों की एक सूची उन्होंने दी है—-

''विवेकी राय ने अपनी लोकसंस्कृति, भाषा-निरूपण द्वारा राष्ट्रीय एकता के आत्मानुभव को स्वाभाविक ढंग से चित्रित करने के लिए स्थानीय बोली का गहरा पुट साहित्य में दिया है। स्थानीय बोली द्वारा पात्र का चरित्र, उसकी मनः स्थिति, परिवेश अपनी पूरी वास्तविकता के साथ उभरकर आ जाता है। विवेकी राय ने भाषा की सम्प्रेषणीयता की दृष्टि से आंचलिक शब्दावली का प्रयोग बहुशः किया है। जैसे-बड़ेरे, लुकलुकाती, गुहार, पत्तल, परान, सुरतिया, खटकवा, सेनुरिया, बैरिया, टोला, गोला, लवना, परती, मनगर, धोती, मरकीलौना, गाड़ीवान, कठवाँसी, पीपरपाँती, साँच, गँवार तथा गड़ही आदि।''[28]

अपने कथेतर गद्य में अपनी कथा-कृतियों की ही भाँति उन्होंने खड़ीबोली के साथ ही हजारों ग्रामीण और आंचलिक शब्दावली का प्रयोग किया है। उनकी खड़ीबोली में प्रयुक्त ग्राम शब्दावली तथा उनकी भोजपुरी को समग्र रचनाओं के आधार पर भोजपुरी का एक शब्दकोष ही निर्माण हो सकता है। उन्होंने खड़ीबोली के एक रिपोर्ताज 'नदी और जीवन' (जुलूस रुका है संग्रह में) भोजपुरी के स्थानीय शब्दावली को जो प्रयोग किया है, वह इस प्रकार है—

भकसावन, लाँघना, मनसायन, बरनवा, अरखा, ओकर, अचके, बेमोआर, बेरिया, भइलू, हियसाल, कुल्ला, हड़बड़-हड़बड़ हेलते, कुटकर, पनहीं, गोड़, अरार, कसरिया जाना, कनमनाते, पनियारी, तवाठी, मजूर, हलरते, हरहेयु, बराते, होंट, सेवार, कोई, बनतुलसी, खेझड़ा, मोथा, छपक-छपककर, काई, फुटके, छत्ते, झाँव-झाँव झाबर, उबिछ, होढ़कर, सट्ट, हाडुक-बाडुक, बुडुआ, रिगानी, मुलकाता, डब्भ, छिछियाते, खन्धार, हूँ-टूँ, उघटा-पुरान, कपार, तेलउस, करिखा, मयगर, झुलनिया, मछरिया, मींज, फींच, जमामार, सुखार, पेटी, दरारों, झरझर-झरझर, ढेले, घेरौना, उपर बछकर, लुलुआने, खड़खड़िया, दुपहरिया, अँउजा, बँसवारि, अवाँसा, गज्जी, कचारने, सिरजना, लीहली, भइलीना, असननवा, दाढ़ी, लावेली, झुलुहवा, निमियाँ, डगुडगु-डगुडगु,

किरौना, कड़रों-कड़रों, केकड़े, कें-कें, बनमुर्गियाँ, सरसराहट, सामोरू, लजारू, बहुरिया, सियार, फेंकरना, अन्हार, भुँखन, समहुत, माहुर, बोह, पागुर, मठती, दँवरी, अदरीखर, हेलया, अचके, कबाहटि, कक्कन, सिखाया, सहोथ-बटोर, कोढ़ी, बाथा अँगेजना, पट्टर, पलरा, जरी, चियारकर, टूअर, गोहराना, निनि, किया (मा) बेपिछ। एक ही रिपोर्ताज में उपुर्यक्त इतने अधिक शब्दों का प्रयोग हुआ है जो आंचलिक शब्द हैं। साथ ही इनमें भोजपुरी की क्रियाओं का भी पर्याप्त प्रयोग हुआ है, विशेष रूप से निबन्ध में उद्धृत लोकगीतों में, जैसे-

लिहली मैया सोने क कलसवा।
चली भइलीं ना, मइया गंगा असननवा।
कलसा भराइ मइया, चललीं अररवा।
ताही पर ठाढ़ि रानी गंगा गोहरावलीं ना।
सूतलि गंगा उठि बैठेलीं
कवन संकट तोहरा परले,
आधी रात अइलू,
कि बारी निनि जगावेल ना।
किय तोरे अनधन कम भइले
लछिमी बपि भइलीं।[29]

इन प्रयोगों को देखकर यही लगता है कि इस लेखक की भाषा (ऐसे निबन्धों आदि में) उतनी ही दूर तक खड़ीबोली है कि इसमें क्रियापद खड़ीबोली के हैं और कुछ शब्द भी तत्सम खड़ीबोली के हैं, पर इसका पूरा-का-पूरा वातावरण भोजपुरी का है। भोजपुरी ग्राम्य संस्कृति के वातावरण को मूर्त रूप देने के लिए लेखक ने भरपूर भोजपुरी शब्दावली का प्रयोग किया है। विशेष रूप से अपने करइल अंचल में बोले जानेवाले शब्दों का।

भोजपुरी शब्दावली :

डॉ. राय ने खड़ीबोली की भाँति ही भोजपुरी में काव्य, कहानी, उपन्यास, लघु कथा और समीक्षा किया है। पर उनके कथेतर गद्य में 'के कहल चुनरी रँगा ल' 'गंगा-यमुना-सरस्वती' और 'राम भरोसा बैठि के' का वही महत्त्व है जो उनके खड़ीबोली के ललित निबन्धों आदि का है। इन रचनाओं का तो पूरा ढाँचा ही भोजपुरी है। इसमें भोजपुरी के क्रियापद, अव्यय, कारक चिन्ह सभी का उपयुक्त प्रयोग मिलता है। इस प्रयुक्त शब्दावली में कुछ तो खड़ीबोली रचनाओं में भी आ गये हैं पर इनमें भोजपुरी शब्दों का अम्बार लगा है। डॉ. चन्द्रशेखर तिवारी ने उनके द्वारा प्रायः प्रयुक्त शब्दों की एक सूची इस प्रकार दी है–

मयार, किकुरी, झिरिहिरी, भयतल, अनेरिया, गिरहि, जाँगर, भकुआयल, मउराइल, मउर, अनगराहित, दुलार-निनार, ततवल, ओठघावल, गुधुरुख, सुसुभ, ओनवल, अरूआइल, छछलोल, झोंकरल, गुरधवल, अड़सल, डभका, झींसी, गुमसाइन, फोकराइन, फैफसाइल, परतच्छ, करिया-मजीठ, टहटह, कुचकुच, चमचम, धपूधप, लुलुआइल, धोरिआइल, ढेंढ़ी, तिलठी, रहेठा, मूकाकोपनी, यथमल, सिहिकल, बउराइल, भरसॉय, गदउर, दनाउर, मोआर, मुआर, पोरा, गुरही, गुरम्हा, बोंग, छीकुत, गोंजी, लउड़, झटहरा, लवना, करसी, गोंइठी, चिपरी, माँठा, फट्ठा, लबदा, आँट, चूल्ही, दुआरी, मुड़तारी, गोड़तारी, खटिया, झिलिंगा, बँसखट, खटोला, मचोलता, चिड़ोला, तिरपट, नसकर, कठवत, डोंकी, खटराग, खटवसल, दूलम, महतारी, ननिआउर, गिरहत्ती, निजुग, गोहरउर, बाँसा, पूत, अनेरिहा, गोरू, हिराउर, दुआइत, छिछिआइल, कचरकूट, उखमज, सहता, चिरउरी, दियाबरान, सँझवत, निठोहरे, पकठेल, हीक, तहिया, उकुठल, लोहालगवनी, सेतिहा, बचना आदि हजारों भोजपुरी शब्दों के उचित प्रयोग से विवेकी राय जी ने अपने गद्य लेखन में चमत्कार उत्पन्न किया है।

ध्वनिमूलक शब्द :

ध्वनियों पर आधारित शब्दावली का निर्माण मनुष्य ने चिड़ियों, पशुओं, झरनों, हवा के झोंकों की ध्वनि के आधार पर बनाया होगा। इस प्रकार के शब्दों का प्रयोग ग्राम्य और आंचलिक भाषा में अधिक मिलता है। डॉ. विवेकी राय ने ऐसे शब्दों का प्रयोग बड़े ही सार्थक ढंग से किया है। उनके द्वारा प्रयुक्त शब्द इस प्रकार हैं– 'छपक-छपककर', 'झाँव-झाँव'[30], काँव-काँव', 'चिड़ी-चिड़ी'[31], 'टुन-टुन-टुनन'[32], 'सरसराहट'[33], तथा 'साँय-साँय'[34] आदि।

ध्वनि चित्रों से कथाकार कथ्य को प्रेषणीय बनाता है। ध्वनि उपकरणों के माध्यम से भाषा में माधुर्य के साथ बोधगम्यता, संगीतात्मकता और लय का संयोजन कर भावों को शीर्षस्थ बिन्दु पर स्थिर करता है। इन ध्वनि चित्रों के विविध रूप हमें रेणु के बाद शिवप्रसाद सिंह, कमलेश्वर, शैलेश मटियानी, अमरकान्त और विवेकी राय की विभिन्न कृतियों में बोधगम्य और सहज रूप में देखे जा सकते हैं। डॉ. जनार्दन राय ने अपनी पुस्तक 'आंचलिकता की अवधारणा और विवेकी राय' (पृ. 71-72) 'बबूल' से ऐसे कुछ शब्दों का उल्लेख है जो बबूल से हैं। जैसे- छप्पू-छप्पू. .., छप्पू-छप्पू..., हहर...हहर...हाय...हाय...हू...हू...ह, ओफ ! रोआँ रोआँ भरभराकर खड़ा हो जाता है।, खड़खड़ा, लुक-झुक-लुक-झुक, झिलमिलाती, हुँ...हु...हु...हु... कच्चा आग में भूनकर खा जाऊँगा ? हूँ...हूँ...हूँ सोखा ने दाँत कटकटाकर गिनते हुए हाँक लगायी चले रे भगवती हाँकिनी, डाकिनी, शाकिनी, पिशाचिनी, ओ...जो. ..ओ...चल। जल्दी चल...हूँ...हूँ...हूँ। हे...ए...ए...ए लहरेला पानी दल दल के

देवालि हुई लचि लचि जाले झुनरे झूं...नि...या। हो...ओ...री...ई...ई...ई...ई...हो. ..होरी।[35]

अँग्रेजी भाषा के शब्द :

विवेकी राय में जहाँ भारतीयता एवं हिन्दी तथा भोजपुरी भाषा के प्रति असीम-आस्था है वहीं अन्य भाषा के शब्दों के प्रति एक सहज अनुराग भी है। अपनी इसी भाषागत विशिष्टता के कारण श्री राय अपने साहित्य के मध्य पर्याप्त अँग्रेजी शब्दों का भी आवश्यकतानुसार प्रयोग करते हैं। डॉ. सरिता यादव ने उनके अँग्रेजी और अरबी फारसी शब्दों को इस प्रकार प्रस्तुत किया है। यथा एक्सीडेण्ट, ट्रेन, फोटो, स्लेट, बाथरूम, मोटरसाइकिल, पोस्टमार्टम, टेस्ट, सर्टिफिकेट, इण्डेक्स, बी.ए., आल राइट, डिस्चार्ज, एक्सपर्ट, लेफ्टीनेण्ट, स्कूटर, कॉलोनी, टीचर, क्लाज, क्लिवर, डियर, ब्रदर, स्कीम, फंक्शन, मिनिस्टर, कन्फ्यूजन, पैण्ट, सर्जन, होटल, अर्जेण्ट, टेलीग्राम तथा आदि।[36]

उर्दू-अरबी-फारसी शब्दावली :

जो उर्दू, अरबी, फारसी शब्द प्रायः जनसामान्य द्वारा दैनिक जीवन में प्रायः बोलचाल की भाषा में सामान्य रूप से प्रयोग किये जाते हैं उनका व्यवहार श्री राय द्वारा किया गया है, उदाहरण- खेल, अर्ज, शमियानें, मुल्क, शरीफ, तजबीज, कचहरी, होटल, मोटर, इबारत, सवाल, जबाब, तेज, जमीन, शुरू, बेशकीमती, गिरफ्तारी, रोज, मौका, नजर, जायज, नाजायज, गरीब, हाजिर, बेतरतीब, किनारा, सिलसिला तथा आदि।[37]

लोकोक्तियाँ और लोककथन :

लोकोक्तियाँ तथा अन्य लोककथन जैसे मुहावरे, सुभाषित आदि लोकजीवन की सुन्दर अभिव्यक्ति करते हैं। इनमें लोकमन का स्पन्दन एवं लोक संस्कृति की विविध भंगिमाएँ मुखर हो उठती हैं। लोकोक्तियाँ सांस्कृतिक अभिव्यक्ति की सबसे सशक्त वाहिका होती है। टेनीसन ने उन्हें पाँच शब्दों का रत्न कहा है जो समय की अँगुलियों पर विस्तार पाकर सदैव चमकते हैं। बेकन के अनुसार किसी भी समाज या राष्ट्र की प्रतिभा, विदग्धता और आत्मा उसकी लोकोक्तियों में उद्घाटित होती हैं। होमैल के शब्दों में लोक का स्वर परमात्मा का स्वर है और लोकोक्तियाँ लोकस्वर हैं।[38] इनके पीछे लोकमान्यता, लोकविश्वास, लोककथा और लोकानुभव की ऐसी सुदृढ़ पृष्ठभूमि होती है कि इन संक्षिप्त सूत्रों का बड़ा गहरा प्रभाव पड़ता है। अतः इन्हें मानवीय ज्ञान के चोखे और चुभते हुए सूत्र कहा गया है।[39]

लोकोक्तियों में लोक के समवेत अनुभव और ज्ञान की संरक्षा होती है। इनका उद्भव, विकास और ह्रास लोक जीवन के बीच होता है। ये समाज की एक बहुमूल्य

सम्पत्ति होती हैं, जिनमें उसकी बौद्धिक और रागात्मक अनुभूतियाँ सुरक्षित होती हैं। ये लोकस्मृति में प्लावित होती हुई अतीत की परम्परा को वर्तमान में गतिशील रखती हैं और उसे भविष्य की देहरी तक पहुँचाती हैं। संक्षेप में लोकोक्तियाँ मानव समाज की मनीषा, मनःस्थिति और भाषा के विभिन्न स्तरों के अध्ययनार्थ एक कामदुहा स्रोत सिद्ध होती हैं।[40]

विवेकी राय का साहित्य लोकजीवन में व्यवहृत होता है। लोकोक्तियों के पीछे कोई कथा, घटना, इतिहास छिपा रहता है, जो धीरे-धीरे किसी समाज की भाषा की अभिव्यक्ति की एक थाती बन जाती है। जैसे कहावत है–'कहाँ राजा भोज और कहाँ गंगुआ तेली' इस लोकोक्ति के पीछे काशी का एक इतिहास है जब भोजवंशीय राजाओं से गुप्तवंशीय गांगेय को सत्ता मिली तो दोनों की राज व्यवस्था की तुलना में यह लोकोक्ति प्रचलित हो गयी।

लोकजीवन के साथ समरस होकर लिखा गया है, उसमें जिस प्रकार लोकजीवन के अन्य पक्षों की अक्षय निधियाँ भरी हैं, उसी प्रकार लोकोक्तियाँ और लोककथन भी। इनमें तत्कालीन सामाजिक जीवन की असंख्य छवियाँ विद्यमान हैं।

विवेकी की भाषा में आडम्बर, बनावट, दिखावा न होकर एक सहज प्रवाह है और उसी प्रवाह में स्वाभाविक रूप से जो लोकोक्तियाँ आती गयी हैं वे उनकी भाषा की शक्ति का संवर्द्धन करती हैं। डॉ. राय गाँव, गरीब, किसान और कृषि के रचनाकार हैं। अतः उनकी रचनाओं में इन क्षेत्रों के रहन-सहन से लेकर प्रकृति और पशु-पक्षियों तक की लोकोक्तियाँ विद्यमान हैं।

कृषि-कृषक सम्बन्धी लोकोक्तियाँ :

1- पाँच पानी खेत में पचास खलिहान में (जुलूस रुका है पृ. 92)

2- चढ़ते बरसे आर्द्रा, उतरे बरसे हस्त, सुखी रहे गिरहस्त (तदैव, पृ. 20)

3- गाँव के दाल-भात न शहर के सलाम (फिर बैतलवा डार पर, पृ. 58)

4- उत्तम खेती, मध्यम बान, निक्रिष्ट चाकरी, भीख निदान (बन तुलसी की गन्ध, पृ. 105)

5- आम के आम गुठली के दाम (आम रास्ता नहीं है, पृ. 52)

6- हमनी क धन इहै गंगा जी क जल बा (आम रास्ता नहीं है, पृ. 16)

7- पढ़े फारसी बेचे तेल यह देखो कुदतर का खेल (बन तुलसी की गन्ध, पृ. 98)

8- कूड़े पर कुड़कुड़ाना (तदैव, पृ. 80)

9- झींगुर चढ़ा जहाज (तदैव, पृ. 50)

10- दूध का दूध पानी का पानी (फिर बैतलवा डार पर, पृ. 87)

11- अयोध्या की सूली होजा को (तदैव, पृ. 87)

12- धरम धक्का और छाती फार भोज (तदैव, पृ. 67)

13- खाये के साग न दरी बिछौना (तदैव, पृ. 59)

14- सारी रमायन हो गयी, सीता किसका बाप (तदैव, पृ. 53)

15- चाक डोलै चकबेनिया डोलै, खैरा पीपर कबहुँ न डोलै (तदैव, पृ. 50)

16- तमाम कुत्ता काशी तो हाँड़ी कौन ढूँढ़ेगा (तदैव, पृ. 37)

17- काली कमरी पर दूजा रंग (तदैव, पृ. 36)

18- दूधो नहाओ पूतो फलो (तदैव, पृ. 34)

19- लिखि लोढ़ा पढ़ि पाथर (तदैव, पृ. 25)

20- आपन जाय सासुरो औरन को सिख देइ (तदैव, पृ. 25)

21- जितना गुड़ डाला उतना मीठा (तदैव, पृ. 23)

22- खड़खड़ काया निरमल नेत भई रे पूता गुरु से भेंट (जुलूस रुका है, पृ. 119)

23- सुखी मीन जहँ जलधि अगाधा, अफसर खुश जहँ पाड़ा बाँधा (तदैव, पृ. 75)

24- विप्र टहलुआ, चीक धन औ बेटी की बाढ़ (तदैव, पृ. 62)

25- नापे जोखे थाहें त लरिका डूबल काहें ? (तदैव, पृ. 31)

26- गाँव गये चकबन्दी में, देश गये गुटबन्दी में
मर्द गये नसबन्दी में, बर्द गये जलबन्दी में। (तदैव, पृ. 23)

27- थोड़ा पढ़ा तो हर से गया, अधिक पढ़ा तो घर से गया (आम रास्ता नहीं है, पृ. 21)

उपर्युक्त लोकोक्तियाँ गाँव में प्रचलित हैं जो कुछ किसान और खेती से सम्बन्धित हैं और कुछ उनके स्वभाव, जीवनशैली और कटाक्ष करने की प्रवृत्ति पर निर्भर हैं।

अन्य लोकोक्तियाँ :

1-न रहेगा बाँस न बाजेगी बाँसुरी (आम रास्ता नहीं है, पृ. 20)

2-वर कन्या अनेक जग माँही (तदैव, पृ. 21)

3- मरता का न करता (जुलूस रुका है, पृ. 96)

4- कपार फूटे त गँवार बूझे (तदैव, पृ. 96)

5- गूलंर का फूल हो जाना (अमंगलहारी, पृ. 103)

6- बिन घरनी घर भूत क डेरा (कालचक्र, पृ. 23)

7- जान बची तो लाखों पाये (अतिथि, पृ. 13)

8- लौना में करसी, बरतन में बोरसी, वैसे मुदीर्सी (फिर बैतलवा डार पर, पृ. 19)

9-गोजर की एक टाँग टूट गयी तो क्या हुआ ? (तदैव, पृ. 52)

10- बाप गले मुँगरी, पूत गरे रुद्राक्ष (विवेकी राय की साहित्य साधना, पृ. 115)

11-मजा मारे गाजी मियाँ, डहके डफाली (जुलूस रुका है, पृ. 78)

12-चिरई क जान जाय लरिका क खिलौना (विवेकी राय की साहित्य साधना, पृ. 264)

13-रहल कामिनियाँ त घर गइल, गइल कामिनियाँ त घर गइल (तदैव, पृ. 264)

14-हिरकल मानेला, परकल ना मानेला (गँवई लेखक कइसन, भोजपुरी समग्र, पृ. 551)

निबन्ध शीर्षक लोकोक्ति में :

1-के कहल चुनरी रंगा लऽ (भोजपुरी समग्र में)

2-राम झरोख बइठि के (भोजपुरी समग्र में)

3-अपना हाथ जगन्नाथ(बन तुलसी की गन्ध में)

4-फिर बैतलवा डार पर (एक संग्रह का शीर्षक)

5-अफीम की बत्ती (फिर बैठलवा डार पर, पृ. 113)

6-सन्तो धोखा कासो कहिए (जुलूस रुका है, पृ. 30)

7-आंखि एक न, कजरौटा नौ मन का (विवेकी राय की साहित्य साधना, पृ. 115)

8-जाने क चीलम जिन पर चढ़ले अगारा (तदैव, पृ. 115)

9-मुअला पर डोम (तदैव, पृ. 115)

10-एगो सिधरी बाँस चढ़ल (तदैव, पृ. 115)

11-लड़ल कभरे ना, बाँय-बाँय गोहरावै (तदैव, पृ. 115)

संस्कृत सुभाषितों का लोकोक्ति प्रयोग :

1-यदि वांछसि मूर्खत्वं ग्रामेबस दिन त्रयं (बन तुलसी की गन्ध, पृ. 30)

2-नमो वृक्षेभ्यः हरिकेशभ्योः (उठ जाग मुसाफिर, पृ. 40)

3-ततः किम् (प्राप्तश्रियः सकल कामदुधास्ततः किम्) (तदैव, पृ. 78)

इसी प्रकार की अर्द्धालियाँ, बिहारी के दोहों आदि का भी लोक प्रचलित रूपों का उपयोग उन्होंने अपने निबन्धों आदि में किया है।

मुहावरे :

लोकोक्तियों की ही भाँति मुहावरों में भी लोकजीवन की अभिव्यक्तियाँ भरी होती हैं। ये छोटे-छोटे वाक्यांश जिन्हें हम मुहावरे कहते हैं, बहुत बड़ी-बड़ी बातों को प्रकट कर दिया करते हैं। कवियों ने अपनी भाषा की सामर्थ्य को बढ़ाने के लिए बराबर इनका प्रयोग किया है। डॉ. विवेकी राय ने इनका बहुत अधिक उपयोग किया है। इनकी पंक्ति-पंक्ति में मुहावरे भरे हुए हैं और उन सबका संग्रह इस लघु सीमा में कदापि सम्भव नहीं है। यहाँ तो उनकी एक झलकमात्र प्रस्तुत की जा रही है।

पत्र, पुष्प, चन्द्रमा, वर्षा आदि के प्रसंगों को लेकर अनेक मुहावरे प्रचलित मिलते हैं जो इस देश की प्राकृतिक विशेषता के अनुरूप विभिन्न भावों के अभिव्यंजक बनाये गये हैं। कृषि जीवन सम्बन्धी मुहावरों की भी अधिकता है।

मुहावरों और लोकोक्तियों में अन्तर यह होता है कि लोकोक्तियाँ पूरे वाक्य के रूप में प्रायः होती हैं, जबकि मुहावरे वाक्यांशमात्र होते हैं। गिने-चुने शब्दों के द्वारा अपनी वांछित भावना को अभिव्यक्त करने में मुहावरों की कोई सानी नहीं है। जायसी ने लोकोक्तियों और मुहावरों पर 'मसलानामा' नामक एक पुस्तक ही लिख डाली है। पण्डित अयोध्यासिंह 'हरिऔध' ने 'चोखे-चौपदे' और 'चुभते चौपदे' में मुहावरों की भरमार लगा दी है। प्रायः कवि और लेखक अपनी भाषा को प्राणवान् बनाने के लिए मुहावरों का प्रयोग करते हैं। मुहावरे गागर में सागर भरने के समान हैं। बिहारीलाल ने सतसैया के दोहरों को 'नावक के तीर' कहा है जो 'देखत कै छोटो लगैं घाव करैं गम्भीर'। कैसे मुहावरे अल्प शब्दों में अनन्त का कथन करते हैं, इसे बिहारी के एक प्रसिद्ध दोहे से हम देख सकते हैं–

कहत, नटत, रीझत, खिझत, मिलत, खिलत, लजियात।
भरे भौन में करत हैं नैननु ही सब बात।।

डॉ. विवेकी राय कहावतों और लोकोक्तियों की ही भाँति मुहावरों का प्रयोग भी खूब खुलकर करते हैं। कुछ उदाहरण इस प्रकार हैं–

1-कान खड़े होना (जुलूस रुका है, पृ. 32)
2-मक्षिका स्थाने मक्षिका (तदैव)
3- पौ बारह (तदैव)
4-भाव चढ़ना (तदैव)
5-पाँचो उँगली घी में (तदैव)
6-बाकलम खुद करना (तदैव, पृ. 36)
7- चोंच नहीं डूबने देना (तदैव, पृ. 38)
8-मुँह लाल होना (तदैव, पृ. 39)
9-रोआँ फड़कना (तदैव, पृ. 39)

10-जा बाबू घर गइल (तदैव, पृ. 43)

11-सुख जैसा सपना (तदैव, पृ. 43)

12-छत्तीस का फेर (तदैव, पृ. 50)

13-चक्रव्यूह में अभिमन्यू (बन तुलसी की गन्ध, पृ. 54)

14-बैठ कर खाना (फिर बैतलवा डार पर, पृ. 21)

15-लिखि लोढ़ा पढ़ि पत्थर (तदैव, पृ. 25)

16-मुँह में ताला (तदैव, पृ. 32)

17-मुँहचोर (तदैव, पृ. 32)

18-खाये के साग ना दरी बिछौना (तदैव, पृ. 59)

19-मूँदहु आँख कतहूँ कछु नाहीं (बन तुलसी की गन्ध, पृ. 26)

20-आँसू पोंछना (तदैव, पृ. 27)

21-अलादीन का चिराग (तदैव, पृ. 54)

22-मूलो नास्ति कुतो शाखा (तदैव, पृ. 119)

23-न दैन्यं न पलायनम् (उठ जाग मुसाफिर, पृ. 63)

24-भइलैं बण्टाधार (तदैव, पृ. 67)

25-चिराग तले अँधेरा (तदैव, पृ. 104)

26-मुँह किरिखी (भोजपुरी समग्र, पृ. 282)

27-भाड़ झोंकना (मनबोध मास्टर की डायरी, पृ. 34)

28-मियाँ की दौड़ मस्जिद तक (श्वेत-पत्र, पृ. 38)

29-धूल झाड़ना, कुत्ते की मौत मरना, पेट में चूहे कूदना, आसमान के तारे तोड़ना, डूबते को तिनका का सहारा (सभी बबूल में)

30-बारह बरिस का पुत्ता, छह महीने का कुत्ता (बबूल, पृ. 46)

डॉ. विवेकी राय की रचनाओं के आलोचकों ने भी उनके लोकोक्तियों और मुहावरों के प्रयोग को उनकी ग्राम्य भाषा में मणि-कांचन योग के रूप में निरूपित किया। डॉ. जनार्दन राय ने अपने डी.लिट्. के शोध ग्रन्थ में इस सम्बन्ध में लिखा है–

'स्वातन्त्र्योत्तर हिन्दी के आंचलिक कथा-साहित्य में मुहावरे और लोकोक्तियों का प्रचलन 'रेणु' से शुरू होता है। बाद के रचनाकारों में डॉ. शिव प्रसाद सिंह, राही मासूम रजा, शैलेश मटियानी, रामदरस मिश्र आदि प्रमुख हैं, जिन्होंने बारीकी से (इसे) ग्रहण किया। इसी परम्परा में कृषि क्रान्ति के लेखन की रहनुमाई कर रहे कथाकार विवेकी राय ने मुहावरे और लोकोक्तियों का अपनी कृतियों में इतना सार्थक प्रयोग किया है कि वे एकदम पिंज हो गये हैं। रचनाओं के ज्यादातर प्रसंगों में मुहावरे आये हैं और किंचित् नहीं तो आगे-पीछे कहीं-न- कहीं कोई लोकोक्ति अवश्य

जड़ दी गयी है।[41] विवेकी राय के कथा और कथेतर दोनों ही रचनाओं में यह प्रवृत्ति देखी जा सकती है।

विवेकी राय की ग्राम-गन्ध तो सर्वत्र है, कविता हो, संस्मरण हो, कहानी हो, उपन्यास हो या कथेतर अन्य गद्य-विधाएँ। पर इनकी भाषा में स्थानीय शब्दों का प्रयोग और मुहावरों और लोकोक्तियों की प्रयोग-भूमि इनका अंचल ही है और इसलिए इनमें आंचलिकता की रंगत दीख पड़ती है। डॉ. मान्धाता राय ने इस सम्बन्ध में लिखा है—

'स्थानीय मुहावरों के प्रयोग के कारण सघन आंचलिकता उभरकर सामने आयी है। मुँह चीर देना, माँग चाह कर काम चलाना...आदि मुहावरों के साथ अनेकानेक नवीन उपमानों लुकलुकाती लालटेन, पुरवाई के झोंके को मतवाला साँड़ और काली रात को कसाई कहकर लेखक ने अपनी जिन्दादिली और पैनी दृष्टि का परिचय दिया है।''[42]

विवेकी राय के ललित निबन्धों के सम्बन्ध में विचार करते हुए डॉ. वेद प्रकाश अमिताभ ने लिखा है— 'इस तरह के मुहावरेवाले भाषा के एक नये मुहावरे का साक्षात्कार होता है। जगह-जगह लोकोक्तियों और मुहावरों की जीवन्त उपस्थिति ने इस मुहावरे को खासी शक्ति प्रदान की है। निबन्धों में प्रयुक्त लोकोक्तियाँ, निबन्धकार के गहन जीवनानुभव और लोकसमर्थन की गवाही देती हैं।''[43]

संवाद-योजना :

विवेकी राय के निबन्ध, रिपोर्ताज, संस्मरण, डायरी आदि विधाओं में लिखे गद्य में संवादों के माध्यम से स्थानीय रंग, गन्ध बहुत भास्वर रूप में उभरी है। यह कहा जा सकता है कि उनकी इन विधाओं का लेखन एक प्रकार से अपने ग्राम्य बन्धुओं, सुधीजनों और पाठकों के साथ संवाद ही है। इन संवादों के माध्यम से वे गाँव के लोगों की जीवनशैली, उनके आंचलिक चरित्र और उनके पिछड़ेपन व अन्धविश्वास को बड़ी खूबी के साथ रेखांकित कर देते हैं। उनके निबन्ध-साहित्य में संवादों का जो मनोमुग्धकारी स्वरूप हमें मिलता है, वह उनके कथा-साहित्य से कम आकर्षक नहीं है। अत्यन्त सरल भाषा में अपने पात्रों के मुख से लेखक अपनी अन्तर्निहित धारणाओं और भावनाओं को अभिव्यक्ति देने में सफल हुआ है। इन संवादों से कथ्य को भली प्रकार हृदयंगम कराने के साथ ही वे साकार रूप से गाँव के जीवन को पाठक के सम्मुख लाकर खड़ा कर देते हैं।

करते हैं चोरी और सीनाजोरी। मास्टर के खेत की फसल काट ले गये ग्वालों के बीच जब वह फरियाद करने जाता है तो किस प्रकार चोरी करनेवाले उसे पशु-सेवाधर्म बखानते हैं और मास्टर उनकी इस दलील पर अपनी बात को कहता

ही है, वह एक आदर्श भी सिखाता है—"तनिक हमारी उमर देखिये। सवेरे-सवेरे खिला-पिलाकर हटाये गये मोटे-ताजे मवेशियों के झुण्ड की ओर उँगली उठायी। बोलते हैं—हरियर-हरियर महादेव। गाय पार्वती माता है। किसी पूर्व जन्म के पुण्य से भगवान् ने इन्हें द्वार की शोभा बढ़ाने के लिए घर-आँगन पवित्र करने के लिए भेज दिया। अब आप ही बतायें कि इनकी सेवा करना हमारा धर्म है कि नहीं ? अनबोलते साधुओं की इस जमात को तृप्त करना हमारा कर्त्तव्य है कि नहीं ? अरे बाबू जी, आप जिसे चोरी कहते हैं, उसे हम लोग पूजा समझते हैं।

"तो तुम क्या चाहते हो ?" मैं फट पड़ा--"तुम्हारे ये नाद चरन शिवालय हैं ? तुम घास की चोरी न कर शंकर पार्वती की पूजा करते हो ? मगर मित्रों, आश्चर्य तो यह है कि इतने पूजा-पाठ के बावजूद महादेव जी कभी प्रसन्न होकर तुम लोगों के घर हीरे-जवाहरात की वर्षा नहीं कर देते। देखेने में तो आ रहा है इस प्रकार कि पूजा करनेवाले ही दुनिया में सबसे अधिक दरिद्र हैं।"

"तुम लोग आँख खोलकर देखो ! ये तुम्हारे खँडहर के समान टूटे-फूटे मकान। ये तुम्हारी फूस की झोपड़ियाँ। यह तुम्हारी पोशाक। तुम लोग चिथड़े पहनते हो। भरपेट भोजन शायद ही जीवन में मिलता है, और आराम ! आराम दिन-भर बेकार घूमने में नहीं है, आराम कुछ दूसरी वस्तु है।..."[44]

संवाद एक ऐसी कला है जिसके द्वारा थोड़े शब्दों में बहुत-कुछ कहा जा सकता है। गाँव की दुर्दशा और उसके प्रति सरकार की उपेक्षा पर सूचनाधिकारी और गाँव के आदमी की बातचीत से कितना प्रभाव पड़ता है, यह देखने लायक है। वार्ता में शब्दों से करारे-व्यंग्य की तीखी धार भी दिखती है। एक गाँव में सूचनाधिकारी आये हैं, गाँव की दशा-दिशा जानने को। नीम के पेड़ के नीचे कुर्सियाँ लगी हैं। लोगों की बातचीत शुरू है कि वर्षा प्रारम्भ हो गयी। तेज बारिस के चलते सूचनाधिकारी ने व्यग्रता दिखायी कि ऐसे ही पानी में भीगते रहे तो 'मशीन ठण्ढी हो जायेगी, कुछ करते नहीं बनता।' इस पर एक सज्जन ने चिन्ता व्यक्त की कि—"अब भारी वर्षा की बात तो यह है कि आप लोग यहीं फँस जायेंगे। जीप का निकलना असम्भव हो जाएगा।"

'क्यों जिस रास्ते आये वह क्या हो गया ?'

'अरे साहब ! आपको मालूम होना चाहिए कि आप गाँव में हैं। यहाँ पानी बरसने पर जीप क्या, पैदल रास्ता भी नहीं रह जाता।'

'यहाँ के आदमी तब आते-जाते कैसे हैं ?'

'यहाँ आदमी कहाँ हैं ?'

'तब का जो सारे आदमी यहाँ इकट्ठा हैं, आदमी नहीं हैं ?'

'कम-से-कम सरकार तो यही समझती है।'

'कैसे ?'

'जहाँ आदमी हैं, वहाँ दस वर्ष में सड़कें पक्की हो गयीं, पक्की सड़के पिच हो गयीं, पिच की सड़कें सीमेण्ट की हो गयीं और सीमेण्ट की सड़कों के दोनों ओर खुशबूदार फूल लग गये। यहाँ एक युग में जीप का निकास भी नहीं बना। अजी, बारह वर्ष में घूरे के दिन फिरते हैं, पर यहाँ तो गाँवों की दशा अँग्रेजी राज से भी बदतर हो गयी है।'

'गाँव को उठाने के लिए ही तो यह सब हो रहा है। तमाम देश में योजनाएँ चल रही हैं। सात दिनों से हम लोग उसका प्रचार कर रहे हैं।[45]

इस संवाद में 'आदमी' शब्द में कितना व्यंग्य भरा है। साथ ही गाँव की पूरी दशा और सरकार की योजनाओं का गाँव तक न पहुँचना और केवल प्रचारतंत्र द्वारा सरकार के कागजी कामों का ढिंढोरा पीटना, सब-कुछ इस संवाद में लक्षित कर दिया गया है।

अपनी रचनाओं में लेखक गाँव की कुरीतियों को भी संवादों के माध्यम से उकेरता है। दहेज, अंधविश्वास-ढोंग और बिना सिर-पैर की अफवाहों के लिए गाँव बदनाम है। इनके एक-एक उदाहरण द्रष्टव्य हैं।

1- दहेज :

'साधू प्रसाद अपनी लड़की की शादी तय करने देवता प्रसाद के यहाँ गये। उन्होंने खुलकर लड़के का मोल-भाव किया। साधू प्रसाद बोले--"गाँव में तो ऐसा नहीं होता है। तिस पर भी आप आधुनिक प्रगतिशील किसान बनते हैं।"

'मैं अपने सिद्धान्त और न्याय पक्ष पर हूँ।' देवता प्रसाद ने उत्तर दिया।

'तो हमें समझाइये कि किस प्रकार विवाह में सौदाबाजी करके आप न्याय पक्ष पर हैं।'

'क्षमा कीजिये बात यह है कि जब आप हमारे यहाँ रिश्ता तय कर रहे हैं, तो इस समय मैं आपकी लड़की के वकील की हैसियत से बोल रहा हूँ।'

साधू प्रसाद कटकर रह गये। सोचा, इस फाँस में छटपटाना बेकार है। विवाह तय हो गया। पुनः बारात के समय कोई झंझट न हो, इसलिए देवता प्रसाद ने लेन-देन की सारी रस्मों और उनके नेग की एक लम्बी फहरिस्त बनायी- द्वारपूजा से लेकर विदाई तक की। फिर कहा—"वस्तु रूप में नहीं, सब नकद रूप में तिलक पर ही आ आये। वैसे अपने द्वार की शोभा बढ़ाने के लिए और अधिक आप दें तो खुशी ही होगी।"[46]

अन्धविश्वास और ढोंग :

"एक बनिहारिन औरत के सिर पर काली जी सवार। गरजकर कहती है—हम काली रे, काली रे, काली रे ! कलकत्तेवाली काली रे, पानी बरसेगा, बरसेगा, काहे नहीं बरसेगा।, नहीं बरसेगा तो आदमी और चउवा चाँगर कैसे जियेगा? मगर, अरे गाँव के लोगों, धर्म करो, धर्म करो, धर्म करो !

उसका पति हैरान है। अरे तू ही घर की मालकिन ठहरी, तू ही 'देवतही' हो गयी तो काम कैसे चलेगा ? घर पर भी सूखा पड़ जायेगा।

उसका बेटा हैरान है। अरे माई को तो कभी कुछ नहीं हुआ। यह क्या हो गया ? यह भुतभाँवर में 'अभुआ' रही है।'

"बाबू घराने की भक्तिन लोग इस काली जी के आगे हाथ जोड़कर खड़ी हैं। जय हो काली माँ, पानी बरसाओं कि बच्चों के मुँह के आहार का जुगाड़ हारे। देवी कटकटा रही हैं। आँखें चढ़कर लाल हो गयी हैं। मुँह से गाज निकल रहा है। पेट धँस गया है। हँकड़कर पानी बरसने की घोषणा करती हैं, तो लोगों के माथ झुक जाते हैं।"[47]

3- अफवाह :

गाँव में चुनाव-प्रचार की एक टोली जीप लेकर आ रही है। जीप की आवाज हरहराहट सुनकर गाँव के लोग किस प्रकार मनगढन्त अफवाहें फैला देते हैं, यह देखिये—"उन्होंनें अपने पड़ोसी बाँकेलाल से कहा--"पश्चिम से बड़े जोरों की हर-हराहट की आवाज आ रही है।"

उनका कथन कुछ दूर अपनी झोंपड़ी में बैठे सकलराम जी ने सुना और बाँकेलाल से पूछा कि शिवप्रसाद बाबू क्या कह रहे हैं ?

बाँकेलाल ने उत्तर दिया--"अरे महाराज पश्चिम से मालूम होता है कि हर हराता हुआ पानी आ रहा है।"

अब इस बात को सकलराम ने अपने आस-पास इस प्रकार हल्ला किया--"अरे भाईयों, भागो...भागो एक ताड़ ऊँचा पानी पश्चिम से आ रहा है। जल्दी भागो।" और मेरे मुहल्ले तक आते-आते बाढ़ का रूप ऐसा हो गया कि खुद शिवप्रसाद बाबू अपनी आँखों से देखकर भागे चले आ रहे हैं। एक ताड़ से भी ऊँचा पानी है। गाँव के गोयड़ तक आ गया। जल्दी भागो।[48]

4- गाँव में मजदूरों का दोहन और उनकी पूरी मजदूरी न देने पर हड़ताल और किसान भी कृषि से आमदनी का टोटा एक संवाद में मुखर हुआ है— "गाँव के हलवाहों की हड़ताल...बिना मजदूरी बढ़े हल नहीं उठायेंगे। एक दिन...दो दिन.. .तीन दिन...फिर समझौते का यत्न। शिव-मन्दिर पर बटोर। तुम्ही लोग बोलो क्या

कहते हो ? सभापति ने कहा और कार्मिक वर्ग के उभरे हुजूम में के-कें करते शिशुओं के बीच से एक पजामा-कुर्तावाला युवक खड़ा हुआ। कहीं किसी शहर में पढ़ता है। किसी सभा में बोलने का शायद पहला मौका है।...'आप लोग अपने तो बाबू बने हैं और पुश्त-दर-पुश्त से हम नान्ह लोगों को दबाते आये हैं। अब हम लोग नहीं दबेंगे। आप लोग हल जोतनेवालों को तीन सौ रुपया माहवार वेतन दें, तब हल उठेगा।

बटोर सन्न ! कोई कुछ नहीं बोल रहा है। थोड़ी देर में पैंट-बुशर्ट पहने एक लड़का खड़ा हुआ।...मेरा बाप 'बाबू' है। मेरे पास पारिवारिक हिस्से का छह बीघा खेत हैं। मैं चार वर्ष से एम.ए. पास कर उसी समय का सिला सूट घिस रहा हूँ और घर पर बेकार बैठा हूँ। प्रतीक्षा है कि डेढ़-दो सौ की भी कहीं नौकरी मिले।''[1]

5-किसान-मजदूरों को कैसे गाँव के बड़े लोग ठगते हैं। दया बाबू ने घुरहू से उसी के पैसे खाद खरीदवाई और पैसा वापस करने कैसे पैंतरे चलते हैं—''सात दिन बाद दया बाबू मिले, कहा तुम उस दिन आये नहीं। रात-भर रुपया सिरहाने रख तुम्हें खोजता रहा।

''रुपया आपके यहाँ से कहाँ जायेगा ? सोचा कौन तुरन्त तकाजे में सिर पर सवार हो जाये। दूसरे दिन सुबह गया तो पता चला, आप जिले पर चले गये हैं। घुरहू बोले।

''तुम्हारे ही काम से तो गया था। एक अर्जी लिख सभापति से मुहर लगा दस्खत करा लो।''

फिर क्या हुआ ? अर्जी जहर हो गयी। देखते ही झनझना गया सभापतिया। तुम खिलाफ पार्टीवाले उस दो कौड़ी के आदमी को झोला ढोने शहर में अर्जी देने जाओगे ?...अच्छा, अब आगे लेना बाढ़ का पैसा। देखें कौन दिलवाता है ?[49]

लोकभाषा की महक और ठसक :

विवेकी राय खड़ीबोली और भोजपुरी दोनों में ही समान त्वरा व प्रवाह के साथ लिखते हैं। उनकी खड़ीबोली भी लोकांचलिक शब्दों मुहावरों के साथ लोकभाषा की रंग-गन्ध युक्त है। उन्होंने खड़ीबोली में प्रांजल और संस्कृतनिष्ठ अभिजात भाषा का भी आवश्यकतानुसार प्रयोग किया है। गेंदा के फूल के पौधे को देखकर लेखक 'ततः किम्' ललित निबन्ध में लिखता है—

''केसरिया पीताभा लिये गम्हिन चुन्नटों में पुष्पदल की समान बनावट, बनावटी नहीं, प्रकृति माता के हाथों सँवारी टटकी-टटकी। पंच तत्त्वों का यह पवित्र खिलौना किस अलक्षित साँचे में ढला कि सम्पूर्ण पौधा-परिवेश एक समान। ...फूल ही क्यों हरी-हरी पक्तियों में भी वही समत्व योग, सब-कुछ उत्तम, उत्तमोत्तग, सर्वोत्तम।''[50]

इसी प्रकार का भाषा-प्रयोग 'कोपल कोपल ऋतुपत पानी' नामक ललित निबन्ध में लेखक ने किया है—और देखिये, केलि में, कली में और फूलों आदि में पद्माकर के 'बगरय बसन्त की मोहिनी पूर्ण रूप में प्रभावी हो गयी है। बोल में नयी खुनक, तेवर में अनजानी तुनक और मन में कोई सनक लिये सारा जीव-जगत् अनायास कुछ-से-कुछ हो गया है। कोंपलों की चोली में जैसे नयी बसन्तिका जवानी सारे संसार को मदमस्त बना रही है। नयी-नयी टटकी कोंपलें वृक्ष-वनस्पतियों की दुनिया में ही नहीं, मनुष्य के मनोजगत् में भी उठ-उकस रही हैं। उनकी सूक्ष्म, आभा, ऊर्जा और स्पन्दनशीतलता से बाहर की दुनिया एक नये रस में, नये रंग में और नयी गन्ध में डूब गयी है। इस नये रस-गन्ध में पतझड़ की चुनौतियाँ हैं। दुःख पर सुख की अैर बिरसता पर रस-विजय की परम्परा है।[51]

अपने ललित निबन्ध 'क्या बसन्त आ गया' एक प्रसंग में गाँव और शहर की तुलना करता है। गाँव के प्रसंग की भाषा अलग ढंग की है और शहर के वैभव की भाषा अभिजात भाषा में है। गाँव की भाषा-कुछ लोग घास गढ़ने के लिए खेतों में झुके दिखायी देते हैं दाहिने हाथ में पौधे बीनकर उखाड़ते हैं, फिर उसे बायें हाथ में लेकर, पीछे कमर से टिकाकर झुकते, एक विचित्र चित्र की तरह उभारता। वे कभी खड़े होते, कभी झुकते, कभी दाहिने हाथ के पौधों को बायें हाथ में झटके से थामते। एक-एक पौधे से मुट्ठा बनाते, एक-एक मुट्ठा से पंजा, पंजे से आँटे बन जाते, बोझ चढ़ते सिर पर और हरियाली पर तैरते चलते गाँव की ओर। सरसों में जब आदमी डूब जाते तो वे भारी-भारी बोझ हवा में तैरते प्रतीत होते।''[52]

शहरी भाषा का उदाहरण देखिये। कलकत्ता चलो, क्या पूछना ? बम्बई चलो, वाह-वाह ! गगनचुम्बी अट्टालकाएँ, बिजली के धवल प्रकाश में नहाते मोटे ऊन में लिपटे, इन्द्र भवनों के देवगण, छोड़ो यह धूल-धक्कड़, मरियल, मैले, फटेहाल, बैलों का तड़पते, पिल्लों का, भूखा-सूखा मुल्क। वहाँ अमरावती, देवांगनाएँ, लास नृत्य, विविध विलास, हृदयहारी संगीत, भवन में कुबेर कोश, मन में पारिजात सौरभ और तन में आकाश गंगाकी धवलिमां।[53]

आजकल सामान्य बात-चीत की भाषा में अधिकतर पढ़ा-लिखा वर्ग अँग्रेजी और हिन्दी मिला जुलाकर बोलता है और उसे कुछ लोग 'हिंगलिश' का नाम देते हैं। इस प्रकार की एक भाषा का उदाहरण एक अध्यापक अपनी कक्षा में बोल रहा है—''माइण्ड इट प्लीज। दिस इज नॉट हाईस्कूल आर इण्टरमीडिएट कॉलेज। दिस इज ट्रेनिंग कॉलेज, मैं कहे देता हूँ, समझाये देता हूँ, बताये देता हूँ कि यहाँ सम्भलकर रहना पड़ेगा। यहाँ पर आपकी सारी क्रियाएँ, एक्टिविटीज देखी जाती हैं। यही नहीं, आप सुबह से शाम तक क्या करते हैं, रुकिये इतना ही क्यों ? आपकी रात में सोते समय भी निगरानी होती है।''

मानवीय सौन्दर्य चित्रण करने में भी विवेकी राय की भाषा उतनी ही सजीव और आकर्षक है, जितनी प्रकृति के चित्रण की भाषा है। अपनी रचना 'बबूल' में विवेकी राय ने कथा नायक महेसवा की आँखों से कथा नायिका पलकी का जो प्रथम दृश्य देता है, उसको लेखक ने ग्रामीण सौन्दर्य के निरूपण में उसका चित्रण इस प्रकार से किया है–पलकी अपना घड़ा कमर पर रखकर चल पड़ी। घड़े का पानी हलक-छलककर पड़ने से साड़ी का अधिकांश भाग भीग गया था।[54]

उसने आगे से साड़ी समेटकर मर्दाने ढंग से पीछे खोंस ली थी। फलतः सुपष्ट पिण्डलियाँ दिखायी पड़ रही थीं। रसगुल्ले की तरह लाल रंग के गोल-गोल छापवाले साधारण कपड़े का ब्लाउज महेसवा की आँखों पर चढ़ रहा था। अपनी बाल्टी रस्सी में फाँसते हुए उसने अब स्वर बदलकर कहा- "अरे तू तो दिन-दिन खिलती जा रही है।"[55]

इस प्रकार ग्रामीण नारी के सौन्दर्य का चित्र 'गाँव की गोरी बनाम शहर की छोरी' नामक निबन्ध में उभरा है। गाँव की गोरी का एक रूप देखें–'किशोरावस्था की देहली लाँघ विकासमान उसके भरे-भरे सुपुष्ट अंगों में सहमी सकुची सहज सुन्दरता है और सुन्दरता की निर्विकार भभकन लिये गाँव की क्यारी में उगी विनम्र कुसुमाओं-सी वे लगी, आयी और अनन्त विस्तारी ग्राम श्री के बीच उसी समस्त मृदु-माधुरी को समेटे भोली निसर्ग कन्याओं-सी।[56]

शहर की छोरी को वे अधजल गगरी कहते हैं। उसमें बनावटी सौन्दर्य है और गाँव की युवती में नैसर्गिक सौन्दर्य है। अब इनकी भाषा की मंहक और ग्रामीण ठसक देखिये--"अधजल गगरी छलकते-छलकते रीत हो जाये, तो कहाँ रह गयी भरे-भरे कलशवाली खूबसूरती ? गाँव में घर है, घर में परिवार है, परिवार में कन्या है, कन्या में प्रत्येक प्रकार की चिन्ता से रहित एक नारी का सनातन शील है और वह कितना भर-भर है। यह भारपन पान-फूल, मेंहदी-महावर और सुपली-मउनी जैसे सुरक्षित और स्वप्नशील परिवेश में निखर पाता, जिस सहज सौन्दर्य के रूप में प्रस्फुटित होता है, उसे नगर के आधुनिक सभ्य जन पिछड़ेपन से जोड़कर मूल्यांकित करें तो भी क्या फरक पड़ता है ?"[57]

खड़ीबोली के ही समान भोजपुरी लेखन में ही डॉ. राय की समान गति है। भोजपुरी के प्रतिष्ठित लेखकों में उनकी गणना है, और भोजपुरी में कहानी, उपन्यास, ललित निबन्ध आदि कई रचनाएँ प्रकाशित हुई हैं, जो विश्वविद्यालय प्रकाशन वाराणसी से भोजपुरी समग्र के रूप में एक साथ प्रकाशित कर दी गयी है। इनके भोजपुरी गद्य में भी भाषा का वही ललित प्रवाह, वही ग्राम गन्ध और वही मिट्टी की सोंधी महक मिली है जो उनकी समग्र लेखन की बड़ी पूँजी है–"खेत पर कटिया लागल जाइसे सोना पर 'प्रेम क लूटि परलि !' टूटि परले बनिहार। सोना नीयर खेत,

माटी नियर मजूर। हाथ जल्दी-जल्दी चलि रहल बा। बढ़ि-बढ़ि के पौधन के साफ कइल जात बा। हँसि-हँसि के बोली निकलति बा। मंगन लोग भी पहुँचत बाड़न आ ढोल बजा-बजा के माँगत बाड़न। अइसन जनात बा कि इहँवे जमुना क किनारा बा इहँवे कन्हैया क बंशी बजत बा। इहँवे कुंज-गली क छेड़-छाड़ होति बा। खेते में कृष्ण बाड़न, खेते में राधा। कहाँ से ई शोभा फइललि ? खेते में जिनगी आ खेते में जवानी। बनिहारिन लोगिन से के कहल कि बोझ माथ पे उठाके जमुनापारी पाड़ी नियर माकत चल जा। के कहल कि, चमक-चमक के झमक-झमक के, उचकि-उचकि के, लपकि-लपकि के, देह भाँजत, गेना नियर, उछलत चउये पर चलि जा ?''[58]

गाँव के खेतों में कितनी सहज, सुचता के साथ प्राकृतिक सौन्दर्य उतर आया है, इसका दृश्य देखिये- ई सरिसो देखीं, पीयर-पीयर झब्बा-झुमका गुथाइल बा। हवा में झूमि रहल बा। कवन जादूगर ई पीअर-पीअर बूटा टाँगि देले बा ? और सागर में त भगवान विष्णु रहेलन, एह पीतसागर में के ओठघल बा ?

बुझलीं, इहाँ कामदेव महाराज विराजमान बाड़न। आ एगो अउरी अजगुन देखी। सागर पा सागर, समुन्दर-पर-समुन्दर। नीचे पवधा लोग क हरियर समुन्दर आ ऊपर सरिसों का फूल क पीअर समुन्दर, ऊपर किरिनि क सोनहुला समुन्दर अउर सब से ऊपर असमान क नीला समुन्दर। ई सरिसों क फूल का फूलत जनात बा कि गाँव अगराइल बा।

ना जाने कहाँ से फूले फूल उतरल बा। बड़े-बड़े फूल नन्हीं-नन्हीं फूल, आँखि नियर फूल, ओठ नियर फूल, नकबेसर नियर, झब्बा, झलिया, कनफल आ का जाने आउरी कइगो गहना नियर फूल। ई कुदरते के कमाल क फूल, ई सोना का ई माटी क फूल, चाननी क, धूप क, किंरिन क फूल, रंग-बिरंग क फूल, फूल क बजारी में फूले क सउदा आ फूले खरीददार। हवा क इसारा पर हँसत-हिलत फूल, किरिन के झूमि के फूलत फूल, जमीन क पियार पाइ के चहकत फूल, महमह-महमह फूल, चिरई नियर चहकत फूल, लजीला फूल, सजीला फूल, फूले फूल।[59]

विवेकी राय के भोजपुरी गद्य में जो भाषा सौन्दर्य है, इसके सम्बन्ध में डॉ. चन्द्रशेखर तिवारी ने उचित ही लिखा है कि—सचमुच विवेकी राय जी ने भोजपुरी के गद्य-साहित्य के युग का प्रवर्तन किया है और युग-प्रवर्तक रचनाकार ने भाषा के क्षेत्र में भी अभूतपूर्व चमत्कार उत्पन्न किया है। मनमोहक है उनका गद्य लेखन, अद्‌भुत प्रभावोत्पादकता और सम्प्रेषणीयता है उनकी भाषा में।

यद्यपि इस विराट् शब्द-शिल्पी की भाषायी क्षमता को अथवा उसके भाषिक सौन्दर्य को कुछ पंक्तियों, शब्दों अथवा पृष्ठों की सीमा में बाँध पाना दुष्कर ही नहीं, असम्भव भी है, फिर भी उनके भाषा के चुहुलपन और बानी को उनके कथेतर गद्य में स्थान-स्थान पर सहज ही देखा जा सकता है।

सन्दर्भ

1. सृजन यज्ञ जारी है : पृ.5
2. नन्दलाल मेहता : भाषा और संस्कृति-प्राणिक अद्वैतता (डॉ. कन्हैया सिंह का लेख) : पृ. 11-12
3. सृजन यज्ञ जारी है : पृ. 5
4. नन्दलाल मेहता : भाषा और संस्कृति-प्राणिक अद्वैतता (डॉ. कन्हैया सिंह का लेख) : पृ. 11-12
5. वाक्य पदीयम् (ब्रटनफाण्ड), अमरीका : पृ. 123
6. नन्दलाल मेहता : भाषा और संस्कृति, पृ. 34
7. विवेकी राय : बबूल पृ. 36 प्र.स. 1993
8. उठ जाग मुसाफिर : पृ. 1
9. वही, (ग्रीष्म बहार) : पृ. 61-62
10. विवेकी राय : फिर बैतलवा डार पर : पृ.
11. विवेकी राय : श्वेत-पत्र : पृ. 141
12. विवेकी राय : श्वेत-पत्र : पृ. 88
13. अक्षर बीज की हरियाली : वे.प्र. अमिताभ पृ. 106
14. गँवई गन्ध गुलाब, पृ. 70-76
15. श्वेत पत्र : पृ. 10
16. गँवई गन्ध गुलाब : पृ. 76
17. सरिता यादव : विवेकी राय चिन्तन और सृजन : पृ. 351
18. फिर बैतलवा डार पर : विवेकी राय, पृ. 37
19. जुलूस रुका है : विवेकी राय पृ. 821
20. गंगा यमुना सरस्वती : विवेकी राय, पृ. 59
21. बनतुलसी की गन्ध : विवेकी राय, पृ. 32
22. चन्द्रशेखर तिवारी : हिन्दी साहित्य की किसान कलम, पृ. 60
23. बबूल पृ. 78
24. श्वेत-पत्र 53-54
25. आम रास्ता नहीं है : पृ. 125
26. विवेकी राय की साहित्य साधना : चन्द्रशेखर तिवारी, पृ. 189
27. विवेकी राय की साहित्य साधना : चन्द्रशेखर तिवारी, पृ. 182
28. विवेकी राय : चिन्तन और सृजन : डॉ. सरिता यादव, पृ. 350
29. जुलूस रुका है : (नदी और जीवन) पृ. 12-18
30. जुलूस रुका है : डॉ. विवेकी राय : पृ. 131, 27
31. समर शेष है : डॉ. विवेकी राय : पृ. 20
32. अतिथि : डॉ. विवेकी राय : पृ. 107
33. जुलूस रुका है : डॉ. विवेकी राय : पृ. 32

34. बबूल : डॉ. विवेकी राय : पृ. 10
35. बबूल : डॉ. विवेकी राय : पृ. 10
36. विवेकी राय : चिन्तन और सृजन, डॉ. सरिता यादव, पृ. 355
37. विवेकी राय : चिन्तन और सृजन, डॉ. सरिता यादव, पृ. 356
38. शशि शेखर तिवारी : भोजुपरी लोकोक्तियों का अध्ययन, पृ. 1
39. वासुदेवशरण अग्रवाल : मधुकर पत्रिका (लोकोक्ति साहित्य का महत्त्व) मार्च, 1946
40. शशि शेखर तिवारी : भोजुपरी लोकोक्तियों का अध्ययन, पृ. 33
41. आंचलिकता की अवधारणा और विवेकी राय, पृ. 177
42. माटी की महक, पृ. 112
43. तदैव, पृ. 94
44. फिर बैतलवा डार पर, पृ. 39, 34
45. फिर बैतलवा डार पर, पृ. 63
46. जुलूस रुका है, पृ. 10
47. जुलूस रुका है, पृ. 21-22
48. तदैव, पृ. 54
49. जुलूस रुका है : पृ. 20
50. उठ जाग मुसाफिर, पृ. 75
51. कोपल-कोपल ऋतुपत पानी, पृ. 1
52. चली फगुनहट बौरे आम, पृ. 101
53. गँवई गन्ध गुलाब : पृ. 89
54. बबूल : पृ. 78
55. आम रास्ता नहीं है : पृ. 170
56. तदैव, पृ. 172
57. भोजपुरी समग्र : विवेकी राय, पृ. 39
58. भोजपुरी समग्र : विवेकी राय, पृ. 32

सहायक ग्रन्थ सूची

(विवेकी राय का साहित्य और उन पर आलोचना के ग्रन्थ)

1. फिर बैतलवा डाल पर (निबन्ध), विवेकी राय, प्रका. भारतीय ज्ञानपीठ, दिल्ली, 2000, दूसरा संस्करण।
2. जुलूस रुका है (रिपोर्ताज)-विवेकी राय, नेशनल पब्लिशिंग हाउस, नयी दिल्ली-1977, प्रथम संस्करण।
3. गँवई गन्ध गुलाब (रेखाचित्र, निबन्ध) अनिल प्रकाशन, इलाहाबाद, 2009, प्रथम संस्करण।
4. मनबोध मास्टर की डायरी (निबन्ध, रेखाचित्र), विवेकी राय जगतराम एण्ड सन्स, दिल्ली, 1986-प्रथम संस्करण।
5. वन तुलसी की गन्ध (ललित निबन्ध) विवेकी राय, आशीष प्रकाशन, कानुपर, 2010, प्रथम संस्करण।
6. मेरी श्रेष्ठ व्यंग्य रचनाएँ (व्यंग्य निबन्ध) विवेकी राय, ज्ञानभारती, 1984, प्रथम संस्करण।
7. जगत तपोवन सो कियो (ललित निबन्ध) विवेकी राय, विश्वविद्यालय प्रकाशन, 1998, प्रथम संस्करण।
8. आम रास्ता नहीं है (निबन्ध), विवेकी राय, प्रभात प्रकाशन, 1988, प्रथम संस्करण।
9. जीवन अज्ञात का गणित है (निबन्ध, रेखाचित्र, संस्मरण) (विवेकी राय) प्रभात प्रकाशन, 2003, द्वितीय संस्करण।
10. चली फगुनहट बौरे आम (निबन्ध) विवेकी राय, शुभम् प्रकाशन, दिल्ली, 2004, प्रथम संस्करण।
11. उठ जाग मुसाफिर (ललित निबन्ध) विवेकी राय, ग्रन्थ अकादमी, दिल्ली, 2012 प्रथम संस्करण।
12. भोजपुरी समग्र (के कहल चुनरी रँगा ल, गंगा यमुना सरस्वती, राम झरोखा बइठि के आदि), विवेकी राय, भोजपुरी संसद, वाराणसी, 1968, प्रथम संस्करण।
13. स्वातन्त्र्योत्तर कथा-साहित्य और ग्राम जीवन, शोध विवेकी राय, लोक भारती प्रकाशन, इलाहाबाद, सन् 1974, प्रथम संस्करण।

14. आँगन के बन्दनवार (संस्मरण) विवेकी राय, अनिल प्रकाशन, इलाहाबाद, 2003, प्रथम संस्करण।
15. मेरे सुहृद् (संस्मरण) विवेकी राय, प्रभात प्रकाशन, 2005, प्रथम संस्करण।
16. गाजीपुर संवाद : सहजानन्द सरस्वती स्मृति केन्द्र, गाजीपुर, 2002, प्रथम संस्करण।
17. गाजीपुर संवाद : उत्तरार्द्ध, सहजानन्द सरस्वती स्मृति केन्द्र, 2006, प्रथम संस्करण।

सहायक सामग्री उपन्यास

18. बबूल विवेकी राय, हिन्दी प्रचारक संस्थान, वाराणसी, 1984 ई., प्रथम संस्करण।
19. पुरुष पुराण, विवेकी राय, विश्वविद्यालय प्रकाशन, वाराणसी, 2007 ई. द्वितीय संस्करण।
20. लोक ऋण, विवेकी राय, विश्वविद्यालय प्रकाशन, वाराणसी, 1977 ई., प्रथम संस्करण।
21. श्वेत-पत्र, विवेकी राय, अभिरुचि प्रकाशन, दिल्ली, 1998 ई., प्रथम संस्करण।
22. सोना माटी, विवेकी राय, प्रभात प्रकाशन, दिल्ली, 1997 ई., द्वितीय संस्करण।
23. समर शेष है, विवेकी राय, प्रभात प्रकाशन, दिल्ली, 1988 ई., प्रथम संस्करण।
24. मंगल भवन, विवेकी राय, प्रभात प्रकाशन, दिल्ली, 1994 ई., प्रथम संस्करण।
25. नमामि ग्रामम्, विवेकी राय, प्रभात प्रकाशन, दिल्ली, 1997 ई., द्वितीय संस्करण।
26. अमंगलहारी, विवेकी राय, प्रभात प्रकाशन, दिल्ली, 2000 ई., प्रथम संस्करण।
27. देहरी के पार, विवेकी राय, प्रभात प्रकाशन, दिल्ली, 2003 ई., प्रथम संस्करण।

आलोचना

28. हिन्दी साहित्य की किसान कलम, राम प्रवेश शास्त्री, डॉ. चन्द्रशेखर तिवारी, विश्वविद्यालय प्रकाशन, वाराणसी, 2013, प्रथम संस्करण।
29. विवेकी राय : चिन्तन और सृजन, डॉ. सरिता यादव, लोकवाणी संस्थान, दिल्ली, प्रथम संस्करण, 2012।
30. आंचलिकता की अवधारणा और विवेकी राय, डॉ. जनार्दन राय, सन्त ग्राम्यांचल महाविद्यालय, सुरही, बलिया, द्वितीय संस्करण, 2012।
31. माटी की महक, सं. डॉ. सत्काम, अभिरुचि प्रकाशन, दिल्ली, प्रथम संस्करण, 1994।
32. सर्जनात्मकता में गाँव, सं. वेदप्रकाश अमिताभ, अनंग प्रकाशन, दिल्ली प्रथम संस्करण, 2003।
33. विवेकी राय की साहित्य-साधना, डॉ. चन्द्रेशखर तिवारी, आशीष प्रकाशन, कानपुर, प्रथम संस्करण, 2014।

परिशिष्ट-2 सहायक सन्दभ ग्रन्थ

1. ऑक्सफोर्ड डिक्शनरी, VIII पृ. 371, संस्करण 1998।
2. 'आज' साहित्यिक विशेषांक, 1954, पृ. 43।
3. हिस्ट्री ऑफ इंग्लिश लिट्रेचर लुइस कजामियाँ, पृ. 1798, संस्करण-1998

4. दी इंग्लिश नावेल : 'वाल्टर एलेन' पृ. 98।
5. रामदरस मिश्र के उपन्यासों में मूल्य संक्रमण सामाजिक सन्दर्भ डॉ. विनीता राय, पृ. 95, प्रथम संस्करण।
6. फणीश्वर नाथ 'रेणु' : परती परिकथा, पृ. 85।
7. फणीश्वर नाथ 'रेणु' : जुलूस, पृ. 101।
8. रुद्र काशिकेय : बहती गंगा, पृ. 76।
9. राही मासूम रज़ा : आधा गाँव, पृ. 53।
10. डॉ. आद्याप्रसाद द्विवेदी : लोक साहित्य और साहित्य का लोक, मनमीत पत्रिका, 1 सितम्बर, 2014।
11. लोक तत्त्व-दर्शन तथा अध्ययन : सत्येन्द्र, हिन्दी अनुशीलन, धीरेन्द्र वर्मा विशेषांक।
12. लोक, सत्येन्द्र, हिन्दी साहित्य कोश।
13. मनमीत (पत्रिका) सितम्बर, 2014, पृ. 27।
14. गण देवता से गुड अर्थ तक : पृ. 212।
15. सुलेमान नदवी : अरब और भारत के सम्बन्ध, पृ. 40।
16. घाघ की कहावतें (न.प्र.सा.)।
17. जायसी ग्रन्थावली (भूमिका) ना.प्र. सभा।
18. उदयशंकर शास्त्री : भाषा प्रेमरस छन्द, पृ. 264।
19. श्यामसुन्दरदास : इन्द्रावती, पृ. 94।
20. माताप्रसाद गुप्त : पद्मावत (टिप्पणी) छन्द 185।
21. गोस्वामी तुलसीदास : रामलला नहछू।
22. गोस्वामी तुलसीदास : रामचरितमानस।
23. नारद भक्तिसूत्र : सूत्र सं. 72 (स्वामी स्वतन्त्रतानन्द की टीका)
24. डॉ. कन्हैया सिंह : पदुमावति छं. 135।
25. कासिम शाह : हंस जवाहिर, पृ. 189।
26. मुहूर्त्त चिन्तामणि : प्रकरण 11, श्लोक 10।
27. तुलसी ग्रन्थावली (द्वितीय खण्ड) : पृ. 1, सोहर छन्द एक, दो, तीन
28. कविता कौमुदी : रामनरेश त्रिपाठी : भाग (6)।
29. गणेशप्रसाद द्विवेदी : हिन्दी वीरकाव्य, पृ. 57।
30. उदय नारायण सिंह : वीर कुँवरसिंह, परिशिष्ट-14, पृ. 135-139।
31. परमेश्वरी लाल गुप्त : चन्दायन, छं. 29।
32. परमेश्वरी लाल गुप्त : चन्दायन, छं. 409।
33. शिवगोपाल मिश्र : मृगावती, छं. 214, 215।
34. फ्रांसिस ग्लैडविन : आईन-ए-अकबरी, पृ. 732, 733।
35. 'पूर्वा पर' त्रैमासिक (गोंडा), सम्पादक डॉ. सूर्यपाल सिंह, पृ. 14, 15 अंक अक्टूबर, दिसम्बर, 2013।
36. नव निकष (कानपुर) नवम्बर, 2008, पृ. 51-52।

37. डॉ. सरिता यादव : विवेकी राय : चिन्तन और सृजन, पृ. 92।
38. जगत तपोवन सो कियो : प्राक्कथन : डॉ. रामचन्द तिवारी।
39. निवेदिता (2005) : डॉ. विवेकी राय, विशेषांक, पृ. 159।
40. गड़हा महोत्सव स्मारिका, संघतिका, 2011, पृ. 28-65।
41. दैनिक जागरण, 7 सितम्बर, 2015, पृ. 16, लेखक-हरिकिशन शर्मा।
42. नन्दलाल मेहता : भाषा और संस्कृति-प्राणिक अद्वैत (डॉ. कन्हैया सिंह का लेख) पृ. 11-12।
43. वाक्य पदीयम् (ब्रह्मकाण्ड) 123।

●●●